suhrkamp taschenbuch
wissenschaft 41

C. B. Macpherson, geboren 1911 in Toronto, Canada, ist seit 1956
Professor für politische Wissenschaft an der Universität Toronto.
Publikationen: *Democracy in Alberta, the Theory and Practice of
a Quasi-Party System, The Real World of Democracy, Drei For-
men der Demokratie, Democratic Theory, The Life and Times of
Liberal Democracy.*

Macphersons Untersuchung gilt dem Problem einer gesicherten
theoretischen Grundlage für den liberal-demokratischen Staat. Als
gemeinsame Voraussetzung der englischen politischen Theorie von
Hobbes bis Locke erkennt er einen auf Besitz gegründeten und am
Besitz orientierten Individualismus. Nach Macpherson geht der
Besitzindividualismus davon aus, daß das Individuum nur als Eigentümer seiner eigenen Person Mensch sei; daß das Wesen des Menschen die Freiheit von allen vertraglichen Bindungen gegenüber
anderen sei, soweit sie nicht dem eigenen Interesse dienen; und daß
die Gesellschaft nichts anderes sei als eine Reihe von Marktbeziehungen zwischen diesen freien Individuen, die ihrerseits der Gesellschaft nichts schulden.

C. B. Macpherson
Die politische Theorie
des Besitzindividualismus

Von Hobbes bis Locke

Übersetzt von Arno Wittekind

Suhrkamp

Titel der Originalausgabe: *The Political
Theory of Possessive Individualism
Hobbes to Locke.*
© Oxford University Press 1962.

suhrkamp taschenbuch wissenschaft 41
2. Auflage, 11.–13. Tausend 1980
© dieser Ausgabe Suhrkamp Verlag Frankfurt am Main 1967
Suhrkamp Taschenbuch Verlag
Alle Rechte vorbehalten, insbesondere das
des öffentlichen Vortrags, der Übertragung
durch Rundfunk und Fernsehen
sowie der Übersetzung, auch einzelner Teile.
Druck: Nomos Verlagsgesellschaft, Baden-Baden
Printed in Germany
Umschlag nach Entwürfen
von Willy Fleckhaus und Rolf Staudt

CIP-Kurztitelaufnahme der Deutschen Bibliothek
Macpherson, Crawford B.:
Die politische Theorie des Besitzindividualismus:
von Hobbes bis Locke/C. B. Macpherson.
Übers. von Arno Wittekind.
- 2. Aufl., 11.-13. Tsd. -
Frankfurt am Main: Suhrkamp, 1980.
(Suhrkamp-Taschenbuch Wissenschaft; 41)
Einheitssacht.: The political theory
of possessive individualism ⟨dt.⟩
ISBN 3-518-07641-8

Inhalt

Für
Susan
Stephen
Sheila

Vorwort

Vor einiger Zeit wies ich darauf hin, daß den politischen Theorien Englands vom siebzehnten bis zum neunzehnten Jahrhundert eine grundsätzliche Gemeinsamkeit eigen ist, die Beachtung verdient. Ich bezeichnete diese einheitsstiftende Prämisse als »Besitz-Individualismus« *(possessive individualism)* und deutete an, daß substantielle Schwierigkeiten der liberal-demokratischen Theorie von John Stuart Mill bis zur Gegenwart besser verstanden würden, wenn man sie als von der tief verwurzelten Kontinuität dieser Prämisse abhängig begriffe.[1] Auch versprach der Begriff Besitz-Individualismus ein neues Verständnis der wichtigsten politischen Theorien des siebzehnten Jahrhunderts und in einigen Fällen die Lösung umstrittener Interpretationsprobleme.

Das vorliegende Buch, das dieses Versprechen zu erfüllen strebt, ist die Arbeit mehrerer Jahre. Die Untersuchung über Locke setzt, so hoffe ich, eine Interpretation seiner Theorie des Eigentumsrechtes, die die allgemeine Auffassung seiner politischen Theorie verändern wird. Teile dieser Studie wurden in zwei Artikeln in den Jahren 1951 und 1954 veröffentlicht. Ich empfand es nicht als notwendig, Wesentliches zu dem damals Gesagten hinzuzufügen oder daran zu ändern; lediglich Hinweise auf ein paar nachträglich erschienene Werke über Locke wurden hinzugefügt. Die Studie über Hobbes zeigt, daß die gängige Deutung seiner politischen Theorie viele Fragen offenläßt, und schlägt eine andere Interpretation vor. Die Studie über die Theorie der Levellers möchte einen fundamentalen Irrtum der üblichen Darstellungen korrigieren und die Implikationen des Eigentumsaspekts in ihrem Freiheitsbegriff erforschen. Die Studie über Harrington versucht, dessen Theorie aus dem wissenschaftlichen Streit über die Gentry herauszuführen und zu zeigen, daß sie besser verstanden werden kann, wenn man ihre bürgerlichen Wurzeln anerkennt. Innere Widersprüche, vor allem in den Theorien Lockes und Harringtons, die bisher unentdeckt blieben oder einfach übergangen wurden, waren Gegenstand dieser Untersuchung und gaben Aufschluß über die

---

1 *Cambridge Journal*, VII, 560–8 (Juni 1954)

stillschweigenden Voraussetzungen der Denker; so verstanden, wiesen diese Widersprüche den Weg zu einem besseren Verständnis der ganzen Theorie.

Jede Studie trägt, wie ich hoffe, zu einem angemesseneren und teilweise auch genaueren Verstehen der politischen Ideen im England des siebzehnten Jahrhunderts bei. Zusammen mögen sie dazu dienen, den nützlichen Terminus Besitz-Individualismus als eine wesentliche Voraussetzung der liberalen politischen Theorie einzuführen.

Den Herausgebern der *Western Political Quarterly* sei für die Erlaubnis gedankt, in der Zeitschrift zum ersten Mal veröffentlichtes Material zu verwenden; es waren die beiden Artikel »Locke on Capitalist Appropriation« vom Dezember 1951 und »The Social Bearing of Locke's Political Theory« vom März 1954. Auch den Herausgebern von *Past & Present* sei an dieser Stelle für die Erlaubnis, das in der Ausgabe vom April 1960 erschienene Material über Harrington zu benutzen, mein Dank ausgesprochen.

Freunde und Mitarbeiter, mit denen ich über die meisten der hier vorgetragenen Ideen diskutierte, haben mich vor allzu großer Affiziertheit bewahrt. Sie werden keinen besonderen Dank begehren; doch haben mir einige von ihnen mehr geholfen, als sie wissen können. Das haben auch meine Studenten getan, die mich auf einige Schwierigkeiten im Stoff aufmerksam machten, mir aber gleichzeitig den Mut gaben, sie zu überwinden.

Der Wissenschaft wurden in den verschiedenen Jahrhunderten auf verschiedene Weise die Wege geebnet: man erlaube mir, der Nuffield Foundation, dem Canada Council und meiner eigenen Universität zu danken, die meinen Studien einigen Wert zumaßen und mich auch sonst durch Beweise ihres Wohlwollens verpflichtet haben.

University of Toronto   C. B. Macpherson
30. Juni 1961

I. Einführung

1. Die Wurzeln der liberal-demokratischen Theorie

In den letzten Jahren wurde über die Schwierigkeit, eine feste theoretische Basis für den liberal-demokratischen Staat zu finden, viel diskutiert. Da diese Schwierigkeit weiter besteht, scheint es angebracht zu untersuchen, ob sie nicht ebenso sehr in den Wurzeln der liberalen Tradition liegt wie in irgendeiner ihrer Weiterentwicklungen. Eine solche Untersuchung kann davon ausgehen, daß jener Ursprung sehr wahrscheinlich in der politischen Theorie und Praxis im England des siebzehnten Jahrhunderts zu finden ist. Die Prinzipien, die für die liberale Demokratie so wichtig werden sollten, entwickelten sich, wenn auch noch nicht mit realem Erfolg, während eines sich hinziehenden Kampfes im Parlament, eines Bürgerkrieges, einer Anzahl republikanischer Experimente, einer Restauration der Monarchie und einer abschließenden konstitutionellen Revolution. Es ist evident, daß ein wesentliches Element sowohl des praktischen Kampfes als auch seiner theoretischen Rechtfertigung ein neuer Glaube an den Wert und die Rechte des Individuums war.

Ob nun der Individualismus des siebzehnten Jahrhunderts als Zerstörer der christlichen Naturrechtstradition verurteilt oder wegen seiner neuen Idee von Freiheit und Fortschritt begrüßt wird, seine Bedeutung wird nicht in Frage gestellt. Auch wird nicht daran gezweifelt, daß der Individualismus ein hervorragendes Merkmal der ganzen folgenden Tradition ist. Individualismus, als eine elementare theoretische Position, geht mindestens bis auf Hobbes zurück. Wenn auch seine Folgerungen kaum liberal genannt werden können, so waren seine Postulate doch höchst individualistisch. Er ließ die traditionellen Begriffe Gesellschaft, Gerechtigkeit und Naturrecht fallen und deduzierte politische Rechte und Pflichten aus Interesse und Willen dissoziierter Individuen. Im puritanischen politischen Denken lag deutlich ein Individualismus anderer Art: er betonte den gleichen sittlichen Wert aller menschlichen Wesen. Ähnlich nimmt der Individualismus, wenn auch ambivalent, einen ausgedehnten Raum in Lockes politischer Theorie ein. Alle diese Theorien gingen Hand in Hand mit dem Kampf um einen liberaleren Staat. Eine grundlegende Rechtfertigung erfuhr dieser durch die puritanischen Theorien und die zur gleichen Zeit entstandene Theorie Lockes. Selbst die utilitaristische Doktrin, die die liberale im achtzehnten und neunzehnten Jahrhundert zu ersetzen schien, ist im Grunde eine bloße Erneuerung der im siebzehnten Jahrhundert ausgearbeiteten individualistischen Prinzipien: Bentham baute auf Hobbes.

Man konnte von den fundamentalen politischen Prinzipien des siebzehnten Jahrhunderts nicht erwarten, daß sie völlig der veränderten und komplexeren Welt des zwanzigsten Jahrhunderts genügten. Aber man durfte erwarten, daß noch auf ihnen aufgebaut werden konnte, wenn sie so solide waren, wie sie vorgaben, d. h. wenn sie so gut mit den Bedürfnissen, Wünschen und Möglichkeiten des modernen Menschen korrespondierten, wie sie es zu tun schienen. Diese Erwartung wurde nicht erfüllt. Das Fundament geriet aus dem Gleichgewicht und zersplitterte. Falls es nicht ganz aufgegeben werden soll, muß es renoviert werden.

Mit welchen Mitteln das zu versuchen sei, hängt ganz von der Diagnose der Schwäche ab. An Diagnosen mangelte es nicht. Seit John Stuart Mills Angriff auf Benthams Utilitarismus, der damals zur Verkörperung des politischen Individualismus geworden war, sah man die Schwäche des liberalen Individualismus in seiner mehr oder weniger umfassenden Identifikation mit Benthams einseitig egoistischer, einseitig rationalistischer Version. Die benthamistische Annahme, daß der Mensch in seinen politischen Beziehungen ein Berechner seiner eigenen Interessen sei und als solcher behandelt werden solle, und daß dies seine Natur als politisches Wesen erschöpfe, wird als eine Pervertierung der eigentlichen liberalen Einsichten einer früheren Tradition angesehen.

Einer solchen Diagnose zufolge hatte das benötigte Heilmittel den Sinn für den sittlichen Wert des Individuums zu erneuern und ihn wieder an den Sinn für den sittlichen Wert der Gemeinschaft zu binden, wie es in Grenzen in der puritanischen und Lockeschen Theorie geschehen war. So durfte man hoffen, das anscheinend Erstrebenswerte des Individualismus erhalten, seine Auswüchse aber vermeiden zu können. Die zahlreichen Versuche, dies zu erreichen – sie erstrecken sich seit Mill von T. H. Greens Idealismus bis zu den vielen Arten des modernen Pluralismus –, haben alle zu ernsthaften Schwierigkeiten geführt, und zwar derart, daß es geboten scheint, die Diagnose neu zu durchdenken.

Die vorliegende Studie ist ein solcher Versuch. Sie geht davon aus, daß die Schwierigkeiten der modernen liberal-demokratischen Theorie tiefer liegen, als bisher angenommen wurde, daß schon der ursprüngliche Individualismus des siebzehnten Jahrhunderts die zentrale Schwierigkeit enthielt: sie lag in seinem auf Besitz ausgerichteten Charakter. Diese Besitz-Bezogenheit spiegelt sich in seiner Auffassung vom Individuum: Es ist wesenhaft der Eigentümer seiner eigenen Person oder seiner eigenen Fähigkeiten, für die es nichts der Gesellschaft schuldet. Das Individuum wurde weder als ein sittliches Ganzes noch als ein Teil einer größeren gesellschaftlichen Ganzheit aufgefaßt, sondern als Eigentümer seiner selbst. Die Beziehung zum Besitzen, die für immer mehr Menschen die fundamental wichtige Beziehung geworden war, welche ihre konkrete Freiheit und ihre konkrete Chance, all ihre Möglichkeiten zu entfalten, bestimmte, wurde in die Natur des Individuums zurückinterpretiert. Das Individuum ist, so meinte man, insoweit frei, als es Eigentümer seiner Person und seiner Fähigkeiten ist. Das menschliche Wesen ist Freiheit von der Abhängigkeit vom Willen anderer, und Freiheit ist Funktion des Eigentums. Die Gesellschaft wird zu einer Anzahl freier und gleicher Individuen, die zueinander in Beziehung stehen als Eigentümer ihrer eigenen Fähigkeiten und dessen, was sie durch deren Anwendung erwerben. Die Gesellschaft besteht aus Tauschbeziehungen zwischen Eigentümern. Der Staat wird zu einem kalkulierten Mittel zum Schutz dieses Eigentums und der Aufrechterhaltung einer geordneten Tauschbeziehung.

Das soll nicht heißen, daß die Begriffe Freiheit *(freedom)*, Rechte *(rights)*, Pflichten *(obligation)* und Gerechtigkeit *(justice)* im siebzehnten Jahrhundert alle gänzlich von diesem Eigentumsbegriff abgeleitet wären; es kann indessen gezeigt werden, daß sie machtvoll von ihm geformt wurden. Wir werden sehen, daß die Eigentumsprämissen nicht nur in den beiden wichtigsten systematischen Theorien, die die politischen Pflichten zum Gegenstand haben, (derjenigen von Hobbes und Locke) gegenwärtig sind, sondern auch dort, wo sie am wenigsten erwartet werden mögen – in den Theorien der progressiven Levellers und des gentryfreundlichen Harrington. Ich werde zu beweisen suchen, daß diese Prämissen, die ganz wesentlich den tatsächlichen Beziehungen einer Marktgesellschaft entsprechen, dasjenige waren, was der liberalen Theorie im siebzehnten Jahrhundert ihre Kraft gab, aber auch zur Ursache ihrer Schwäche im neunzehnten wurde, als die Weiterentwicklung der Marktgesellschaft gewisse Vorbedingungen für die Ableitung einer liberalen Theorie aus Eigentumsprämissen zerstörte, während die Gesellschaft selbst sich weiterhin eng an jene Voraussetzungen hielt, so daß sie nicht aufgegeben werden konnten. Bis heute wurden sie noch nicht aufgegeben, und das wird auch nicht möglich sein, solange Marktbeziehungen vorherrschen. Wenn wir sehen, wie tief sie in die ursprüngliche liberale Theorie eingebettet sind, werden wir ihre Dauerhaftigkeit verstehen; und wenn diese erkannt ist, können wir uns fragen, inwieweit sie für die Schwierigkeiten der liberaldemokratischen Theorie in unserer Zeit verantwortlich ist.

2. Probleme der Interpretation

Die sozialen Prämissen, deren Bedeutung für die politische Theorie des siebzehnten Jahrhunderts ich aufzuzeigen versuchte, sind im allgemeinen noch nicht klar bestimmt worden. Daher wurde ihnen, wie ich glaube, in der Regel nicht genügend Gewicht zuerkannt. Da die meisten von ihnen als zerfließende Mischungen faktischer und rechtlicher Prämissen erscheinen, liegen sie außerhalb der Aufmerksamkeit sowohl der philosophischen als auch der historischen Kritiker. Und diese sozialen Prämissen können leicht übersehen oder in ihrem Wert unterschätzt werden, da sie in den Theorien selbst mitunter nicht klar dargestellt oder nicht zu Ende formuliert sind. Hier erhebt sich ein grundsätzliches Interpretationsproblem.

Zu behaupten, ein Theoretiker habe es verfehlt, einige seiner Prämissen klar zu konstatieren, heißt natürlich vermuten, er habe außer jenen Prämissen, die er ausdrücklich formulierte, auch andere benutzt. Diese Vermutungen können nicht in aller Eindeutigkeit bewiesen werden. Sie können nicht schon dadurch bewiesen werden, daß man zeigt, daß einige unausgesprochene Prämissen für die Schlußfolgerungen der Theorie logisch erforderlich sind; man müßte dann auch unterstellen, daß der Theoretiker ein strikt logischer Denker war, und diese Unterstellung ist unklug. Zwar versuchen die politischen Theoretiker in der Tat, ihre Leser durch eine Art vernünftigen Argumentierens zu überzeugen, aber die Wege politischer Überzeugung und jene der Logik sind nicht immer identisch. Außerdem mag der Denker eines früheren Jahrhunderts nicht denselben Begriff von Logik gehabt haben wie wir heute.

Doch wenn auch die Vermutung, ein Theoretiker habe Prämissen jenseits der von ihm ausdrücklich formulierten benutzt, nicht völlig bewiesen werden kann, so spricht doch viel für sie. Es wäre überraschend, wenn die politischen Denker alle ihre Prämissen immer klar konstatierten. Zwei wahrscheinliche Gründe dafür, daß sie es unterlassen, liegen auf der Hand.

Wenn ein Schriftsteller davon ausgehen kann, daß seine Leser einige seiner Prämissen teilen, wird er es nicht für nötig erachten, diese in seiner Argumentation besonders zu erwähnen; wir hingegen, die wir jene Prämissen nicht automatisch teilen, halten ihre Darlegung zur Vervollständigung der Beweisführung für erforderlich. So war es zum Beispiel im siebzehnten Jahrhundert eine allgemeine Annahme, daß die arbeitende Klasse eine besondere Klasse sei, die kaum, sofern überhaupt, als Teil der bürgerlichen Gesellschaft gelten könne. Es dürfte kaum gerechtfertigt sein, schrieben wir diese Prämissen einem Theoretiker des siebzehnten Jahrhunderts nur deswegen zu, weil seine Schlußfolgerung *ohne* sie nicht stichhaltig ist, sehr wohl aber *mit* ihr. Denn es ist möglich, daß sich eine andere Prämisse finden läßt, die seine Folgerung hervorbringt, und daß diese andere Prämisse viel eher angenommen werden muß. Wenn aber eine Prämisse nicht nur den beiden Bedingungen genügt, daß sie (a) gängig genug war, so daß ein Autor sie seinen Lesern unterstellen konnte, und daß sie (b) eine Lücke in seiner Beweisführung füllt, sondern wenn sie überdies von dem betreffenden Autor in einem anderen Kontext als dem, wo wir sie für erforderlich halten, erwähnt oder gebraucht wird, dann ist die Wahrscheinlichkeit, daß sie seiner ganzen Beweisführung zugrundeliegt, zu stark, um übersehen werden zu können. Es mag dann für uns irreführender sein, sie auszuschließen als sie einzuräumen. Es werden uns verschiedene Beispiele begegnen, in denen ganz wesentliche Ausgangspunkte für eine Theorie nur nebenbei erwähnt werden, so als lohnte es kaum, sie zu nennen[1], oder sich nur gelegentlich im Laufe einer Beweisführung enthüllen, die auf etwas ganz anderes gerichtet ist[2].

Ein zweiter Grund dafür, daß ein Theoretiker es unterläßt, eine Prämisse klar zu konstatieren, kann der sein, daß sie ihm nicht klar bewußt war. Es wäre wahrscheinlich sonderbar, würde ein Denker nicht hin und wieder ein paar allgemeine Annahmen über die Natur des Menschen oder der Gesellschaft, geformt durch sein Leben in seiner eigenen Gesellschaft, seinen Prämissen beimengen, ohne sich dessen voll bewußt zu sein. Niemand formuliert alles, was in seinem Geist ist; wenige formulieren alles, was sich später als für ihre Probleme relevant erweisen mag. Was sie unformuliert lassen, mag aber durchaus ihr Denken durchdringen. Die Möglichkeit, daß solche impliziten Annahmen bestehen, sollte nicht übersehen werden. Sie sollten allerdings nicht nur deswegen berücksichtigt werden, weil die Gedankenführung des Autors sie logisch zu erfordern scheint. Wenn jedoch solche Prämissen der Argumentation Sinn geben (oder mehr Sinn, als sie sonst hätte), wenn sie zudem, wie vom heutigen Standpunkt aus ersichtlich, sehr wohl aus des Denkers Erfahrung mit seiner eigenen Gesellschaft entstanden sein können, und wenn sie überdies in verschiedenen seiner zufälligen Argumente enthalten sind[3], dann ist die Wahrscheinlichkeit, daß er sie auch tatsächlich gebrauchte, groß genug, um uns ihre Einführung zu gestatten.

Natürlich liegt ein Risiko darin, in das Werk eines Autors irgendwelche Prämissen hineinzulesen, die er nicht klar konstatierte. Wie stark auch die Vermutung sein mag, daß er einige Prämissen für gegeben hielt oder daß er einige unbewußt zugrundelegte, so kön-

---

1 z. B. die Annahme der Levellers, Bedienstete seien mit Recht vom Wahlrecht ausgeschlossen (siehe unten, S. 142 ff.), und Lockes Annahme, die Arbeit meines Bediensteten sei meine Arbeit (siehe unten, S. 243).

2 z. B. Lockes Annahme, die arbeitenden Armen seien unfähig, eine rationale Verpflichtung zu übernehmen (siehe unten, S. 253).

3 z. B. Harringtons Annahme, daß in seiner, von der Gentry geführten Gesellschaft Marktbeziehungen vorherrschen (siehe unten, S. 197 ff.), und Lockes kontradiktorische Gesellschaftsbegriffe (siehe unten, S. 278 ff.)

nen wir doch nicht sicher sein, daß wir sie richtig erfaßt haben. Aber es ist weniger riskant, den Versuch zu machen, als ihn prinzipiell zu vermeiden. Wenn wir nur solche Prämissen zulassen, die die eben genannten Bedingungen erfüllen, dürfen wir zumindest hoffen, den allzu häufigen Fehler zu vermeiden, unsererseits Voraussetzungen, die wir für selbstverständlich halten, die es aber für den Schriftsteller eines früheren Jahrhunderts keineswegs waren, diesem zu unterstellen, ohne uns dessen bewußt zu sein.

Außer den bereits erwähnten mag es noch andere Gründe geben, warum ein Denker nicht alle von ihm benutzten Prämissen anführte. Er mag mit Absicht einige von ihnen verborgen oder verschleiert haben, sei es aus Furcht, seine Leser, die er zu seinen Schlüssen zu bekehren wünschte, zu verletzen, oder sei es aus Furcht vor Verfolgung. Politische Theorie war ein gefährliches Geschäft im siebzehnten Jahrhundert. Selbst von persönlicher Gefahr abgesehen, mochte ein vorsichtiger Theoretiker, dessen intellektueller Ort einen entschiedenen Bruch mit der überkommenen Tradition bezeichnete, durchaus eine gewisse Verschleierungstaktik für nötig erachtet haben, um seine Leser nicht zu verstimmen. Erklärungen dieser Art werden mehr und mehr von neueren Gelehrten angeboten, insbesondere, um einigen Ungereimtheiten in der Theorie Lockes Rechnung zu tragen.[4] Die Möglichkeit und, in Lockes Fall, die Wahrscheinlichkeit eines gewissen Maßes der Verheimlichung von Prämissen darf nicht leichthin abgetan werden. Mir schien es jedoch, daß die Verheimlichungshypothese selbst in Lockes Fall nicht all das zu erklären vermag, was nach einer Erklärung verlangt, und daß sie eine unbefriedigende Alternative zu der Hypothese ist, daß einige soziale Prämissen aus einem der genannten Gründe ungenügend fixiert wurden bzw. der Theorie immanent sind.

Eine allgemeine Bemerkung über die Frage der logischen Konsistenz politischer Theorien möge zum Schluß erlaubt sein. Mein Ausgangspunkt in jeder der folgenden Studien ist eine wirkliche oder vermutete Inkonsistenz der theoretischen Struktur. Es erwies sich als eine fruchtbare Hypothese, daß jeder der Denker beab-

---

4 z. B. Leo Strauss, *Naturrecht und Geschichte* (Stuttgart 1956), S. 210 ff.; R. L. Cox, *Locke on War and Peace* (Oxford 1960), unten besprochen, S. 222, Fn. 9; und Anmerkung R, S. 337.

sichtigte, folgerichtig zu sein, oder daß er (was auf dasselbe hinausläuft) innerhalb der Grenzen seines Gesichtskreises auch folgerichtig war. Doch soll mit dieser Hypothese keinesfalls behauptet werden, daß jede der Theorien, sofern sie nur richtig verstanden werde, folgerichtig sei. Mitunter hat das Ergebnis tatsächlich gezeigt, daß das, was als eine Inkonsistenz erscheint, keine mehr ist, wenn wir die Existenz einer impliziten oder unvollständig dargestellten Prämisse anerkennen, die bisher übersehen oder unterschätzt worden ist. Weit häufiger aber hat das Resultat gezeigt, daß die Theorie in gewisser Hinsicht eindeutig inkonsistent ist, selbst (oder besonders) dann, wenn ihre impliziten Prämissen voll berücksichtigt werden. Was die Analyse dann erreicht, ist keine Auflösung von logischen Unstimmigkeiten, sondern eine Erklärung dafür, warum sie dem Theoretiker unbewußt bleiben konnten.

In jedem Fall ist die Frage nach der Konsistenz zweitrangig. Die Hypothese einer beabsichtigten Folgerichtigkeit ist nicht mehr als eine nützliche Annäherung an das Problem. Finden wir widersprüchliche Positionen im selben Satz (z. B. in der Behauptung eines Levellers, daß, da *alle Personen* ein gleiches Recht auf eine Wahlstimme haben, auch das Wahlrecht allen Menschen gegeben werden sollte mit Ausnahme der Bediensteten und der Bettler[5]), sind wir berechtigt zu fragen, ob irgendwelche Prämissen, die der Autor im Sinn gehabt haben mag, solche Feststellungen zu erklären vermögen, und es wäre unklug von uns, würden wir nicht nach Beweisen für die Existenz solcher Prämissen suchen. Das Vorhandensein offenbar deutlicher Inkonsequenzen soll als Hinweis auf mangelhaft dargestellte Prämissen dienen. Die Hypothese aber, daß ein Theoretiker innerhalb der Grenzen seiner Vorstellungswelt folgerichtig dachte, dient weniger zur Aufdeckung von Inkonsequenzen denn als Hinweis auf die Richtung und die Grenzen seiner Vorstellungswelt, die dann durch andere Beweismittel rekonstruiert werden mag.

5   John Harris, *The Grand Designe*, unten zitiert, S. 145

II. Hobbes: Die politische Verpflichtung
durch den Markt

1. Philosophie und politische Theorie

Hobbes gilt weithin, und mit Recht, als der unbequemste politische Denker Englands; unbequem nicht, weil er schwierig zu verstehen ist, sondern weil seine Lehre so ausgesprochen klar, umfassend und unbeliebt ist. Seine Postulate über die Natur des Menschen sind nicht sehr schmeichelhaft, seine politischen Schlüsse sind unliberal, und seine Logik scheint uns jeden Ausweg zu versperren. Wie klar seine Theorie im Vergleich mit den meisten anderen auch sein mag, so bot doch ihre ungewöhnliche Breite und Tiefe vielen Kritikern Angriffsflächen. Wiederholt wurde sie aus theologischen, philosophischen und pragmatisch-politischen Gründen attackiert. Doch sie überlebte, und mit vermehrtem Glanz. Aus dem direkten Angriff kraftvoll und unvermindert faszinierend hervorgegangen, wurde sie interpretiert, reinterpretiert und heute sogar völlig rekonstruiert.

Fast möchte es scheinen, als könnte nichts Nutzbringenderes mehr gesagt werden. Doch lassen die heute vorherrschenden und einflußreichsten Interpretationen manches zu wünschen übrig. Die meisten beruhen auf der Zerstörung dessen, was Hobbes als eine monolithische Struktur vorstellte. Zuweilen wollte man damit die ganze Theorie in Mißkredit bringen, öfters jedoch einen substantiellen Teil angesichts der, wie man glaubte, fatalen Schwäche anderer Teile retten. Es ist nichts gegen die Prüfung eines offensichtlich monolithischen Werkes einzuwenden, und wenn die Prüfung offenbart, daß die Struktur nicht einheitlich ist, sollte dieses Faktum dargestellt und bewiesen werden. Sooft dies jedoch bei Hobbes geschah, waren die Ergebnisse nicht schlüssig, und man mag daran zweifeln, ob solches Vorgehen das Verständnis der Hobbesschen Theorie gefördert hat.

Der erste Keil wurde zwischen Hobbes' philosophischen Materialismus und seine politische Theorie getrieben. Einige der bekanntesten Hobbes-Forscher haben die Auffassung vertreten, daß seine politische Theorie nicht von seinem Materialismus abgeleitet oder

entscheidend von seiner Wissenschaftsauffassung beeinflußt sei
eine Ansicht, die in der 1936 veröffentlichten einflußreichen Studie
von Strauss kulminiert.[1] Diese Art der Interpretation erforderte
jedoch keine sehr umfassende Revision der politischen Theorie von
Hobbes. Denn obgleich Hobbes von der Möglichkeit gesprochen
hatte, seine psychologischen Prinzipien (und damit seine politische
Theorie) aus den geometrischen und physikalischen Grundprinzipien der Materie und der Bewegung zu deduzieren[2], versuchte er
in Wirklichkeit keine solche Deduktion. Er legte dar, daß die psychologischen Prinzipien, aus denen eine politische Wissenschaft
deduziert werden kann, nicht selbst wieder von den Bewegungs-
gesetzen der Materie abgeleitet werden müssen; man könne vielmehr unmittelbar durch Selbstbetrachtung zu ihnen gelangen, und
das war die von ihm verwendete Methode.[3] Läßt man also Hobbes' Materialismus beiseite, so wird dadurch nicht notwendigerweise seine politische Theorie unterminiert, mag sie auch, wie ich
darlegen werde[4], den Materialismus aus einem anderen Grund
nötig haben.

Neuerdings wurde ein anderer Keil eingetrieben, diesmal zwischen die psychologischen Prinzipien Hobbes' und seine politische
Theorie, und das hatte eine weiterreichende Konsequenz: die Forderung nach einer durchgreifenden Rekonstruktion der politischen Theorie. Diese Ansicht wurde 1938 von A. E. Taylor vorgetragen.[5] Hobbes' Theorie der politischen Pflichten, so argumentierte er, hatte keine logisch notwendige Verbindung mit seinen
Sätzen über die psychologische Natur des Menschen. Dieser Standpunkt wurde weithin akzeptiert. Seit Taylors Veröffentlichung
versuchten hervorragende Hobbes-Forscher, aus seinen Schriften
eine Theorie herauszukristallisieren, die sie als logisch kohärent
und als das, was Hobbes tatsächlich meinte, betrachten könnten.
Dazu mußten sie Hobbes' eigene Aussage, daß er seine politische Theorie aus seinen Prämissen über die menschliche Natur

1 G. C. Robertson, *Hobbes* (1886); John Laird, *Hobbes* (1934); Leo Strauss, *The
Political Philosophy of Hobbes, Its Basis and Genesis* (Oxford 1936; deutsch: *Hobbes'
politische Wissenschaft*, Neuwied 1965)
2 *Elements of Philosophy* (*English Works*, ed. Molesworth, I, 74)
3 Ibid., S. 73, 74; vergl. *Leviathan*, Einl.
4 Siehe unten, S. 94 ff.
5 A. E. Taylor, »The Ethical Doctrine of Hobbes«, *Philosophy*, XIII (1938)

deduziert habe[6], beiseite schieben und bei Hobbes nach einer anderen Grundlage für seine Theorie der politischen Pflichten suchen.

Oakeshott z. B., der entwaffnend bemerkt, wir sollten in Hobbes' moralischem Denken keine Folgerichtigkeit erwarten, da sie der Vorstellungswelt eines jeden Schriftstellers des siebzehnten Jahrhunderts fremd sei, und wir sollten nicht versuchen, eine solche Folgerichtigkeit herzustellen, indem wir irgendeine in sich widerspruchslose Doktrin aus seinem Werk herausdestillieren, – Oakeshott verwirft als eine solche irrige Destillation die auf dem Selbstinteresse basierende Theorie der politischen Pflichten und bietet uns dann eine Interpretation an, die »eine so folgerichtige Darstellung, wie sie sich aus allem, was Hobbes tatsächlich schrieb, widerspruchsfrei ergibt«[7], zu sein behauptet. Diese Darstellung geht davon aus, daß Hobbes' politische Pflichten eine Mischung sind von physischen Pflichten (Unterwerfung unter die höhere Gewalt des Souveräns), rationalen Pflichten, die den Menschen daran hindern, eine Handlung zu wollen, deren Folgen, wie er rational begreift, wahrscheinlich nachteilig für ihn sein werden (also ein Ausdruck des Eigeninteresses), und von moralischen Pflichten, die im freiwilligen Akt der Autoritätsübertragung auf den Souverän ihren Ursprung haben und im Gehorsam gegenüber den Befehlen des mit Autorität ausgestatteten Souveräns bestehen (also kein Ausdruck des Eigeninteresses).[8]

Dieser Grad von Folgerichtigkeit befriedigte andere Wissenschaftler nicht. Warrender, der die Meinung teilt, daß Hobbes' Theorie der politischen Pflichten nicht erschöpfend aus dem Eigeninteresse abgeleitet werden könne, schlägt Oakeshotts Warnungen in den Wind und ringt Hobbes eine sehr folgerichtige Theorie der Pflichten ab, in der politische Pflichten moralische Pflichten sind und nicht von den Postulaten über die menschliche Natur deduziert werden, sondern vom Willen oder Befehl Gottes oder von einem Teil des Naturrechts, der seine eigene Autorität in sich

---

6 *Rudiments,* Ep. Ded., S. 5 und Vorwort S. 11, 13; *Elements of Law,* Ep. Ded., S. XVII und Kap. I, Abschn. 1; *Leviathan,* Zusammenfassung und Schluß, S. 554. Genauere Angaben über diese drei Werke und die benutzten Ausgaben sind in Anmerkung A, S. 328 zu finden.

7 M. Oakeshott, Einführung zu seiner Ausgabe des *Leviathan* (Oxford 1947), S. LVIII

8 Op. cit., S. LIX–LXI

trägt.[9] Diese Konstruktion fanden wiederum andere Kritiker un-
befriedigend; gerade die Exzellenz und Gründlichkeit, mit der sie
die Implikationen der Taylorschen These entfaltet, hat dazu geführt, daß die ganze These in Frage gestellt wurde.[10]

Wenn wir indessen Taylors These ablehnen und zu der traditionellen Auffassung zurückkehren, daß Hobbes seine Theorie der
politischen Pflichten aus Postulaten über die menschliche Natur
ableitete, die er als selbstverständlich für jeden denkenden Beobachter voraussetzte, dann stehen wir wieder vor den alten Schwierigkeiten, die vermieden oder aufgelöst zu haben das Verdienst
von Taylors These war. Zwei Schwierigkeiten vor allem mögen
angedeutet werden.

Erstens erschien Hobbes' Theorie der menschlichen Natur so unannehmbar zu sein, zumindest was ihren Anspruch auf allgemeine
Gültigkeit betrifft, daß, sofern es nicht gelang, die politische Theorie logisch von ihr zu trennen, diese politische Theorie keiner ernsthaften Betrachtung wert zu sein schien; doch die politische Theorie
hört nicht auf, als eine sehr betrachtenswerte Hobbes' Kritiker
heimzusuchen. In der Tat fällt es schwer, Hobbes' Theorie der
menschlichen Natur vollkommen zu akzeptieren. Abgesehen davon, daß sie dazu angetan ist, leidenschaftliche Ablehnung zu
wecken und somit unbesehen zurückgewiesen zu werden, kann
man sie auch aus verschiedenen rationalen Gründen zurückweisen.
Ihr mechanischer Materialismus mag als unhaltbar angesehen
werden. Auch mag man sie aus empirischen Erwägungen ablehnen: wäre die Theorie der menschlichen Natur gültig, dann hätten
(unter der Bedingung, die von solchen Kritikern im allgemeinen
großzügig eingeräumt wird, daß Hobbes' Ableitung in Ordnung
war) die von ihm gezogenen politischen Folgerungen für die Menschen, für die und über die er schrieb, annehmbar sein müssen,
während sie tatsächlich nie akzeptiert wurden. Wahrscheinlich hat
man nach einer anderen Basis für seine politischen Schlußfolgerungen deshalb gesucht, weil zwar, aus dem einen oder anderen
jener Gründe, seine Theorie der menschlichen Natur als unhaltbar

9 Howard Warrender, *The Political Philosophy of Hobbes* (Oxford 1957) sowie
Political Studies, VIII, 1 (Feb. 1960), 48–57. Vgl. Anmerkung D, S. 329.
10 Besonders von Stuart M. Brown, jr., »Hobbes: The Taylor Thesis«, *Philosophical
Review,* LXVIII, 3 (Juli 1959)

angesehen, seine Brillanz als Denker aber doch bewundert wird und man mit Unbehagen fühlt, welch beträchtliche Kraft seine Folgerungen in sich bergen. Doch brauchte Bewunderung für Hobbes als Denker uns nicht zu solcher Ausführlichkeit zu bewegen.

Ich werde mich bemühen zu zeigen, daß man dieser Schwierigkeit Herr werden kann, ohne in das Extrem zu verfallen, Hobbes' Theorie der menschlichen Natur zu beschneiden oder ihr den zentralen Platz in seinem deduktiven System zu bestreiten. Fassen wir seine Theorie der menschlichen Natur als eine Reflexion über seine Einsicht in das Verhalten der Menschen zueinander auf, wie es sich in einer spezifischen Art von Gesellschaft findet, so werden wir erkennen, warum Hobbes glaubte, seine Feststellungen über die menschliche Natur müßten allen ehrenwerten zeitgenössischen Beobachtern einleuchten, sobald er sie »ordentlich und deutlich« dargelegt habe. Auch können wir sehen, daß seine Feststellungen, wenn auch nicht universell gültig, doch gültiger für seine und unsere Zeit sind, als von jenen zugestanden wird, die alles oder nichts haben wollen und deshalb all das ablehnen, was nicht als allgemein gültig dargetan werden kann. Auch ist es nicht schwierig zu zeigen, warum seine Sätze, trotz ihres hohen Grades an Genauigkeit und Klarheit, für seine Zeitgenossen nicht akzeptabel waren.[11] Kurz, wenn man Hobbes' universellen Anspruch auf ein historisches Maß reduziert, ist es nicht nötig, seine Theorie der menschlichen Natur von seiner politischen Theorie zu trennen, um die letztere zu retten; beide Theorien zeigen dann, daß sie eine spezifische historische Gültigkeit haben und miteinander harmonieren.

Eine zweite Schwierigkeit innerhalb der traditionellen Auffassung ist, daß sie Hobbes so hinstellt, als habe er das begangen, was heute als ernsthafter logischer Fehler gilt; als habe er nämlich versucht, moralische Pflichten aus empirisch-faktischen Sätzen abzuleiten. Der Kern seiner Theorie der menschlichen Natur ist zweifellos eine Reihe von Sätzen über angenommene Fakten. Und die politische Theorie ist zweifellos in Begriffen aus dem Bereich der moralischen Pflichten formuliert. Falls seine politische Theorie beabsichtige, eine folgerichtige Ableitung aus der Theorie der

11 Siehe unten, Abschn. 5, b

menschlichen Natur zu sein, dann – so wird Hobbes angeklagt – hat er das, was sein sollte, von dem, was ist, deduziert; er wird angeklagt, weil es heutzutage für logisch unangemessen gilt, das Sollen vom Sein zu deduzieren. Um Hobbes aus dieser Lage zu befreien, erschien es notwendig, seine Theorie der Pflichten von seiner Theorie der menschlichen Natur abzusondern und eine andere Basis für die erstere zu finden, oder aber nicht anzuerkennen, daß seine Theorie der Pflichten (wie Hobbes glaubte) eine ethische sei, anstatt nur eine pragmatische.

Doch vermag uns hier wie schon bei der ersten Schwierigkeit eine historische Reflexion auf Hobbes' Gedanken zu zeigen, daß es nicht notwendig ist, in solche Extreme zu verfallen. Warum sollten wir auf Hobbes logische Kanons anwenden, die einer späteren Zeit angehören? Es mag eingewandt werden, daß wir dies tun müssen, wenn wir wissen möchten, wie weit seine politische Theorie logisch einwandfrei ist und noch heute auf ihr aufgebaut werden kann. Jedoch ist die Maxime, daß Pflichten nicht von Tatsachen abgeleitet werden können, selber historisch fragwürdig. Ich werde darlegen[12], daß sich bei entsprechender Anerkennung der von Hobbes vorausgesetzten historisch bedingten Prämissen die begründete Vermutung ergibt, daß Hobbes durch verschiedene Schichten philosophischer Verwirrung gedrungen ist, bevor er auf eine Beziehung zwischen Tatsachen und Pflichten traf, die auf einer ebenso guten oder besseren logischen Grundlage basierte als die moderne Maxime. Ich werde beweisen, daß seine außerordentlich genaue Kenntnis seiner eigenen Gesellschaft ihn befähigte, einen philosophischen Sprung zu machen, der wegen der Forderungen, die die Gesellschaft damals an die politische Philosophie stellte, nicht hingenommen und bald gänzlich vergessen wurde. Ohne den Beweisgang vorwegnehmen zu wollen, sei hier noch festgestellt, daß sich angesichts der Schwierigkeiten, die, wie wir sahen, durch die Anwendung nach-hobbesscher logischer Forderungen auf Hobbes entstanden waren, der unmittelbare Eindruck aufdrängt, daß man sich soziologischen und historischen Untersuchungen zuwenden muß, wenn man bei Hobbes Problemen der logischen Folgerichtigkeit und Angemessenheit begegnet.

12 Siehe unten, Abschn. 4, e und 5, a

Man wird uns vielleicht entgegenhalten, logische und historische Untersuchungen hätten nichts miteinander zu tun und keine noch so ansprechende historische Interpretation könne die Frage der logischen Folgerichtigkeit und Angemessenheit einer Theorie berühren. Es ist natürlich wahr, daß keinerlei Aufwand an historischen Zeugnissen oder Konjekturen über die Motive oder Idiosynkrasien eines Autors in der Lage ist, einen Beitrag zum allgemeinen Urteil über die logische Konsistenz seines Systems zu liefern; doch schon diese Art historischer Untersuchung kann uns, indem sie die Aufmerksamkeit auf den Zweck lenkt, den der Autor verfolgte, und auf das Publikum, für das er schrieb, davor bewahren, ihm philosophische Fragen zu unterschieben, die er nicht stellte, und in seinem Werk nach Antworten zu forschen, die er nicht suchte. Der historischen Interpretation indessen, die ich im Auge habe, geht es nicht um Motive. Sie untersucht historisch den wahrscheinlichen Inhalt unausgesprochener oder unklar formulierter Voraussetzungen, die in der Theorie selbst enthalten sind oder sich notwendig aus ihr ergeben. Ich sehe keine Veranlassung, dies von einer philosophischen Untersuchung auszuschließen. Allerdings konnte man in den letzten Jahren eine immer strengere Arbeitsteilung zwischen Philosophen und Politologen beobachten, insbesondere seit sich die Philosophen der Sprachanalyse zugewandt haben. Das geht so weit, daß von dem fähigsten zeitgenössischen Philosophen, der über Hobbes schrieb, ganz ernsthaft behauptet werden konnte, historische Betrachtungen seien für das Erfassen des Sinnes von Hobbes' Werken irrelevant: »die Frage, wie die Hobbessche Theorie entstanden sei oder wie sie erklärt werden müsse« wird abgesondert von »der vorrangigen Frage, was seine Theorie tatsächlich sagt«.[13] Doch die Behauptung, diese Frage sei vorrangig, ist zumindest voreilig. Es könnte ebensogut sein, daß man nicht dartun kann, was die Theorie sagt, ohne sowohl historische als auch logische Konjekturen hinsichtlich der unklaren oder unausgesprochenen Prämissen von Hobbes zu machen. In jedem Fall scheint es uns wertvoll festzustellen, ob eine Untersuchung, die sowohl logisch als auch historisch ist, ein neues Licht auf Hobbes' Theorie zu werfen vermag und in der Lage ist,

13 Warrender, op. cit., S. VIII–IX

wesentliche Elemente dieser Theorie, die bisher infolge der vorherrschenden logischen Analysen im Schatten geblieben sind, an den Tag zu bringen.

In der folgenden Darstellung gehe ich von der Annahme aus, daß Hobbes das zu tun versuchte, was er zu tun versprach, nämlich politische Pflichten von den angenommenen oder beobachteten Fakten der menschlichen Natur abzuleiten. Anstatt seine Theorie unmittelbar dem nach-hobbesschen Test ihrer logischen Konsistenz bezüglich *sollen* und *sein* auszusetzen und dann zu versuchen, aus seinen Schriften eine Theorie herauszukonstruieren, die den Test besteht, oder aber ihn mit der Begründung zu entschuldigen, kein Denker des siebzehnten Jahrhunderts dürfe einem solchen Test unterworfen werden, um dann das Beste aus ihm zu machen, das sich aus einem Denker machen läßt, der nun einmal durch die philosophischen Schwächen seiner Zeit geprägt ist, lasse ich vorübergehend die Frage nach diesem Test fallen und wende mich direkt dem sozialen Inhalt einiger seiner Prämissen zu.

In Abschnitt 2 werde ich zeigen, daß der Schluß von der physiologischen Natur der Menschen auf ihr notwendiges Verhalten zueinander, aus welchem Verhalten das Bedürfnis nach einem Souverain folgt, keine einfache Ableitung aus physiologischen Postulaten ist, wie so oft behauptet wird, vielmehr mit einem bestimmten Modell der Gesellschaft Hand in Hand geht. Ich bin der Überzeugung, daß Hobbes' Gedankengang, der ihn von der physiologischen zur sozialen Bewegung des Menschen führt, oft nicht deutlich genug erkannt wird, weil man annimmt, er finde seinen Höhepunkt in dem hypothetischen Naturzustand, der oft selbst nicht ganz verstanden wird. So werde ich versuchen, den Naturzustand in den Brennpunkt zu rücken, indem ich zunächst zeige, daß er von dem gesellschaftlichen, nicht dem natürlichen Menschen handelt, und anschließend, daß er keineswegs der Höhepunkt des Beweisganges ist, der sich von der Physiologie der Menschen zu ihren Beziehungen untereinander erstreckt, daß vielmehr Hobbes, bevor er die Naturzustandshypothese überhaupt verwendet, bereits eine Theorie der notwendigen Beziehungen der Menschen *in der Gesellschaft* entwickelt hat (die später mit Variationen in die Naturzustandshypothese aufgenommen wird). Dann werde ich zeigen, daß seine Theorie der notwendigen Beziehungen der Menschen innerhalb ler Gesellschaft die Prämisse einer ganz bestimmten Art von Gesellschaft erfordert. Die Frage, an welcher Stelle seines Beweisgangs von der physiologischen zur sozialen Bewegung des Menschen er die notwendigen sozialen Prämissen einflicht, ist weniger wichtig als die andere Frage, welche Art von Gesellschaft der sozialen Bewegung, zu der er schließlich gelangt, entspricht. Beide Fragen jedoch verdienen Beachtung. Die erstere läßt mehr als nur eine Antwort zu, je nach der Lesart einiger wahrscheinlich widersprüchlicher Aussagen von Hobbes über das, was der menschlichen Natur angeboren ist und was später erworben wurde. Ich werde diese Schwierigkeit darstellen und die Gründe nennen, warum ich einer bestimmten Lesart den Vorzug gebe. Für die zweite Frage, so wird anschließend gezeigt werden, gibt es nur eine Antwort, gleichgültig, welche Lesart der für die erste Frage relevanten Textstellen bevorzugt wird.

Wenn ich gezeigt habe, daß Hobbes' Theorie der sozialen Bewegung der Menschen die Prämisse einer bestimmten Art von Gesellschaft erfordert, untersuche ich (in Abschnitt 3) einige Gesellschaftsmodelle, um genauer demonstrieren zu können, welche Art von Gesellschaft gefordert wird. Ich werde beweisen, daß Hobbes mehr oder weniger bewußt ein solches Modell entwarf und daß dieses Modell weitgehend der englischen Gesellschaft des siebzehnten Jahrhunderts entsprach. Die Anerkennung der Hobbesschen sozialen Prämissen und der daraus folgenden Vollständigkeit seiner Deduktion des menschlichen Bedürfnisses nach einem Souverän bedeutet an sich noch kein Ablassen von der philosophischen Frage, ob die politischen Pflichten, deren Notwendigkeit Hobbes damit demonstrierte, wirklich moralische Pflichten oder nur Klugheitsregeln sind, aber sie stellt die Frage in einer anderen Perspektive.

In Abschnitt 4 werde ich dann nachweisen, daß, im Lichte der von Hobbes gemachten Annahmen, seiner Ableitung der Pflichten aus Tatsachen sowohl logische Gültigkeit als auch bezwingende Originalität zugestanden werden muß. Ich werde darlegen, daß er aufgrund seiner Annahmen über die Natur der Gesellschaft, die er als einen Komplex von Konkurrenzbeziehungen zwischen naturhaft dissoziierten und gänzlich sich selbst bewegenden Individuen ohne natürliche Unterordnung sah, in der Lage war, eine

moralische Verpflichtung aus angenommenen Tatsachen zu dedu
zieren, ohne eine Hierarchie sittlicher Werte oder teleologische
Prinzipien zu bemühen; ferner, daß sein Materialismus ein inte
grierender Bestandteil dieser Deduktion ist; und daß die Ablei
tung von Pflichten unmittelbar aus den angenommenen Gegeben
heiten der menschlichen Natur und den notwendigen Beziehungen
zwischen den Menschen nicht im Prinzip unlogisch ist, sondern
Bedingungen erfordert, die vor der Zeit, da Hobbes' schrieb, noch
nicht deutlich erfüllt waren.

In Abschnitt 5 endlich werde ich, mit einem Rückblick auf Hobbes
Originalität und die Gründe, aus denen seine Lehre so einmütig
abgelehnt wird, belegen, daß er viel weniger im Irrtum befangen
war und daß seine Theorie viel bedeutender für die moderne Gesellschaft ist, als man gewöhnlich zugesteht.

2. Die menschliche Natur und der Naturzustand

a. Abstrahierung von der Gesellschaft

Gewöhnlich wird von denjenigen, die den traditionellen Standpunkt gegenüber Hobbes beziehen, behauptet, seine psychologischen Sätze beträfen den Menschen als solchen, einen von der
Gesellschaft ganz unabhängigen Menschen, und diese Sätze enthielten all das, was für seine Deduktion der Notwendigkeit eines
Souveräns erforderlich sei. Aber diese Auffassung enthält eine
allzu starke Vereinfachung. Verstehen wir unter Hobbes' psychologischen Feststellungen jene, mit denen er seinen Gedankengang
im *Leviathan* eröffnet und die, so könnte man sagen, von der Gesellschaft völlig abstrahieren, also Feststellungen über Sinnes-
wahrnehmung, Vorstellungskraft, Erinnerung, Verstand, Wünsche
und Abneigungen, mit denen Hobbes das menschliche Wesen als
ein System sich selbst antreibender, sich selbst lenkender bewegter
Materie beschreibt, dann enthalten seine psychologischen Sätze
nicht alles, was für die Deduktion der Notwendigkeit einer souveränen Herrschaft erforderlich ist. Sollten wir jedoch in den Ausdruck »psychologische Sätze« auch das einschließen, was Hobbes
über das notwendige Verhalten der Menschen zueinander in jeder
Art von Gesellschaft sagt (daß nämlich alle Menschen immer mehr

Macht über die anderen erstreben), oder seine ähnliche These über ihn Verhalten im hypothetischen Zustand der Abwesenheit jeglicher Gesellschaft (d. h. im Naturzustand), dann enthalten die psychologischen Sätze alles, was man braucht, um die Notwendigkeit des Souveräns zu deduzieren, aber sie beziehen sich nicht auf das menschliche Tier als solches; es müssen einige Annahmen über das Verhalten des Menschen in der zivilisierten Gesellschaft hinzugefügt werden. Man kann zwar ohne weitere Prämissen vom universellen Kampf um die Macht in der Gesellschaft oder vom Naturzustand zur Notwendigkeit eines Herrschers gelangen, aber man kann nicht vom Menschen als einem mechanischen System zum allgemeinen Kampf um die Macht oder zum Naturzustand gelangen, ohne weitere Annahmen zu machen. Und diese Annahmen sind, wie ich behaupte, nur haltbar in bezug auf die menschlichen Beziehungen, die in einer bestimmten Art von Gesellschaft vorherrschen, mag auch Hobbes von ihrer allgemeinen Gültigkeit überzeugt gewesen sein. Das ist eine ungewöhnliche Ansicht über Hobbes, die nach weiterer Explikation verlangt.

Ich werde sie in zweierlei Weise entwickeln. Zunächst werde ich (in Abschnitt 2, b) zeigen, daß Hobbes' Naturzustand oder »natürliche Bedingung der Menschheit« nicht vom »natürlichen« Menschen im Gegensatz zum zivilisierten Menschen handelt, sondern von Menschen, deren Bedürfnisse in spezifischer Weise zivilisiert sind; ferner, daß der Naturzustand der hypothetische Zustand ist, zu dem die Menschen, wie sie jetzt sind, nämlich geprägt durch das Leben in der zivilisierten Gesellschaft, notwendig wieder gelangen würden, gäbe es keine für sie alle verbindliche, sie alle beherrschende Macht. Der Beweis dafür ist in Hobbes' Beschreibung des Naturzustandes enthalten.

Zweitens werde ich (in Abschnitt 2, b) die Kette der Deduktionen von Anfang an nachprüfen und darlegen, daß die psychologische Analyse, die als eine Analyse der Natur des Menschen in völliger Abstraktion von der Gesellschaft beginnt (oder zu beginnen scheint), sehr bald zu einer Analyse des Menschen in einem etablierten sozialen Beziehungssystem wird; daß man gewisse soziale Annahmen machen muß, um zu begründen, warum alle Menschen in der Gesellschaft immer mehr Macht über andere erstreben (ja selbst, um das menschliche Verhalten im hypothetischen Naturzustand zu erklären), und um von da aus die Notwendigkeit eines Herrschers zu beweisen; und schließlich (in Abschnitt 3), daß die notwendigen sozialen Annahmen nur für eine spezifische Art von Gesellschaft Gültigkeit haben.

b. Der Naturzustand

In allen drei Systemen seiner politischen Theorie[14] läßt Hobbes die Darstellung des Naturzustandes oder des natürlichen Zustandes der Menschheit unmittelbar dem Nachweis der Notwendigkeit eines über jedes Individuum gebietenden Herrschers vorausgehen. Der Naturzustand charakterisiert die Art und Weise, in der die Menschen, wie sie nun einmal sind, sich unweigerlich verhalten würden, gäbe es keine Gesetz und Vertrag durchsetzende Gewalt. Die sinnliche und vernünftige Natur des Menschen vorausgesetzt (wie sie in den ersten Kapiteln der *Elements* und des *Leviathan* erläutert und in den *Rudiments* durch eine flüchtige Analyse des menschlichen Verhaltens in der zeitgenössischen Gesellschaft aufgedeckt wird), ist dies die Art, wie sie sich notwendig verhielten, würde die Zwangserfüllung von Gesetz und Vertrag gänzlich aufgehoben. Dieses Verhalten wäre notwendigerweise der unablässige Kampf aller gegen alle, der Kampf eines jeden um Macht über andere. Hobbes will uns natürlich zeigen, daß dieser Zustand zwangsläufig das Streben eines jeden Menschen nach »unbeschwertem Leben« und nach der Vermeidung eines gewaltsamen Todes beeinträchtigen würde, daß daher jeder vernünftige Mensch all das tun sollte, was getan werden muß, um diesen Zustand abzuwehren, und daß nichts anderes ihn zu verhindern vermag als die Anerkennung einer absoluten souveränen Gewalt durch jeden einzelnen.

Hobbes' Naturzustand, so wird allgemein zugegeben, ist eine logische, keine historische Hypothese. Er ist eine »Schlußfolgerung aus den Leidenschaften«; er beschreibt, »wie das Leben vor sich gehen würde, gäbe es keine allumfassende Gewalt, die man zu fürchten hätte«.[15] Hobbes behauptete nicht, daß der gegenwärtige Zustand einer nur unvollständigen Herrschaft durch die Übereinkunft von Menschen, die vorher tatsächlich im Naturzustand ge-

14 Siehe Anm. A, S. 328
15 *Leviathan*, Kap. 13, S. 97

lebt hätten, geschaffen worden sei. Im Gegenteil glaubte er, daß der Naturzustand niemals allgemein in der Welt vorgeherrscht habe (wenn er auch meinte, eine starke Annäherung an ihn finde sich bei den »Wilden an vielen Orten *Amerikas*«[16]), und er war sich klar darüber, daß die meisten existierenden souveränen Herrschaftsverhältnisse ihren Ursprung nicht einem Vertrag, sondern einer Eroberung verdanken (»es gibt kaum ein Reich in der Welt, dessen Ursprünge mit dem Gewissen zu vereinbaren wären«[17]). Auch behauptet er nicht, ein vollkommen souveränes Herrschaftsverhältnis könne allein durch Übereinkunft zwischen Menschen, die in einem wirklichen Naturzustand leben, eingesetzt werden. Das wäre nicht mit seinem Ziel zu vereinbaren gewesen, Menschen, die unter unvollständig souveräner Herrschaft lebten (d. h. *per definitionem* nicht in einem Naturzustand), davon zu überzeugen, daß sie ihre unbedingte Verpflichtung einem Herrscher gegenüber anerkennen können und müssen, um somit den Weg zu einem absoluten Herrschaftsstaat zu beschreiten. Was er dagegen zeigen konnte und auch zeigte, war, daß die Menschen, um zu einem solchen Staat zu gelangen, so handeln müßten, *als ob* sie durch Übereinkunft den Naturzustand verlassen hätten.

Die notwendige souveräne Gewalt kann auf zweierlei Art zustande kommen: indem ein Mann oder eine Gruppe von Männern die Einwohner besiegt und unterwirft (Souveränität durch Aneignung – *acquisition*) oder indem Menschen durch gegenseitigen Vertrag übereinkommen, all ihre natürliche Macht einem Mann oder einer Gruppe von Männern zu überantworten (Souveränität durch Einsetzung – *institution*)[18]. Es ist gleichgültig, auf welchem Wege die oberste Gewalt errichtet wird, solange sie nur von allen Bürgern anerkannt wird. Es genügt, wenn sie eine Person oder eine Versammlung, die *de facto* herrscht, anerkennen und ihr das volle Maß ihres Gehorsams entgegenbringen, so wie sie es tun müßten, wenn sie jener freiwillig die ihnen im hypothetischen Naturzustand zukommenden natürlichen Rechte übertragen hätten. Mit anderen Worten: es ist nichts weiter nötig, als daß sie so handeln, als hätten sie ihre natürlichen Rechte einem Herrscher

16 Ibid.
17 Ibid., Zusammenfassung und Schluß, S. 551
18 Ibid., Kap. 17, S. 132

überantwortet, den sie, wenn sie zu irgendeiner Zeit im Naturzustand gelebt hätten, in feierlicher Übereinkunft bestimmt haben
würden.

Wenn Hobbes die notwendigen Rechte des Herrschers und Pflichten des Untertanen entwickelt, zieht er es vor, von der feierlichen
Übereinkunft als einer schon geschehenen oder noch zu geschehen-
den zu sprechen. So vermeidet er es, seinen Gedankengang ständig
in konditionalen Ausdrücken wiedergeben zu müssen, und kann,
anstatt schwerfällig immer wieder festzustellen: »hätten die Menschen eine solche Übereinkunft getroffen, so würde daraus folgen,
daß…«, während des ganzen achtzehnten Kapitels des *Leviathan*
sagen: »da sie übereingekommen sind, folgt, daß…« Doch bevor
er sich so ausdrückt, ist er vorsichtig genug zu betonen, daß eine
solche Übereinkunft in der Wirklichkeit nicht nötig sei, um die er-
forderliche höchste Gewalt einzurichten. Der Herrscher durch Aneignung hat dieselben Rechte (und seine Untertanen dieselben
Pflichten) wie der Herrscher durch Einsetzung.

Hobbes' Naturzustand ist also eine logische Hypothese. Die Tatsache, daß er eine logische und keine historische Hypothese ist, wird
allgemein verstanden, und es hätte hier kaum eines Hinweises be-
durft, hätte sie nicht offensichtlich hin und wieder zu einer falschen Schlußfolgerung geführt. Anscheinend wird oft angenommen, daß der Naturzustand, da er keine historische Hypothese
ist, eine logische Hypothese sein muß, zu der man gelangt, indem
man alle historisch erworbenen Eigenschaften des Menschen vollständig außer acht läßt. Handelt sie schon nicht von primitiven
Menschen, so müssen es wenigstens natürliche im Gegensatz zu
zivilisierten sein. Dies folgt aber keineswegs. Der Naturzustand
war für Hobbes ein Zustand, der logisch der Errichtung einer perfekten (d. h. vollständig souverän regierten) bürgerlichen Gesellschaft vorausgeht; was er aus dem Naturzustand deduzierte, war
der Drang des Menschen nach Anerkennung eines vollkommen
souverän regierten Staates anstelle des mangelhaft souverän regierten, in dem sie jetzt lebten. Er war deshalb in der Lage, sein
Verständnis der historisch erworbenen Natur der Menschen in den
bestehenden bürgerlichen Gesellschaften seiner Deduktion des
Naturzustandes zugrunde zu legen. Seine »Folgerungen aus den
Leidenschaften« konnten aus den Leidenschaften existierender

Wesen, aus den durch die Zivilisation geprägten Leidenschaften abgeleitet werden. Und so geschah es auch. Sein Naturzustand ist eine Feststellung über das Betragen, das Menschen, wie sie jetzt sind, Menschen, die in zivilisierten Gesellschaften leben und die Bedürfnisse zivilisierter Wesen haben, an den Tag legen würden, wenn niemand mehr die Einhaltung von Gesetz und Vertrag (sei es auch, wie gegenwärtig, bloß mangelhaft) erzwingen würde. Um zum Naturzustand zu gelangen, schob Hobbes das Gesetz beiseite, nicht jedoch die gesellschaftlich erworbenen Verhaltensweisen und Begierden des Menschen.

Der Grund, warum dies so allgemein übersehen wird, liegt, soweit ich sehe, darin, daß Hobbes' *Gesellschaftsmodell,* das er vor der Einführung des hypothetischen Naturzustandes entwickelte, fast ebenso bruchstückhaft ist wie seine Konzeption des Naturzustands. Sein Gesellschaftsmodell impliziert einen ähnlich unablässigen Kampf eines jeden um Macht über andere, wenn auch innerhalb eines Rahmens von Gesetz und Ordnung. Das Verhalten der Menschen in Hobbes' Gesellschaftsmodell[19] ist, wenn man will, so anti-sozial, daß, wenn er dies Verhalten in seinen hypothetischen Naturzustand überträgt, es leicht als eine Feststellung über das Verhalten nicht-sozialer Menschen mißverstanden werden kann. Es handelt sich jedoch um eine Feststellung über das Verhalten sozialer, zivilisierter Menschen. Daß dem tatsächlich so ist, kann auf verschiedene Arten gezeigt werden.

Der eindringlichste Hinweis, wenn auch nicht der entscheidende, ist der, daß uns Hobbes, als eine Bestätigung der »natürlichen« Neigung der Menschen, sich gegenseitig zu überfallen und zu vernichten, auf das augenfällige Verhalten der Menschen in der damaligen bürgerlichen Gesellschaft aufmerksam macht.

Es mag manchem, der diese Dinge nicht genau erwogen hat, merkwürdig erscheinen, daß die Natur die Menschen so [d. h. wie es im Naturzustand der Fall ist] dissoziieren und ihnen die Veranlagung geben sollte, sich gegenseitig zu überfallen und zu vernichten; und es könnte sich in ihm vielleicht, da er dieser Schlußfolgerung aus den Leidenschaften kein Vertrauen entgegenbringt, der Wunsch regen, sie durch die Erfahrung zu erhärten. Möge er sich daher selbst beobachten: macht er eine Reise, so bewaffnet er sich und bemüht sich darum, in guter Begleitung zu sein;

19 Siehe unten, Abschn. 2, c und 3

geht er zu Bett, so verriegelt er die Türen; sogar wenn er selbst im Haus ist, verschließt er die Schränke; und dies, obwohl er weiß, daß es Gesetze und bewaffnete Beamte gibt, um jedes ihm zugefügte Unrecht zu ahnden. Welche Meinung muß er da von seinen Mitmenschen haben, wenn er bewaffnet reist; von seinen Mitbürgern, wenn er seine Türen verriegelt; und von seinen Kindern und Bediensteten, wenn er die Schränke verschließt?[20]

Und an einer anderen Stelle, kurz nachdem festgestellt wurde, daß der Naturzustand zu keiner Zeit überall zugleich herrschte, heißt es:

Wie dem auch sei, an dem Zustand, in welchen Menschen, die vorher unter einer friedlichen Regierung lebten, während eines Bürgerkriegs hineingeraten, läßt sich erfassen, wie das Leben dort aussähe, wo es keine allumfassende Gewalt zu fürchten gäbe.[21]

Das »natürliche« Verhalten der Menschen, dasjenige Verhalten, zu dem sie notwendig durch ihre Leidenschaften gedrängt werden, kann, wenigstens annäherungsweise, aus dem Verhalten zivilisierter Menschen ersehen werden, die unter einer bürgerlichen Regierung leben, und aus dem Verhalten zivilisierter Menschen, die, nachdem sie unter einer bürgerlichen Regierung gelebt haben, sich im Bürgerkrieg befinden. Und der Grund, warum dieses der Beobachtung zugängliche Verhalten zivilisierter Menschen die »Schlußfolgerung aus den Leidenschaften« bestätigt, ist eben der, daß diese Folgerung sich auf die Leidenschaften zivilisierter Menschen gründet.

Ein entscheidender Beweis dafür, daß der Naturzustand das Verhalten meint, zu dem zivilisierte Menschen geführt würden, gäbe es selbst den gegenwärtigen, unvollkommenen Herrscher nicht mehr, ist, daß der reine Naturzustand in der Tat durch sukzessive Stufen der Abstraktion von der zivilisierten Gesellschaft erreicht wird. Dies wird oft übersehen. Hobbes' Bild vom reinen Naturzustand ist ganz eindeutig die Negation der zivilisierten Gesellschaft: keine Industrie, keine Kultivierung des Landes, keine Schiffahrt, keine Architektur, keine Künste, keine Wissenschaften, kein gesellschaftlicher Umgang, nur »das menschliche Leben, einsam, armselig, häßlich, roh und kurz«. So eindrucksvoll ist das

20 *Leviathan*, Kap. 13, S. 97; vgl. *Rudiments*, Vorwort, S. II
21 Ibid., Kap. 13, S. 97–98

Bild, daß wir leicht vergessen, auf welche Weise Hobbes dessen unvermeidliche Notwendigkeit begründet. Er leitet sie aus den Begierden von Menschen ab, die insofern zivilisiert sind, als sie nicht nur danach streben, zu leben, sondern gut und bequem zu leben. Von den »drei wesentlichen Streitursachen«, die Hobbes »in der Natur des Menschen« findet und die zusammen den Menschen in diesen rohen Naturzustand drängen würden, gäbe es keine alles überschattende Macht, entwickeln sich die beiden ersten (Konkurrenz und Mißtrauen) aus der menschlichen Neigung, gut zu leben.

Derjenige, der »einen behaglichen Landsitz bepflanzt, einsät, bebaut oder besitzt«[22], muß sich darauf gefaßt machen, von anderen, die danach streben, die Früchte seiner Arbeit zu genießen, überfallen und enteignet zu werden (diese Übergriffe sind der Kern der von Hobbes im Naturzustand gesehenen »Konkurrenz«). Und es ist der Besitzer solch kultivierter Ländereien und behaglicher Gebäude, der furchtsam oder mißtrauisch wird und danach streben muß, sich durch die Unterwerfung so vieler potentieller Gegner, wie überhaupt möglich, zu sichern, das heißt, »alle Menschen, bei denen das möglich ist, mit Gewalt oder List so lange zu unterjochen, bis es keine Macht mehr gibt, die groß genug ist, ihn zu gefährden«. Selbst derjenige, der »froh wäre, in bescheidenem Rahmen behaglich leben zu können«, sieht sich gezwungen, seine Macht auf Kosten anderer auszudehnen, will er eine Chance haben, den Übergriffen anderer zu widerstehen. Um es kurz zu sagen, der Gegenstand, an dem sich gewöhnlich Konkurrenz und Mißtrauen entzünden und der somit zum Kampf aller gegen alle führt, ist ein Gegenstand der Zivilisation – das kultivierte Land und die »behaglichen Landsitze«.

Auch die dritte Streitursache (die Hobbes Ruhmsucht nennt) ist typischer für Menschen, die durch das Leben in der zivilisierten Gesellschaft zu ihrer Wertskala gelangten, als für »natürliche« Menschen. Es ist folgende:

Ein jeder achtet darauf, daß der andere ihn genauso schätzt wie er sich selbst. Auf alle Zeichen von Verachtung und Unterschätzung treibt ihn seine Natur dazu, soweit es der Mut nur zuläßt (und der reicht bei denen, die von keiner umfassenden Gewalt befriedet werden, bei wei-

22 Ibid., Kap. 13, S. 95

tem zur gegenseitigen Vernichtung aus), von seinen Verächtern eine größere Wertschätzung zu erzwingen, indem er ihnen Schaden zufügt, und
von den übrigen, indem er ein Exempel statuiert.[23]

Alle drei Streitursachen werden als Faktoren dargestellt, die in
jeder Art von Gesellschaft wirken, aber nur dann Unheil bringen,
wenn sie von keiner umfassenden Gewalt im Zaum gehalten werden. Konkurrenz, Mißtrauen und Ruhmsucht, weit davon entfernt, nur für den rohen Naturzustand charakteristisch zu sein,
sind die Faktoren der gegenwärtigen bürgerlichen Gesellschaft,
die sie in den Zustand der Roheit zurückwerfen würden, gäbe es
keine allgemein anerkannte Autorität. Sie sind »natürliche« Anlagen des Menschen der bürgerlichen Gesellschaft. Für Hobbes ist
»natürlich« kein Gegensatz zu sozial oder bürgerlich. »Die natürliche Bedingung der Menschheit« ist ein Kapitel des *Leviathan*
überschrieben, in dem Hobbes die gegenwärtigen Anlagen des
Menschen bis zu ihrem tierisch rohen Zustand zurückverfolgt. Die
natürliche Bedingung der Menschheit ist im jetzigen Menschen
gegenwärtig, nicht abgesondert von ihm in Zeit und Raum.
Wäre in der Literatur der Terminus »Naturzustand« nicht so eng
mit Hobbes verwachsen, so wäre es vorteilhaft, ihn ganz fallenzu-
lassen und sich stattdessen an einen anderen zu halten, etwa »die
natürliche Bedingung der Menschheit«, der eher auf etwas im
Menschen Angelegtes hindeutet. Hobbes selbst gebrauchte selten
den Begriff »Naturzustand«. In den *Elements* ist das betreffende
Kapitel »Über die Bedingung der Menschen in der bloßen Natur«[24] überschrieben. Es wird eröffnet mit der Feststellung, er
wolle nun, nachdem er alle natürlichen (körperlichen und seelischen) Eigenschaften des Menschen beschrieben habe, »untersuchen, welches Maß an Sicherheit diese unsere Natur uns gewährt«,
und er fährt fort, die »natürliche« Bedingung der Menschen in
allen Lagen zu beschreiben, d. h. ihre natürliche Gleichheit, Eitelkeit und Begierde, ohne dieser Bedingung einen besonderen Namen zu geben. Danach zeigt er, daß dies mit Notwendigkeit zu
einem rohen Zustand führen würde, gäbe es keine anerkannte
Autorität, und er spricht von »Kriegszustand«, um jene Situation zu beschreiben. In ähnlicher Weise verwendet er »die natür-

23 Ibid., S. 95–96
24 *Elements,* Teil I, Kap. 14 (Titel auf S. XV)

liche Bedingung der Menschheit« als Kapitelüberschrift im *Leviathan;* er beginnt mit einer Erörterung der natürlichen Bedingung der Menschen in allen Lebenslagen (natürliche Gleichheit, Konkurrenz, Mißtrauen und Eitelkeit), wodurch er die drei Streitursachen »in der Natur des Menschen« ermittelt, doch ohne diesem Zustand einen besonderen Namen zu geben; dann zeigt er, daß die Menschen, falls sie keine höchste Gewalt über sich haben, in den rohen Zustand verfallen müssen, den er »Kriegszeit oder Kriegszustand« nennt.

In diesen beiden Abhandlungen, in denen er den Begriff »Naturzustand« vermeidet, vor allem aber im *Leviathan* kann man unterscheiden zwischen der natürlichen Bedingung der Menschen (d. h. dem Zustand, in dem sie sich, aufgrund ihrer Natur, in allen Lagen befinden oder zu befinden streben, sei es innerhalb, sei es außerhalb der bürgerlichen Gesellschaft) und dem Kriegszustand (d. h. dem Zustand, der sich ergeben würde, wenn eine höchste Gewalt fehlte, oder der die Folge einer hypothetischen Ausschaltung dieser Autorität ist). In den *Rudiments* dagegen, wo er den Begriff »Naturzustand« gebraucht[25], tut er es unterschiedslos für beide Zustände, so daß deren Differenzierung verlorengeht. Und durch den Verlust dieser Differenzierung geht auch der hypothetische Charakter des Kriegszustandes verloren (der, sei's auch verschwommen, in den *Elements* und im *Leviathan* beibehalten wird), denn hier – in den *Rudiments* – wird von dem mit dem Kriegszustand identifizierten Naturzustand gesagt, er sei »der natürliche Zustand der Menschen, bevor sie in die Gesellschaft eintraten«.[26]

Es kann indes wenig Zweifel darüber bestehen, daß der Naturzustand sowohl in den *Rudiments* als auch in den anderen beiden Werken eine logische Abstraktion aus dem Verhalten der Menschen in der zivilisierten Gesellschaft ist. In den *Rudiments* ist es sogar noch klarer als in den beiden anderen Abhandlungen, daß Hobbes die »natürlichen« Neigungen des Menschen entdeckte, indem er ein wenig hinter die bloße Erscheinungsform der damaligen Gesellschaft schaute, und daß der Naturzustand eine zweistufige logische Abstraktion ist, in der zunächst des Menschen

25 *Rudiments,* Kap. 1, Abschn. 4, 10, 15; vgl. Kap. 8, Abschn. 1
26 Ibid., Abschn. 12; vgl. Abschn. 13

natürliche Anlagen aus dem bürgerlichen Rahmen herausgelöst und dann im Kriegszustand zu ihrer logischen Konsequenz geführt werden. Denn die *Rudiments,* in denen die ganze physio-psychologische Analyse des Menschen als eines Systems sich bewegender Materie fehlt, werden mit einer brillanten Durchleuchtung des menschlichen Verhaltens in der gegenwärtigen Gesellschaft eröffnet, die des Menschen »natürliche« Anlagen offenbart und geradewegs zur Deduktion des notwendig folgenden Kriegszustands fortschreitet – vorausgesetzt, es gibt keinen Souverän.

Wie und zu welchem Zweck sich die Menschen zusammenfinden, läßt sich am besten aus ihrem Verhalten während ihres Zusammentreffens ersehen. Wenn sie sich treffen, um zu handeln, so ist es klar, daß ein jeder nicht den Geschäftspartner im Auge hat, sondern nur sein Geschäft; wird ein Geschäft abgewickelt, so hat dies eine gewisse Geschäftsfreundschaft zur Folge, die mehr von Eifersucht an sich hat als von wahrer Freundschaft, und aus der gelegentlich Gruppenbildungen hervorgehen mögen, niemals aber wirkliches Wohlwollen[27]; kommen die Menschen zusammen, um Vergnügen oder Erholung zu finden, so bereitet einem jeden das am meisten Vergnügen, was Lachen erregt, wobei er (gemäß der Natur des Lächerlichen) durch Vergleich mit eines anderen Defekten und Mängeln in der eigenen Meinung um so leuchtender erscheint; und wenn dies auch oft ganz unschuldig, ohne jemanden beleidigen zu wollen, geschieht, so offenbart sich doch, daß sich der Mensch weniger an der Gesellschaft als an seiner eigenen nichtigen Eitelkeit erlabt. Meistens jedoch wird bei dieser Art von Zusammenkünften den Abwesenden am Zeuge geflickt; ihr ganzes Leben, ihre Aussagen, ihre Tätigkeiten werden untersucht, verurteilt, verdammt; es ist selten, daß einen Anwesenden ein Seitenhieb trifft, bevor er geht: so war derjenige gut beraten, der sich zur Gewohnheit machte, eine Gesellschaft immer als letzter zu verlassen. Und dies sind wahrlich die angenehmsten Freuden der Gesellschaft; sie werden uns von der Natur geschenkt, d. h. durch jene Leidenschaften, die allen Geschöpfen eingegeben sind... Allen Menschen, die die menschlichen Angelegenheiten etwas genauer erforschen, ist es durch Erfahrung klar geworden, daß alle freien Zusammenkünfte ihren Ursprung entweder in gemeinsamer Armut oder in eitler Ruhmsucht haben. Kommen sie daher zusammen, so bemühen sie sich darum, entweder einen Gewinn mit heim zu nehmen, oder Achtung und Ehrerbietung (εὐδοκιμεῖν) bei denen zu hinterlassen, mit denen sie sich zusammenfanden. Zu demselben Ergebnis gelangt auch der Verstand allein aufgrund der Definition von Wille, Güte, Ehre, Vorteil.[28]

27 »benevolentia« in der lateinischen Fassung
28 Ibid., Abschn. 2, S. 22–24

Die Natur des Menschen wird also in erster Linie durch die Beobachtung der zeitgenössischen Gesellschaft ermittelt und zusätzlich durch die Prüfung von Definitionen bestätigt.

Aus dieser Analyse der Natur des gesellschaftlichen Menschen folgert Hobbes die notwendige Tendenz zum Kriegszustand. Seine Deduktion schließt zunächst das Element der Furcht aus, nämlich Furcht sowohl vor dem Herrscher als auch vor anderen Individuen. Nimm die Menschen wie sie jetzt sind, lasse ihre Furcht vor unangenehmen oder tödlichen Folgen ihrer Handlungen beiseite, und ihre gegenwärtigen natürlichen Neigungen werden direkt zum Kriegszustand führen. Die Zergliederung des menschlichen Verhaltens in der gegenwärtigen Gesellschaft zeigt, daß jede Gesellschaft »entweder auf Gewinn oder auf Ruhm aus ist; d. h. nicht so sehr auf Liebe zu unseren Mitbürgern als auf Liebe zu uns selbst«. Da man Gewinn und Ruhm »besser durch Beherrschung anderer als durch ihre Gesellschaft erlangt, so wird, wie ich hoffe, niemand daran zweifeln, daß die Menschen, wäre alle Furcht beseitigt, durch ihre Natur viel eher dazu gedrängt würden, zur Herrschaft als zur Gesellschaft zu gelangen«.[29]

Lassen wir also hypothetisch alle Furcht (sowohl vor einem Herrscher als auch vor anderen Individuen) beiseite, so folgt der reine Naturzustand (der Kriegszustand). Nun ist aber der reine Naturzustand ein Zustand, in dem die Furcht vor anderen Individuen allgegenwärtig sein muß. Vergegenwärtigen wir uns daher noch einmal die Furcht vor anderen Individuen (die in der Tat nie fehlt), so sehen wir, daß sie durch das Fehlen eines Herrschers noch verstärkt wird. Daraus folgt, daß der reine Naturzustand oder Kriegszustand der (begierigen und furchtsamen) Natur des Menschen widerspricht. »Und so geschieht es, daß es uns infolge der gegenseitigen Furcht als ratsam scheint, uns dieses Zustands zu entledigen und Gleichgesinnte zu finden«, indem wir einen Herrscher, der fähig ist, uns zu schützen, einsetzen oder anerkennen.[30]

Der Kriegszustand ist in den *Rudiments* also ein hypothetischer Zustand, zu dem man durch rein logische Abstraktion gelangt. Wenn nun Hobbes diesen Zustand als »Naturzustand« bezeichnet, so macht er es uns leicht, diesen »Naturzustand« mißzuverstehen:

29 Ibid., Abschn. 2, S. 24
30 Ibid., Abschn. 13–14, S. 29–30

entweder als eine der bürgerlichen Gesellschaft historisch vorausgehende Situation oder als einen hypothetischen Zustand, deduziert aus den »natürlichen« Eigenschaften der Menschen, die völlig unabhängig von ihren gesellschaftlich erworbenen gesehen werden. Die Schwierigkeit, in die uns Hobbes' Begriff des Naturzustands führt, ist die, daß er zwei Zustände miteinander zu vermengen strebt: den der Antipathie und der Konkurrenz, in dem die Menschen aufgrund ihrer Natur ständig befangen sein sollen, und den rohen Zustand des Krieges. Die Wahrscheinlichkeit einer solchen Vermischung ist größer beim Gebrauch des Terminus »Naturzustand« (wie in den *Rudiments*) als bei seiner Vermeidung; gänzlich fehlen wird sie hingegen nie. Wenn wir uns jedoch ständig die Tatsache vor Augen halten, daß die Menschen, die ohne eine höchste Gewalt dem Kriegszustand verfallen würden, zivilisierte Menschen sind, mit verfeinertem Streben nach angenehmem Leben und verfeinertem Geschmack an erhabenen Empfindungen, dann brauchen wir nicht den Fehler zu begehen, Hobbes' Naturzustand als eine Analyse entweder des primitiven Menschen oder des aller sozialen Errungenschaften enthobenen Menschen zu verstehen.

Eine dritte Bestätigung, daß Hobbes' Naturzustand nicht von den gesellschaftlich erworbenen Merkmalen des zeitgenössischen Menschen abstrahiert, sondern nur von der Möglichkeit, Gesetze und Verträge durchzusetzen, also von der Furcht vor einem Herrscher (und zeitweilig auch, wie wir bei den *Rudiments* gesehen haben, von der Furcht vor anderen Individuen), ergibt sich aus dem, was Hobbes' Mensch im rohen Naturzustand als schmerzlichen Mangel empfinden würde – gerade die Güter des zivilisierten Lebens würde er vermissen: Eigentum, Industrie, Handel, Künste und Wissenschaften, aber auch Sicherheit für sein Leben. Ohne diese Güter zu leben, widerspricht der Natur des Menschen. Und ihre Entbehrung ist es, die den Hobbesschen natürlichen Menschen dazu treibt, einen Ausweg aus dem Naturzustand zu suchen. »Die Leidenschaften, die den [natürlichen] Menschen dem Frieden geneigt machen, sind die Furcht vor dem Tode; die Begierde nach jenen Dingen, die für ein angenehmes Leben nötig sind; und die Hoffnung, sie durch Fleiß zu erreichen«.[31] Die Schwäche für ein

31 *Leviathan*, Kap. 13, S. 98

angenehmes Leben ist eine Schwäche des Hobbesschen natürlichen Menschen. Ein natürlicher Mensch ist ein zivilisierter Mensch, nur ohne die Beschränkung durch Gesetze.

c. Von der physiologischen zur sozialen Bewegung

Wir haben gesehen, daß Hobbes' Naturzustand weder eine Beschreibung der notwendigen Verhaltensweisen primitiver Menschen ist (mögen sich ihm primitive Menschen auch mehr annähern als Menschen unter einer etablierten bürgerlichen Regierung) noch eine Beschreibung der notwendigen Verhaltensweisen des menschlichen Tieres, wenn man von allen seinen gesellschaftlich erworbenen Begierden absieht. Der Naturzustand ist eine Deduktion aus den Begierden und anderen Merkmalen nicht des Menschen als solchen, sondern des zivilisierten Menschen.

Wir gehen nun dazu über, die Kette der Hobbesschen Deduktion von Beginn an zu untersuchen. Die physiologische und psychologische Analyse der menschlichen Natur, mit der Hobbes den deduktiven Beweisgang in den *Elements* und im *Leviathan* eröffnet, beginnt als eine Analyse der Natur oder der Bewegung des Menschen, losgelöst von jedem sozialen Bezugssystem. Sie befaßt sich – jedenfalls scheint es so – nur mit dem natürlichen, nicht mit dem zivilisierten Menschen. Doch wenn es dann, sobald der Gedankengang den hypothetischen Naturzustand erreicht, um den zivilisierten Menschen geht, stellt sich die Frage, wann denn die »Zivilisation« in die Beweisführung hineingekommen sei.

Die Frage mag als unnötig erscheinen, da es Zivilisation in gewissem Sinne immer gab. Hobbes selbst weist uns darauf hin, daß sich die psychologische Analyse auf den zeitgenössischen Menschen bezieht: »Wer immer sich selbst erforscht und darauf achtet, was er tut, wenn er *denkt, meint, überlegt, hofft, fürchtet* etc., und aus welchen Gründen er es tut, wird hierdurch erkennen und wissen, welches die Gedanken und Leidenschaften aller übrigen Menschen bei gleichem Anlaß sind.« Der Leser des *Leviathan* wird aufgefordert, Hobbes' Auffassung vom Menschen zu bestätigen, er braucht nicht mehr zu tun als »darauf zu achten, ob er nicht in sich selbst das gleiche findet. Denn diese Art von Lehre läßt keine andere Demonstration zu«.[32] In der Tat liegt die Vermutung nahe,

32 Ibid., Einl. S. 9, 10

daß Hobbes von Anfang an die Natur des zivilisierten Menschen analysierte. Denn die Methode der Resolution und Komposition, die er bei Galilei so bewunderte und seinerseits übernahm[33], führte ihn dazu, die bestehende Gesellschaftsordnung in ihre einfachsten Elemente zu zerlegen, um sie dann wieder zu einem logischen Ganzen zusammenzufügen. Das Zerlegen mußte also von der existierenden Gesellschaft zu den existierenden Individuen fortschreiten und weiter zu den ersten Elementen von deren Bewegung. Hobbes läßt uns nicht am analytischen Teil seines Gedankengangs teilhaben, er legt uns nur dessen Resultat vor und führt uns dann durch den synthetischen Teil. Der Weg seines Denkens war der vom Menschen in der Gesellschaft zurück zum Menschen als einem mechanischen System bewegter Materie und erst dann wieder hin zu des Menschen notwendigem Verhalten in der Gesellschaft. Aber nur auf dem zweiten Teil des Weges wird der Leser mitgenommen. Und weil Hobbes seine Darstellung (im *Leviathan* und in den *Elements*) mit der physiologischen und psychologischen Analyse des Menschen als eines Systems bewegter Materie beginnt, vergißt der Leser leicht, daß die ganze Konstruktion auf Hobbes' Vorstellung von der zivilisierten Gesellschaft gründet.

Gleichwohl ist es nötig zu untersuchen, wann die Zivilisation in seine Konstruktion hineingenommen wird. Bei der Methode der Resolution und Komposition besteht die Stufe der Resolution nicht nur darin, daß die Phänomene in ihre einfachsten Bestandteile zerlegt werden, sondern auch darin, daß dies mit beträchtlichem Aufwand an Abstraktion geschieht. In dieser Abstraktion mag etwas vom komplexen Ganzen (in unserem Fall der Gesellschaft und der Natur des *zivilisierten* Menschen) verlorengehen. Und Hobbes hat, so scheint es zumindest, in seiner einleitenden Betrachtung über die menschliche Natur spezifische Zivilisationsmerkmale des Menschen beiseitegelassen. Wir müssen also nachprüfen, wann und auf welche Weise sie auf der Stufe der Komposition wieder auftreten. Eine solche Untersuchung ist bei den *Rudiments* weniger dringlich, denn hier geht Hobbes nach einem kurzen Blick auf die zeitgenössische Gesellschaft direkt zur Konstruktion des Naturzustandes über, ohne sich auch nur im gering-

33 Über seine Anwendung dieser Methode siehe J. W. N. Watkins, »Philosophy and Politics in Hobbes«, *Philosophical Quaterly*, Bd. V, Nr. 19 (1955), 125–46

sten auf jenen höheren Grad von Abstraktion einzulassen, der die einleitende psychologische Analyse in den *Elements* und im *Leviathan* auszeichnet.

Dem von Hobbes in den ersten Kapiteln des *Leviathan* skizzierten Menschen sollten wir mit größerem Verständnis begegnen können als die Zeitgenossen von Hobbes, denn dieser Mensch hat große Ähnlichkeit mit einer automatischen Maschine. Sie bewegt sich nicht nur selbst, sie dirigiert sich auch selbst. Sie ist mit einer Ausrüstung ausgestattet, die es ihr ermöglicht, ihre Bewegung zu ändern als Reaktion auf die Verschiedenartigkeit der von ihr gebrauchten Materialien und des von anderer Materie auf sie ausgeübten oder auch nur erwarteten Drucks. Die ersten fünf Kapitel des *Leviathan* beschreiben die Einzelheiten dieser Ausrüstung: die Sinne, die den Druck äußerer Körper empfangen und den Impuls über die Nerven zum Gehirn und zum Herzen übertragen, die dann einen Gegendruck erzeugen; die Phantasie oder das Gedächtnis, die in der Lage sind, vergangene Sinneseindrücke wachzurufen und Erfahrungen zu sammeln; der Mechanismus des »Stroms der Gedanken« oder des »Stroms der Einbildungen«, der nach den »Ursachen irgendwelcher gegenwärtiger oder vergangener Wirkungen« sucht oder nach den »Wirkungen gegenwärtiger oder vergangener Ursachen«[34], wodurch der Mechanismus befähigt wird, das wahrscheinliche Resultat verschiedener möglicher Handlungen, die er ausführen könnte, vorauszusagen; die Sprache, die es der Maschine ermöglicht, sich mitzuteilen und Mitteilungen zu empfangen sowie die eigenen Gedanken zu ordnen; und der Verstand, der durch Addition und Subtraktion von Wörtern und deren Folgen zu allgemeinen Sätzen und Regeln für seine eigene Orientierung findet.

Kapitel sechs des *Leviathan* erörtert die der Maschine eingeprägte allgemeine Richtung und das von ihr verfolgte Ziel. Die Maschine ist darauf aus, ihre eigene Bewegung fortzusetzen. Sie tut dies, indem sie sich zu Dingen hinbewegt, die, wie sie kalkuliert, der Fortsetzung ihrer Bewegung förderlich sind, und sich von Dingen fortbewegt, die es nicht sind. Bewegung »hin zu« nennt man Begierde oder Wunsch, Bewegung »fort von« Abneigung. Einige der Begierden und Abneigungen, etwa in bezug auf Nahrung, sind

---

34 *Leviathan*, Kap. 3, S. 20

der Maschine eingeprägt, die meisten jedoch sind durch »Erfahrung und Erprobung ihrer Wirkungen auf sich selbst oder auf andere Menschen« gewonnen worden.[35] Die erworbenen Begierden und Abneigungen beziehen sich nicht immer auf die gleichen Dinge: sie differieren von Maschine zu Maschine (denn diese haben verschiedene Erfahrungen) und innerhalb derselben Maschine zu verschiedenen Zeiten (denn jede »ist in dauernder Bewegung«).[36] Was immer eine Maschine zum Gegenstand ihrer Begierden hat, das registriert sie als gut, und was sie zum Gegenstand ihrer Abneigung hat, als schlecht. Jede sucht daher das für sie Gute und vermeidet das für sie Schlechte.

Alle seelischen Zustände und allgemeinen Dispositionen des Menschen wie Hoffnung, Verzweiflung, Furcht, Mut, Zorn, Vertrauen, Mißtrauen, Gier nach Reichtum, Ehrgeiz in bezug auf Ämter oder Privilegien, Furchtsamkeit, Großzügigkeit, Liebe, Eifersucht, Rachgier, Trauer, Mitleid, Wettbewerbsstreben und Neid können auf die Begierde nach dem, was ihm in verschiedenen Situationen als gut erscheint, reduziert werden.

Die Handlungen eines jeden Menschen werden durch seine Neigungen und Abneigungen bestimmt, oder vielmehr durch seine Berechnung der wahrscheinlichen Auswirkungen einer von ihm möglicherweise zu realisierenden Handlung auf die Befriedigung seiner Begierden.

Erwachen im Menschen wegen ein und desselben Gegenstandes abwechselnd Begierde und Abneigung, Hoffnung und Furcht; kommen uns nacheinander die guten und die abträglichen Folgen sei's der Ausführung, sei's der Unterlassung einer beabsichtigten Handlung in den Sinn, so daß wir manchmal den Wunsch nach ihr, manchmal eine Abneigung gegen sie verspüren, manchmal hoffen, sie realisieren zu können, manchmal daran zweifeln oder uns davor fürchten, sie zu versuchen, dann nennen wir die ganze Summe von Begierden, dieses Wechselspiel von Wünschen und Abneigungen, Hoffnungen und Befürchtungen, die erst ein Ende finden, wenn die Handlung entweder ausgeführt oder als unmöglich verworfen wird, ÜBERLEGUNG.[37]

Alle willentlichen Handlungen werden durch Überlegung bestimmt. »Denn ein *willentlicher Akt* ist ein solcher, der aus dem

35 Ibid., Kap. 6, S. 40
36 Ibid.
37 Ibid., Kap. 6, S. 46

Willen hervorgeht, und kein anderer.« Und *Wille »ist die letzte Neigung beim Überlegen«.*[38] Schließlich, »weil Leben selbst nichts anderes als Bewegung ist und niemals ohne Begierde und ohne Furcht sein kann, so wenig wie ohne die Sinne«, ist jedermann darauf aus, dauernd erfolgreich in der Erlangung jener Dinge zu sein, die er von Zeit zu Zeit begehrt und begehren wird.[39]

Bis jetzt wurde in der ganzen Hobbesschen Analyse die Beziehung einer dieser sich selbst bewegenden Maschinen zu anderen Maschinen nur in der Analyse der Seelenzustände und allgemeinen Dispositionen der Menschen angedeutet. Einige davon (z. B. Entrüstung, Nächstenliebe, Gier, Ehrgeiz, Selbstbeherrschung, Großzügigkeit, Eifersucht, Rachgier, Mitleid, Grausamkeit, Wetteifer, Neid) erklärt Hobbes als Beziehungen zwischen Menschen oder als Auswirkungen ihrer Beziehungen untereinander. Doch ist die Analyse dieser Seelenzustände nebensächlich für den Hauptstrang seiner Deduktion. Sie zeigt, welch breiter Fächer menschlicher Eigenschaften im Rahmen des Hobbesschen Postulats, daß die Menschen sich selbst bewegende und sich selbst steuernde begierige Maschinen seien, erklärt werden kann; es ist dies aber eher eine zusätzliche Bestätigung des ursprünglichen Postulats als eine Stufe in der Deduktion von der Natur der Mechanismen hin zur notwendigen Kampfbereitschaft aller gegen alle.

Die nächsten für die Hauptdeduktion entscheidenden Sätze finden sich in Kapitel acht, wo Hobbes bei der Darstellung geistiger Tugenden zwei aus Erfahrung abgeleitete Feststellungen trifft. Eine von ihnen hat die Beziehung der Menschen untereinander zum Gegenstand, die andere die Unterschiede zwischen den Anlagen verschiedener Menschen. Die erste besagt, daß die Menschen alles im Vergleich mit dem, was andere haben, bewerten: »Tugend ist allgemein und bei allen Gegenständen etwas, das geschätzt wird, weil es hervorragt; es besteht im Vergleich. Denn wenn alle Dinge bei allen Menschen gleich wären, wäre nichts erstrebenswert.«[40] Die zweite besagt, daß der Unterschied im Verstand verschiedener Menschen (d. h. ihrer Fähigkeit, klug und vernünftig mit auftauchenden Problemen fertig zu werden) hauptsächlich

---

38 Ibid., S. 47
39 Ibid., S. 48
40 Ibid., Kap. 8, S. 52

von der verschieden starken Entwicklung ihres »Strebens nach Macht, Reichtum, Wissen und Ehre« abhängt. Manche haben »keine große Begierde nach diesen Dingen«, andere haben sie, und der Unterschied der Leidenschaften entstammt »nicht nur der unterschiedlichen Gemütsart der Menschen, sondern auch ihrer unterschiedlichen Sitte und Erziehung«.[41]

Erst in Kapitel zehn jedoch beginnt Hobbes mit der ernsthaften Analyse der Beziehung zwischen den sich selbst bewegenden Maschinen, und Kapitel zehn und elf enthalten nahezu alles, was Hobbes über diese Beziehungen zu sagen hat. Es sei angemerkt, daß Kapitel zehn und elf von Beziehungen zwischen den in etablierten Gesellschaften lebenden zivilisierten Menschen handeln, und daß diese beiden Kapitel mit einer Ausnahme alle wichtigen Sätze enthalten, aus denen Hobbes in Kapitel dreizehn die Notwendigkeit eines Krieges aller gegen alle, beim Fehlen einer höchsten Gewalt, deduziert. Die einzige dafür notwendige Feststellung, die bis Kapitel dreizehn nicht berücksichtigt wird, ist die natürliche Gleichheit der Menschen, die benötigt wird, um zu zeigen, daß der Kriegszustand durch den Triumph eines Einzelnen über die anderen nie ein Ende finden könnte.

Kurz, erst in Kapitel zehn und elf findet sich der eigentliche Übergang vom Menschen als einer Maschine an und für sich zum Menschen als einer Maschine in einem System sozialer Beziehungen. Es ist zu erwarten, daß wir erst in diesen Kapiteln neue Postulate finden werden, konstatierte oder implizierte, die für die Deduktion des Naturzustandes erforderlich sind, und daß wir erst hier sehen können, inwieweit diese Postulate von den beobachteten Beziehungen der Menschen in einer spezifischen Gesellschaft hergeleitet sind.

Was in den Kapiteln zehn und elf behandelt wird, erstreckt sich im wesentlichen von der neutralen Definition der Macht, mit der Kapitel zehn anhebt (»Die Macht *eines Menschen* – wenn man sie ganz allgemein betrachtet – ist seine gegenwärtige Möglichkeit, ein zukünftiges anscheinendes Gut zu erlangen«) bis zu der Schlußfolgerung zu Beginn von Kapitel elf: »So nenne ich an erster Stelle – als eine allgemeine Neigung der ganzen Menschheit – das ständige und ruhelose Streben nach immer neuer Macht, das allein mit

41 Ibid., S. 56

48

dem Tod endet.«[42] Macht bedeutet jetzt Macht über andere Menschen, und diese Folgerung führt unmittelbar zum Kriegszustand
des dreizehnten Kapitels, sobald alle politische Autorität und aller
Zwang zur Einhaltung der Gesetze kraft Hypothese ausgeschaltet
werden.

Die Frage ist nun, wie Hobbes von der neutralen Definition der
Macht zum Streben jedes Menschen nach immer mehr Macht über
andere Menschen gelangt.

Im *Leviathan* charakterisiert er die Macht, kurz nach ihrer neutralen Definition, als entweder ursprünglich (oder natürlich) oder
instrumental, und stellt fest:

Natürliche Macht ist der Vorrang der Fähigkeiten des Körpers und des
Geistes: außerordentliche Stärke, Schönheit, Klugheit, Kunstfertigkeit,
Beredsamkeit, Freigiebigkeit und Vornehmheit. *Instrumentale Macht*
sind die durch jene Vorzüge oder einen Glücksumstand erlangten Mittel
und Werkzeuge, noch größere Macht zu gewinnen: Reichtum, Ansehen,
Freunde und den verborgenen Beistand Gottes, den man als Glück bezeichnet. Denn die Macht verhält sich in diesem Punkte wie ein Gerücht:
je weiter es kommt, desto mehr wächst es an; oder auch wie die Bewegung schwerer Körper, die um so schneller wird, je tiefer sie fallen.[43]

Es sei bemerkt, daß des Menschen natürliche Macht nicht einfach
als seine natürliche Fähigkeit (Stärke, Klugheit etc.) definiert wird,
sondern als der Vorrang dieser Fähigkeit. Der Vorrang seiner
Fähigkeit über die der anderen befähigt ihn, instrumentale Macht
(Reichtum, Ansehen, Freunde) zu erwerben. Die menschliche
Macht ist keine absolute, sondern eine komparative Größe. Sie
besteht nicht, wie vielleicht aus der ersten oder neutralen Definition der Macht geschlossen werden könnte, aus den persönlichen
Fähigkeiten eines Menschen *plus* einer durch die Anwendung
jener Fähigkeiten erworbenen Befehlsgewalt über irgendwelche
Dinge; sie besteht vielmehr aus der Überlegenheit seiner persönlichen Fähigkeiten über die anderen Menschen *plus* dem, was er
dadurch erreicht. Aus dieser neuen Definition der Macht ergibt
sich ein neues Postulat, nämlich daß die Fähigkeit eines jeden
Menschen, das, was er wünscht, auch zu bekommen, auf dieselbe
Fähigkeit jedes anderen Menschen trifft. Dieses Postulat wird in

42 Ibid., Kap. 11, § 2, S. 75
43 Ibid., Kap. 10, S. 66

parallelen Passagen der *Elements* ausdrücklich aufgestellt. Die Macht eines Menschen, das, was er begehrt, zu bekommen, wird dort zunächst definiert als

die körperlichen und geistigen Fähigkeiten [und] die durch sie erlangten Machtmittel [wie] Reichtum, eine einflußreiche Stellung, Freundschaft oder Wohlwollen und Glück. [Hieran schließt sich die Feststellung an:] Da aber die Macht des einen den Auswirkungen der Macht der anderen Widerstand entgegensetzt und sie behindert, so kann Macht schlechthin nichts anderes sein als die Überlegenheit der Macht des einen über die des anderen. Denn gleiche Quanten an Macht, einander gegenüberge-stellt, zerstören sich gegenseitig; darum heißt ihr Gegenüberstehen Kampf und Streit.[44]

Eines jeden Menschen Macht trifft auf den Widerstand der Macht anderer, so daß die »Macht schlechthin« als eine komparative und nicht absolute Größe neu definiert werden kann. Dieses Postulat der Machtopposition bei Individuen ist neu: in den früheren Thesen über den Menschen als einen sich selbst bewegenden, die Fortset-zung oder Erweiterung seiner Bewegung erstrebenden Mechanis-mus ist es nicht enthalten.[45]

Gäbe es irgendeinen Zweifel an der Allgemeingültigkeit der von Hobbes in diesem Postulat konstatierten Machtopposition, so würde er ausgeräumt durch seine Untersuchung verschiedener spe-zifischer Machtkonstellationen in der Gesellschaft und seine Ana-lyse von Wert- und Ehrbegriffen, die sowohl im *Leviathan* als auch in den *Elements* jenen Machtdefinitionen folgen. Der Grund, warum Dinge wie Reichtum und Ansehen Macht bedeuten, ist im *Leviathan* der, daß sie Angriffs- und Abwehrstärke gegenüber an-deren garantieren:

Reichtum verbunden mit Freigiebigkeit ist Macht, weil man dann Freunde und Diener gewinnt; nicht so ohne Freigiebigkeit, weil man in diesem Falle nicht geschützt, sondern dem Neid zur Beute gegeben wird. Der Ruf, mächtig zu sein, ist Macht, da sich dann all jene um uns scha-ren, die Schutz suchen... Auch ist jede Eigenschaft, die dazu führt, daß ein Mensch von vielen geliebt oder gefürchtet wird, oder auch nur der

44 *Elements,* Teil I, Kap. 8, Abschn. 4, S. 26
45 Man könnte behaupten, es sei in der früheren, bereits aus Kapitel acht des *Le-viathan* bekannten Feststellung eingeschlossen, daß jede Tugend in einer Überlegenheit, also in einem Vergleich besteht; aber auch diese Feststellung läßt sich aus den physio-logischen Postulaten nicht ableiten.

Ruf einer solchen Eigenschaft Macht, denn dann sind uns Hilfe und Dienst vieler gewiß.[46]

Alle erworbenen Machtmittel, die Hobbes beschreibt, sind defensive und offensive Möglichkeiten anderen gegenüber. Und alle bestehen sie in der Befehlsgewalt über einen Teil der Machtmittel anderer Menschen; sie sind das Produkt einer Transferierung von Macht. Hobbes definiert erworbene Macht letztlich als Fähigkeit, über die Dienste anderer Menschen zu verfügen. Des Menschen Macht über die Natur, seine Fähigkeit, die Natur aus eigener Kraft, Intelligenz und Geschicklichkeit umzuformen, muß offensichtlich seiner ursprünglichen, nicht seiner erworbenen Macht zugerechnet werden. Die Macht von Menschen, die sich vereinigen, um die Natur umzuformen, wird nicht berücksichtigt.

Hobbes' Analyse von Wert- und Ehrbegriffen – sie folgt der Beschreibung der verschiedenen Machtkategorien – vervollständigt sein Bild der menschlichen Beziehungen in der Gesellschaft. Machttransferierungen erscheinen als so üblich, daß sozusagen ein Macht-Markt entsteht. Die Macht eines Menschen wird als Ware betrachtet, die, da regelmäßig mit ihr gehandelt wird, einem Marktpreis unterliegt.

Die *Geltung* oder der WERT eines Menschen ist, wie bei allen anderen Dingen, sein Preis, d. h. das, was man für den Gebrauch seiner Macht zu geben bereit ist. Er ist also kein absoluter Wert, sondern von Bedarf und Urteil anderer abhängig… Wie bei anderen Dingen, so bestimmt auch beim Menschen nicht der Verkäufer, sondern der Käufer den Preis. Ein Mensch mag sich selbst so hoch einschätzen, wie er will (und die meisten tun es), es zeigt sich doch sein wahrer Wert nur im Urteil anderer.[47]

Der Wert, den sich die Menschen gegenseitig zubilligen, richtet sich im Gegensatz zu dem Wert, den sie sich selbst beimessen, nach dem Maß von Verehrung oder Verachtung, das ihnen von anderen zuteil wird, wie es der positive oder negative Respekt zeigt, den man ihnen auf diese oder jene Weise zollt:

Der gegenseitig zuerkannte Wert ist das, was gewöhnlich Ehre oder Verachtung genannt wird. Jemanden hoch einschätzen, bedeutet ihn *ehren,* jemanden niedrig einschätzen, ihn *verachten.* Hoch und niedrig

46 *Leviathan,* Kap. 10, S. 66
47 Ibid., S. 67

aber muß in diesem Fall im Vergleich zu dem verstanden werden, was jeder von sich selbst hält.[48]

Das Maß der einem Menschen erwiesenen Ehre bestimmt also seinen tatsächlichen Wert, im Gegensatz zu dem Wert, den er sich selbst beimißt. Aber der tatsächliche Wert ist bestimmt durch das, was andere für die Nutzung seiner Macht geben würden. Ehre, wie sie der Betroffene subjektiv auffaßt, ist die Differenz zwischen dem Wert, den er sich selbst beimißt, und seinem Wert auf dem Markt. Aber objektiv gesehen entspricht die Ehre dem Marktwert, der sowohl seine tatsächliche Macht begründet als auch selbst wieder von seiner tatsächlichen oder anscheinenden Macht abhängt. Seine tatsächliche oder anscheinende Macht besteht wesentlich aus seiner Macht, über die Dienste anderer zu verfügen, und die Macht wiederum, die Dienste anderer in Anspruch zu nehmen, gründet sich auf die Einschätzung seiner gegenwärtigen Macht durch die anderen:

Ehrenhaft ist alles – Besitz, Handlung, Eigenschaft –, was als Beweis und Zeichen der Macht angesehen wird... [So] gereicht zur Ehre Herrschaft und Sieg, weil sie durch Macht gewonnen wurden... Reichtum ist ehrenhaft, denn er bedeutet Macht... Schnelle Entschlüsse fassen und Anordnungen treffen, was jemand tun soll, ist ehrenhaft, denn man beweist, daß man kleine Beschwernisse und Gefahren nicht scheut... Hervorragen, d. h. durch Reichtum, Ämter, große Unternehmungen, bedeutende Güter bekannt sein, ist ehrenhaft, denn nur wer Macht hat, kann so berühmt werden... Gier nach großen Reichtümern und Verlangen nach großen Ehren sind ehrenhaft, denn sie sind Zeichen für die Macht, sie erringen zu können... Auch ist es für die Ehrenbezeigung gleichgültig, ob eine Handlung (wenn sie nur großartig und schwierig war und folglich von großer Macht zeugt) gerecht oder ungerecht war. Denn Ehre ist immer nur Anerkennung von Macht.[49]

Wir haben hier die wesentlichsten Charakteristika des freien Marktes vor uns. Der Wert eines jeden Menschen, ausgedrückt durch die ihm von anderen bezeugte Ehre, wird durch das bestimmt und bestimmt seinerseits wieder das, was die anderen von seiner Macht halten und was sich in dem ausdrückt, was sie für die Benutzung dieser Macht zu geben bereit wären. Wertschätzung oder Ehrerbietung ist nicht einfach eine Beziehung zwischen einem,

48 Ibid., S. 68
49 Ibid., Kap. 10, S. 70–71

52

der Ehre oder Verachtung gibt, und einem, der sie empfängt; es ist vielmehr eine Beziehung zwischen demjenigen, der sie empfängt, und allen anderen, die sie ihm geben, d. h. allen anderen Menschen, die sich, wie zufällig und begrenzt auch immer, dafür interessieren, auf welche Weise er seine Macht gebraucht. Sie alle machen sich unabhängig voneinander ein Bild über seine Macht, und zwar im Vergleich zu der Macht, die andere haben, denn seine Nützlichkeit für sie ist keine absolute Größe, sondern eine Größe, die von dem Angebot der anderen abhängt. Und ein jeder wird nicht nur von allen anderen, die sich für die Anwendung seiner Macht interessieren, bewertet, auch er selbst bewertet alle diese anderen. Doch aus dieser enormen Anzahl unabhängiger Werturteile kristallisiert sich der objektive Wert jedes Menschen heraus. Dies ist nur dadurch möglich, daß eines jeden Macht als Ware aufgefaßt wird, d. h. als ein Ding, das gewöhnlich zum Tausch bereit steht und im Wettbewerb angeboten wird. Ein jeder befindet sich auf dem Macht-Markt, entweder als Lieferant oder als Interessent, denn jeder hat entweder einen Teil seiner Macht anderen anzubieten oder möchte die Macht anderer erwerben.

In den *Elements* wird bei der Untersuchung von Ehrerbietung und Wertschätzung von den gleichen Voraussetzungen ausgegangen. Jemanden ehren »heißt begreifen und anerkennen, daß er eine Machtüberlegenheit über denjenigen besitzt, der mit ihm wetteifert und sich mit ihm vergleicht. Und *ehrenhaft* sind jene Zeichen, die jemanden veranlassen, eines anderen Macht und Überlegenheit über den Konkurrenten anzuerkennen.« So sind Stärke, Sieg, Abenteuer, Adel und ähnliche Attribute ehrenhaft; »Reichtum ist ehrenhaft, als Zeichen der Macht, die ihn erwarb«. »...und nach den Zeichen von Ehre und Unehre beurteilen wir Geltung und Wert eines Menschen. Denn jedes Ding ist genauso viel wert, wie jemand für die Nutzung all dessen, was es tun kann, auszugeben bereit ist.«[50] Hier wie auch im *Leviathan* richtet sich der objektive Wert nach dem Urteil anderer, das auf der Nützlichkeit der ihm zugeschriebenen Macht für sie beruht. Der Preis eines jeden pendelt sich ein wie die Preise auf dem Markt. Nur für jene Dinge entwickelt sich ein Marktpreis, die unter den üblichen Be-

50 *Elements*, Teil I, Kap. 8, Abschn. 5, S. 26–27

dingungen zum Verkauf stehen und von Käufern gefragt sind. Wenn man sagt, jeder Mensch habe seinen Wert oder Preis, so setzt man also voraus, daß jedermann entweder Verkäufer seiner Macht oder Käufer der Macht anderer ist (oder beides).

Hobbes' Wertanalyse bereichert nicht nur die Machtdefinitionen und die Beschreibung möglicher Machtkategorien, sie vervollständigt auch wesentlich seine Behauptung, daß das notwendige Verhalten der Menschen in der Gesellschaft ein endloser Kampf um Macht über andere sei. Er ist von der Definition der Macht als der gegenwärtigen Mittel und Möglichkeiten, künftige Güter zu erlangen, zu ihrer Definition als Überlegenheit der Machtmittel des einen über die des anderen gelangt. Die zweite Definition ergibt sich aus dem Postulat, daß die Machtmittel, die es einem Menschen ermöglichen, künftige Güter zu gewinnen, zu den Machtmitteln aller anderen im Gegensatz stehen. Hobbes hat die erworbene Macht als die Macht, sich der Dienste anderer zu bedienen, beschrieben und sie damit im Grunde definiert. Er nahm an, daß infolge der allgemeinen Begierde nach Macht und infolge ihrer leichten Austauschbarkeit ein umfassender Markt für Macht existiert, der den Wert eines jeden Menschen festlegt. Im Laufe der Argumentation hat er verschiedene, in der ursprünglichen psychologischen Analyse nicht vorkommende Annahmen gemacht. Die wichtigste ist die, daß die Macht eines jeden zur Macht jedes anderen im Widerstreit steht, was offenbar ein soziales und kein physiologisches Postulat ist.

Aus diesem Abriß des Hobbesschen Gedankenganges läßt sich klar ersehen, daß die Hinzunahme sozialer Prämissen zu den physiologischen Postulaten kurz nach der neutralen Definition der Macht erfolgt; der Rest der Erörterung über Macht, Wert und Ehre verdeutlicht nur noch einmal die Theorie der Bewegung des Menschen in der Gesellschaft, die jedoch schon in dem Postulat enthalten ist, daß die Macht jedes Menschen zu der jedes anderen in Gegensatz steht. Diese These, zusammen mit der physiologischen, daß jeder Mensch seine Bewegung beizubehalten sucht, reicht aus, den Drang jedes Menschen nach Macht über andere zu begründen.

Das Postulat jedoch, daß die Macht eines jeden der Macht jedes anderen widerstreitet, wird von Hobbes nicht als durch sich selbst einleuchtend dargestellt, sondern fußt auf anderen, logisch früheren Postulaten. Welche das sind, hängt von der Interpretation einiger von Hobbes getroffener Feststellungen ab. Zwei Möglichkeiten stehen offen. Nach der Auffassung, die mir am begründetsten erscheint, ging Hobbes folgerichtig vor, als er die bestehende Machtopposition herleitete (*a*) aus dem physiologischen Postulat, daß einige, nicht alle Menschen die angeborene Begierde nach immer mehr Macht und Vergnügen in sich fühlen, während die übrigen mit ihrer gegenwärtigen Situation zufrieden sind und sie beizubehalten wünschen, und (*b*) aus dem implizierten Postulat, daß die Gesellschaft so fließend oder so brüchig ist, daß das Verhalten der übermäßig gierigen Menschen alle anderen dazu zwingt, sich an dem Wettlauf um die Macht über andere zu beteiligen. Der anderen Interpretation zufolge war Hobbes inkonsequent. Während er manchmal die Opposition der Macht von dem Postulat ableitete, daß einige, aber nicht alle Menschen von Natur aus immer mehr begehren, leitete er sie andere Male wieder von dem physiologischen Postulat ab, daß alle Menschen von Natur aus immer mehr Macht über andere erstreben. Die zweite Auffassung bestreitet nicht, daß Hobbes auch feststellte, nur einige Menschen seien von Natur aus unmäßig; sie betont aber, er sei inkonsequent gewesen, als er das tat.

Es dürfte evident sein, daß Hobbes der Meinung war, nur einige Menschen strebten nach immer mehr Macht. Es sei daran erinnert, daß Hobbes früher schon[51] festgestellt hat, daß nicht jedermann mehr Macht, Reichtum, Wissen oder Ehre begehrt, als er schon besitzt, sei es um ihrer selbst oder um des davon erwarteten Vergnügens willen, und diese Feststellung wird im Kapitel elf des *Leviathan* im unmittelbaren Zusammenhang mit dem Machtkampf in der Gesellschaft wiederholt: dessen Grund sei »nicht immer der, daß der Mensch auf größeres Wohlbehagen hofft, als er schon erreicht hat, oder daß er sich seine gegenwärtige Macht und die Mittel für ein angenehmes Leben nicht sichern kann, ohne mehr hinzuzuerwerben«.[52] Die eingeborenen Wünsche und Be-

---

51 *Leviathan*, Kap. 8, S. 56

52 Ibid., Kap. 11, S. 75. Dieselbe Unterscheidung finden wir im Zusammenhang mit dem Naturzustand in Kap. 13: »es gibt einige, die Vergnügen daran finden, sich ihre Macht bei Eroberungen vor Augen zu führen, die sie weiter treiben, als es ihre Sicherheit erfordert; ... und andere, die froh wären, in bescheidenem Rahmen behaglich leben zu können ...« (S. 95).

gierden des Menschen sind zwar stets vorhanden, aber sie richten sich nicht bei jedem auf eine höhere Stufe der Machtbefriedigung. Alle Menschen in der Gesellschaft (und gleichermaßen im hypothetischen Naturzustand) suchen nach immer mehr Macht, jedoch nicht, weil sie alle ein angeborenes Verlangen danach verspürten. Der seiner Anlage nach gemäßigte Mensch einer Gesellschaft muß einfach deshalb nach mehr Macht suchen, um seinen gegenwärtigen Stand bewahren zu können. Hobbes' Schlußfolgerung, daß alle so handeln müssen, impliziert, daß die soziale Ordnung solcher Art ist, daß sie eine Bedrohung der natürlichen Macht des einen durch die des anderen zuläßt: gäbe es irgendeinen herkömmlichen Schutz der individuellen Sphäre oder eine herkömmliche Beschränkung der miteinander im Wettstreit liegenden Handlungen, und zwar in allen Gesellschaftsschichten, so würden nicht alle gezwungen oder nicht alle in der Lage sein, an dem Wettlauf um größere Macht teilzunehmen.

Wenn wir es daher als Hobbes' Meinung nehmen, daß nicht alle Menschen den angeborenen Wunsch nach immer mehr Macht und Vergnügen haben, so verlangt sein Postulat, daß in der Gesellschaft die Macht eines jeden der Macht jedes anderen entgegenstehe, die Annahme eines Gesellschaftsmodells, welches erlaubt und fordert, daß jeder Mensch den ständigen Übergriffen aller anderen ausgesetzt ist. Daher muß seine Folgerung, daß alle Menschen in einer Gesellschaft nach immer mehr Macht über andere streben, auf derselben Annahme über die Gesellschaft beruhen.[53]

Der andere, sehr überzeugend von Strauss[54] vorgetragene Standpunkt besagt, daß Hobbes (inkonsequenterweise) den Drang nach grenzloser Macht als ein natürliches, angeborenes Begehren des Menschen als solchen verstand, »daß der Mensch *spontan* und *kontinuierlich*, also in *einem* Strahl des Begehrens, ... nach *Macht* und immer größerer Macht begehrt«.[55] Unter den von Strauss zur

---

53 Seine Folgerung, daß alle Menschen im hypothetischen Naturzustand notwendig nach immer mehr Macht über andere streben, erfordert natürlich nur das Postulat, daß es kein Recht und Gesetz gibt: dies vorausgesetzt, ist jeder den Übergriffen jedes anderen ausgesetzt, und der Gemäßigte wird durch jene, die ihrer Anlage zufolge nach immer mehr trachten, bedroht.

54 Leo Strauss, *Hobbes' politische Wissenschaft*, S. 18 ff.

55 Op. cit., S. 19. Richard Peters, *Hobbes* (1956) zitiert diese Feststellung unglücklicherweise so, als sei sie eine Aussage von Hobbes (S. 153).

Unterstützung seiner These zitierten Passagen scheint mir nur eine diese Kampfsituation klar zu bestätigen. Das ist Hobbes' Feststellung, daß »die Menschen sich von Geburt an und von Natur aus um alles, was sie begehren, streiten und wohl die ganze Welt dazu brächten, sie zu fürchten und ihnen zu gehorchen, wenn sie es nur könnten«.[56] Dies war jedoch eine flüchtige Bemerkung, die in einem sehr späten Werk, dem *Decameron Physiologicum* von 1677, gemacht wurde und lediglich erklären sollte, warum die Naturphilosophen, Hobbes' alte Feinde, so tief in Scharlatanerie und Betrug hineingeraten waren. Hobbes verfolgte diesen Gedanken nicht weiter; nur wenig kann darauf gegründet werden. Die anderen von Strauss zitierten Stellen brauchen, wie mir scheint, nicht mehr auszudrücken als den angeborenen Hunger nach grenzenloser Macht und Vergnügen bei einigen Menschen und ein gesellschaftlich erworbenes Verlangen bei den übrigen. Eine der gewichtigsten Passagen ist jene, in der Hobbes sagt: »je mehr Reichtum, Ehre und andere Machtmittel die Menschen gewinnen, desto mehr wächst auch ihr Verlangen danach«, um dann zu folgern: Glück besteht »nicht darin, daß etwas gelungen ist, sondern daß etwas gelingt«.[57] Zweifellos stimmt diese Aussage mit Straussens Interpretation überein, aber im Zusammenhang mit den ausdrücklichen Feststellungen von Hobbes, daß nicht alle Menschen von Natur aus nach mehr Vergnügen oder Macht streben, sollte man sie eher auf jene Menschen beziehen, die mehr erreichen, weil sie mit einem angeborenen Begehren danach ausgestattet sind.

Strauss gibt zu, daß nach Hobbes nicht alle Menschen die Anlage haben, immer mehr Macht oder Vergnügen zu begehren. Um dies mit dem Standpunkt, den er ihm zuschreibt, zu versöhnen, konstatiert er, es gebe bei Hobbes zwei Arten des Strebens nach Macht: ein irrationales, das ein natürlicher Trieb des Menschen als solchen sei, und ein rationales bei denjenigen, die mit mäßiger Macht zufrieden wären, aber entdecken, daß sie nach zusätzlicher Macht drängen müssen, um ihr gegenwärtiges Vergnügen zu bewahren. Hobbes sagt tatsächlich, daß manche ihrer Natur gemäß nach immer größerer Macht streben (was man

56 Hobbes, *English Works*, VII, 73
57 *Elements*, Teil I, Kap. 7, Abschn. 7, S. 23

durchaus ein irrationales Streben nennen kann), und daß andere nur deshalb mehr Macht suchen, um die mäßig genossenen Vergnügungen und die mäßig ausgeübte Macht, die sie zufriedenstellen würden, zu schützen (was man durchaus ein rationales Streben nennen kann); doch läßt sich daraus nicht schließen, Hobbes habe das angeborene oder irrationale Verlangen allen Menschen zugeschrieben.

Auch weist Strauss darauf hin[58], daß Hobbes die Jagd nach Ehre bzw. nach dem Vorrang vor anderen und der Anerkennung dieses Vorrangs für ein universales menschliches Merkmal hielt. Das sagte er in der Tat, aber er sagte nicht, dies sei allen Menschen angeboren. Wie das Verlangen nach Macht, so vermag auch das Verlangen nach Ehre völlig ausreichend als eine Anlage erklärt werden, die nur einigen Menschen angeboren ist und (deshalb) von anderen kopiert wird. Ein großer Teil von dem, was Hobbes über Vorrang und Vorherrschaft sagt, stimmt mit der Interpretation von Strauss überein. Aber seine eindrucksvollsten Sätze widersprechen ihr.

... betrachten wir die großen Unterschiede unter den Menschen, die von der Verschiedenheit ihrer Leidenschaften kommen und dazu führen, daß *einige* nicht nur dann, wenn sie den anderen an Macht gleichgestellt, sondern auch, wenn sie ihnen unterlegen sind, sich der eitlen Ruhmsucht ergeben und nach Vorrang und Vorherrschaft über ihre Mitbürger streben, so erkennen wir die notwendige Konsequenz – daß nämlich *die Gemäßigten*, die nur die natürliche Gleichheit erstreben, der Gewalt derjenigen ausgesetzt sind, die danach trachten, sie zu unterjochen. Das Ergebnis ist ein allgemeines Mißtrauen unter den Menschen und gegenseitige Furcht.[59]

Im Naturzustand haben alle Menschen den Wunsch und den Willen, Schaden zuzufügen – jedoch nicht aus den gleichen Gründen... Denn *der Eine*, gemäß der natürlichen Gleichheit, die unter uns besteht, erlaubt den anderen das, was er sich auch selbst zugesteht (das ist der Standpunkt eines gemäßigten Menschen, der seine Macht richtig bewertet). Ein *Anderer*, sich überlegen dünkend, wünscht sich die Freiheit, das zu tun, wonach es ihn gelüstet, und verlangt nach Ansehen und Ehre, die ihm vor allen anderen gebühre (das ist der Standpunkt eines hitzigen Menschen). Dieses Menschen Wille, Schaden zuzufügen, rührt aus eitler Ruhmsucht und falscher Beurteilung seiner Stärke; der des ande-

58 Strauss, op. cit., S. 21–22
59 *Elements*, Teil I, Kap. 14, Abschn. 3, S. 54 (Hervorhebungen von mir)

ren ergibt sich aus der Notwendigkeit, sich selbst, seine Freiheit und seine Güter gegen jenes Menschen Gewalttätigkeit zu verteidigen.[60]

Alle Menschen streben nach Vorrang, Ehre und Ruhm, wie sie auch alle nach mehr Macht streben. Doch werden in beiden Fällen einige mit diesem Drang geboren, anderen wird er aufgezwungen.

In der Tat läßt sich Streben nach Ehre auf Streben nach Macht reduzieren: »Streben nach Macht, Reichtum, Wissen und Ehre [kann vollkommen] auf das erste, d. h. das Streben nach Macht zurückgeführt werden. Denn Reichtum, Wissen und Ehre sind nur unterschiedliche Ausdrucksformen der Macht.«[61] Das Verlangen nach Ruhm ist kein vom Machtstreben unabhängiger Trieb; es ist die Folge des Machtstrebens und wird in Begriffen des Machtstrebens definiert: »Ruhmsucht oder Siegesfreude und Triumph des Geistes ist jene Leidenschaft, die aus der Vorstellung oder dem Begriff der Überlegenheit unsrer eigenen Macht über diejenige unseres Gegners resultiert.«[62] Der universale Drang nach Ruhm ist nichts Unabhängiges; er ist eine Folge derselben Faktoren, die den universalen Kampf um die Macht über andere begründen. Ruhm ist komparativ und umstritten, aus demselben Grund, aus dem auch Macht komparativ und umstritten ist, denn »die Macht des einen hemmt die Macht des anderen und setzt ihrer Wirkung Widerstand entgegen«[63]. Im Licht dieser Zeugnisse scheint es mir der Absicht von Hobbes mehr zu entsprechen, wenn man die Jagd nach Macht und Vorrang, die er als charakteristisch für alle Menschen in der Gesellschaft (und im Naturzustand) ansieht, als angeborenen Trieb bei einigen und erworbenes Verhalten bei den übrigen versteht.

Doch müssen wir festhalten, was aus der Auffassung folgt, Hobbes habe (manchmal) gemeint, alle Menschen strebten von Natur aus nach Überlegenheit und Macht über andere, ohne jede Einschränkung. Wenn dies für alle Menschen postuliert wird, ist für den Beweis, daß im *Naturzustand* alle Menschen in ständiger Opposition zueinander stehen, keine weitere Voraussetzung nötig. Es würde allein aus dem physiologischen Postulat folgen. Dann

60 *Rudiments*, Kap. 1, Abschn. 4, S. 25–26 (Hervorhebungen von mir)
61 *Leviathan*, Kap. 8, S. 56
62 *Elements*, Teil I, Kap. 9, Abschn. 1, S. 26
63 Ibid., Kap. 8, Abschn. 4, S. 26

wären wir aber auch berechtigt zu sagen, Hobbes habe im Grunde in seine physiologischen Postulate eine wesenhaft soziale Annahme mithineingenommen. Denn das angeborene Streben aller Menschen nach unbegrenzter Macht über andere ist kein so offensichtlich physiologisches Postulat wie ihr Streben nach fortdauernder Bewegung. Das Postulat, alle Menschen hätten den angeborenen Drang nach mehr Macht, ohne sich hierin eine Grenze zu setzen, ist offensichtlich nur haltbar bei Menschen, die schon in einer durch und durch konkurrenzbestimmten Gesellschaft leben.

Wir brauchen jedoch diesen Punkt nicht weiter zu verfolgen. Wichtiger ist zu erkennen, daß, selbst wenn man das Postulat als ein physiologisches anerkennt, nichts anderes daraus folgt – falls man keine weitere soziale Annahme macht –, als daß alle Menschen *im Naturzustand* in beständiger Opposition zueinander stehen. Eine zusätzliche Annahme wird jedoch benötigt, wenn man beweisen will, daß alle Menschen *in der Gesellschaft* in beständiger Opposition zueinander stehen und somit gezwungen sind, nach immer mehr Macht über die anderen zu streben; und gerade das versucht Hobbes in seiner Analyse von Macht, Wertschätzung und Ehre zu beweisen. Jene notwendige weitere Annahme ist zumindest die einer Gesellschaft, die es zuläßt, daß jedes Menschen natürliche Macht ständig den Übergriffen anderer ausgesetzt ist, einer Gesellschaft, in der jeder ständig danach trachten kann, sich etwas von der Macht anderer anzueignen.

Keine Gesellschaft könnte es zulassen, daß dies durch individuelle Gewalttätigkeit geschieht. Gäbe es einen solchen dauernden Konflikt zwischen allen Individuen, so gäbe es keine Gesellschaft, jedenfalls keine zivilisierte Gesellschaft. Aber Hobbes erkennt gerade in dem tatsächlichen Verhalten der Menschen in der zivilisierten Gesellschaft jene unaufhörliche Begierde eines jeden nach Macht über die anderen. Seine ganze Beschreibung des Machtmarktes, und auch die von Wert und Ehre als der Bundesgenossen der Macht, soll für existierende Gesellschaften gelten. Alle jene verschiedenen Möglichkeiten der Ehrerbietung oder Verachtung, durch die eines Menschen Wert und Macht ausgedrückt, bestätigt oder errungen wird, werden der bürgerlichen Gesellschaft zugeschrieben, wenn auch manche gleichermaßen im Naturzustand vorhanden sein sollen: einige finden sich »sowohl innerhalb wie außerhalb von Staatswesen«, andere findet (und erkennt) man nur in Staatswesen.[64] Da Hobbes nun dieses notwendige Verhalten den Menschen in der Gesellschaft zuspricht, muß er eine Gesellschaftsordnung vor Augen haben, die friedliche, nicht-gewalttätige Wege kennt, auf denen ein jeder ständig nach Macht über andere streben kann, ohne die Gesellschaft zu zerstören.

So verlangt also Hobbes' Gedankengang von der physiologischen zu der sozialen Bewegung des Menschen, gleichgültig wie man ihn interpretiert, neben den physiologischen Postulaten eine soziale Prämisse. Wir haben zu untersuchen, welche Art von Gesellschaft dieser Prämisse entspricht. In Abschnitt 3 werde ich zeigen, daß nur eine Art von Gesellschaft – ich nenne sie Eigentumsmarktgesellschaft – den Ansprüchen der Hobbesschen Argumentation genügt, und ich werde darlegen, daß Hobbes diese Gesellschaft mehr oder weniger bewußt als sein Modell der Gesellschaft schlechthin auffaßte.

3. Gesellschaftsmodelle

a. Der Gebrauch von Modellen

Die Konstruktion von Gesellschaftsmodellen ist ein ungewöhnliches und, so mag man denken, unnötiges Verfahren bei der Analyse einer politischen Theorie. Welcher Wert ihm zukommt, mag der Leser an den Ergebnissen beurteilen, aber seine voraussichtliche Nützlichkeit für die Analyse der Hobbesschen Theorie wird durch Hobbes' eigene Methode indiziert. Er entwarf ein Modell des Menschen, indem er postulierte Elemente der menschlichen Natur logisch miteinander verband. Auch entwickelte er ein bemerkenswertes Modell der zwischenmenschlichen Beziehungen, ein bewußt eng umrissenes Gebilde: den Naturzustand. Man könnte es als Modell einer Nicht-Gesellschaft bezeichnen. Es ist so eindrucksvoll, daß es möglicherweise sein in der Untersuchung von Macht, Ehre und Wert enthaltenes Gesellschaftsmodell überschattet. Die Tatsache, daß Hobbes, genau genommen, ein vom Naturzustand verschiedenes Gesellschaftsmodell kannte, wird oft völlig übersehen. Sein Modell der Gesellschaft ist nicht so ausdrücklich

64 *Leviathan,* Kap. 10, S. 69

dargestellt wie seine anderen Modelle, aber für seine Beweisführung gleichermaßen wichtig. Wir können daher hoffen, durch einen Vergleich seines Modells mit schärfer formulierten Gesellschaftsmodellen seinen Gedankengang genauer, als es sonst möglich wäre, zu analysieren. Dadurch sollte es auch möglich sein, die Folgerichtigkeit seines Modells und den Grad seiner Annäherung an bestehende Gesellschaften zu prüfen.

Dieses Vorhaben hat Natur und Zahl der hier entwickelten Modelle bestimmt. Es ging darum, die geringste Zahl möglicher Modelle, unter die alle bekannten Gesellschaftsordnungen subsumiert werden können, zu ermitteln und diese Modelle so darzustellen, daß sich ihre charakteristischen Merkmale genügend hervorheben, um einen Vergleich mit dem Modell von Hobbes zu ermöglichen. Drei Modelle scheinen auszureichen. Es braucht wohl kaum betont zu werden, daß die hier verwendeten Modelle den Anforderungen einer allgemeinen soziologischen oder historischen Untersuchung nicht genügen. Das erste Modell beispielsweise, das ich traditionsgebundene oder ständische Gesellschaft nenne, ist so weit gefaßt, daß es so überaus verschiedenartige Gesellschaften wie die antiken Imperien, Feudal- und Stammesgesellschaften einschließt. Das zweite Modell, die einfache Marktgesellschaft, ist sehr eng umrissen; sie ist weniger das Modell irgendeiner historischen Gesellschaft als ein analytisches Hilfsmittel, das gewisse Züge der vollentwickelten Marktgesellschaften der modernen Zeit besser zur Geltung bringen soll. Das dritte Modell, das diesen modernen Marktgesellschaften korrespondiert, nenne ich Eigentumsmarktgesellschaft *(possessive market society)*. Worin es sich von den beiden anderen Modellen unterscheidet, soll nun, bevor ich zur ausführlicheren Untersuchung übergehe, kurz angedeutet werden, teilweise auch, um die Wahl dieses Namens zu erklären.

Unter Eigentumsmarktgesellschaft verstehe ich eine solche, die im Gegensatz zu einer auf Tradition und ständischer Ordnung beruhenden Gesellschaft keine autoritative Verteilung von Arbeit und Belohnung kennt, und in der es im Gegensatz zu einer Gesellschaft unabhängiger Produzenten, die nur ihre Produkte auf den Markt bringen, sowohl einen Markt für Erzeugnisse als auch einen Markt für Arbeit gibt. Wollte man für diese Gesellschaftsordnung ein einziges Kriterium nennen, so wäre es dieses: des Menschen Arbeit ist eine Ware, das heißt, daß seine Kraft und Geschicklichkeit ihm zwar gehören, jedoch nicht als integrierender Bestandteil seiner Person betrachtet werden, sondern als Besitz, dessen Gebrauch und Nutzen er nach Belieben einem anderen gegen einen Preis überlassen kann. Um dieses Merkmal der voll ausgebildeten Marktgesellschaft hervorzuheben, habe ich sie *Eigentums*marktgesellschaft genannt. Auch impliziert der Begriff Eigentumsmarkt-*gesellschaft*, daß dort, wo Arbeit zur Marktware wurde, die Marktbeziehungen alle gesellschaftlichen Beziehungen so formen und durchdringen, daß der Ausdruck Marktgesellschaft sehr viel besser am Platz ist als nur Marktwirtschaft.

Der Begriff Eigentumsmarktgesellschaft ist weder eine neue noch eine willkürliche Konzeption. Er lehnt sich eng an die von Marx, Weber, Sombart und anderen gebrauchten Begriffe der bürgerlichen oder kapitalistischen Gesellschaft an, die den Markt für Arbeit zum Kriterium des Kapitalismus machten, und wie die Begriffe jener, so soll auch der unsrige ein Modell oder Idealtyp sein, dem sich die modernen (d. h. post-feudalen) europäischen Gesellschaften angenähert haben. Der wesentliche Unterschied zu ihnen liegt darin, daß er nicht eine besondere Theorie über den Ursprung oder die Entwicklung einer solchen Gesellschaft erfordert. Er kümmert sich nicht um das Primat oder die relative Bedeutung wechselnder Faktoren wie Marxens ursprünglicher Akkumulation, Webers rationaler Kapitalrechnung oder Sombarts Unternehmergeist. Seine Anwendung verlangt nicht die vollständige Annahme einer jener umstrittenen Theorien. Und er kann das Verdienst für sich in Anspruch nehmen, unsere Aufmerksamkeit ohne Umweg auf zwei wesentliche Züge einer solchen Gesellschaft zu lenken: den Vorrang der Marktbeziehungen und die Auffassung der Arbeit als Besitz, der sich veräußern läßt.

b. Die traditionsgebundene oder ständische Gesellschaft

Die wesentlichen Merkmale einer traditionsgebundenen oder ständischen Gesellschaft können wie folgt definiert werden:

(*a*) Die produktive und regulative Arbeit wird autoritativ Gruppen, Rängen, Klassen oder Personen zugeteilt. Zuweisung und Durchführung werden durch Gesetz oder Überlieferung erzwungen.

(*b*) Jede der Gruppen, Rangstufen, Klassen oder Personen ist auf eine Art von Arbeit beschränkt und darf nur ein genau festgelegtes Entgelt erhalten, das der Erfüllung der jeweiligen Funktion angemessen ist. Über die Angemessenheit befindet die Zustimmung der Gemeinschaft oder die herrschende Klasse.

(c) Es gibt kein bedingungsloses individuelles Eigentum an Grund und Boden. Sofern überhaupt individuelle Nutzung von Land stattfindet, ist sie entweder an die Erfüllung von Funktionen gebunden, die von der Gemeinschaft oder dem Staat zugewiesen werden, oder an Dienstleistungen für einen Höhergestellten. Einen Markt für Grund und Boden gibt es daher nicht.

(d) Die ganze Arbeitskraft ist an den Boden gebunden oder an die Durchführung zugewiesener Aufgaben oder (im Falle der Sklaven) an den Herrn. Die Mitglieder der arbeitenden Bevölkerung haben daher nicht die Freiheit, ihre Arbeit auf dem Markt anzubieten: es gibt keinen Markt für Arbeit. (Es mag einen Sklavenmarkt geben, aber ein solcher ist lediglich eine Tauschbeziehung zwischen den Herren, nicht zwischen Sklave und Herr, und daher keine Marktbeziehung zwischen allen betroffenen Personen.)

Aus diesen Eigenheiten einer ständischen Gesellschaft ergeben sich verschiedene charakteristische Merkmale. Infolge der Abwesenheit eines Marktes für Boden und Arbeit haben die Individuen (außer in den oberen Rängen) keine Möglichkeiten, beständig danach zu trachten, ihren Platz in der Hierarchie der Macht zu ändern, d. h. auf das Ausmaß ihrer natürlichen Macht, das ihnen abgewonnen wird oder das sie den anderen abgewinnen, Einfluß zu nehmen. In diesem Modell können Angehörige der oberen Gesellschaftsschichten, die mehr Annehmlichkeiten für sich erstreben, sehr wohl andere der gleichen Schicht überfallen und sie (auch die eigentlich Gemäßigten) dadurch zwingen, sich am Wettlauf um die Macht zu beteiligen. Es besteht also die Möglichkeit für Auseinandersetzungen zwischen Dynastien, für Palastrevolutionen, für Konflikte unter den Baronen. Aber das ist ein Wettstreit zwischen Rivalen um die aus untergeordneten Bevölkerungsgruppen bereits herausgezogenen Vorteile. Er kann sich nicht auf die ganze Gesellschaft erstrecken, da die Aufrechterhaltung der gewohnheitsmäßigen Zuordnung und Durchführung der produktiven und direktiven Arbeit für die Existenz der Gesellschaft notwendig ist, ebenso für die Möglichkeit, jene Vorteile herauszupressen, um die sich die Rivalen streiten. Das Gros der Gesellschaft muß auf Arbeits- und Lebensweisen beschränkt bleiben, die durch den Beitrag bestimmt werden, den die Gesellschaft von ihm erwartet und der ihm im allgemeinen keine Gelegenheit bietet, Mitbürger zu überfallen und zu unterwerfen. Da es keinen freien Markt für die Arbeit der Individuen, d. h. ihre natürliche Macht gibt, kann der Wettstreit der Individuen um die natürliche Macht anderer nicht die ganze Gesellschaft erfassen. Doch läßt das Modell auch jenen am Fuß der Pyramide die Möglichkeit, erhöhten Forderungen ihrer Herren mit Gewalt zu begegnen. Ein solcher Widerstand wird indessen selten aufflammen, zumindest wenn man voraussetzt, daß der Grad der in der Tradition verankerten Ausbeutung gewöhnlich gerade so stark ist, daß sie für die herrschende Klasse ungefährlich und gewinnbringend bleibt. Auf alle Fälle ist der vereinte Widerstand von Mitgliedern einer niederen Klasse nicht an sich schon ein Beispiel des Kampfes aller gegen alle und auch nicht Ursache für sein Entstehen.

Das Modell einer traditionsgebundenen, ständischen Gesellschaft erlaubt also fortwährende Kämpfe zwischen gesellschaftlich hochstehenden Rivalen und gelegentliche Kämpfe zwischen den Klassen oder Teilen von Klassen, jedoch keine gewaltsamen oder anders gearteten Kämpfe zwischen den Individuen der gesamten Gesellschaftshierarchie. Weder erlaubt noch verlangt dieses Modell das beständige Streben jedes Individuums nach Macht über andere Individuen, so daß alle nach zusätzlicher Macht streben müssen, um die Vergnügen, die sie haben, bewahren zu können. Offensichtlich genügt also das Modell der ständischen Gesellschaft nicht den Hobbesschen Anforderungen. Das liegt daran, daß in diesem Modell die natürliche Macht der Individuen, d. h. ihre Arbeit, nicht frei transferiert werden kann. Nur in einer Gesellschaft, in der jedermanns Arbeit eine tauschbare Ware ist, kann die Verfügung über die Macht der Individuen so unbeschränkt übertragen werden, wie es nach Hobbes' Vorstellungen erforderlich ist.

c. Die einfache Marktgesellschaft

Auch die einfache Marktgesellschaft bleibt hinter dieser Anforderung zurück, denn wir definieren sie als eine Gesellschaft, in der zwar Produktion und Verteilung von Gütern und Dienstleistungen durch den Markt reguliert werden, in der jedoch Arbeit selbst keine Marktware ist. Es mag zweifelhaft sein, ob eine sich diesem Modell annähernde Gesellschaft je für längere Zeit existierte. Das Modell wurde aber eingeführt, weil es uns ermöglicht, die allen Marktgesellschaften gemeinsamen Merkmale von denen zu trennen, die nur die voll ausgebildeten Marktgesellschaften besitzen. Die Trennung ist nützlich, um die in den üblichen ökonomischen Modellen vernachlässigten Merkmale einer entwickelten Marktgesellschaft zu betonen. Für die ökonomische Analyse mögen die wichtigsten Merkmale jene sein, die allen Marktgesellschaften gemeinsam sind; für die politische Analyse sind es jene, die nur der entwickelten Marktgesellschaft zukommen.

Die einfache Marktgesellschaft hat folgende Eigenheiten:

(a) Es gibt keine autoritative Zuweisung der Arbeit: die Individuen sind darin frei, ihre Kraft, ihr Können und ihr Vermögen so anzulegen, wie sie es für richtig halten.

(b) Es gibt keine autoritative Regelung der Entlohnung für eine Tätigkeit: den Individuen wird eine ihrer gesellschaftlichen Funktion angemessene Entlohnung durch den Staat oder die Gemeinschaft weder gegeben noch garantiert.

(c) Verträge werden autoritativ interpretiert und durchgesetzt.

(d) Alle Individuen versuchen, ihre Vorteile rational zu maximieren, d. h. den größtmöglichen Nutzen aus einer bestimmten Abgabe von Kraft oder Gütern zu ziehen bzw. sich einen bestimmten Nutzen gegen die kleinstmögliche Abgabe von Kraft oder Gütern zu verschaffen.

(e) Alle Individuen besitzen Boden oder sonstige Ressourcen, aus denen sie durch Arbeit ihren Lebensunterhalt gewinnen können.

Aus diesen Merkmalen des Modells ergeben sich verschiedene Folgerungen. Um sich die Mittel für ihr Leben zu verschaffen, werden die Individuen ihre Kraft, ihr Können und ihre materiellen Ressourcen so anlegen, daß die Gesellschaft (d. h. dieselben Individuen als Verbraucher) sich bereit finden, dafür zu zahlen. Die produktiven und anderen Funktionen der Gesellschaft werden also von Individuen ausgeübt, die nach Verdienst trachten, den sie nur durch die Nutzung ihrer Kräfte und Hilfsmittel erringen können.

Da die Individuen den größten Gewinn aus ihrer Arbeit ziehen wollen, und da man mehr erreicht, wenn man die Arbeit teilt, als wenn jeder alles selber tut, werden die Individuen die aus ihrer Arbeit und ihren Ressourcen hervorgegangenen Erzeugnisse gegen fremde Erzeugnisse tauschen. So entsteht ein Warenmarkt. Die Preise werden nun durch den Wettbewerb zwischen Käufern und Verkäufern bestimmt und bestimmen ihrerseits, welcher der verschiedenen Produktionsarten die Individuen ihre Arbeit und ihre Ressourcen zur Verfügung stellen. Der Markt reguliert sich selbst, insofern sich die Preise so einpendeln, daß das zum Verkauf Stehende auch gekauft und das Benötigte auch hergestellt und angeboten wird.

In diesem Modell besteht keinerlei Grund, den Warenmarkt zu einem Arbeitsmarkt auszuweiten. Um aber einen Markt für Arbeit vollkommen unmöglich zu machen, muß noch eine weitere Voraussetzung erfüllt sein:

(f) Daß nämlich die Zufriedenheit darüber, über die eigene Arbeitskraft verfügen zu können, größer ist als die Differenz zwischen dem erwarteten Lohn und dem erwarteten Gewinn aus unabhängiger Produktion.

Da die Individuen in der einfachen Marktgesellschaft die Verfügungsgewalt über ihre eigene Kraft und ihr eigenes Können beibehalten und der Austausch nur zwischen Produkten vor sich geht, kann der Tausch auf dem Markt für die Individuen kein Weg sein, sich dadurch Vorteile zu verschaffen, daß sie aus den Fähigkeiten anderer Nutzen ziehen, und zwar derart, daß sie die anderen dazu drängen, ihre Wege und Ziele zu ändern. Gewiß, ein jeder in diesem Modell tauscht auf dem Markt Produkte; man könnte also sagen, daß er indirekt die Fähigkeiten und die Arbeit anderer für sich ausnutze. Auch beteiligt sich jeder am Markt, um zu gewinnen, und er gewinnt dadurch, daß er sich am Markt beteiligt. Aber der einem jeden auf diesem Markt zufließende Gewinn besteht in dem größeren Nutzen, den er dadurch erlangt, daß er einen Gegenstand zum Zwecke des Tausches herstellt, anstatt ausschließlich für sich selbst zu produzieren. Niemand bereichert sich auf Kosten anderer; niemand zieht größeren Nutzen aus den Fähigkeiten anderer als diese anderen aus den seinen. Menschen, die mehr begehren, als sie haben, die den Grad der Genugtuung, die sie genießen, erhöhen wollen, können dieses Ziel erreichen, indem sie mehr Kraft oder Geschicklichkeit entwickeln, um mehr zu erzeugen und im Tausch mehr zu erhalten. Aber selbst in diesem Falle ziehen sie aus den Fähigkeiten eines anderen nicht mehr Vorteil als dieser aus ihren Fähigkeiten. Und ihre Handlung erzwingt keinerlei Gegenhandlung bei den anderen, die mit ihrem Lebensstandard zufrieden sind. Die einfache Marktgesellschaft entspricht daher nicht den Anforderungen der Hobbesschen Gesellschaft. Die mit ihrem gegenwärtigen Standard zufriedenen Individuen werden nicht in einen zum Schutz dieses Standards notwendigen Wettlauf um mehr Macht hineingerissen.

Das Modell der einfachen Marktgesellschaft hat offenbar nur sehr wenig mit den modernen Marktgesellschaften gemein. Ließen wir aber die Voraussetzungen (e) und (f) fallen und fügten wir einfach die Feststellung hinzu, daß es einen dem Wettbewerb unterworfenen Arbeitsmarkt gibt, so hätten wir ein ausreichendes Modell einer konkurrenzbestimmten Marktgesellschaft. Es wird jedoch vorteilhafter sein zu prüfen, welche weiteren Voraussetzungen für die Entstehung eines Arbeitsmarktes notwendig sind, als nur die Existenz eines solchen Marktes zu konstatieren. Wir werden daher jetzt das Modell einer entwickelten Marktgesellschaft entwerfen, indem wir die für die Transformation einer einfachen in eine entwickelte Marktgesellschaft notwendigen und hinreichenden Postulate hinzufügen.

d. Die Eigentumsmarktgesellschaft

Die Transformation des Modells der einfachen Marktgesellschaft in das Modell der Eigentumsmarktgesellschaft soll durch die Beibehaltung der ersten vier Postulate des einfachen Modells und die Zufügung von vier weiteren Postulaten geschehen.

(a) Es gibt keine autoritative Zuweisung der Arbeit.

(b) Es gibt keine autoritative Regelung der Entlohnung für eine Tätigkeit.

(c) Verträge werden autoritativ interpretiert und durchgesetzt.

(d) Alle Individuen versuchen, ihre Vorteile rational zu maximieren.

(e) Die Fähigkeit zu arbeiten ist das Eigentum des Individuums und kann von ihm veräußert werden.

(*f*) Grund und Boden sowie Ressourcen sind im Besitz von Individuen und können veräußert werden.

(*g*) Einige der Individuen streben nach mehr Vermögen oder Macht als sie haben.[65]

(*h*) Einige Individuen haben mehr Kraft, Geschick oder Besitz als andere.

Verbindet man die vier neuen Prämissen mit den ersten vier der einfachen Marktgesellschaft, so entsteht eine entwickelte Marktgesellschaft. Diejenigen, die ihr Vermögen und ihre Macht zu vergrößern trachten, und die entweder einen als Kapital verwendbaren größeren Besitz haben (und das Geschick, ihn nutzbringend anzuwenden) oder überragende Energie und Begabung, die es ihnen erlauben, Kapital zu akkumulieren, werden danach trachten, sich gegen einen gewissen Preis der Arbeit anderer zu bedienen, in der Hoffnung, aus der in Dienst genommenen Arbeitskraft einen Nutzen herauszuholen, der größer ist als ihre Kosten. Individuen, die weniger Land oder Ressourcen oder weniger Begabung haben, als für die Erhaltung ihres Lebens durch unabhängige Produktion erforderlich ist, werden sich mit einem Lohn, der ihre Existenz sichert, einverstanden erklären.

Die größere Durchschlagskraft der von Menschen mit hoher Begabung, Energie oder reichen materiellen Mitteln organisierten vereinigten Arbeitskraft muß in einem auf Wettbewerb beruhenden Markt die Preise der Erzeugnisse herabdrücken, so daß es eine immer wachsende Zahl auf sich selbst gestellter Produzenten als unmöglich oder wenig vorteilhaft empfindet, auf ihrer Unabhängigkeit zu beharren, und deshalb ihre Arbeitskraft auf dem Markt anbietet. In einer Gesellschaft, in der Arbeit zur Ware wird, und in der verschiedene Stufen des Begehrens, der Fähigkeiten oder des Besitztums existieren, wird ein auf Konkurrenz beruhender *Waren*markt zu einem Markt werden, auf dem *alles* der Konkurrenz unterliegt. Wie die Waren werden auch Arbeit, Boden und Kapital vom Markt bestimmte Größen: die Preise für sie alle werden durch den zwischen Käufern und Verkäufern herrschen-

---

65 Da die Postulate (*d*) und (*g*) oberflächlich betrachtet ähnlich sind, mag es von Nutzen sein, auf den Unterschied hinzuweisen. Grundsatz (*d*) setzt fest, daß ein jeder danach strebt, so viel wie möglich für so wenig wie möglich zu erhalten, aber nicht, daß jemand mehr haben will, als er hat.

den Wettbewerb festgelegt, so daß das Angebotene auch gekauft und das Begehrte auch angeboten wird.

Es schälen sich so die wesentlichen Züge einer modernen, vom Wettbewerb durchdrungenen Marktgesellschaft heraus. Ganz unabhängig von autoritativer Zuweisung von Arbeit oder Entlohnung setzt der auf zahllose individuelle Entscheidungen reagierende Markt den Preis für alles fest, und mit Rücksicht auf die Preise werden wiederum individuelle Entscheidungen getroffen. Der Markt ist der Mechanismus, durch den die Preise kraft individueller Entscheidungen über den Einsatz der Kräfte und die Wahl der Mittel festgelegt und ihrerseits wieder ein bestimmender Faktor für die Gestaltung individueller Entscheidungen werden. Durch den Preismechanismus des Marktes durchdringt der Warenaustausch die zwischenmenschlichen Beziehungen, denn in diesem Marktsystem ist aller Besitz, einschließlich der Kraft und Energie des Menschen, Ware. Das grundlegende Streben nach einem Lebensunterhalt verbindet alle Individuen als Besitzer marktfähiger Waren, zu denen auch ihre eigenen Fähigkeiten gehören, ganz wesentlich miteinander. Alle müssen, im ständigen Wettbewerb mit anderen, Waren (im weitesten Sinn) auf dem Markt anbieten.

Wettbewerb ist in diesem Marktsystem – anders als auf dem einfachen Warenmarkt – ein Mittel, durch das Menschen, die mehr begehren, mehr Nutzen aus den Fähigkeiten anderer ziehen können als diese aus den ihren. Denn die Wirkung des Wettbewerbs innerhalb dieses Marktes besteht darin, daß die Unternehmer (die anfänglich etwas Kapital gehabt haben mußten, um Arbeitskräfte in Dienst nehmen zu können) gezwungen sind, wachsende Beträge an Kapital für eine leistungsfähigere Produktion aufzubringen. Je mehr Kapital erforderlich ist, um am Markt bleiben zu können, desto geringer wird die Möglichkeit für Menschen mit kleinem Vermögen, eine unabhängige Produktion aufzunehmen oder aufrecht zu erhalten. Da die größere Leistungsfähigkeit einer kapitalintensiveren Produktion ein Anwachsen der Bevölkerung erlaubt, wird eine solche Produktion für einen großen Teil der Gesellschaft zur Existenzfrage. Und da der Boden knapp wird (das geschieht sehr schnell, sobald er zu einer Art von Kapital geworden ist), sieht sich ein wachsender Teil der Bevölkerung auf den Verkauf seiner Arbeitskraft angewiesen. So entsteht ein Klassengegensatz (sofern er nicht schon existierte) zwischen denjenigen, die Boden und Kapital besitzen, und denjenigen ohne Besitz. Gehört nur einer Schicht aller Boden und alles Kapital, so wird der beständige Wechsel in der Verteilung des Gesamtprodukts zum Nachteil der Personen ohne Boden und Kapital vor sich gehen. Da letztere nicht die Möglichkeit der unabhängigen Produktion haben, können sie nicht in Form von Lohn den Anteil verlangen, der dem Produkt ihrer Arbeit auf eigenem Boden oder mit eigenem Kapital entspräche. Daher können sich die Kapital- und Grundbesitzer durch die Ausnutzung fremder Arbeitskraft einen Nettoübertrag aus den Fähigkeiten (oder dem Produkt der Fähigkeiten) anderer aneignen.

Wenn wir von diesem Prozeß als von der Nettoübertragung eines Teils der Fähigkeiten eines Menschen auf einen anderen sprechen, so betrachten wir (der Hobbesschen Definition folgend) die Fähigkeiten *(powers)* eines Menschen als den Inbegriff aller ihm zur Verfügung stehenden Mittel, offensichtlich erstrebenswerte Güter zu erlangen. Daher schließen die Fähigkeiten eines Menschen nicht nur seine Energie und Geschicklichkeit oder seine Fähigkeit zu arbeiten ein, sondern auch seinen Zugang zu den Mitteln (Grund und Boden, Rohstoffe und anderes Kapital), ohne die seine potentielle Arbeit keine aktive Arbeit werden und deshalb keine Güter erzeugen kann. Eine engere Definition der menschlichen Fähigkeiten ist einem Modell, das die Gesellschaft der *Menschen* darstellen soll, nicht adäquat, jedenfalls nicht einer Gesellschaft, in der der Mensch produzieren muß, um sich zu ernähren. Denn wenn der Mensch, um Mensch zu bleiben (d. h. um weiter existieren zu können), Waren erzeugen muß, dann muß er auch, um Mensch zu bleiben, die Fähigkeit zur Arbeit und den Zugang zu den Produktionsmitteln haben. Die Fähigkeiten eines *Menschen* müssen daher per definitionem den Zugang zu den Produktionsmitteln einschließen.[66] Hat also der Mensch keinen freien Zugang zu den Produktionsmitteln, so sind seine Fähigkeiten beschnitten. Hat er gar

66 Eine engere Definition der menschlichen Fähigkeiten ist nur in einem *Wirtschaftsmodell* möglich, das so weit von der menschlichen Qualität abstrahiert, daß es den Menschen noch nicht einmal als ein System bewegter Materie begreift, das danach trachtet, in ständiger Bewegung zu bleiben, sondern nur als den Eigentümer eines Produktionsfaktors, den man Arbeit nennt.

keinen Zugang, so sind sie auf Null reduziert, er muß in einer Wettbewerbsgesellschaft aufhören zu existieren. Falls er Zugang gewinnt, aber nicht unbehindert, so werden seine Fähigkeiten um den Preis reduziert, den er für den Zugang zu zahlen hat, und dieser Preis bezeichnet den Betrag seiner Macht, der einem anderen übertragen wird.

Der Unterschied zwischen dem einfachen Marktmodell (in dem jeder Boden oder Material hat, womit er arbeiten kann) und dem auf Eigentum beruhenden Marktmodell (in dem manche Menschen keinen eigenen Boden und kein Kapital haben) besteht darin, daß einige den freien Zugang zu den Mitteln verloren haben, die es ihnen erlaubten, ihre Fähigkeit zu arbeiten in produktives Arbeiten umzuwandeln. Nachdem einmal dieser Teil ihrer Fähigkeiten verloren ist, sind sie fortwährend gezwungen, den Rest ihrer Fähigkeiten an die Boden- und Kapitalbesitzer zu verkaufen. Dabei müssen sie einen Lohn akzeptieren, der es den Boden- und Kapitalbesitzern erlaubt, sich einen Teil der Erzeugnisse anzueignen. Dies bedeutet die Nettoübertragung eines Teils ihrer Fähigkeiten auf andere. Es handelt sich um eine ständige Übertragung, da sie mit der Produktion Hand in Hand geht. Der Betrag ist nicht festgelegt, sondern schwankt innerhalb eines auf Wettbewerb basierenden Marktes mit dem wechselnden Angebot von Arbeit und Kapital.[67]

Natürlich ist die Nettoübertragung nicht auf die entwickelte Marktgesellschaft beschränkt. Mag sie auch in der einfachen Marktgesellschaft nicht existieren, so doch in den traditionsgebundenen und ständischen Gesellschaften, in denen eine herrschende Schicht von Tribut, Pacht oder Sklaverei lebt. Was die Transferierung in der Marktgesellschaft auszeichnet, ist ihre Abhängigkeit von dem fortdauernden Wettstreit zwischen den Individuen aller Klassen. Ein jeder besitzt etwas, und sei es auch nur seine Fähigkeit zu arbeiten; alle werden in das Marktgeschehen einbezogen; der Wettbewerb legt fest, was sie für das von ihnen Angebotene bekommen. Der Nettogegenwert verzeichnet den Nettobetrag ihres eigenen, den anderen übertragenen Vermögens (bzw. der daraus hervorgegangenen Güter) oder den Betrag des Vermögens ande-

67 Siehe Anm. B, S. 328

rer, das sie auf sich selbst übertrugen. Da dies von den unpersön-
lichen Vorgängen auf dem Markt abhängt, wo relative Preise auf
Wechsel in der Nachfrage, auf das veränderte Angebot an Energie
und Geschicklichkeit, auf neue Produktionsmethoden, auf Wechsel
in der Relation zwischen Arbeit und Kapital und andere Faktoren
reagieren, muß ein jeder damit rechnen, auf der Skala der Macht
und der Befriedigung aufzusteigen bzw. abzufallen.

Das Eigentumsmodell erfordert ein auf Zwang beruhendes Stütz-
werk von Gesetzen. Mindestens müssen Leben und Eigentum gesichert, Verträge interpretiert und durchgesetzt werden. Auch erlaubt dieses Modell staatliche Eingriffe jenseits dieses Minimums.
Der Staat kann den Gebrauch von Boden und Arbeit kontrollieren, er kann dem freien Fluß der Waren durch Verbote und Zölle
entgegentreten, er kann einen Industriezweig fördern, einen anderen hemmen, er kann für unentgeltliche oder subventionierte
Dienstleistungen sorgen, er kann die Armen unterstützen, er kann
Mindestforderungen an Qualität und Ausbildung stellen, und er
kann durch diese oder andere Eingriffe verhindern, daß die Preise
(oder die Löhne) so steigen, wie das auf einem nicht oder weniger
regulierten Markt der Fall wäre. Der Staat ändert hierbei Faktoren innerhalb der Gleichungen, die ein jeder aufstellt, um zu
errechnen, welche Tätigkeit ihm die meisten Vorteile bringt. Das
braucht aber nicht den Kern des Systems zu berühren, der darin
besteht, daß sich die Menschen das für sie vorteilhafteste Verhalten
ausrechnen und ihre Arbeit, Geschicklichkeit und Hilfsmittel so
anwenden, wie es diese Berechnung verlangt. Mögen sich auch
manche Daten in ihrer Kalkulation verändern, so werden dennoch
die Preise durch den Wettbewerb zwischen denen, die kalkulieren,
bestimmt. Sie unterscheiden sich zwar von den Preisen eines weniger kontrollierten Systems, doch solange sie auf die Entscheidungen der am Wettbewerb beteiligten Individuen reagieren und
weiterhin die Produktion von Gütern anregen und ihre Verteilung
regeln, bleibt es ein Marktsystem. Der Staat kann sozusagen die
Hürden zugunsten mancher am Wettbewerb beteiligter Gruppen
verschieben und die Hindernisse verändern, ohne daß es dem Rennen abträglich sein müßte. Der Staat kann natürlich, mit oder
ohne Absicht, durch die gleiche Art von Intervention das Rennen
auch unmöglich machen. Aber er braucht es nicht zu tun. Man

kann nicht aus der Tatsache des Intervenierens schließen, daß es mi
der Absicht geschieht, das System zu schwächen, oder daß dies di
Folge sein müßte. Daher verlangt auch das Eigentumsmarktmodel
keine staatliche *laissez-faire*-Politik; eine merkantilistische Politi
fügt sich widerspruchslos in das Modell ein und mag auf einige
Entwicklungsstufen der Eigentumsmarktgesellschaft sogar erfor
derlich sein.[68]

Wie aktiv der Staat sich auch immer verhält – das Eigentums
marktmodell erlaubt den nach größeren Annehmlichkeiten stre
benden Individuen, die natürlichen Fähigkeiten der anderen z
ihrem Nutzen einzusetzen. Das tun sie mit Hilfe des Marktes, i
den jeder mit Notwendigkeit einbezogen ist. Da der Markt fort
während dem Wettbewerb unterworfen ist, werden auch diejeni
gen, die mit ihrem Lebensstandard zufrieden sind, bei jedem Ver
such der anderen, den ihrigen zu erhöhen, zu immer neuen An
strengungen gezwungen. Die mit ihrem Standard Zufriedene
können diesen nicht halten, ohne nach mehr Macht zu streben
d. h. ohne danach zu streben, sich einen größeren Teil der Mach
anderer zu übertragen, um den zunehmenden Machtumfang, de
ihnen durch die Wettbewerbsanstrengung anderer verloren geht
wettzumachen.

Die Eigentumsmarktgesellschaft entspricht also den Forderunger
von Hobbes. Es handelt sich um eine Gesellschaft, in der die nac
mehr strebenden Menschen ständig danach trachten können, un
dies auch tun, sich selbst einen Teil des Vermögens anderer anzu
eignen, und dabei einen jeden dazu zwingen, an dem Wettlauf un
mehr Macht teilzunehmen; und dies alles durch friedliche und ge
setzliche, die Gesellschaft nicht durch offene Gewalt gefährdend
Methoden. Von unseren drei Modellen entspricht nur die Eigen
tumsmarktgesellschaft Hobbes' Anforderungen. Und es ist schwie
rig, sich irgendein anderes Modell vorzustellen, das ihnen genügte
Nur in einer Gesellschaft, in der jedes Menschen Fähigkeit zu ar
beiten sein eigener Besitz ist, veräußert werden kann und ein
Ware des Marktes darstellt, können alle Individuen in dieser Be
ziehung eines ständigen Machtwettbewerbs stehen.

Daß das Eigentumsmarktmodell (als einziges Modell) den Vor

68 Vgl. unten, S. 77 und S. 114

stellungen von Hobbes entspricht, könnte man natürlich der Tatsache zuschreiben, daß wir in dieses Modell gewisse Prämissen aufnahmen (und sie von den anderen Modellen ausschlossen), die Hobbes ausdrücklich seiner Gesellschaft zugrundelegt. Ganz sicher sind die Postulate (g) und (h) – daß einige Individuen mehr Vergnügen begehren als sie haben, und daß einige größere Fähigkeiten besitzen als andere – bei Hobbes deutlich formuliert, und man könnte vielleicht auf den Gedanken kommen, sie seien für die Konzeption unseres Modells eigentlich gar nicht erforderlich. Es erscheint daher notwendig, darauf hinzuweisen, daß nicht nur diese beiden, sondern tatsächlich alle vier für die Umwandlung einer einfachen in eine entwickelte Marktgesellschaft aufgestellten Postulate für die Konstruktion eines Modells, das den Grundzügen einer auf Wettbewerb beruhenden Marktgesellschaft entspricht, notwendig sind.

Postulat (e), daß nämlich die Fähigkeit zu arbeiten Eigentum eines jeden Individuums ist und veräußert werden kann, ist selbstverständlich erforderlich: ohne es würde ein wesentliches Merkmal der modernen wettbewerbsbedingten Marktgesellschaft aufgehoben werden. Dasselbe darf von Postulat (f) behauptet werden, das besagt, daß Boden und Ressourcen im Besitz von Individuen sind und von ihnen verkauft werden können. Dieses Postulat ist für die einfache Marktgesellschaft nicht erforderlich, wiewohl es ihr nicht widerspricht: der einfache Warenmarkt wäre auch mit festem und unveräußerlichem Eigentum an Boden denkbar, nicht aber eine voll entwickelte Marktgesellschaft. Denn wenn Boden und Ressourcen nicht auf den Markt kommen und so mit der Arbeitskraft die vorteilhafteste Verbindung eingehen, kann die verfügbare Arbeit nicht voll ausgenutzt werden. Postulat (g), demzufolge manche Individuen mehr Vorteile und Macht begehren, als sie besitzen, ist für eine moderne Wettbewerbsmarktgesellschaft ebenfalls erforderlich. Denn sonst gäbe es keinen Anreiz, Kapital zu akkumulieren, und folglich keinen allgemeinen Markt für Arbeit. Wie Postulat (f), so ist auch dieses für die einfache Marktgesellschaft nicht erforderlich, jedoch mit ihr vereinbar; für eine entwickelte Marktgesellschaft aber ist es unabdingbar. Schließlich ist auch Postulat (h), wonach einige Individuen mehr Energie, Kraft, Geschicklichkeit oder Besitz haben als andere, für eine moderne, wettbewerbsbestimmte Marktgesellschaft erforderlich. Denn hätten einige Individuen nicht von Anfang an mehr Eigentum als andere oder die Fähigkeit, mehr als andere zu erwerben, so gäbe es keine Akkumulation von Kapital und folglich auch keine allgemeine Nutzung der Arbeitskraft.

Alle vier Postulate, die unser entwickeltes von dem einfachen Marktmodell unterscheiden, sind für die Erstellung eines Modells notwendig, das den Grundzügen der gegenwärtigen wettbewerbsabhängigen Marktgesellschaften entspricht. Und diese Postulate sind es, die, indem sie eine Marktbezogenheit der Arbeit als einer Ware herstellen, auch die wesentliche Voraussetzung der Hobbesschen Gesellschaft schaffen: den Mechanismus nämlich, durch den diejenigen, die mehr Macht oder Vergnügen begehren, als sie haben, einen dauernden gewaltlosen Wettstreit um die Macht anderer eröffnen können, der diese anderen zwingt, daran teilzunehmen.

e. Hobbes und das Eigentumsmodell

Bis jetzt habe ich gezeigt, daß ausschließlich das Modell einer Eigentumsmarktgesellschaft dem Wesen der modernen wettbewerbsabhängigen Marktgesellschaften entspricht, daß jedes einzelne seiner Postulate hierfür notwendig ist und daß allein dieses Modell den Anforderungen der Hobbesschen Gesellschaft genügt. Natürlich läßt sich daraus nicht folgern, daß Hobbes ein solches Marktmodell im Sinn hatte. Auch er arbeitete selbstverständlich mit Modellen, einem mechanischen Modell des Menschen, einem Modell gesellschaftlicher Beziehungen, wo es keinen Gesetzeszwang gibt, und einem Modell der zivilisierten Gesellschaft. Aber die von uns gerade untersuchten Modelle sind nach-Hobbessche Konstruktionen und können deshalb nicht ohne weiteres Hobbes zugeordnet werden. Auch läßt sich nicht einfach behaupten, Hobbes müsse ein derartiges Marktmodell verwendet haben, weil der Marktcharakter der englischen Gesellschaft seiner Zeit zu offensichtlich war, um einem so scharfen Beobachter zu entgehen.

Es gibt genügend Beweise dafür, daß das England des siebzehnten Jahrhunderts einer Eigentumsmarktgesellschaft sehr nahe kam. Nahezu die Hälfte aller Einwohner waren reine Lohnempfänger; nimmt man die Heimarbeiter, die zeitweilig für Lohn arbeiteten, dazu, so erhöht sich der Anteil auf zwei Drittel.[69] Wenn auch die durch den Lohn hergestellte Beziehung noch nicht so unpersönlich war, wie sie es im folgenden Jahrhundert wurde, so war sie doch, wie Hobbes wußte[70], schon wesentlich eine durch den Markt geprägte Beziehung. Die Tendenz, den Boden als Kapital zu nutzen, hatte schon stark zugenommen, zum Nachteil jener paternalistischen Beziehungen zwischen Gutsherr und Pächter, die die Erschütterungen des sechzehnten Jahrhunderts überstanden hatten.[71]

Die staatlichen Eingriffe in das Marktgeschehen hatten natürlich mit *laissez-faire* wenig zu tun. Regierungsmaßnahmen, Kontrollen und Einmischungen in das freie Spiel der Kräfte durch Parlamentsgesetze und administrative Verordnungen waren an der Tagesordnung. Weder der Kapital- noch der Grundstücksmarkt, weder der Waren- noch der Arbeitsmarkt blieben ganz sich selbst überlassen. Selbst wenn man berücksichtigt, daß ein Großteil der Gesetzgebung und der Regierungsmaßnahmen unwirksam blieb, wie sich aus der Häufigkeit von Wiederholungen schließen läßt, so ist doch das Ausmaß staatlicher Kontrolle und Einmischung eindrucksvoll. Eine solch extensive staatliche Regulierung war gerade deswegen erforderlich, weil die eigentumsbedingten Marktbeziehungen die Gesellschaft entscheidend prägten. Einige der Maßnahmen, ob nun gut oder schlecht fundiert, sollten Industrie und Handel fördern; der größte Teil verfolgte jedoch den Zweck, Marktschwankungen zu verhindern oder zu dämpfen und die soziale Ordnung gegen deren Auswirkungen zu schützen. Die Regierung war hauptsächlich deswegen gezwungen, so kräftig und auf so viele Arten einzugreifen, weil so viele Menschen jetzt von ihrem Arbeitsplatz abhingen und dieser wiederum von den Zufällen des Warenmarktes, die wiederholt eine solche Arbeitslosigkeit hervorriefen, daß die öffentliche Ordnung gefährdet wurde.[72]

69 Siehe Anm. T, S. 338. Vgl. Clapham, *Concise Economic History of Britain* (Cambridge 1949), der feststellt (S. 212–13), daß die, die ihr ganzes Leben für Lohn arbeiteten, schon lange vor Ende des siebzehnten Jahrhunderts in der Mehrheit waren.
70 *Behemoth*, ed. Tönnies, S. 126, wie unten S. 82 zitiert.
71 Vgl. G. Davies, *The Early Stuarts* (Oxford 1945), der über die neuen, vom Bürgerkrieg geprägten Gutsherren sagt, daß es »zwischen ihnen und ihren Pächtern – außer den Geldbeziehungen – keine persönliche Bindung gab« (S. 271).
72 Vgl. B. E. Supple, *Commercial Crisis and Change in England 1600–42* (Cambridge 1959). In einer meisterhaften Analyse der Instabilität des Marktgeschehens jener Zeit

Die Regierungsmaßnahmen im siebzehnten Jahrhundert setzten eine Eigentumsmarktgesellschaft voraus.

Alles deutet also darauf hin, daß die englische Gesellschaft des siebzehnten Jahrhunderts in ihrem Wesen zu einer Eigentumsmarktgesellschaft geworden war. Die Frage jedoch, wieweit Hobbes sich dessen bewußt war, bleibt bestehen. Glücklicherweise finden sich einige sie betreffende Aussagen. Zunächst die Feststellung von Hobbes, daß »die Arbeit eines Menschen so gut wie jedes andere Ding eine zum eigenen Vorteil austauschbare Ware« ist[73]; wenn auch nur im Zusammenhang mit dem Außenhandel gemacht, deutet sie doch darauf hin, daß er den Lohn als eine ganz normale Erscheinung auffaßte. Wichtiger ist seine Erörterung über ausgleichende und austeilende Gerechtigkeit, die darauf schließen läßt, daß er ganz bewußt das Modell der traditionellen ständischen Gesellschaft zurückwies, da er in ihm die noch weithin akzeptierte Alternative zu seinem eigenen Modell sah.

Die überkommenen Begriffe der ausgleichenden und austeilenden Gerechtigkeit sind, wie Hobbes sie auffaßte, Bestandteile des Modells einer traditionsgebundenen Gesellschaft. Sie sorgen für die Aufstellung und Einhaltung von Lohn-Standards, die anders sind als die vom Markt bestimmten. Den »Gelehrten« zufolge, sagt Hobbes, »liegt die ausgleichende Gerechtigkeit in der Wertgleichheit der Vertragsgegenstände, und die austeilende in der Verteilung gleicher Vorteile unter Menschen von gleichem Verdienst«.[74] Hobbes verachtet diese Vorstellungen ganz unverhohlen. Beide zerreißt er mit einem Satz: »Als ob es ein Unrecht wäre, etwas teurer zu verkaufen, als wir es eingekauft haben, oder jemandem mehr zu geben, als er verdient.«[75] Was die alte Konzeption zum Gegenstand der Verachtung machte, ist eines der Attribute der Marktgesellschaft, nämlich daß der Wert eines Gegenstandes einfach der zwi-

---

zeigt der Autor, daß die unablässigen staatlichen Eingriffe in Löhne, Preise, Investitionen und den Handel ein fortgesetzter Versuch waren, »England gegen die unangenehmsten Auswirkungen der wirtschaftlichen Fluktuation zu schützen, ohne ausdrücklich von der industriellen und wirtschaftlichen Struktur abzugehen«, und daß der Hauptanlaß »die begründete Furcht vor Arbeitslosigkeit und wirtschaftlicher Instabilität« war (S. 251; vgl. Kap. 10 als ganzes).

73   *Leviathan*, Kap. 24, S. 189
74   Ibid., Kap. 15, S. 115
75   Ibid.

schen Angebot und Nachfrage sich einpendelnde Preis ist. »Der Wert jeglicher Vertragsgegenstände richtet sich nach dem Verlangen der Vertragspartner, und deshalb ist das, was sie zu zahlen bereit sind, auch der gerechte Preis.«[76] Da es keinen anderen Wertmaßstab als den Marktpreis gibt, ist jeder Austausch von Werten zwischen freien Vertragspartnern per definitionem ein Ausgleich gleicher Werte. Der alte Begriff der ausgleichenden Gerechtigkeit wird damit bedeutungslos. »Ausgleichende Gerechtigkeit ist richtig verstanden die Gerechtigkeit eines Vertragspartners, d. h. die Erfüllung eines Vertrages durch Kaufen und Verkaufen, Pachten und Verpachten, Leihen und Verleihen, Wechseln, Tauschen und sonstige vertragliche Handlungen.«[77]

Ähnlich ist es mit der austeilenden Gerechtigkeit: die Zuteilung gleicher Vorteile an Menschen gleichen Wertes wird als übergeordnetes Prinzip, das über die Gerechtigkeit einer tatsächlich vorgenommenen Belohnung entscheidet, bedeutungslos, denn Hobbes' Modell kennt keinen anderen Wertmaßstab als die vom Markt vollzogene Festsetzung des Wertes eines Menschen. In seinem Modell ist, anders als in dem der ständischen Gesellschaft, kein Platz für eine Festsetzung des Wertes verschiedener Menschen gemäß der Verdienste, die sie sich um die Gesellschaft als Ganze erworben haben, oder gemäß ihrer Bedürfnisse als integrierender Bestandteile des sozialen Organismus. Austeilende Gerechtigkeit bedeutet daher lediglich »die Gerechtigkeit eines Schiedsrichters, das heißt der Akt des Definierens, was gerecht ist... Man sagt dann, er [der Schiedsrichter] teile einem jeden das Seine zu...«[78] Und was dem Menschen wahrhaft zukommt, kann nicht von vornherein durch irgendeinen Begriff gesellschaftlicher Nützlichkeit festgestellt werden, sondern allein durch einen Maßstab, der davon so weit entfernt ist, wie Hobbes es sich nur denken kann; einen Maßstab, der von allen sozialen Wertgebungen frei ist: was einem Menschen ursprünglich zukommt, soll »*durch Los bestimmt werden*. Denn ... andere Wege gleicher Zuteilung sind nicht vorstellbar«.[79] Indem Hobbes die ausgleichende und austeilende

76 Ibid.
77 Ibid.
78 Ibid.
79 Ibid., S. 119

Gerechtigkeit in dieser Weise behandelt, zieht er die logische Folgerung aus seinem Gesellschaftsmodell: wo alle Werte auf Marktwerte reduziert werden, wird Gerechtigkeit selbst auf einen Marktbegriff reduziert. Und indem er fordert, daß der traditionelle Begriff der Gerechtigkeit durch deren Marktbegriff ersetzt werde, scheint er sowohl die Berechtigung einer entwickelten Marktgesellschaft anzuerkennen als auch einzuräumen, daß sie erst vor kurzem entstanden ist.

In seinem dem Langen Parlament und dem Bürgerkrieg gewidmeten Buch finden sich weitere Anzeichen dafür, daß Hobbes die wettbewerbsbedingten Marktbeziehungen als einen Eingriff in ein früheres Modell der englischen Gesellschaft begriff. Einen der Gründe für das Abfallen so vieler Bürger vom König und damit für den Bürgerkrieg sah Hobbes darin, daß »das Volk im allgemeinen« (d. h. diejenigen mit einigem Vermögen, denn »nur sehr wenige aus dem einfachen Volk kümmerten sich um die verfochtenen Ideen, sie hätten für Geld oder Beute auf jeder Seite stehen können«[80]) der Ansicht war, daß ein jeder »so sehr Herr seines ganzen Besitzes sei, daß er ihm unter keinem Vorwand der allgemeinen Sicherheit weggenommen werden könne, wenn er nicht selbst zustimme«.[81] Hobbes erkannte genau, daß diese Ansicht nichts mit der früher vorherrschenden feudalen Eigentumskonzeption zu tun hatte, und daß die neue Überzeugung so wirksam geworden war, daß sie sogar für den Bürgerkrieg verantwortlich gemacht werden konnte. Er bemerkte auch, daß die Anhänger des neuen Begriffs des unbedingten individuellen Rechts auf Eigentum die alte Rangordnung nur dazu nutzten, ihre neuen Ziele zu fördern: »König, so meinten sie, ist bloß ein Titel für die höchste Ehre, und Herr, Ritter, Baron, Graf, Herzog sind bloß Stufen dorthin, die mit Hilfe von Reichtum erklommen werden.«[82]

Hobbes sah die Ursache für den Bürgerkrieg in der nunmehr starkgewordenen Marktmoral und dem neuen marktbedingten Reichtum. Der Krieg war für ihn ein Versuch, die alte Verfassung zu zerstören und sie durch eine den neuen Marktinteressen günstigere

80 *Behemoth*, ed. Tönnies, S. 2
81 Ibid., S. 4
82 Ibid.

zu ersetzen. Die Königsfeinde, »die vorgaben, dem Volk Steuer-
erleichterungen und andere Vorteile zu verschaffen, besaßen die
Unterstützung der City von London und der meisten anderen
Städte und Stadtvereinigungen in England, außerdem die Unterstützung vieler Privatpersonen«.[83] Das Volk wurde teils durch die
neuen religiösen Lehren zum Aufstand verführt (von denen eine
der wichtigsten, die presbyterianische, nicht zuletzt deshalb mit
Wohlwollen aufgenommen wurde, weil sie nicht »die lukrativen
Laster von Handelsleuten und Handwerkern anprangerte..., was
die Mehrheit der Bürger und der Einwohner von Marktflecken
als Erleichterung empfand«[84]), teils durch seinen neuen Glauben
an das unbeschränkte Recht auf Eigentum.[85] Diese Verführung
und die Tatsache, daß die Kaufleute genügend Mittel zur Ausrüstung einer Armee besaßen, war eine ausreichende Erklärung
für den Krieg. Ein leichter Harringtonscher Einschlag ist in dem
Gedanken zu spüren, den der Gesprächspartner des Hobbesschen
Dialoges an dieser Stelle vorträgt: »In einer solchen Verfassung
der Leute, so dünkt mich, ist der König bereits seiner Herrschaft
enthoben, so daß sie keine Waffen gegen ihn erheben müssen. Denn
ich kann mir nicht vorstellen, durch welche Maßnahmen der König ihnen zu widerstehen vermöchte.«[86]
In seiner Analyse kehrt Hobbes schließlich zu der entscheidenden
Rolle des neuen, dem Markt abgewonnenen Reichtums zurück.
Das parlamentarische Heer wurde unterstützt von »der City von
London und anderen vereinigten Städten«[87], die sich über die
Steuer beklagten, »die von den Bürgern, d. h. den Kaufleuten,
deren Beruf ihr privater Gewinn ist, von Natur aus als Todfeind
aufgefaßt werden; ihr einziges Heil ist es, durch die Weisheit des
Kaufens und Verkaufens möglichst reich zu werden«.[88] Hobbes
war sich durchaus bewußt, daß ihr Reichtum auf dem Ankauf
fremder Arbeitskraft gründete. Er verwirft die übliche Rechtfer-

83 Ibid., S. 2
84 Ibid., S. 25
85 Ibid., S. 4
86 Ibid. Vgl. Harrington, *Oceana:* »Weswegen die Auflösung dieser Regierung den
Krieg verursachte und nicht der Krieg die Auflösung der Regierung« (*Works*, 1771,
S. 65).
87 *Behemoth*, S. 110
88 Ibid., S. 126

tigung ihrer Existenz, »daß von allen Berufen der ihrige als der für den Staat nützlichste gilt, da sie den ärmeren Leuten Arbeit verschaffen«, mit der kurzen Bemerkung: »das heißt, da sie die Armen dazu zwingen, ihnen ihre Arbeitskraft zu dem von ihnen diktierten Preis zu verkaufen, so daß die Armen zum größten Teil sogar bei der Arbeit in Bridewell* besser leben könnten als durch Spinnen, Weben und andere Tätigkeiten, die sie ausüben, falls sie nicht, zum Mißvergnügen der Fabrikbesitzer, durch langsames Arbeiten sich selbst ein wenig Erleichterung verschaffen«.[89] Hobbes durchschaute die patriarchalische Rechtfertigung der Lohnarbeit. Er empfand es als anachronistisch, sie in Begriffen des patriarchalischen Gesellschaftsmodells, das in seinem Wesen dem Marktsystem widerspricht, zu rechtfertigen.

Das von Hobbes im *Behemoth* beschriebene England ist eine nahezu vollständige Marktgesellschaft. Arbeit ist eine Ware, die in solchem Übermaß zur Verfügung steht, daß ihr Preis durch die Käufer auf die Stufe des Existenzminimums gedrückt wird.[90] Der durch das Marktgeschehen begründete Reichtum hat durch die Akkumulation jenen Punkt erreicht, der es seinen Eigentümern erlaubt, einen Staat, dessen Steuergewalt sie als einen Eingriff in ihre Rechte betrachten, herauszufordern. Die Herausforderung ist erfolgreich, weil sie genügend Geld haben, eine Armee zu unterhalten; die Herausforderung wurde überhaupt erst möglich, weil die Menschen der Erlangung von Reichtum mit Hilfe des Marktes jetzt einen höheren Wert beimessen als traditionellen Pflichten und überkommenen Rangordnungen. Nur weil die englische Gesellschaft solchen Veränderungen unterworfen wurde, konnte es zu einem Bürgerkrieg kommen.

Die Erklärung, die Hobbes von den Ursachen des Bürgerkriegs gibt, impliziert in gewissem Maße die Anerkennung der Tatsache, daß die Marktgesellschaft einen Eingriff in eine frühere Gesellschaftsordnung darstellt. Doch diese Erkenntnis ist unklar und unvollständig. Denn sonst könnte er das Wesen der Gesellschaft

---

* Arbeitshaus für Landstreicher und Arbeitsscheue. Anm. des Übers.
89 Ibid.
90 Es wäre zu untersuchen, ob Hobbes durch diese Beobachtung zur Ansicht gelangte, daß der Wert oder Preis eines Menschen durch den Käufer, nicht den Verkäufer, festgesetzt wird (*Leviathan*, Kap. 10, S. 67).

schlechthin nicht als eine Reihe von Marktbeziehungen auffassen, wie er es im *Leviathan* und den anderen theoretischen Abhandlungen tut. Aber auch in ihnen findet sich, etwa bei der Erörterung über ausgleichende und austeilende Gerechtigkeit, eine gewisse Anerkennung der Differenz zwischen marktbedingter und traditioneller Moral. Wir können vermuten, daß die Selbstverständlichkeit, mit der Hobbes allen Gesellschaften Marktbeziehungen zusprach, daher rührte, daß er die in der Renaissance übliche Ansicht teilte, die zivilisierte Gesellschaft beschränke sich auf das klassische Griechenland und Rom und das westliche Europa der nachmittelalterlichen Zeit. Da die klassischen Gesellschaften in gewissem Maße Marktgesellschaften waren, konnte er sie leicht einem vor allem von den entwickelteren Marktgesellschaften seiner eigenen Zeit abgeleiteten Modell subsumieren. Und es fiel nicht schwer, das einmal aufgestellte Modell auf die am meisten zivilisierten Schichten aller anderen Gesellschaften anzuwenden, d. h. auf deren aktive Oberklasse, denn die Beziehungen zwischen Angehörigen der Spitze in Nicht-Marktgesellschaften waren eine Art wettbewerbsbestimmter Machtkampf, der den Marktbeziehungen ähnelte. Ob dies nun Hobbes' Gedankengang war oder nicht, und ob er mehr oder weniger bewußt sein Gesellschaftsmodell aus der Erkenntnis der Marktbezogenheit der Gesellschaft des siebzehnten Jahrhunderts entwickelte – fest steht jedenfalls, daß sein Modell einer Eigentumsmarktgesellschaft sehr nahe kommt.

Ich habe gezeigt, daß Hobbes' Folgerung von der physiologischen Natur des Menschen auf den notwendigen Versuch aller Menschen in der Gesellschaft, immer mehr Macht über andere zu erringen, die Voraussetzung erfordert, daß die Macht eines jeden der Macht der anderen entgegensteht und sie behindert; daß diese Voraussetzung, selbst wenn sie abgeleitet ist von dem physiologischen Postulat, alle Menschen strebten ihrer Natur gemäß nach grenzenloser Macht über andere, zumindest die weitere Annahme eines Gesellschaftsmodells erfordert, das einen beständigen friedlichen Kampf aller gegen alle zuläßt; und daß jene Voraussetzung, wenn man annimmt, sie sei abgeleitet aus dem physiologischen Postulat, nur eine begrenzte Anzahl von Menschen strebe von Natur aus nach mehr, ein Gesellschaftsmodell verlangt, das nicht nur die fortwährende Bedrohung aller durch alle zuläßt, sondern auch die

Gemäßigten zu dieser Kampfhandlung zwingt. Weiter zeigte ich, daß das einzige Modell, das diesen Erfordernissen genügt, die Eigentumsmarktgesellschaft ist, die in ihren Grundzügen den modernen, auf Konkurrenz gegründeten Marktgesellschaften entspricht; daß die von Hobbes ausdrücklich aufgestellten Postulate (besonders die, daß Arbeit eine Ware ist, daß manche Menschen den ihnen zukommenden Betrag an Vergnügen zu erhöhen trachten, und daß einige mehr natürliche Macht besitzen als andere) die wesentlichen Merkmale einer Eigentumsmarktgesellschaft sind; daß ferner das von Hobbes in seiner Analyse von Macht, Wert und Ehre erarbeitete, durch seine Analyse der ausgleichenden und austeilenden Gerechtigkeit gestützte Gesellschaftsmodell im wesentlichen mit dem Eigentumsmarktmodell übereinstimmt; und daß man, wenn Hobbes sich dieser Korrespondenz auch nicht voll bewußt war, doch vermuten kann, daß er sich der Angemessenheit seiner Analyse an die Gesellschaft des siebzehnten Jahrhunderts bewußt war.

f. Die Unzulänglichkeit des Naturzustandes

Wir haben nun den Punkt erreicht, wo Hobbes von seiner ursprünglichen physiologischen Prämisse zu der Folgerung gelangte, alle Menschen suchten notwendig nach immer mehr Macht über andere, indem er Voraussetzungen einführte, die nur für die Eigentumsmarktgesellschaft Gültigkeit haben. Und erst nachdem er seine Folgerung etabliert hatte, alle Menschen einer Gesellschaft strebten nach immer mehr Macht über die anderen, führte er den hypothetischen Naturzustand ein, aus dem er dann wiederum die Notwendigkeit einer souveränen Herrschaft deduzierte. Ich äußerte bereits[91] die Vermutung, Hobbes' gesellschaftliche Voraussetzungen seien nicht nur für die Deduktion seiner These erforderlich, daß alle Menschen notwendig nach mehr Macht über andere suchen, sondern auch für seine Deduktion des menschlichen Verhaltens im Naturzustand. Man mag einwenden, dies müsse noch bewiesen werden. Denn es wurde noch nicht im einzelnen gezeigt, daß seine Folgerung, alle Menschen suchten nach mehr Macht über andere, bzw. seine dazu führende gesellschaftliche Analyse auch

---

91 Siehe oben, S. 30 f., 48

für seiner Deduktion des menschlichen Verhaltens im Naturzustand unabdingbar ist. Hätte er nicht das Verhalten im Naturzustand unmittelbar aus den physiologischen Postulaten ableiten können, ohne vorher darlegen zu müssen, daß die Menschen in der Gesellschaft mehr Macht über die anderen begehren? Die Frage ist vielleicht ohne größere Bedeutung, da er sich in der Tat zunächst große Mühe gab zu zeigen, daß alle in der Gesellschaft lebenden Menschen immer mehr Macht erstreben müssen, und erst dann diese Menschen in den hypothetischen Naturzustand versetzte. Indes vermögen wir leicht zu sehen, daß er das Verhalten im Naturzustand aus den physiologischen Postulaten allein nicht hätte herleiten können.

Allerdings hätte er die Möglichkeit gehabt, das Verhalten im Naturzustand allein aus dem physiologischen Postulat, daß alle Menschen ihre Bewegung beizubehalten suchen, und aus dem Postulat, daß *einige* Menschen immer mehr Macht über andere erstreben, abzuleiten[92]: diese beiden Postulate würden, wenn alles Recht und Gesetz kraft Hypothese ausgeschaltet wäre, die Notwendigkeit ergeben, daß *alle* Menschen nach mehr Macht über andere streben, d. h. das Verhalten im Naturzustand. Das zweite Postulat ist jedoch nicht aus physikalischer Beobachtung oder Analyse gewonnen, sondern aus der Beobachtung und Analyse gesellschaftlicher Verhältnisse. Wenn wir es ein physiologisches Postulat nennen, müssen wir festhalten, daß auch Hobbes' physiologische Sätze von der Physiologie vergesellschafteter Menschen handeln. Wir wollen jedoch nicht auf Definitionen beharren. Es gibt noch einen anderen Grund, warum Hobbes das Verhalten im Naturzustand nicht aus den physiologischen Postulaten allein deduzieren konnte, selbst wenn man das Postulat, *einige* Menschen strebten nach mehr Macht über andere, als physiologisches gelten läßt. Es hätte seiner Methode und seiner Absicht widersprochen.

Denn es war seine Absicht, die Menschen davon zu überzeugen, daß sie einen Herrscher anerkennen müssen; und seine Methode, dies zu erreichen, war es, »den Menschen nur vor Augen zu führen, was sie schon kennen oder durch eigene Erfahrung kennen-

---

92   Oder aber aus dem einen Postulat, daß ein jeder seiner Natur nach unbegrenzte Macht über andere erstrebt, was jedoch, wie ich bereits gesagt habe (S. 60), kein physiologisches Postulat im eigentlichen Sinne ist.

lernen können«[93]. Der ganze Erfolg seiner Bemühungen hing von dieser Methode ab: Er mußte die Menschen dazu bringen, sich selbst in der Gesellschaft zu erkennen. Vielleicht hätte er die Notwendigkeit eines Herrschers auch ohne die künstliche Hypothese eines Naturzustandes beweisen können, einfach durch Deduktion von der Folgerung, daß alle Menschen in der Gesellschaft notwendig immer mehr Macht über andere suchen. Aber er hätte nicht hoffen dürfen, seinen Lesern die Notwendigkeit eines Herrschers aus dem hypothetischen Naturzustand *allein* klarmachen zu können, ohne vorher das notwendige menschliche Verhalten in der Gesellschaft dargelegt zu haben. Nur insoweit das menschliche Verhalten im hypothetischen Naturzustand mit dem notwendigen Verhalten in der Gesellschaft korrespondierte, konnte die aus dem Naturzustand gewonnene Erkenntnis irgendwelche Gültigkeit für die bereits in einer (zugegebenermaßen unvollständigen) Gesellschaft lebenden Menschen haben.

Ich möchte mit der Feststellung schließen, daß Hobbes die sozialen Postulate benötigte, um aus den physiologischen Postulaten das notwendige Verhalten des Menschen im Zustand der Natur herzuleiten, aus dem sich dann die Notwendigkeit eines Herrschers zwingend ergibt.

4. Politische Pflichten

a. Von der Motivation zur Obligation

Nachdem Hobbes einmal demonstriert hat, daß die vorherrschende Neigung aller Menschen der Drang nach stets wachsender Macht über die anderen ist, fällt ihm der Beweis nicht schwer, daß – gäbe es keine alles überragende Macht – aller Leben mit Notwendigkeit äußerst mühselig und unsicher wäre. Er hat bereits postuliert, daß die Menschen darauf bedacht sind, zu leben und zwar angenehm zu leben. Es folgt, daß alle vernünftigen Menschen, die die Konsequenzen eines herrscherlosen Zustandes zu kalkulieren vermögen, sich dazu gedrängt fühlen, diesen durch die Anerkennung einer alles überragenden Macht zu vermeiden. Um

---

93 *Elements,* Teil I, Kap. 1, Abschn. 2, S. 1

das zu erreichen, müssen sie untereinander einen Vertrag schließen (oder so tun, als ob sie einen geschlossen hätten), durch den sie einer Person oder einer Versammlung jene Rechte geben, die sie selber bei Abwesenheit einer allgemeinen, ihre Sicherheit garantierenden Macht besäßen. Diese Übertragung von Rechten ist es, die ihre Pflichten gegenüber dem Souverän erzeugt. Und da dieser Vertrag eine Zügelung der Begierden bedeutet, kann er ohne eine dahinterstehende Macht nicht bindend sein; daher müssen die Menschen mit ihren natürlichen Rechten zugleich auch ihre natürliche Macht übertragen. Das gibt dem Souverän unbedingte Autorität und genügend Macht, diese Autorität wirksam werden zu lassen. Nur durch Anerkennung solcher Gewalt können die Menschen hoffen, (a) der fortwährenden Gefahr eines gewaltsamen Todes und all des anderen Unheils zu entgehen, das sie sonst durch ihren zerstörerischen Drang nach Macht über andere notwendig auf sich laden würden; und (b) die Voraussetzungen zu schaffen für ein angenehmes Leben, das sie notwendig erstreben. Jeder also, der die Anlagen der menschlichen Natur und die notwendigen Konsequenzen dieser Anlagen erkennt, muß die Pflichten gegenüber einem Souverän akzeptieren.

Hobbes glaubt, aus den Fakten der menschlichen Natur und den notwendigen Konsequenzen dieser Fakten die Notwendigkeit deduziert zu haben, daß jeder die Verpflichtung gegenüber dem Souverän anerkennen müsse. Er glaubt, daß diese Verpflichtung eine moralische sei. Wenn ein Mensch einem anderen ein Recht übertragen hat, »dann sagt man von ihm, er sei *verpflichtet* oder *gebunden*, jene, denen dieses Recht nun zukommt, nicht an seinem Genuß zu hindern; und er *solle* – das sei seine *Pflicht* – jene eigene freiwillige Handlung nicht rückgängig machen«.[94] Um es kurz zu sagen: Hobbes ist der Überzeugung, eine moralische Pflicht von Tatsachen deduziert zu haben, das Sollen vom Sein.

Unsere Untersuchung in Abschnitt zwei und drei ließ diesen Anspruch außer acht. Wir wiesen nur darauf hin, daß die Tatsachen, aus denen Hobbes eine politische Pflicht ableitete, gewisse Aussagen über den von Geschichte und Gesellschaft geprägten Charakter des Menschen einschlossen, Aussagen, von denen einige, genau betrachtet, nur für Menschen einer Eigentumsmarktgesellschaft gelten konnten. Es bleiben uns nun die Fragen zu beantworten, ob Hobbes' politische Pflichten wirklich moralische Pflichten und nicht bloße Klugheitsregeln sind, und ob sein Anspruch, moralische Pflichten aus Tatsachen abgeleitet zu haben, in irgend einem Sinn als gültig akzeptiert werden kann.

b. Moralische Pflichten oder Klugheitsregeln?

Die gerade gegebene kurze Übersicht über Hobbes' Ableitung der Obligation aus der »Motivation« scheint darauf hinzudeuten, daß sein Begriff der politischen Pflicht der einer bloßen Klugheitsregel ist. Er hat, so scheint es, nur bewiesen, daß die Menschen auf lange Sicht ihrem eigenen Interesse am besten dienen, wenn sie die Verpflichtung gegenüber einem Herrscher anerkennen. Eine gänzlich auf Eigeninteresse beruhende Pflicht, so wird gesagt, kann keine sittliche Pflicht im eigentlichen Sinne sein.[95] Stellt sich heraus, daß Hobbes seine politischen Pflichten einzig aus dem Eigeninteresse herleitete, und akzeptiert man die Definition der moralischen Pflicht als einer auf etwas anderem als Eigeninteresse basierenden Verpflichtung, dann ist die Frage geklärt: Hobbes' Pflichten sind keine moralischen Pflichten. Doch das wäre eine zu einfache Antwort. Sie führt nur zu einer weiteren Frage: gibt es bessere Gründe für die Annahme als für die Ablehnung jener Definition und damit der scharfen Unterscheidung zwischen klug und moralisch sowie der implizierten Überlegenheit der moralischen Pflicht? Hobbes verneinte das. Einige seiner Kritiker halten es für selbstverständlich. Gibt es eine Möglichkeit zu entscheiden, wer recht hat?

Die Moralisten scheinen ihre strikte Trennung der beiden Arten von Pflichten auf die vermeintlich ernsten Unterschiede ihrer Effektivität zu gründen. Es wird behauptet, daß eine Pflicht, die bloß auf vorausschauendem Eigeninteresse beruht, nicht mehr als bindend betrachtet werden könne, wenn es zu einem Konflikt mit kurzsichtigem Eigeninteresse kommt: die eigentlich moralische Pflicht unterliege dieser Schwäche nicht, da sie auf Prinzipien jenseits des Eigeninteresses basiere. Aber diese Unterscheidung und

95 Siehe Anm. C, S. 329

die Überlegenheit der moralischen Pflicht sind nichts weiter als Produkte der Definition. Um der Unterscheidung einen ernsthaften praktischen Wert zu geben, müßte man zeigen, daß ein »moralisches« Pflichtprinzip vermutlich stärker ist als ein auf Klugheit und Voraussicht beruhendes Prinzip. Die Schwäche der auf Klugheit gründenden Pflicht liegt auf der Hand. Solange jedoch nicht bewiesen werden kann, daß die »moralische« Pflicht keine gleichgroße oder noch größere Schwäche birgt, ist die Unterscheidung ohne Bedeutung. Die Fähigkeit beider Arten von Pflicht, zu verpflichten, kann nur in der Praxis geprüft werden; sie beruht auf der Fähigkeit beider Arten, selbst akzeptiert zu werden.

Hobbes sah keinen Grund zur Annahme, daß irgendein verpflichtendes Prinzip, das auf etwas anderem als Selbstinteresse beruhte, stärker und in weiteren Kreisen bejaht würde als ein auf Eigeninteresse beruhendes: nämlich bejaht aufgrund seiner rationalen Qualitäten, ohne die Mithilfe »unsichtbarer Geister«. Ein angeblich von Gott eingesetztes Pflichtenprinzip mag eine größere Wirksamkeit haben als ein nach seinen Vorteilen beurteiltes Prinzip. Verwirft man jedoch mit Hobbes solche auferlegten Prinzipien[96], so bleibt nur noch die undeutliche Unterscheidung zwischen einer Klugheitsregel und irgendeiner anderen rationalen Verpflichtung. Die Wirksamkeit von Moralphilosophien in der Vergangenheit beeindruckte Hobbes keineswegs: er war davon überzeugt, daß die neue, von ihm dargestellte Art von Pflicht aller Wahrscheinlichkeit nach wirkungsvoller sein würde, da sie sich mehr auf die menschlichen Fähigkeiten und Bedürfnisse bezog.

Wenn die von ihm propagierten Pflichten auf des Menschen Eigeninteresse, ja sogar auf seiner Furcht beruhten, so rechneten sie doch auch auf seine Vernunft. Er hielt sie für das Beste, dessen der Mensch fähig ist, ohne die trügerische Einführung religiöser Sanktionen, und er hielt es für moralischer, daß der Mensch auf seinen eigenen Verstand vertraut, als daß er eingebildete und unbekannte Gottheiten und Wesen anruft. Er glaubte, daß seine rationale, wenn auch selbstsüchtige Verpflichtung so moralisch sei wie irgendeine andere. Zu behaupten, Hobbes sei genauso berechtigt gewe-

96 Siehe Anm. D, S. 329

sen, seine Vorstellung von Pflicht moralisch zu nennen, wie andere Philosophen es waren oder sind, ihr dieses Attribut zu verweigern, heißt nicht behaupten, Hobbes' Pflichtbegriff sei wirkungsvoller oder nicht weniger wirksam als ein anderer. Es soll damit nur gesagt werden, daß die Beweislast ebensosehr den anderen wie Hobbes auferlegt werden muß. Hobbes gelang es, die Beweislast den Moralisten zuzuschieben, wobei er genau wußte, daß es ihnen unmöglich war, diese Probe zu bestehen. Fehlt ein solcher Beweis, so kann Hobbes' Pflichtauffassung weiterhin moralisch genannt werden.

Aber einen so leichten Sieg wollte Hobbes nicht. Sein Vertrauen in die von ihm vertretene Konzeption gründete zum Teil in einem Postulat, das wir bisher nur flüchtig streiften und nun näher untersuchen müssen. Es ist das Postulat der Gleichheit der Menschen. Bis jetzt haben wir es nur in Anspruch genommen, um zu zeigen, warum der Machtkampf im Naturzustand nie enden kann. Seine Bedeutung reicht jedoch viel weiter. Mit Hilfe gerade dieses Postulats deduziert Hobbes Rechte und Pflichten aus Tatsachen.

c. Das Postulat der Gleichheit

Hobbes postuliert zwei Arten von Gleichheit unter den Menschen: gleiche Fähigkeiten und gleiche Erwartungen auf Wunschbefriedigung. Beide Arten haben, nach der Meinung von Hobbes, Rechtsgleichheit zur Folge. Die Gleichheit der Fähigkeiten wird als durch Erfahrung und Beobachtung bestätigt vorausgesetzt. Zwar sind die Menschen hierin nicht absolut gleich, doch immerhin so gleich, daß der Schwächste leicht den Stärksten zu töten vermag, und das impliziert moralische Gleichheit. In allen drei Versionen der Hobbesschen Theorie wird dieser Punkt hervorgehoben.

Und vor allem, wenn wir beobachten, wie wenig groß doch der Unterschied in Kraft und Wissen zwischen Menschen reiferen Alters ist und mit welch großer Leichtigkeit der an Kraft oder Geist oder beidem Schwächere die Macht auch des Stärksten aufs Gründlichste zerstören kann, da es nur geringer Anstrengung bedarf, jemandem das Leben zu nehmen, so können wir schließen, daß sich die Menschen, in ihrer reinen Natur gesehen, Gleichheit zugestehen sollten ...[97]

Denn wenn wir erwachsene Menschen betrachten und bedenken, wie

97 *Elements*, Teil I, Kap. 14, Abschn. 2, S. 54

zerbrechlich das Gebäude unseres menschlichen Körpers ist ... und wie leicht es für den Schwächsten ist, auch den Stärksten zu töten, so besteht kein Grund für irgendeinen Menschen, sich auf seine eigene Stärke zu verlassen und sich den anderen von Natur aus überlegen zu fühlen: diejenigen sind gleich, die sich das Gleiche antun können; umso mehr diejenigen, die das Größte vollbringen können, nämlich töten. Deshalb sind alle Menschen von Natur aus untereinander gleich...[98]
Die Natur hat die Menschen mit Fähigkeiten von Körper und Geist so gleich ausgestattet, daß, selbst wenn hin und wieder jemand körperlich stärker oder geistig flinker ist als ein anderer, beim Zusammenzählen der Unterschied zwischen Mensch und Mensch doch nicht so beträchtlich ist, daß hieraus jemand irgendwelche Vorteile für sich beanspruchen könnte, die einem anderen nicht gleichermaßen zustünden. Denn ... der Schwächste hat Kraft genug, auch den Stärksten zu töten...[99]

In allen drei Versionen finden wir ein von einer Feststellung über beobachtete Tatsachen abgeleitetes Rechte- oder Pflichtenprinzip. Aus der festgestellten Gleichheit folgt nach Hobbes, daß sich die Menschen untereinander Gleichheit gewähren *sollten (Elements);* daß *kein Grund für irgendeinen Menschen besteht,* sich über andere erhaben zu dünken *(Rudiments);* daß niemand (zu Recht) einen Vorteil gegenüber anderen *beanspruchen* kann *(Leviathan).* Hobbes zweifelt nicht daran, daß gleiche Fakten gleiches Recht setzen, ohne daß irgendwelche Wertvorstellungen oder moralische Prämissen von außen herangetragen werden müßten. Er beweist nicht, daß Tatsachen Rechte zur Folge haben, er setzt einfach voraus, daß es so ist, weil es keinen Grund gibt, warum es anders sein sollte. Es gibt keinen Grund dafür, daß sich jemand über andere erhaben dünken *sollte;* also soll er es auch nicht tun.
Die zweite von Hobbes postulierte Art von Gleichheit ist die der Hoffnung auf Wunschbefriedigung. Im *Leviathan* ist sie dargestellt als Konsequenz der ersten Art: »Aus dieser Gleichheit der Befähigung entspringt die Gleichheit der Hoffnung, unsere Ziele zu erreichen.«[100] In den *Elements* und *Rudiments* wird vor allem betont, daß alle Menschen gleichermaßen danach trachten, ihr Leben zu erhalten. In beiden Konzeptionen wird die Gleichheit des Rechts als in der Gleichheit der Fakten impliziert angesehen.

98 *Rudiments,* Kap. 1, Abschn. 3, S. 25
99 *Leviathan,* Kap. 13, S. 94
100 Ibid., S. 95

Und insofern ein natürlicher Zwang den Menschen dazu bringt, das *bonum sibi,* nämlich das, was von Nutzen für ihn ist, zu wollen und zu begehren, und das, was ihm schadet, zu vermeiden, vor allem aber jenen schrecklichen Feind der Natur, den Tod, von dem wir sowohl den Verlust aller Macht als auch die größten körperlichen Schmerzen erwarten, steht es nicht der Vernunft entgegen, wenn ein Mensch alles in seiner Macht stehende tut, Körper und Glieder vor Tod und Schmerzen zu schützen. Und was nicht gegen die Vernunft ist, nennt man RECHT oder *jus*...[101]

Denn jedermann strebt nach dem, was für ihn gut ist, und vermeidet, was schlecht ist, aber am meisten das größte aller natürlichen Übel, den Tod; und er tut dies infolge eines natürlichen Antriebs, der nicht geringer ist als der, durch den sich ein Stein zur Erde bewegt. Es ist daher weder unsinnig noch tadelnswert noch gegen die Forderungen der wahren Vernunft, daß der Mensch sein ganzes Bestreben darein setzt, seinen Körper und dessen Glieder vor Tod und Sorgen zu schützen. Und was nicht gegen die wahre Vernunft ist, das halten alle Menschen für gerecht und mit Recht getan...[102]

Man mag einwenden, Hobbes unterschiebe in diesen Passagen seinen Begriffen »Vernunft« und »wahre Vernunft« einen moralischen Nebensinn. Indes läßt sich ebensogut sagen, daß er hier nur das tut, was er bereits in seinem von der Gleichheit der Befähigung zur Gleichheit des Rechts führenden Beweisgang getan hatte: er geht davon aus, daß die Konsequenzen der natürlichen menschlichen Bedürfnisse, sofern sie nicht offensichtlich unsinnig oder tadelnswert sind, als rechtmäßig aufgefaßt werden müssen. Die Beweislast wird wiederum den Moralisten zugeschoben. Hobbes deduzierte Rechte aus der Tatsache, daß ein jeder Bedürfnisse hat, die er zu befriedigen sucht und suchen muß.

Es mag immer noch eingewandt werden, Hobbes habe das Recht nicht aus dem Faktum abgeleitet, sondern zusätzlich zum Postulat des Faktums noch ein Postulat des Rechts eingeführt, nämlich des gleichen Rechts aller, zu leben. Ein gleiches Recht zu leben wird ohne Zweifel behauptet, aber der springende Punkt ist, daß Hobbes es als im Postulat des Faktums enthalten sieht. Er ist dazu in der Lage dank seinem ursprünglichen Postulat des mechanischen Materialismus. Da alle Menschen Systeme sich selbst bewegender Materie sind, die gleichermaßen danach trachten, ihre Bewegung

---

101   *Elements,* Teil I, Kap. 14, Abschn. 6, S. 54–55
102   *Rudiments,* Kap. 1, Abschn. 7, S. 26–27

aufrechtzuerhalten, und gleichermaßen fragil sind, so besteht kein Grund, warum sie nicht auch gleiche Rechte haben sollten. Dies sind die Rechte, durch deren Übertragung auf einen Herrscher politische Pflichten entstehen. Politische Pflichten kann Hobbes deswegen als moralische Pflichten behandeln, weil sie sich aus der Übertragung von Rechten, die er als moralische Rechte auffaßt, ergeben. Der Moralbegriff erscheint in seinem Beweisgang nicht erst auf der späten Stufe der Einführung eines Gesellschaftsvertrages, sondern schon auf der frühen Stufe der Ableitung der Gleichheit des Rechts aus der vorausgesetzten Gleichheit der Befähigung und der Bedürfnisse.

Durch die Deduktion der Rechte und Pflichten aus Tatsachen gewann Hobbes eine radikal neue Position. Er war der Überzeugung, daß die Rechte nicht von außen in den Bereich der Fakten hereingebracht zu werden brauchten, sondern daß sie dort bereits vorhanden waren: daß man, sofern nicht das Gegenteil bewiesen werden konnte, davon ausgehen durfte, gleiches Recht sei die Folge des gleichen Bedürfnisses nach fortdauernder Bewegung.

Dies bedeutet eine Neuerung, die so radikal für die politische Theorie ist wie Galileis Formulierung des Gesetzes der gleichbleibenden Bewegung für die Naturwissenschaft, und beide sind nicht ohne Bezug zueinander. Beide Male wurde der revolutionäre Wandel durch eine einfache Veränderung der Voraussetzungen verursacht. Vor Galilei glaubte man, ein in Ruhe befindlicher Gegenstand würde ewig ruhen, wenn er nicht von einem anderen Gegenstand bewegt werde, und die Bewegung würde nur so lange andauern, wie eine äußere Kraft einwirke. Galilei ging davon aus, daß ein bewegter Gegenstand sich ewig bewegt, wenn nicht ein anderer ihn anhält, und daß seine Bewegung keiner ständigen Einwirkung einer äußeren Kraft bedarf.

Hobbes' Umkehr der Voraussetzungen war ähnlich. Man kann zwar sagen, Rechte und Pflichten seien schon seit Plato aus des Menschen Fähigkeiten und Bedürfnissen abgeleitet worden, doch waren diese Ableitungen stets indirekt: aus den menschlichen Fähigkeiten und Bedürfnissen folgerte man vermutete Zielsetzungen der Natur oder den Willen Gottes und erst hieraus die menschlichen Pflichten und Rechte. Die Fähigkeiten und Bedürfnisse der Menschen wurden als Auswirkungen der Zielsetzung der Natur oder des göttlichen Willens angesehen; Gott, den man zur Ursache der menschlichen Fähigkeiten und Bedürfnisse machte, galt auch als Quelle von sittlichem Recht und sittlicher Pflicht. Der außerhalb des beobachteten Universums stehende Zweck und Wille wurde zu einer jenseitigen Gewalt hypostasiert, die sich ständig (mittels der Vernunft oder der Offenbarung oder beider) in die Angelegenheiten der Menschen einmischte. Pflichten und Rechte existierten nach dieser Voraussetzung nur als von der jenseitigen Gewalt aufoktroyierte. Welcher Art sie waren, hing davon ab, welche Absicht oder welchen Willen die Philosophen jeweils dieser Macht zuschrieben; und die Philosophen fanden in der Regel, daß Rechte und Pflichten nicht für alle gleich seien.[103]

Hobbes kehrte die Voraussetzung um. Anstatt Rechte und Pflichten nur in einer jenseitigen Gewalt aufzufinden, ging er davon aus, daß sie in dem Drang eines jeden menschlichen Mechanismus zur Aufrechterhaltung seiner Bewegung enthalten seien. Und da jeder menschliche Mechanismus, der sich bewegen will, seinen eigenen Anforderungen unterliegt, konnte ihm gar nicht ein Wertsystem von außen oder von oben aufoktroyiert werden. Die Frage nach einer Hierarchie der Bedürfnisse, der Rechte und Pflichten wurde gegenstandslos. Sie mußten als für einen jeden gleich angenommen werden.

Hobbes' Weigerung, moralische Unterschiede in den Bedürfnissen der Menschen zu akzeptieren, und seine Meinung, gleicher Drang nach fortdauernder Bewegung sei eine ausreichende Quelle aller Rechte, bedeutete eine Revolution für Moralphilosophie und politische Theorie. Hobbes war der erste, der Rechte und Pflichten aus Tatsachen ableitete, ohne diese mit irgendetwas Phantastischem auszustatten.

d. Sittlichkeit, Wissenschaft und Markt

Betrachten wir Hobbes' Gedanken von dieser Seite, so wird die fundamentale Zusammengehörigkeit seiner politischen Theorie und seines wissenschaftlichen Materialismus deutlich. Die Zurückführung der menschlichen Wesen auf sich selbst bewegende und sich selbst steuernde Systeme aus Materie erlaubte es ihm (und zwang ihn

103 Vgl. unten, S. 106.

dazu) anzunehmen, daß die fortdauernde Bewegung eines jeden Systems gleich notwendig sei. Da er die Prämisse der neuen Wissenschaft übernahm, beständige Bewegung erfordere nicht die beständige Einwirkung einer äußeren Kraft, war er in der Lage, auf jedes Postulat eines von außen auferlegten sittlichen Zweckes zu verzichten und vorauszusetzen, daß sittliche Werte und Pflichten in den Fähigkeiten und Bedürfnissen der in gleicher Weise sich selbst bewegenden Mechanismen eingeschlossen seien. Da Bewegung für jeden Mechanismus gleichermaßen notwendig ist, und da es nichts anderes als Bewegung gibt, kann Sittlichkeit nur aus jener Bewegung hergeleitet werden. Sittlich ist, was einer dauernden Bewegung am meisten förderlich ist. Folglich hat ein jeder, auf einer ursprünglichen und einfachen Ebene, das Recht auf fortdauernde Bewegung. Und ein jeder ist als rationale, berechnende, sich selbst korrigierende Maschine in der Lage, sich selbst jenen Regeln zu verpflichten, die sich als notwendig für die maximale Wahrscheinlichkeit einer fortdauernden Bewegung beweisen lassen. Da diese Bewegungen, falls sie nicht einer eigenen Korrektur unterworfen werden, zu ständigen Kollisionen, mit dem Ergebnis des Bewegungsverlustes, führen würden, ist die Korrektur (d. h. ein moralisches System der Pflichten) sowohl notwendig als auch möglich.

So scheint also Hobbes' Ableitung der Rechte und Pflichten aus Tatsachen mit Hilfe des Gleichheitspostulates erst durch die Annahme materialistischer Prämissen, die er der neuen Wissenschaft des siebzehnten Jahrhunderts verdankte, ermöglicht worden zu sein. So gesehen war Hobbes' Materialismus weder ein bloßer Nebengedanke noch ein Aushängeschild, sondern ein wesentlicher Bestandteil seiner politischen Theorie. Sein Materialismus war eine notwendige Bedingung seiner Theorie der politischen Pflichten.

Er war natürlich keine ausreichende Bedingung dieser Theorie. Denn außer der materialistischen Voraussetzung, daß Menschen sich selbst antreibende Systeme bewegter Materie sind, benötigte Hobbes das Postulat, daß die Bewegung eines jeden Individuums notwendig der Bewegung jedes anderen entgegensteht. Dieses Postulat war in seinem mechanischen Materialismus nicht enthalten, sondern wurde, wie wir sahen, aus seiner Markt-Prämisse abgeleitet. Das Postulat sich entgegenstehender Bewegungen erlaubte es ihm, alle Individuen als gleichermaßen gefährdet und daher als eines Systems politischer Pflichten gleichermaßen bedürftig zu behandeln.

So benötigte Hobbes sowohl die materialistische als auch die Markt-Prämisse zur Ableitung der politischen Pflichten. Die materialistische Prämisse erlaubte es ihm zu sagen, daß alle Individuen ein gleiches Bedürfnis nach fortgesetzter Bewegung hätten, und daß gleiche Bedürfnisse – solange es keine Gründe für das Gegenteil gebe – als Garanten für gleiche sittliche Rechte aufgefaßt werden könnten, woraus die *Möglichkeit* einer sittlichen Verpflichtung hervorgehe. Die Markt-Prämisse erlaubte ihm die Feststellung, daß alle Menschen gleich gefährdet seien, woraus sich die *Notwendigkeit* sittlicher Verpflichtungen ergebe. Sowohl die materialistische als auch die Markt-Prämisse wurde also benötigt, um die angenommenen Tatsachen – die beiden Arten von Gleichheit – zu konstituieren, aus denen Verpflichtungen abzuleiten für Hobbes denkbar war.

Da sowohl die materialistische als auch die Markt-Prämisse nötig war und beide benutzt wurden, brauchen wir uns keine Gedanken darüber zu machen, welche die wichtigere ist oder welche in Hobbes' Denken früher auftrat. Doch sei der Hinweis auf die Bedeutung der Markt-Prämisse erlaubt: nur eine so unorganische Gesellschaft wie die Marktgesellschaft kann glaubhaft als ein mechanisches System sich selbst bewegender Individuen beschrieben werden. Ob Hobbes von seiner Konzeption der Gesellschaft als eines Systems von Marktbeziehungen zu seiner kühnen materialistischen Hypothese geführt wurde, oder ob sein Bezaubertsein von der neuen Naturwissenschaft ihn veranlaßte, nach einem Gesellschaftsmodell zu suchen, das in mechanischen Begriffen umschrieben werden konnte, und ihn so das Marktmodell entdecken ließ, wissen wir nicht. Aber wir können sagen, daß es die Markt-Prämisse war, die ihm den Versuch ermöglichte, die mechanischen Postulate der neuen Wissenschaft einer Analyse der Gesellschaft dienstbar zu machen.

Noch in anderer Hinsicht trugen die Markt-Prämissen zu Hobbes' Überzeugung bei, Pflichten könnten aus Fakten deduziert werden. Die Eigentumsmarktgesellschaft zeichnet sich durch das einzigartige Attribut aus, daß in ihr der Wert jedes Menschen durch den Markt bestimmt wird. Werte und Anrechte und damit tatsächliche Rechte werden durch eine Macht bestimmt, die weder rein subjektiv noch übernatürlich ist. Hobbes bemerkte dies und schloß daraus, daß kein anderer Wert- und Rechtsmaßstab notwendig sei: die alten Vorstellungen von ausgleichender und austeilender Gerechtigkeit, die in einem jenseits aller Fakten existierenden Rechtsbegriff gründeten, wurden damit völlig überflüssig. An ihre Stelle trat ein von den Fakten des Marktsystems hervorgebrachter Wertmaßstab. Hobbes wollte ihn als einen Maßstab der Gerechtigkeit aufgefaßt wissen, da er der Forderung eines jeden sittlichen Prinzips gerecht wurde: der Transzendierung subjektiver Wünsche und Begierden. Er schien daher jeden weiteren Bezug auf sittliche Prinzipien unnötig zu machen, die von außerhalb der Fakten importiert waren.

Zusammenfassend sei festgestellt, daß Hobbes' Markt-Prämissen ihm zwei Gründe für die Überzeugung gaben, sittliche Pflichten und Rechte könnten aus Tatsachen abgeleitet werden. Einmal implizierte der tatsächliche menschliche Zustand in der Gesellschaft, wie er ihn analysierte, ein bei jedem Menschen gleiches Bedürfnis nach fortdauernder Bewegung, eine allgemeine Opposition der Bewegungen und daher eine gleiche Unsicherheit für alle. Die Gleichheit des Bedürfnisses und der Unsicherheit, die in seiner Analyse entscheidender ist als jede Art von Ungleichheit, erlaubten es ihm, gleiche sittliche Rechte zu postulieren und dadurch auch die Möglichkeit sittlicher Pflichten, ohne irgendeinen Zweck oder Willen außerhalb der Individuen voraussetzen zu müssen. Zweitens implizierten die von ihm analysierten Tatsachen einen objektiven, jedoch nicht übernatürlichen Rechtsbegriff.

Jedes dieser beiden unterstellten Attribute der Tatsachen hätte ausreichen können, Hobbes davon zu überzeugen, daß es möglich ist, Pflichten allein von Tatsachen abzuleiten, ohne Widersprüche oder logische Trugschlüsse. Sie beide gemeinsam, sich gegenseitig bekräftigend, reichten jedenfalls vollkommen aus, ihn zu dieser Annahme zu führen. Ob wir nun mit seiner Überzeugung, daß es möglich sei, und mit der Art, wie er es tat, einverstanden sind oder nicht, wir müssen einräumen, daß er es für möglich hielt. Es gibt deshalb keinen vernünftigen Anlaß, in seiner Theorie nach einem höheren Grad von Folgerichtigkeit zu suchen in der Annahme, daß er etwas gänzlich anderes getan habe. Wenn wir Hobbes verstehen und ihn kritisieren wollen, sollten wir immer die von ihm gesehene Relation zwischen Tatsachen und Pflichten vor Augen haben und sie nicht mit der Begründung fallenlassen, kein folgerichtiger Denker könne von einer solchen Annahme ausgehen.

e. Die Annahme einer durch das Faktum gesetzten Pflicht

Wir sahen, daß die Anerkennung wesentlicher Merkmale der Marktgesellschaft Hobbes glauben ließ, daß die der Gesellschaft zugrundeliegenden Fakten alles Notwendige für die Deduktion von politischen Pflichten, die den rationalen Menschen moralisch binden, enthielten. Bevor wir das Verdienstvolle seiner ungewöhnlichen Deduktion untersuchen, müssen wir feststellen, ob die Herleitung von Pflichten aus Tatsachen überhaupt logisch möglich ist.

In den letzten Jahren wurde es zu einem Axiom, daß kein sittliches Prinzip aus irgendeinem Satz über Tatsachen logisch deduziert werden kann; das geht so weit, daß ein einfacher Hinweis auf das Axiom gewöhnlich als ausreichend angesehen wird, die Frage zu erledigen. Aber die Frage auf diese Weise zu erledigen hieße, einen höchst wichtigen neuen Gedanken von Hobbes unbeachtet lassen. Ich werde zeigen, daß es in jedem Sinn außer in dem einer streng logischen Folgerung möglich ist, Pflichten aus Tatsachen abzuleiten; daß diese Bezüge wichtig genug sind, den Menschen zu nötigen, eine solche Ableitung zu versuchen; daß aber die Ableitung selbst in diesen Bezügen nur möglich ist, wenn die gesellschaftlichen Fakten eine signifikante Gleichheit der Menschen implizieren; daß Hobbes dies erkannte; und daß deshalb sein Versuch, Pflichten aus Tatsachen abzuleiten, im Prinzip legitim war.

Die Vorstellung, Pflicht könne nicht aus Fakten deduziert werden, ist relativ neu. Im allgemeinen wird sie Hume zugeschrieben, doch ist es zweifelhaft, ob sie so weit zurückreicht.[104] Ältere politische Philosophen sowohl vor als auch nach Hobbes haben in der Regel moralische und politische Pflichten und Rechte aus den beobach-

---

104 Vgl. A. C. MacIntyre, »Hume on ›Is‹ and ›Ought‹«, *Philosophical Review,* LXIII (1959), 451 ff.

teten Bedürfnissen und Fähigkeiten der Menschen abgeleitet; aber immer mit Hilfe eines Postulats, das sich auf die Absicht der Natur oder den Willen Gottes bezog oder auch nur darauf, daß die Natur nichts umsonst mache. Ein solches Postulat erlaubte es ihnen, von den menschlichen Fähigkeiten und Bedürfnissen zu einem System von Pflichten und Rechten zu gelangen, und dieser Beweisgang schien eine Deduktion von Rechten aus Fakten zu sein, obgleich er es nicht war, und in der Regel galt es als prinzipiell unmöglich, Pflichten und Rechte aus Tatsachen zu deduzieren.

Seit Hume wissen die Kritiker, daß die früheren Philosophen keineswegs das taten, was sie zu tun glaubten oder nach dem Glauben anderer taten. Man bemerkte, daß sie nicht auf logischem Wege Pflichten aus Tatsachen herleiteten, sondern vielmehr ein fremdes Postulat unterschoben. Dieser Punkt wurde von modernen Kritikern, am stärksten von den Sprachanalytikern hervorgehoben. Da sie sahen, daß es logisch unhaltbar war, die angeblichen Deduktionen von früher, die sich auf eine unterschobene Prämisse stützten, als Deduktionen aus Fakten zu behandeln, folgerten sie, daß die logische Unhaltbarkeit der früheren Systeme gerade in dem Versuch lag, Pflichten aus Fakten abzuleiten, und machten es zu einem Grundprinzip, daß Pflichten nicht aus Fakten deduziert werden können.

Diese Schlußfolgerung ist, so glaube ich, falsch. Zwar muß zugegeben werden, daß nach dem Modell des formalen Logikkalküls moralische Äußerungen nicht aus Sätzen über Tatsachen gefolgert werden können.[105] Es gibt jedoch keinen Grund, warum alles Denken in dieses Modell gezwungen werden sollte. Und es gibt einen starken Grund, nämlich die Natur der menschlichen Bedürfnisse, warum dies nicht geschehen sollte. Es ist unbestritten, daß eine gewisse Form gesellschaftlicher Ordnung, und daher Rechte, und daher Pflichten, für die menschliche Existenz notwendig sind. Natürlich kann man der menschlichen Existenz jeden Sinn und Wert absprechen. Aber läßt man diese Abdankung aller Menschlichkeit beiseite, so muß man von der Voraussetzung ausgehen, daß ein System von Rechten und Pflichten aus irgendetwas abgeleitet werden kann.

105 MacIntyre, op. cit., S. 462

Gesteht man dies zu, so braucht man immer noch nicht anzuerkennen, daß es allein aus des Menschen Bedürfnissen und Fähigkeiten abgeleitet werden kann, ohne daß ein von außen aufoktroyierter Wille oder Zweck hinzugezogen wird. Das ist eine durchaus haltbare Position, aber es besteht kein Grund, sie zum logischen Imperativ zu machen. Ebenso haltbar ist die Annahme, daß die gleichen Fakten (nämlich die menschlichen Fähigkeiten und Bedürfnisse), die ein System von Rechten und Pflichten nötig machen, ein solches System auch ermöglichen. Haltbar, heißt das, ist die Annahme, daß die Fakten der menschlichen Fähigkeiten und Bedürfnisse genügend Daten für die Deduktion eines Systems von Rechten und Pflichten liefern.

Nun muß ein Pflichtensystem, das für alle Individuen einer Gesellschaft bindend ist oder werden kann, auch von allen als verbindlich anerkannt werden können. Eine der Tatsachen, die (als beobachtete oder durch Analyse gewonnene) gegeben sein müssen, bevor solche Verpflichtungen aus Fakten abgeleitet werden können, ist die, daß die Individuen in der Lage sind, die Verpflichtung anzuerkennen. Diese Bedingung ist nur in einer Gesellschaft erfüllt, in der die Individuen in der Lage sind, sich als gleich zu betrachten, und zwar in einer Hinsicht, die wichtiger ist als jede, in der sie ungleich sind. Nur in einer solchen Gesellschaft kann behauptet und anerkannt werden, es gebe keinerlei Grund, warum irgendjemand einen Anspruch auf besondere Rechte haben sollte. Denn wenn die Menschen eine solche Gleichheit nicht anerkennen, können sie unbegrenzte Superiorität beanspruchen; und diesem Anspruch vermag kein nicht-übernatürliches System von Pflichten entgegenzuwirken.[106] Eine tatsächliche Gleichheit, die von den Menschen als alle ihre tatsächlichen Ungleichheiten überragend begriffen wird, ist daher eine Vorbedingung für die Deduktion sittlich bindender Pflichten aus bloßen Fakten.

Hobbes war sich dessen bewußt. Mit Hilfe seines Gleichheitspostulats bewies er, daß es keinen Grund dafür gebe, warum irgend jemand mehr Rechte als andere haben sollte; daraus ergab sich die Möglichkeit und Notwendigkeit von Pflichten. Die vorausgesetzte tatsächliche Gleichheit, von der er direkt zur Notwendigkeit poli-

106 Siehe Anm. E, S. 329

tischer Pflichten gelangte, war die gleiche Fähigkeit der Menschen, sich gegenseitig zu töten, aus der im hypothetischen Naturzustand eine gleiche Unsicherheit für Leben und Besitz folgte. Jedoch ist diese vorausgesetzte Gleichheit keine ausreichende Basis für die politische Verpflichtung der Menschen *in der Gesellschaft*. Zwar ist die Gebrechlichkeit des menschlichen Körpers ein physiologisches Faktum, das für den Menschen in der Gesellschaft genauso gültig ist wie für den Menschen im hypothetischen Naturzustand, doch hat es nur im hypothetischen Naturzustand eine totale und daher gleiche Unsicherheit für Leben und Besitz zur Folge. Nun ist aber Hobbes' Naturzustand per definitionem keine politische Gesellschaft. In jeder Art von politischer Gesellschaft wird das Leben jedes Individuums in gewissem Maße gegen Angriffe anderer Individuen geschützt; und da es keine totale Unsicherheit gibt, gibt es auch keine notwendig gleiche Unsicherheit. Will Hobbes zeigen, daß die Individuen in einer Gesellschaft Pflichten anerkennen können und sollen, so muß er nachweisen, daß die Individuen *in der Gesellschaft* gleich sind und dies auch wahrnehmen können, nämlich in einer Hinsicht, die wichtiger ist als jede, in der sie ungleich sind. Die künstliche Gleichheit eines hypothetischen Naturzustands genügt nicht.[107] Wir müssen daher nochmals zum Hobbesschen Gesellschaftsmodell zurückkehren. Findet sich in ihm eine solche Gleichheit? Wenn ja, ist Hobbes' Deduktion der Pflichten grundsätzlich legitim. Und verträgt sich diese Gleichheit, falls es sie birgt, mit den anderen Aspekten seines Modells? Wenn ja, müßte seine Deduktion für die Eigentumsmarktgesellschaft gültig sein, da alle anderen Attribute seines Modells Attribute der Eigentumsmarktgesellschaft sind.

In Hobbes' Gesellschaftsmodell – so wie es sich nach seiner Analyse von Macht, Ehre, Wert und Gerechtigkeit rekonstruieren läßt – kann man zwei Arten von Gleichheit unterscheiden: gleiche Unsicherheit und gleiche Unterordnung unter die Bedingungen des Marktes. Ein jeder wird mit Notwendigkeit in den Wettlauf um die Macht über andere hineingezogen. Jedermann trachtet nach mehr Macht, als er von Natur aus besitzt, und kann dies nur auf die Weise tun, daß er etwas von der Macht anderer für sich selbst

---

107 Vgl. oben, Abschn. 3, f

einsetzt. Ein jeder ist also der andauernden Bedrohung seiner Macht durch die anderen ausgesetzt. Hobbes sah darin eine Gleichheit der Unsicherheit. Er hielt diese Geichheit der Unsicherheit für ein so offensichtliches Attribut des menschlichen Lebens, daß jeder vernunftbegabte Mensch sie wahrnehmen und sofort die notwendigen Konsequenzen erkennen müsse. Wie wir aber gesehen haben, ist die einzige Gesellschaft, in der diese dauernde Bedrohung der Macht eines jeden durch die anderen möglich ist, die Eigentumsmarktgesellschaft. Wir müssen deshalb fragen, ob die allgemeine Unsicherheit in der Marktgesellschaft treffend als *gleiche* Unsicherheit bezeichnet werden kann.

Es ist ohne weiteres einleuchtend, daß in dieser Gesellschaft zwar alle Individuen unsicher sind, von gleicher Unsicherheit indessen nicht gesprochen werden kann. Denn eine Eigentumsmarktgesellschaft erfordert ganz wesentlich eine ungleiche Verfügungsgewalt über Hilfsmittel. Es muß eine Klasse von Menschen geben, die über genügend Hilfsmittel verfügt, um sich der Arbeitskraft anderer zu bedienen, und eine zweite Klasse, deren geringfügige Hilfsmittel sie zwingen, sich selbst den Arbeitgebern anzubieten. Wenn auch die Mitglieder einer jeden Klasse unsicher, d. h. der Bedrohung ihrer Macht durch den Markt ausgesetzt sind, so ist doch die Unsicherheit der beiden Klassen ganz verschiedenartig. Man kann daher nicht von ihnen erwarten, daß sie sich als so gleich in ihrer Unsicherheit auffassen, daß sie aus diesem Grunde allein einer bindenden Verpflichtung gegenüber einer gemeinsamen Autorität zustimmen. So versäumte es Hobbes, die Ungleichheit der Unsicherheit, die von den anderen Attributen seines Modells impliziert wird, in diesem Modell zu berücksichtigen. Hätte er sich in seinem Gesellschaftsmodell allein auf die vorausgesetzte Gleichheit der Unsicherheit verlassen, so müßten wir feststellen, daß er die Notwendigkeit der Anerkennung einer gemeinsamen Verpflichtung durch alle Menschen der Gesellschaft nicht zu begründen vermochte.

Jedoch gibt es in seinem Gesellschaftsmodell ein anderes Merkmal, das auch als eine Form der Gleichheit begriffen werden könnte: die gleiche Unterordnung aller Individuen unter die Gesetze des Marktes. In Hobbes' Modell, das in dieser Beziehung mit dem Modell der Eigentumsmarktgesellschaft übereinstimmt, ist ein jeder dem Diktat eines wettbewerbsabhängigen Machtmarktes unterworfen. Hobbes sah genau, daß in einer Eigentumsmarktgesellschaft in der Tat alle Werte und Anrechte durch Vorgänge des Marktes begründet werden und alle Moral auf eine Moral des Marktes hinausläuft. Diese Gesellschaft begründet tatsächlich Rechte durch Fakten: eines jeden Menschen Ansprüche und Rechtstitel werden durch die gegebenen Wettbewerbsbeziehungen zwischen den Fähigkeiten und Machtmitteln der Individuen bestimmt. Falls die Marktbedingtheit der Werte und Rechte von allen Mitgliedern der Gesellschaft als gerecht akzeptiert wird, gibt es eine ausreichende Basis für eine rationale Verpflichtung, die alle Menschen bindet, gegenüber einer das Marktsystem aufrechterhaltenden und garantierenden höchsten Gewalt. Hobbes hielt diese Bedingung für gegeben: er glaubte, daß der vom Markt geprägte Begriff der Gerechtigkeit der für ein vernünftiges Wesen einzig akzeptable sei, sobald es seine wahre Lage erkenne, nämlich die eines bloßen Rädchens im Marktsystem.[108] Hier war er, zumindest teilweise, im Irrtum. Es bleibt für vernunftbegabte Menschen noch der Weg, das ganze Marktsystem als solches zu verwerfen und zu bekämpfen.

Man muß jedoch zugestehen, daß Hobbes, als er die unvermeidliche Vorherrschaft der vom Eigentumsmarkt geprägten Werte behauptete, die Tatsachen auf seiner Seite hatte. Vielleicht war er seiner Zeit etwas voraus, denn noch gab es in der englischen Gesellschaft eine stattliche Anzahl von Gegnern der Markt-Moral. Der Bürgerkrieg war nach Hobbes' eigener Interpretation ein Wettkampf zwischen denjenigen, die an den überkommenen Werten festhielten, und denjenigen, die sich an der Moral des Marktes ausrichteten. Wie immer man die Restauration und die Whig-Revolution interpretieren mag, es kann nicht behauptet werden, die Anhänger der traditionellen Werte hätten am Ende des Jahrhunderts oder auch noch später keinen Einfluß mehr ausgeübt. Locke versuchte die traditionelle mit der Markt-Moral zu verbinden; das gleiche versuchte Burke grundsätzlicher und auswegloser ein Jahrhundert später. Doch hatte um jene Zeit die im Marktgeschehen wurzelnde Moral gesiegt und wurde bis weit ins neun-

---

108 Vgl. oben, S. 78 ff.

zehnte Jahrhundert nicht mehr ernsthaft in Frage gestellt. Hobbes behielt also im wesentlichen recht, wenigstens für die von ihm überblickte Zeit (die sich über zwei Jahrhunderte erstrecken sollte), mit seiner Annahme, daß kein Individuum der Gewalt eines einmal errichteten Marktsystems entrinnen kann und daß die in ihm lebenden vernüftigen Menschen den marktbezogenen Gerechtigkeitsbegriff als den einzig möglichen akzeptieren müssen.

So scheint Hobbes eine Basis für die rationale Verpflichtung aller Mitglieder einer Eigentumsmarktgesellschaft gefunden zu haben. Denn wenn es keine Alternative zur Marktgesellschaft gibt oder die einzige Alternative Anarchie bedeutet, hat jeder in ihr lebende und seine wahre Lage erkennende Mensch keine andere akzeptable Möglichkeit, als eine politische Autorität zu unterstützen, die jene Gesellschaft als ein geordnetes System zu erhalten vermag. Mit anderen Worten: jedes Individuum in ihr kann und muß in seinem eigenen Interesse Pflichten anerkennen gegenüber einer politischen Autorität, die mit genügend Macht ausgestattet ist, die Regeln einer Wettbewerbsgesellschaft zu überwachen und ihre Einhaltung zu erzwingen. Und diese Pflichten können ebensogut moralische Pflichten wie Klugheitsregeln genannt werden; sie sind die höchste Moral, derer Mitglieder einer Marktgesellschaft fähig sind. Wenn also Hobbes' Theorie als eine Untersuchung der möglichen und notwendigen politischen Pflichten in einer Eigentumsmarktgesellschaft verstanden wird, dann darf man seine Deduktion der Pflichten aus Fakten als legitim gelten lassen.

5. Wirksamkeit und Grenzen von Hobbes' politischer Theorie

a. Die historische Vorbedingung der Deduktion

Ich habe nachgewiesen, daß die Unterscheidung zwischen moralischen Pflichten und Klugheitsregeln bedeutungslos wird, sobald man einen transzendentalen Willen oder Zweck ablehnt, und daß, wenn man ihn ablehnt, die entscheidende Frage ist, ob irgendeine Pflicht denkbar sei, die als bindend für rationale Individuen betrachtet werden kann; und weiter, daß eine solche Pflicht denkbar ist, wenn man erwarten kann, daß die Menschen ihre Gleichheit als fundamentaler auffassen denn alle ihre Ungleichheit; daß Hobbes dies begriff, und daß die gleiche Unterwerfung aller Menschen unter das Diktat des Marktes, die er in sein Gesellschaftsmodell einbaute und die ein Attribut der Eigentumsmarktgesellschaft ist, eine ausreichende Basis für die Deduktion der alle vernünftigen Menschen jener Gesellschaft bindenden Pflichtauffassung darstellt, solange Eigentumsmarktbeziehungen vorherrschen oder für unvermeidlich gehalten werden.

Dies ist ein höheres Maß an Gültigkeit, als dem Hobbesschen System gewöhnlich eingeräumt wird, wenn auch Hobbes selbst nicht damit zufrieden gewesen wäre; er war davon überzeugt, aus den ewigen Gegebenheiten der menschlichen Natur die einzige Form politischer Pflichten, die auf immer nötig und möglich wären, abgeleitet zu haben. Obzwar Hobbes' eigene Einschätzung seiner Theorie zu hoch war, sind seine Erkenntnisse doch bemerkenswert. Er zeigte der politischen Theorie einen neuen Weg. Und er drang tiefer in die Natur der modernen Gesellschaft ein als irgendeiner seiner Zeitgenossen und viele seiner Nachfolger. Jede dieser Erkenntnisse verdient unsere Aufmerksamkeit.

Hobbes' berechtigtster Anspruch ist vielleicht auch sein arrogantester: »Politische Philosophie *(Civil Philosophy)* ist nicht älter... als mein eigenes Buch *De Cive.*«[109] Er war der erste politische Denker, der die Möglichkeit erkannte, Pflichten direkt aus den diesseitigen Tatsachen wirklicher zwischenmenschlicher Beziehungen einschließlich der diesen Beziehungen inhärenten Gleichheit zu deduzieren; indem er dies erfaßte, wurde er der erste, der auf die Annahme eines jenseitigen Willens oder Zweckes verzichten konnte. Die stoische und christliche Naturrechtstradition hatte natürlich die Gleichheit aller Menschen behauptet, aber diese Behauptung bezog sich weniger auf Tatsachen als auf den Wunsch, daß sich die Menschen in der Betrachtung ihrer gemeinsamen Vernunft und ihres gemeinsamen Ursprungs als gleich erkennen sollten. Gemeinsame Vernunft ist ein unfaßbares und ungenaues Gebilde verglichen mit der Unsicherheit und Subordination unter Marktbedingungen, die Hobbes ganz dicht unter der Oberfläche des täglichen Lebens entdeckte. Vielleicht war wegen der Nebelhaftigkeit des Begriffs Vernunft der des göttlichen Zwecks und Willens so früh in die Naturrechtstradition eingeführt worden, um das Postulat einer allgemeinen Vernunft zu stützen, und mit der Einführung dieses Begriffs war die Frage der Deduktion sittlicher Pflichten aus weltlichen Fakten nicht mehr aktuell.

Es ist nicht verwunderlich, daß Hobbes der erste politische Denker war, der mit dem traditionellen Glauben an einen das Universum durchdringenden Willen oder Zweck brach und sich ausschließlich auf weltliche Gleichheit verließ.[110] Vor Hobbes wirkte alles darauf hin, daß die politischen Denker sich auf Maßstäbe für Werte und Vorrechte verließen, die von außerhalb der erfaßbaren Tatsachen eingeführt waren. Einmal hatten die Marktbeziehungen noch nirgends alle gesellschaftlichen Beziehungen so weitgehend durchdrungen, als daß man sich hätte vorstellen können, daß Werte durch das Walten objektiver, aber nicht übernatürlicher Kräfte begründbar seien. Zum anderen lebten die meisten politischen Denker vor Hobbes in ausgesprochenen Klassengesellschaften, in denen die hierarchische Ordnung die einzige Alternative zur politischen und moralischen Anarchie zu sein schien. In hierarchischen Gesellschaften ist die Gefahr von Sklaven- oder Bauernrevolten oder von egalitären Volksbewegungen niemals ganz gebannt. Solange solche Bewegungen als anarchisch aufgefaßt werden, müssen Denker, die sich mit einer Theorie der politischen Pflichten befassen, von einer funktionellen oder moralischen Ungleichheit zwischen den Klassen ausgehen, denn eine hierarchische Ordnung verlangt nach ungleichen Rechten und Pflichten. Und da nicht zu erwarten war, daß die Vorzüge der Hierarchie und ein nicht-egalitärer Sittenkodex einer sich unterdrückt fühlenden Klasse rational einsichtig zu machen sei, ergab sich ein zusätzlicher Grund, das System der Pflichten statt unmittelbar aus den Fähigkeiten und Bedürfnissen der Menschen aus irgendeiner göttlichen oder transzendenten Ordnung herzuleiten.

Auch Hobbes lebte in einer Klassengesellschaft. Er empfand es jedoch nicht als erforderlich, den verschiedenen Klassen grund-

---

110 Die Auszeichnung, als erster damit gebrochen zu haben, könnte man unter Umständen Hugo Grotius zusprechen, der das Naturrecht von göttlichem Willen und Zweck befreite. Doch Grotius verließ sich auf die Voraussetzung einer faktischen Soziabilität, die fast ebenso vage ist wie die frühere Vernünftigkeit.

sätzlich ungleiche Fähigkeiten und Bedürfnisse zuzuschreiben. Denn nach seiner Interpretation der gesellschaftlichen Gegebenheiten des siebzehnten Jahrhunderts war gesellschaftliche Ordnung nicht länger von der Existenz einer Hierarchie abhängig. Er war der Überzeugung, die Objektivität des Marktes habe die Ungleichheit der Ränge und Stände aufgehoben (oder könne dies tun) und stattdessen eine Gleichheit der Unsicherheit geschaffen. Natürlich verließ er sich für die Aufrechterhaltung der Ordnung nicht auf den Markt allein. Ein politischer Herrscher war nötig, die Ordnung zu garantieren mittels autoritativer Regeln, die den Umschlag des friedlichen Wettbewerbs auf dem Markt in offene Gewalt oder seine Ergänzung durch diese verhinderten. Aber die Autorität des Herrschers konnte nunmehr auf die rationale Übertragung von Rechten gegründet werden, zu der sich Menschen bereit fanden, die in doppelter Hinsicht gleich waren: ihr Wert und ihre Ansprüche wurden gleicherweise vom Markt festgesetzt, und angesichts des Marktes erschienen sie als gleicherweise unsicher. Im Gegensatz zu seinen Vorgängern brauchte Hobbes sein Material nicht in eine Hierarchie ungleicher Werte zu pressen, da er keinen Anlaß hatte, wieder ungleiche Werte herauszulesen und sie in Form ungleicher Rechte und Pflichten in seine moralischen und politischen Regeln einzubringen. Und aus demselben Grunde vermochte er im Gegensatz zu seinen Vorgängern von der Voraussetzung eines göttlichen oder natürlichen Zweckes abzusehen; da er keine Ungleichheit einzuräumen brauchte, brauchte er keinen unsichtbaren Zweck oder Willen zu unterstellen, dem die Ungleichheit von Wert und Anspruch angelastet werden konnte.

Kurz, die Entwicklung der Marktgesellschaft hatte zur Zeit von Hobbes zwei für eine Deduktion politischer Pflichten aus weltlichen Fakten notwendige Bedingungen hervorgebracht, von denen keine schon früher existierte. Erstens hatte sie eine Gleichheit vor dem Gesetz des Marktes geschaffen (oder war sichtlich dabei, es zu tun), die zwingend genug war, um zur Basis einer Verpflichtung gemacht zu werden, die für jeden vernünftigen, seine wahre Lage erkennenden Menschen bindend wäre. Das Vorhandensein dieser Gleichheit machte, wie ich gezeigt habe, die Deduktion der Pflichten aus Fakten logisch einwandfrei. Zweitens hatte die Entwicklung einer Marktgesellschaft die hierarchische Ordnung durch eine objektive Marktordnung ersetzt (oder war sichtlich dabei, es zu tun), die nicht ungleiche Rechte für verschiedene Stände erforderte. So lieferte der Niedergang der hierarchischen Ordnung zum ersten Mal wenigstens eine der Bedingungen, die eine Deduktion von Pflichten aus Fakten einwandfrei machte. Zu sagen, die gesellschaftlichen Bedingungen, die Hobbes' Deduktion logisch und politisch möglich machten, hätten vor seiner Zeit nicht existiert, bedeutet keine Schmälerung seiner Leistung, vielmehr die Anerkennung des Scharfblicks, mit dem er die wesentlichen Verhältnisse seiner eigenen Gesellschaft durchdrang, und der Geschicklichkeit, mit der er seine Erkenntnisse nutzte.

b. Der sich selbst verewigende Souverän

Diese Einschätzung der Leistung von Hobbes steht in auffälligem Mißverhältnis zur tatsächlichen Aufnahme seiner Lehre in seiner eigenen Zeit. Falls er, wie ich sagte, die wesentlichen Verhältnisse seiner eigenen Gesellschaft erkannt und logisch auf ihnen aufgebaut hat, hätten seine Schlußfolgerungen doch zumindest die Zustimmung der »neuen« Menschen in der Mitte des siebzehnten Jahrhunderts und später finden sollen, die Zustimmung jener also, die den Triumph der Marktbeziehungen in der englischen Gesellschaft begrüßten. Doch wissen wir, daß Hobbes' Lehre von keiner nennenswerten Gruppe oder Bewegung im England seines eigenen Jahrhunderts übernommen wurde. Weder Royalisten noch Parlamentarier, weder Traditionalisten noch fortschrittliche Republikaner, weder Whigs noch Tories wußten etwas mit ihr anzufangen. Viele seiner Kritiker, auch die einflußreichsten, wiesen sowohl die Prämissen als auch die Schlußfolgerungen zurück.[111] Aber selbst diejenigen, die Hobbes' Analyse der menschlichen Natur akzeptierten und seine Auffassung der Gesellschaft als eines Marktes teilten – zu ihnen dürfen wir Harrington[112] und selbst Locke[113] zählen –, übernahmen nicht uneingeschränkt seine Folgerungen.

111 Vgl. John Bowle, *Hobbes and his Critics* (1951)
112 Harrington lobte Hobbes' »Abhandlungen über die menschliche Natur, über Freiheit und Notwendigkeit« als »die hervorragendsten der neuen Lichter, denen ich gefolgt bin und weiterhin folgen werde« (*Prerogative of Popular Government, Works*, 1771, S. 241). Für Harringtons Würdigung der Gesellschaft als eines Marktes siehe unten, Kap. IV, Abschn. 2.
113 Siehe unten, Kap. V, Abschn. 4, bes. S. 269 f., 276

Wenn wir untersuchen, welche der Hobbesschen Folgerungen sie zurückwiesen und welche sie annahmen, werden wir deutlicher sehen, welcher Teil seiner Lehre in einer Marktgesellschaft prinzipiell akzeptabel ist und welcher nicht.

Weder Harrington noch Locke lehnten eine souveräne Gewalt ab. Beide gingen davon aus, daß es in jeder bürgerlichen Gesellschaft irgendwo eine politische Macht geben muß, die als Sammelpunkt der von allen Individuen abgegebenen Rechte und Machtmittel aufgefaßt werden kann, und die durch keine beigeordnete oder übergeordnete menschliche Macht eingeschränkt werden darf. Harrington ließ daran keinen Zweifel: »Wo die höchste Gewalt nicht so unbeschränkt und vollkommen ist wie in einer Monarchie, kann es überhaupt keine Regierung geben.«[114] Locke legte die höchste Gewalt in die Hand der bürgerlichen Gesellschaft, d. h. ihrer Mehrheit: da man annehmen durfte, sie erstrebe nichts anderes als das öffentliche Wohl, konnte sie ohne Bedenken die souveräne Gewalt innehaben, und irgend jemand mußte sie ja innehaben.[115] Natürlich war die Person oder die Versammlung, der die bürgerliche Gesellschaft dann die legislative und exekutive Gewalt anvertraute, nicht souverän; aber wo diese Gewalt einer gewählten Versammlung und nicht einer sich selbst perpetuierenden Körperschaft oder einem Monarchen übertragen wurde, gestand ihr Locke die Ausübung der souveränen Gewalt *de facto* zu.[116] Sowohl Harrington als auch Locke empfanden es als unnötig und als unverträglich mit dem einzigen Zweck, zu dem die Menschen vernünftigerweise eine höchste Gewalt einsetzen konnten, diese Gewalt unwiderruflich in die Hand einer Person oder einer Körperschaft mit dem Recht, die eigenen Nachfolger zu ernennen, zu legen. Sie widersetzten sich nicht einer ewig währenden souveränen Gewalt, sondern einer sich selbst verewigenden souveränen Person oder Körperschaft.

Doch hatte Hobbes darauf bestanden, daß die zu irgendeiner Zeit mit der höchsten Gewalt ausgestattete Person oder Personengruppe sich selbst verewigen sollte. Dies entzog natürlich die Träger der souveränen Gewalt für immer der Kontrolle des Volkes

114 *Art of Lawgiving*, Buch III, Vorwort (*Works*, 1771, S. 404)
115 *Second Treatise*, Abschn. 89, 95–99
116 Ibid., Abschn. 138, 142. Vgl. unten, Kap. V, S. 288–293

oder eines seiner Teile; und das war, wenn auch unvorteilhaft, nach Hobbes' Ansicht doch unvermeidlich. Sich selbst verewigende Macht war für ihn ein wesentliches Attribut der Souveränität. »Wo die Verfügung über die Nachfolge nicht beim jeweiligen Souverän liegt, da gibt es keine vollkommene Regierungsform.«[117] Eine souveräne Versammlung muß das Recht haben, die in ihren Reihen entstehenden Lücken zu füllen; ein souveräner Monarch muß das Recht haben, seinen Nachfolger zu bestimmen. Niemand nach Hobbes jedoch, so sehr er auch dessen Einschätzung des Menschen als einer ihr eigenes Interesse berechnenden Maschine zustimmen und so sehr er auch die Werte der Marktgesellschaft gutheißen mochte, konnte einsehen, daß dies von den Menschen die Anerkennung einer sich selbst verewigenden höchsten Autorität verlange. Auch die Praxis widerlegte Hobbes' Schluß. England wurde, zumindest seit 1689, erfolgreich von einer Körperschaft regiert, dem »König im Parlament«, die völlig souverän war – bis auf die Macht der Selbstverewigung: weder der König noch die Mitglieder des jeweiligen Parlamentes konnten ihre Nachfolger bestimmen.

Die Tatsache, daß die englische Gesellschaft schon bald dazu kam, durch eine souveräne Versammlung ohne die Macht der Selbstverewigung angemessen regiert zu werden, zeigt, daß Hobbes' Rezept für die Erhaltung einer stabilen Gesellschaft nicht notwendig war. Sie zeigt auch, daß sein Rezept für eine Eigentumsmarktgesellschaft, soweit sich ihr die englische Gesellschaft jener Zeit angenähert hatte, nicht notwendig war. Nun war aber dieses Rezept eine Deduktion aus dem notwendigen Verhalten des Menschen in seinem Gesellschaftsmodell, das, wie wir sahen, grundsätzlich dem Modell der Eigentumsmarktgesellschaft entspricht. Wo also liegt der Fehler?

Die Quelle des Irrtums ist der schon erwähnte signifikante Denkfehler im Hobbesschen Modell. Es entspricht insofern nicht dem Eigentumsmarktmodell, als es die Existenz politisch bedeutender Klassenunterschiede außer acht läßt. Für Hobbes war die Gesellschaft durch den Kampf eines jeden um die Macht über andere mit Notwendigkeit so zersplittert, daß alle in der Unsicherheit gleich

117 *Leviathan*, Kap. 19, S. 149

waren. Er durchschaute nicht, daß dasselbe Merkmal einer Gesellschaft, das sie zu einem ewigen Wettkampf aller um die Macht werden läßt, sie auch zu einer in ungleiche Klassen geteilten Gesellschaft macht. Dieses Merkmal ist das alles durchdringende Marktverhältnis. Nur dort, wo die Kräfte aller Menschen marktgängige Waren sind, kann es einen ewigen Konkurrenzkampf eines jeden um die Macht über andere geben; und wo die Kräfte und Fähigkeiten aller Menschen Waren sind, entsteht mit Notwendigkeit eine Teilung der Gesellschaft in ungleiche Klassen.[118]

Da Hobbes dies übersah, erschien ihm die Gesellschaft so völlig zersplittert. Und von dieser Konzeption einer in kleinste Teilchen zerfallenen Gesellschaft leitete er die Notwendigkeit einer sich selbst verewigenden souveränen Person oder Körperschaft ab. Er argumentierte[119], daß, wenn der die oberste Gewalt ausübenden Person oder Körperschaft nicht das Recht zugestanden würde, ihre Nachfolger zu bestimmen, die wirkliche Gewalt immer dann, wenn ein Nachfolger zu wählen sei, an die zersplitterten und sich bekämpfenden Gewalten aller einzelnen Glieder der Gesellschaft zurückfiel, womit der Zweck, zu dem sie eine oberste Gewalt errichtet hatten, negiert würde.

Hobbes übersah also die Möglichkeit einer Klassenbindung, die den auseinanderstrebenden Kräften der Marktgesellschaft entgegenwirkt. Geht man mit Hobbes davon aus, daß es keinen Klassenzusammenhalt gibt, so bleibt für die Errichtung der notwendigen politischen Macht kein anderer Weg, als daß alle Individuen ihre Rechte einem sich selbst verewigenden souveränen Körper überantworten. Gibt es jedoch eine in sich geschlossene Klasse, so mag ihr gemeinsames Interesse stark genug sein, die Mitglieder zu veranlassen, sich für eine souveräne Regierung einzusetzen und diese sich verantwortlich zu machen, indem sie sich das Recht der Ernennung oder der Wahl der souveränen Person bzw. Körperschaft vorbehalten. Hobbes war natürlich nicht so blind, die bestehenden Klassenunterschiede in England zu übersehen; das geht aus seinen Bemerkungen im *Behemoth*[120] hervor.

118 Siehe oben, S. 70 f.
119 *Leviathan*, Kap. 19, S. 149
120 Siehe oben, S. 80–82

Auch erkannte er, daß die Ausbreitung der Marktbeziehungen die alten Werte untergraben hatte und daß die neuen Menschen des merkantilen Reichtums genügend Zusammengehörigkeitsgefühl hatten, einen Bürgerkrieg zu entfachen. Doch war er offenbar von der entzweienden Wirkung des Verlustes der alten Werte und dem Wettstreit um die Macht zwischen verschiedenen Faktionen im parlamentarischen Lager, der sofort nach dem Zusammenbruch der Monarchie ausgebrochen war, stärker beeindruckt als von dem Zusammengehörigkeitsgefühl, das den Gegnern des alten Systems ja erst die Möglichkeit gegeben hatte, es zu überwinden. Wie dem auch sei, er nahm die Klassenteilung jedenfalls nicht in sein Modell auf. Dort wird vorausgesetzt, daß die Universalität des Konkurrenzkampfes zwischen den Individuen alle Ungleichheiten der Klassen und allen Zusammenhalt innerhalb einer Klasse aufgehoben habe. In diesem wichtigen Punkt stimmte Hobbes' Modell weder mit dem Modell der Eigentumsmarktgesellschaft noch mit der bestehenden englischen Gesellschaft überein.

Dieser Mangel seines Gesellschaftsmodells verführte Hobbes dazu, die Notwendigkeit eines sich selbst verewigenden souveränen Körpers zu folgern. Er war es auch, der seine Folgerungen für die Eigentumsmarktgesellschaft unbrauchbar und für die Anhänger der Marktgesellschaft im England des siebzehnten Jahrhunderts unannehmbar machte. Da Hobbes Klassengegensätze und Klassenzusammenhalt in seinem Modell nicht berücksichtigte, gab es in seinen Folgerungen für einen an eine Klasse gebundenen souveränen Körper keinen Platz. Aber gerade das ist die Regierungsform, die dem Modell der Eigentumsmarktgesellschaft am besten entspricht. Die Besitzer von nennenswertem Vermögen brauchen einen souverän regierten Staat, der das Recht auf Eigentum sanktioniert.[121] Sie müssen daher einen souveränen Körper autorisieren, alles zu tun, was zur Aufrechterhaltung der Eigentumsrechte notwendig ist, und der souveräne Körper muß das Recht haben, darüber zu entscheiden, was notwendig ist. Die über Eigentum Verfügenden brauchen indessen nicht auf ihr Recht und ihre Macht zu verzichten, diejenigen Personen zu wählen, die für gewisse Zeit Mitglieder des souveränen Körpers sein sollen. Und da sie es

121 Siehe unten, S. 113 f.

nicht zu tun brauchen, können sie es als vernünftige Menschen auch nicht tun. Sie brauchen es nicht zu tun, da sie als Besitzer beträchtlicher Vermögen in der Lage sind, bei der Wahl der Mitglieder des souveränen Körpers genügend Zusammenhalt zu entwickeln, so daß nicht bei jeder neuen Wahl die ganze Autorität auf Myriaden einander widerstreitender Einzelwillen zerstreut wird. Dem Argument, auf das Hobbes die Notwendigkeit eines sich selbst verewigenden souveränen Körpers gründete, wird also in einer in Klassen geteilten Gesellschaft mit einer zusammenhaltenden Klasse von Besitzenden der Boden entzogen; und gerade die Tatsache, daß eine Gesellschaft derart geteilt ist, gibt der besitzenden Klasse einen ausreichenden Grad von Zusammenhalt.

c. Die Kongruenz von Souveränität und Marktgesellschaft

Wenn Hobbes mit seiner Folgerung, daß die Menschen seiner Gesellschaft einen sich selbst verewigenden souveränen Körper benötigten und auch dulden könnten, im Irrtum war, hatte er doch recht mit seiner Folgerung, daß sie eine unwiderstehliche souveräne Gewalt benötigten und auch dulden könnten. Die Beweisführung, auf die er die Notwendigkeit und Möglichkeit gründete, daß jeder Mensch eine Verpflichtung gegenüber einer höchsten Gewalt anerkenne, bleibt für die Eigentumsmarktgesellschaft auch dann gültig, wenn ihre Klassengegensätze berücksichtigt werden. Denn selbst eine zusammenhaltende Klasse von Eigentümern braucht eine höchste Gewalt. Sie bedarf eines Souveräns, der jeden innerhalb der Grenzen des friedlichen Wettbewerbs hält. Je mehr sich eine Gesellschaft der Eigentumsmarktgesellschaft annähert, die den zentrifugalen Kräften einander widerstreitender und konkurrierender Egoismen ausgesetzt ist, um so notwendiger wird eine zentralisierte souveräne Macht. In einer traditionsgebundenen Gesellschaft mag das Netz eingeschränkter Eigentumsrechte ohne einen zentralen Souverän gesichert werden können. In einer Marktgesellschaft dagegen, wo das Eigentum ein uneingeschränktes Recht ist, Boden und andere Güter unter Ausschluß aller anderen Menschen[122] zu nutzen, zu übertragen und zu veräußern[123], ist ein Souverän zur Begründung und Aufrechterhaltung indivi-

122 *Rudiments,* Kap. 14, Abschn. 7, S. 160; *Leviathan,* Kap. 24, S. 190–1
123 Ibid., S. 192–3; *Elements,* Teil II, Kap. 3, Abschn. 5, S. 100–1

dueller Eigentumsrechte notwendig. Ohne souveräne Gewalt, sagte Hobbes, gibt es kein Eigentum[124], und er hatte recht, sofern es sich um die für die Eigentumsmarktgesellschaft charakteristische Eigentumsform handelte.

Auch ist ein Souverän notwendig, »um festzusetzen, auf welche Weise alle Arten von Verträgen zwischen Untertanen (wie Kaufen, Verkaufen, Tauschen, Leihen, Pachten und Verpachten) abgeschlossen werden sollen und welche Worte und Zeichen ihnen Gültigkeit verleihen sollen«.[125] Für Hobbes war dies ein notwendiges Bedürfnis jeder Gesellschaft. Doch gilt es eben nicht für jede Gesellschaft, sondern nur für die Marktgesellschaft. Und die Notwendigkeit einer starken Führungsmacht wird dann besonders dringend, wenn eine Eigentumsmarktgesellschaft im Begriff steht, eine traditionsgebundene Gesellschaft zu ersetzen, denn dann müssen die herkömmlichen Rechte zugunsten vertraglich festgelegter Rechte geopfert werden. Eine souveräne Gewalt ist auch notwendig, besonders wenn die Marktgesellschaft noch nicht fest etabliert ist, um ihr die für ihre Entwicklung erforderlichen Motivationen und Verhaltensweisen einzugeben. Luxuriöser Konsum muß eingeschränkt, Sparsamkeit und Fleiß müssen ermutigt und die Fähigen »müssen zur Arbeit gezwungen werden; und um der Entschuldigung, es sei keine Beschäftigung zu finden, den Boden zu entziehen, sollte es Gesetze geben, die alle Arten von Handwerk wie Schiffahrt, Ackerbau, Fischerei sowie alle Arten von Manufaktur fördern, die Arbeitskraft benötigen«.[126]

Das Bedürfnis nach einer souveränen Gewalt in einer Marktgesellschaft, zumal in einer erst entstehenden, ist also offensichtlich. Und für Hobbes *war* es offensichtlich. Nur daß er meinte, eine höchste Gewalt sei zu diesen Zwecken in jeder Gesellschaft nötig. Er gelangte zu diesem Schluß, weil er die wesentlichen Züge der Eigentumsmarktgesellschaft in sein Modell der Gesellschaft schlechthin hineinlas. Ging er auch in seiner Verallgemeinerung zu weit, so war er doch in der Tiefe seiner Einsicht allen zeitgenössischen politischen Denkern weit voraus.

Es genügt jedoch nicht, das Bedürfnis nach einer souveränen Ge-

124 *Leviathan*, Kap. 24, S. 189–90
125 Ibid., S. 193
126 Ibid., Kap. 30, S. 267; vgl. *Rudiments*, Kap. 13, Abschn. 14, S. 150–1

walt hervorzuheben, wenn man nicht zur gleichen Zeit und aufgrund derselben Voraussetzungen beweisen kann, daß eine solche Gewalt auch *möglich* ist. Kann die Form der Gesellschaft, die einer souveränen Gewalt ganz besonders bedarf, diese auch dulden? Können die Individuen einer solchen zersplitterten und dem Wettbewerb ausgesetzten Gesellschaft überhaupt eine politische Macht so rückhaltlos und ausdauernd unterstützen, daß sie zur souveränen Macht wird? Wir müssen hier zwischen Individuen der besitzenden und der nicht-besitzenden Klasse unterscheiden.

Der vernünftige Mensch einer solchen Gesellschaft, der über nennenswertes Eigentum verfügt oder darauf hofft, es zu erlangen und zu behalten, ist ohne weiteres in der Lage, sich einem Souverän zu verpflichten. Er ist an langfristige Verträge gewöhnt und weiß, daß Verträge eingehalten werden müssen. Er betreibt seine Geschäfte aufgrund rationaler Berechnung der Vorteile auf lange Sicht; er tut das, was seine rationale Berechnung ihn tun heißt. Er ist genau die Art von Mensch, die begreift, daß die von der souveränen Gewalt garantierte, auf Vertrag beruhende Ordnung am Ende von Nutzen für ihn ist. Ein perfekter Rechner ist er natürlich nicht. Wären er und seine Mitbürger solche perfekten Rechner, die stets vor Augen hätten, welchen zukünftigen Vorteil ihnen die Einhaltung der Regeln einer auf Vertrag beruhenden Gesellschaft bringt, so brauchte es keinen Souverän, der die zwischen ihnen bestehenden Beziehungen überwacht (obgleich noch einer nötig wäre, um die Beziehungen zwischen ihnen und den Nichtbesitzenden zu kontrollieren). Die in den Markt einbezogenen Menschen können gut genug rechnen, um zu sehen, daß es von Vorteil für sie ist, wenn alle die Regeln einhalten; aber man kann nicht darauf bauen, daß sich jeder von ihnen diesen Vorteil auf lange Sicht stets vor Augen hält, wenn ihn zugleich ein kurzfristiger Vorteil lockt, wie er ihn von Zeit zu Zeit in der Verletzung der Regeln erblicken mag. Doch ist jeder fähig zu sehen, daß es für ihn ein Vorteil ist, einen die Regeln gegenüber jedermann durchsetzenden Souverän zu haben. Denn institutionalisierte Regeln lassen sich leichter befolgen; man hat mehr Freiheit, von Tag zu Tag die vorteilhaftesten Entscheidungen zu treffen, wenn man nicht immer wieder berechnen muß, welche voraussichtliche Wirkung eine Verletzung der Regeln auf die Gesetzestreue anderer

Menschen hat, oder – noch schlimmer – welche Wahrscheinlichkeit besteht, daß die anderen ihrerseits die Regeln verletzen und nicht vorhersehbare Wege einschlagen. Nur durch die Existenz eines die Befolgung der Regeln garantierenden Herrschers wird die Zahl der Variablen in eines jeden Menschen Kalkulation auf ein erträgliches Maß reduziert.

Aus diesen Gründen darf man davon ausgehen, daß die Individuen der besitzenden Klasse in einer Marktgesellschaft ihre Pflichten gegenüber einem Herrscher, der in der Lage ist, die für eine solche Gesellschaft notwendigen Spielregeln durchzusetzen, sehr wohl ernst nehmen können. Auch hier wieder müssen wir Hobbes eine wesentliche Einsicht gutschreiben. Zugegeben, er verallgemeinert allzusehr, wenn er diese Fähigkeit Menschen aller Gesellschaftsordnungen zuspricht. Aber den Kern des Problems hat er erfaßt. Die rationale Kapazität, auf die er Notwendigkeit und Möglichkeit der Anerkennung eines Souveräns gründete, entspricht genau der Art und dem Grad von rationaler Kalkulation, die von einem in der Marktgesellschaft seinen Weg machenden rationalen Menschen erwartet werden können.

Wie steht es nun mit den Menschen ohne nennenswertes Eigentum und ohne Hoffnung, es zu erwerben? Vermag denn ein lebenslänglicher Lohnempfänger, der vom Existenzminimum leben muß, eine Verpflichtung gegenüber einem Souverän zu bejahen, dessen Hauptfunktion darin besteht, Vertrags- und Eigentumsregeln aufzustellen und durchzusetzen, Regeln, von denen der Lohnempfänger den Eindruck haben mag, daß gerade sie ihn in diese unheilvolle Situation gebracht haben und darin festhalten? Ja, solange er keine Alternative zur Eigentumsmarktgesellschaft sieht. Wenn er keine sieht, gibt es für ihn keine andere Möglichkeit, als seine Pflichten gegenüber einer souveränen Gewalt anzuerkennen, die wenigstens sein Leben zu schützen vermag. Vielleicht ist das der Grund, warum sich Hobbes nicht um den von ihm vorausgesehenen Einwand gegen seine Lehre kümmerte, daß nämlich »die Fähigkeiten der einfachen Leute nicht ausreichen«, die Prinzipien, auf denen ihre Pflichten beruhen, zu verstehen.[127] Er hielt sie dessen durchaus für fähig, noch mehr als »die Reichen, die

127 *Leviathan*, Kap. 30, S. 260

machtvollen Untertanen eines Königreichs oder jene, die man zu den Gelehrtesten rechnet«. Das gemeine Volk, so behauptete er, kennt keine der Anerkennung eines Souveräns entgegenstehenden Interessen; es wird im Gegensatz zu den Mächtigen und Gelehrten durch die souveräne Macht weder gezügelt noch erniedrigt. Vielmehr ist »der Geist des einfachen Volkes, wenn nicht durch die Abhängigkeit von Mächtigen befleckt oder vollgekritzelt mit den Meinungen ihrer Doktoren, wie weißes Papier und fähig, alles aufzunehmen, was ihm von der öffentlichen Autorität aufgeprägt wird«. Wenn es dazu gebracht werden kann, religiösen Dogmen zuzustimmen, die über aller Vernunft und gegen alle Vernunft sind, dann ist es auch fähig, das Dogma der Pflicht gegenüber dem Souverän, »das mit der Vernunft so sehr übereinstimmt«[128], anzunehmen. Nichts weiter ist dazu nötig, als daß das einfache Volk darüber belehrt wird, und das kann nach Hobbes dadurch geschehen, daß man »gewisse Zeiten von der gewöhnlichen Arbeitszeit abtrennt, in denen es auf jene hören mag, die zu seiner Unterrichtung bestimmt sind«.[129]

Diese Aussagen über das einfache Volk zeigen, daß Hobbes sich in gewissem Maße seiner Eigenart als einer besonderen Klasse bewußt war. Er sagt nicht, es könne seine Pflichten erfassen, weil es seine Lage als unvermeidlich erkenne, sondern er nimmt an, daß es, wenn man ihm seine wahre Lage vor Augen halte, diese als unvermeidlich erkennen werde. Mit dieser Annahme traf Hobbes ziemlich genau ins Schwarze. Das einfache Volk, der Mensch ohne Eigentum, hatte keine andere Möglichkeit, als die Eigentumsmarktgesellschaft zu akzeptieren.

Ich habe gezeigt, daß die von Hobbes mit solcher Weitsicht beschriebene Gesellschaft eine souveräne Gewalt benötigte und auch zu unterstützen vermochte. Nur zwei Fehler fand ich in seiner Lehre. Zunächst einmal schrieb er die Merkmale der Marktgesellschaft irrtümlicherweise allen Gesellschaften zu und beanspruchte so für seine Folgerungen eine allgemeinere Gültigkeit, als ihnen zugestanden werden kann; dieser Fehler jedoch beeinträchtigt nicht die Gültigkeit seiner Schlüsse für die Eigentumsmarktgesellschaft. Zum anderen verfehlte er es, die von einer Eigen-

128 Ibid.
129 Ibid., S. 262

tumsmarktgesellschaft notwendig hervorgebrachten Klassenunterschiede zu erkennen oder ihnen genügendes Gewicht zu geben,
wodurch er zu der irrtümlichen Folgerung gelangte, die souveräne
Gewalt müsse und könne bei einer sich selbst verewigenden Person oder Versammlung liegen. Reduzieren wir seine Theorie auf
ihr historisches Maß und betrachten wir sie als eine Theorie der
Eigentumsmarktgesellschaft, so dürfen wir bei unserer Analyse
nur den zweiten Fehler gegen sie ins Feld führen. Dieser zweite
Fehler jedoch ist so fundamental, daß er allein ausreicht, Hobbes'
ganze Theorie für jene Gesellschaften unhaltbar zu machen.

Dennoch muß betont werden, daß Hobbes' Untersuchung und
Schlußfolgerungen, von diesem einen Irrtum abgesehen, das Wesen der Eigentumsmarktgesellschaft treffen. Liest man seine Theorie als die einer Eigentumsmarktgesellschaft, so legt sie überzeugend dar, daß die Individuen einen allmächtigen souveränen
Körper (allerdings nicht einen, der sich selbst verewigt) nötig haben und auch fähig sind, eine ständige Verpflichtung ihm gegenüber anzuerkennen. Dies und nur dies sollte für Hobbes beansprucht werden. Verlangt man von seiner Theorie nicht mehr, so
verlieren manche der wichtigsten Einwände, die gewöhnlich gegen
sie vorgetragen werden, viel von ihrer Kraft.

d. Kritik einiger Einwände

Die ernsteste und beständigste Schwierigkeit in Hobbes' Theorie,
wenn sie als eine Theorie über Mensch und Gesellschaft als solche
verstanden wird, ist die, daß Menschen, die von unbegrenzter
Wettkampf-Gier bewegt werden, so wie Hobbes sie bewegt sein
läßt, unfähig erscheinen, eine ihrer Bewegung Grenzen setzende
Verpflichtung anzuerkennen. Wenn alle Menschen dazu gedrängt
werden, an einem beständigen und unvermeidlichen Kampf um
die Macht teilzunehmen, wie können sie dann einer diesem Kampf
entgegenstehenden Verpflichtung beistimmen? Wenn die Menschen sich zwangsläufig gegenseitig so sehr bedrohen, daß sie einen
Souverän nötig haben, wie können sie dann fähig sein, einen Souverän zu stützen? Auf diese Fragen läßt sich keine befriedigende
Antwort geben, wenn sie so allgemein gehalten werden. Stellt man
sie aber in bezug auf die Menschen einer Eigentumsmarktgesellschaft, so gibt es eine Antwort. Die in ihr lebenden Individuen be-

nötigen einen Herrscher und können sich auch bereit finden, ihn zu unterstützen. Denn eine solche Gesellschaft erlaubt es ihnen, sich ständig zu bekämpfen, ohne sich gegenseitig zu vernichten. Sie brauchen einen Herrscher, der ihre Angriffe zügelt und ihnen den zerstörerischen Charakter nimmt, und sie sind fähig, einen solchen Herrscher zu ertragen, da sie unter seinen Regeln mit ihrer Aggression fortfahren können. Sie unterstützen den Souverän, um sich die Gelegenheit zu verschaffen, ihren gegenseitigen Kampf fortzuführen. Nur in einer Eigentumsmarktgesellschaft müssen alle Menschen gegeneinander kämpfen, und nur hier können sie es innerhalb der Regeln der Gesellschaft tun. Sie können daher jenen Regeln und der sie garantierenden Macht ihre Unterstützung geben, ohne sich selbst lächerlich zu machen. So verschwindet eine der zentralen Schwierigkeiten in Hobbes' Theorie der Pflichten, wenn man diese Theorie als eine aus der Eigentumsmarktgesellschaft gewonnene und für sie gültige begreift.

Auch eine andere logische Schwierigkeit läßt sich leichter meistern, wenn die Theorie auf diese Art eingegrenzt wird. Hobbes war überzeugt, aufgrund einer wissenschaftlichen Analyse der menschlichen Natur bewiesen zu haben, daß die Menschen eine beständigere Verpflichtung ihrem Souverän gegenüber anerkennen sollten, als sie es derzeit tun. Das heißt, die Menschen müssen, um ihrer eigenen Natur zu genügen, sich anders verhalten, als sie es derzeit tun. Das scheint ein glatter Widerspruch zu sein. Hobbes gelangte durch Anwendung von Galileis Methode der Resolution und Komposition zu diesem Ergebnis. Und wie Watkins treffend hervorhob, wirkt sich diese Methode in der politischen Wissenschaft anders aus als in der Mechanik oder der Geometrie.

Wendet man [die Methode der Resolution und Komposition] auf einen physikalischen Effekt oder eine geometrische Figur an, so ist das wieder zusammengefügte Ganze, das man nun versteht, immer noch das Ganze, mit dem man vorher nur oberflächlich vertraut war. Wendet man diese Methode jedoch auf die Gesellschaft an, so kann sich das wieder zusammengefügte Ganze sehr wohl vom Original unterscheiden. Eine wirkliche Gesellschaft kann voller Widersprüche sein, im Krieg mit sich selbst. Aber wenn ein System politischer Macht auf rationalem Weg rekonstruiert wird mittels einer Deduktion aus den natürlichen Elementen des Systems, so wird es offensichtlich mit diesen Elementen übereinstimmen. Die Methode der Resolution und Komposition auf eine

Gesellschaft anzuwenden, heißt entdecken, was die Menschen *sind* und wie der Staat *sein sollte*, um ihrer Natur zu entsprechen.[130]

Dieser sehr scharfsinnige Hinweis auf die Folgen einer Anwendung jener Methode auf die Politik scheint mir mehr eine Beschreibung als eine Lösung der Schwierigkeit zu sein. Wenn die durch wissenschaftliche Analyse entdeckte menschliche Natur derart ist, daß sie die Menschen dem Krieg aller gegen alle (oder die Gesellschaft dem Krieg mit sich selbst) überliefert, dann stehen die Menschen mit ihrer Natur im Einklang, indem sie sich so verhalten. Hobbes' Komposition der Elemente der menschlichen Natur unterscheidet sich von der Anordnung jener Elemente, die tatsächlich vorherrscht. Wie kann sie der menschlichen Natur angemessener genannt werden als die Anordnung, die in der gegenwärtigen Komposition tatsächlich besteht?

Wir kennen Hobbes' Überlegung sehr genau. Er war der Überzeugung, die Menschen könnten ihre Mittel und Ziele wirkungsvoller kalkulieren oder abwägen, als sie es jetzt tun, und sie könnten dies lernen unter seiner Anleitung. Sie könnten lernen, einen besseren Staat zu bauen als bisher.[131] Lernfähigkeit ist eine der von Hobbes vorausgesetzten Elemente der menschlichen Natur. Aber selbst wenn sie zugestanden wird, worauf läßt sich die Erwartung gründen (außer auf die Veröffentlichung der Hobbesschen Lehre), daß die Menschen plötzlich tun können, was sie so lange Zeit nicht getan haben? Hobbes verließ sich auf die allgemeine, historisch belegte Bereitschaft der Menschen, die neuen, ihnen vorteilhaft erscheinenden Erkenntnisse zu übernehmen.

Zeit und Fleiß bringen jeden Tag neues Wissen hervor. Und so wie die Kunst, gut zu bauen, aus Vernunft-Prinzipien entwickelt wurde, die tüchtige Männer erkannt haben, nachdem sie sich lange Zeit mit der Natur der Baustoffe und den verschiedenen Wirkungen von Figuren und Proportionen beschäftigt haben, lange nachdem die Menschheit (wenn auch dürftig) zu bauen begonnen: so können auch, lange nachdem die Menschen begonnen haben, Staaten zu errichten – unvollkommene, zum Rückfall in Unordnung neigende Staaten –, durch eifriges Studium Vernunft-Prinzipien gefunden werden, die ihrem Staat (wenn er nicht

---

130 J. W. N. Watkins, »Philosophy and Politics in Hobbes«, *Philosophical Quarterly*, vol. V, Nr. 19 (1955), 133
131 *Leviathan*, Kap. 20, S. 160

äußerer Gewalt unterliegt) ewige Dauer verleihen. Es sind Prinzipien solcher Art, wie ich sie in dieser Abhandlung entwickelt habe...[132]

Lassen wir es als einen Grundsatz ihrer Natur gelten, daß die Menschen neu gewonnenes und ihnen vorteilhaft erscheinendes Wissen immer nutzen, so muß die Tatsache, daß sie bisher einer ständigen Verpflichtung gegenüber einem Souverän ausgewichen sind, einem der beiden folgenden Gründe zugeschrieben werden: entweder hatten sie deren Vorteil noch nicht entdeckt, oder sie war in früheren Zeiten weniger vorteilhaft für sie als heute. Hobbes gab sich mit dem ersten der beiden Gründe zufrieden. Griff man ihn mit dem Hinweis an, die Prinzipien wären, wenn wirklich so vorteilhaft, schon früher entdeckt worden, so konnte er auf die physikalischen Wissenschaften hinweisen, wo neue Prinzipien, die seiner Meinung nach genauso gut schon früher hätten entdeckt werden können, tatsächlich erst in seinem Jahrhundert entdeckt worden sind. Aber dieser Vergleich ist nicht zutreffend. Denn nach Hobbes' eigener Analyse der Elemente der menschlichen Natur waren Bedeutung und Dringlichkeit der politischen Wissenschaft schon seit jeher größer als die der Naturwissenschaften. Naturforschung garantiert angenehmes Leben, ihre Vernachlässigung bringt uns um diesen Genuß; eine Vernachlässigung der politischen Philosophie aber verursacht Elend:

Die Bedeutung der Moralphilosophie und der politischen Philosophie muß weniger nach den Annehmlichkeiten beurteilt werden, die uns die Kenntnis dieser Wissenschaften bringt, als nach dem Elend, dem wir infolge ihrer Unkenntnis ausgesetzt sind. Nun entsteht all dieses Elend, das durch menschlichen Fleiß und Witz vermieden werden könnte, aus dem Krieg, und hauptsächlich aus dem Bürgerkrieg; denn er erzeugt Mord, Verlassenheit und Mangel an allen Dingen.[133]

Die Ursache des Bürgerkriegs sei die, daß die Menschen die Regeln des politischen Lebens nicht genügend gelernt haben, deren Kenntnis Moralphilosophie heiße. Wenn dem so ist, und wenn überdies die Vermeidung eines gewaltsamen Todes des Menschen größtes Bedürfnis ist (und immer schon war), so können die langsam fortschreitenden Entdeckungen in der Naturwissenschaft kaum zur Erklärung für den langsamen Fortschritt in Moral- und politischer

132 Ibid., Kap. 30, S. 259–60
133 *English Works*, I, 8

Philosophie dienen. Wäre das Bedürfnis der Menschen nach politischer Philosophie schon immer so groß gewesen, so hätte man mit Recht von ihnen erwarten können, daß sie die Hobbesschen Entdeckungen schon früher machten.

Der Hinweis, die Menschen hätten die wahren Grundsätze der politischen Philosophie deshalb nicht anerkannt, weil diese Grundsätze ihren eigenen Interessen entgegenliefen, genügt nicht. Hobbes deutet diesen Gedanken manchmal an, so in einem Vergleich der mathematischen mit der dogmatischen Lehre:

> Die erstere ist von Zank und Streit frei, da ausschließlich Figuren und Bewegungen miteinander verglichen werden, und hier prallen die Wahrheit und die Interessen der Menschen nicht aufeinander. Aber in der letzteren ist alles bestreitbar, da sie die Menschen vergleicht und in ihre Rechte und Vorteile eingreift, so daß genauso oft, wie die Vernunft sich gegen einen Menschen wendet, dieser sich gegen die Vernunft wendet.[134]

Doch wenn vorher die wahren Prinzipien der politischen Philosophie den menschlichen Interessen widerstritten haben, so muß das, sofern diese Interessen keine Veränderung erfahren haben, auch jetzt noch und im selben Maße der Fall sein. Man könnte daraus schließen, wie einige Kritiker es taten, die Hobbessche Analyse der menschlichen Natur sei ganz einfach falsch: der Grund, warum die Menschen Hobbes' Entdeckung nicht schon früher machten und nutzten, sei der, daß die menschliche Natur nicht die von Hobbes ihr zugeschriebene Harmonie der Interessen und Motive besitze. Wenn Hobbes ganz einfach die menschliche Natur mißdeutet hat, dann läßt sich leicht erklären, warum die Menschen nicht so handelten, wie sie Hobbes zufolge handeln müßten, um mit ihrer Natur übereinzustimmen. Und wenn Hobbes ganz einfach die menschliche Natur mißdeutet hat, braucht der nur seinem Verstand folgende Mensch sich nicht so zu verhalten, wie er sich Hobbes zufolge verhalten müßte: Hobbes' ganzes System bricht zusammen.

So weit indes brauchen wir nicht zu gehen. Der Grund, warum die Menschen Hobbes' Entdeckung nicht früher gemacht und genutzt haben, braucht weder darin zu liegen, daß er ganz einfach die menschliche Natur verkannte, noch darin, daß sie (wie Hobbes es wollte) infolge von Nachlässigkeit oder Mangel an Logik es ver-

---

134 *Elements,* Ep. Ded., S. XVII

säumt hatten, diese vorteilhafte Entdeckung zu machen, sondern einfach darin, daß das von Hobbes entdeckte Prinzip der Verpflichtung für die Menschen früherer Gesellschaften nicht so vorteilhaft war, wie es für die Menschen der jetzigen Marktgesellschaft ist. Es mag, mit anderen Worten, so sein, daß Hobbes' Pflichtenprinzip vor der Entwicklung der Eigentumsmarktgesellschaft mit den Interessen (und Fähigkeiten) der Menschen nicht im Einklang stand, dann aber sehr wohl mit ihnen harmonierte. Eine Marktgesellschaft verlangt in einem Maße nach Frieden und Ordnung, das anderen Gesellschaften fremd ist. Krieg, Raub und Plünderung sind in vielen Nicht-Marktgesellschaften an der Tagesordnung und ehrenhaft, passen jedoch nicht in eine Marktgesellschaft. Sie können in einer Eigentumsmarktgesellschaft den Bürgern, die eine nationale Einheit bilden (und nur mit den inneren Verhältnissen beschäftigt sich Hobbes[135]), nicht zugestanden werden, und sie werden in einer solchen Gesellschaft auch nicht benötigt, um ruhelosen Menschen Raum für ihr gieriges Verhalten zu geben. Und eine Marktgesellschaft verlangt nicht nur nach innerem Frieden; gleichermaßen wichtig ist, daß man von den Menschen, die einer solchen Gesellschaft zustimmen und sie fördern – im Gegensatz zu Menschen anderer Gesellschaftsordnungen –, erwarten kann, daß sie deren Vorteile und damit auch die Vorteile der Hobbesschen Entdeckung erkennen. Man braucht ihnen nur die Logik ihrer (neuen) Situation klar zu machen; nur dies ist nötig, um die Mitglieder der neuen Marktgesellschaft in die Lage zu versetzen – und in dieser Lage waren sie vorher nicht –, Hobbes' Lehre aufzunehmen und anzuwenden. Allerdings wird sie wohl nur von den über Eigentum verfügenden Unternehmern aufgenommen werden. Doch das genügt: das einfache Volk braucht sie nicht selbst zu erfassen, sie kann ihm vom Staat beigebracht werden.

Die Menschen des Marktes sind demnach besonders fähige Schüler der Hobbesschen Lehre. Betrachtet man also seine Theorie nur als eine Theorie der Eigentumsmarktgesellschaft und für diese, so

---

135 Hobbes hoffte nicht darauf, einen Staat gegen äußere Gewalttätigkeit immun zu machen. Er war der Ansicht, zwischenstaatliche Feindschaften seien weniger gefährlich als innerstaatliche. Weil die Herrscher durch zwischenstaatliche Feindschaft »den Fleiß ihrer Untertanen aufrechterhalten, folgt daraus nicht jenes Elend, das den Freiheitsdrang von Einzelmenschen begleitet« (*Leviathan*, Kap. 13, S. 98).

verliert auch der Tadel, sie widerspreche den menschlichen Fähigkeiten, an Gewicht. Genauer gesagt, dieser Tadel wird gegenstandslos, wenn man seine Theorie als Theorie einer Eigentumsmarktgesellschaft, die noch relativ neuen Datums ist, versteht. So verstanden, ist seine Theorie ein Versuch, die gegenwärtigen Menschen durch den Hinweis auf ihre wahre Natur zu überreden, sich anders zu verhalten, als die Menschen sich bisher verhalten haben und auch jetzt noch verhalten, einfach aus mangelnder Kenntnis dessen, was von den Menschen der Eigentumsmarktgesellschaft verlangt wird und was ihnen erlaubt ist. Hobbes wandte sich an Menschen, die sich noch nicht vollkommen als Menschen des Marktes fühlten und benahmen, deren Überlegungen, welcher Art politischer Verpflichtung sie zustimmen sollten, immer noch auf einer nicht ganz vollen Würdigung dessen beruhte, was ihrem eigenen Interesse und ihrer wahren Natur als wettbewerbsabhängiger Wesen am meisten entsprach. Er forderte sie auf, ihr Denken mit ihren wirklichen Bedürfnissen und Möglichkeiten als Menschen des Marktes in Einklang zu bringen. Er war so sehr von seiner Aufgabe erfüllt, daß er jene wirklichen Bedürfnisse und Möglichkeiten nicht als neu entstandene darstellte (was sie waren), sondern als Bedürfnisse und Möglichkeiten der Menschen aller Zeiten und Orte. Dadurch verwickelte er sich in den Widerspruch zu behaupten, ihre Natur verlange von den Menschen, daß sie sich so verhalten, wie sie sich noch nie verhalten haben. Jedoch ist dieser Fehler weniger gravierend, als seine Gegner vorgaben. Hätte Hobbes für seine Analyse keine allgemeine Gültigkeit beansprucht, so hätte er ihn vollkommen vermeiden können.

Abschließend sei bemerkt, daß der stärkste Einwand gegen seine Lehre, sobald man seine Theorie als eine Theorie der Eigentumsmarktgesellschaft und für diese versteht, nicht mehr so sehr ein Angriff gegen seine Doktrin als gegen die Moral dieser Gesellschaft ist. Wenn, wie ich zeigte, die eigentliche Basis der politischen Pflichten bei Hobbes die rationale Einsicht der Menschen einer Eigentumsmarktgesellschaft ist, daß sie alle unwiderruflich den Gesetzen des Marktes unterworfen sind, dann ist der nicht gerade humane Zug seiner Pflichtenlehre zugleich erklärt und gerechtfertigt. Der der Marktgesellschaft inhärente Zwang muß das freie, vernünftige Individuum, das gewöhnlich im Mittelpunkt der ethischen Theorie steht, abwerten. Die Moral des Marktes ist für den Humanisten nicht ganz akzeptabel. Eine Theorie der Pflichten, die sich dem Zwang und der Moral des Marktes unterwirft, muß einem Humanisten, der die Werte einer Eigentumsmarktgesellschaft nicht als die höchste oder auch nur als ausreichende Moral anzuerkennen vermag, pervers erscheinen.

Doch Hobbes, der vom Zwang und der Moral des Marktes ausging, drang bis zum Kern des Problems der Pflichten in den modernen Eigentumsgesellschaften vor. Das Paradox des Hobbesschen Individualismus, der mit gleichen, rationalen Individuen beginnt, ist kein Widerspruch seines Denkgebäudes, sondern einer der Marktgesellschaft. Der Markt macht die Menschen frei; damit er wirksam operieren kann, müssen alle Menschen frei und vernünftig sein; doch gerade ihre unabhängigen rationalen Entscheidungen bringen in jedem Augenblick eine Kräftekonstellation hervor, die jedem zwanghaft gegenübertritt. Die Entscheidungen aller Menschen bestimmen den Markt, die jedes einzelnen wird von ihm bestimmt. Hobbes erfaßte sowohl die Freiheit als auch den Zwangscharakter der Eigentumsmarktgesellschaft.

Die besitzende Klasse in England hatte jedoch wenig Bedarf an Hobbes' Vorschriften. Und sie hatte einigen Grund, mit dem von ihm entworfenen Porträt ihrer selbst unzufrieden zu sein: kein Leser, vom modischen *enfant terrible* abgesehen, konnte an einer solchen Bloßstellung seiner selbst und seiner Genossen Gefallen finden, besonders wenn sie sich als Wissenschaft präsentierte. Noch vor Ende des Jahrhunderts hatten sich die Besitzenden mit der zweideutigeren – und genehmeren – Doktrin Lockes angefreundet.

III. Die Levellers: Wahlrecht und Freiheit

1. Das Wahlrechtsproblem

Seit Firth 1891 zum ersten Mal den Text der Putney-Debatte ver-
öffentlichte[1], wurde immer wieder aufgrund einer von ihm unge-
schickt formulierten Fußnote mit geringer oder gar keiner Einschränkung behauptet, die Levellers seien Anhänger des allgemeinen Wahlrechts für Männer gewesen. Natürlich können viele
Sätze der Levellers, die das zu belegen scheinen, angeführt werden[2], und die berühmte Wahlrechtsdebatte von Putney kann in
ihrer Anfangsphase, wie es Gardiner tat[3], leicht als eine Debatte
über das allgemeine Männer-Wahlrecht aufgefaßt werden. Aber
in Wirklichkeit schlossen die Levellers vom ersten Mal an, als in
der Putney-Debatte der Umfang des vorgeschlagenen Wahlrechts
erwähnt wurde, bis hin zum letzten Manifest der Levellerbewegung eindeutig zwei wesentliche Kategorien der Bevölkerung von
ihren Wahlrechtsvorschlägen aus, nämlich die Bediensteten oder
Lohnarbeiter[4], und Almosenempfänger oder Bettler. Das allgemeine Mißverständnis der tatsächlichen Wahlrechtsposition der
Levellers hat ihren Freiheitsbegriff etwas unklar gemacht und
einige fundamentale Merkmale ihres politischen Denkens in Vergessenheit geraten lassen. Unser erstes Problem wird es also sein,
die eigentliche Haltung der Levellers gegenüber dem Wahlrecht
zu klären, und unser zweites Problem, zu prüfen, ob dann eine
Revision der vorherrschenden Interpretation ihrer politischen
Theorie möglich ist. Vielleicht mag der dem ersten Problem ge-

1 C. H. Firth, ed., *The Clarke Papers*, Bd. I (Camden Society Publications, neue
Folge, 49, 1891), S. 299, Anm.: »Die Anhänger der Entschließung unterstützten, wie
sich aus der Debatte ersehen läßt, das allgemeine Männer-Wahlrecht«. Vgl. auch
S. XLIX.
2 Die am häufigsten zitierten Sätze werden weiter unten behandelt (S. 142–146,
150–157).
3 S. R. Gardiner, *History of the Great Civil War 1642–1649*, Bd. III, 1891, S. 225.
Gardiner bezieht sich auch (op. cit., S. 215) auf *The Case of the Army truly stated* und
behauptet, es handele sich hierbei um einen Vorschlag zur Einführung des Männer-
Wahlrechts (unter Ausschluß von Gesetzesbrechern). Hierüber vgl. unten S. 151 f.
4 Im Sprachgebrauch des siebzehnten Jahrhunderts bedeutet Bediensteter *(servant)*
soviel wie Lohnempfänger: jeder, der seine Dienste gegen einen Lohn zur Verfügung
stellt. Siehe Anhang S. 314 f.

widmete Raum übertrieben breit erscheinen, doch ist diese Ausführlichkeit nötig, um einen ungewöhnlichen Grad von Verwirrung aus dem Wege zu räumen.

Die Tatsachen wurden so oft mangelhaft oder falsch dargestellt, daß es angebracht scheint, gleich zu Beginn die unzweideutigen Äußerungen der Levellers über die Ausschließung vom Wahlrecht hervorzuheben. In der berühmten Debatte über den Wahlrechtsartikel des Ersten *Agreement of the People* in Putney (29. Oktober 1647) nannte Petty, ein Wortführer der Levellers, auf eine entsprechende Frage Cromwells »den Grund, warum wir Lehrlinge und Bedienstete und Almosenempfänger ausschließen würden«[5]; die Tatsache, daß die Levellers sie tatsächlich ausschließen würden, wurde von keiner der beiden Seiten in Zweifel gezogen. Auf zwei diese Frage berührende Aussagen der Levellers aus der Putney-Debatte sei hingewiesen. *A Letter sent from several Agitators of the Army to their respective Regiments*, vom 11. November 1647, berichtet, daß nach einer langen Debatte über die Wahlrechtsvorschläge in Putney »durch Abstimmung beschlossen wurde: *Daß alle Soldaten und andere, soweit sie nicht Bedienstete oder Bettler sind, Stimmen bei der Wahl derer haben sollten, die sie im Parlament vertreten, auch wenn sie aus eigenem Grund und Boden keine vierzig Schillinge pro Jahr haben.* Und es wurden nur drei Stimmen gegen diese Eure angeborene Freiheit abgegeben«.[6] Das Bedienstete und Bettler ausschließende Wahlrecht wird als ein Sieg der »angeborenen Freiheit« gefeiert. John Harris spricht es in *The Grand Designe* (8. Dezember 1647) deutlich aus,

---

5 A. S. P. Woodhouse, *Puritanism and Liberty* (1938), S. 83. Hier wird zum ersten Mal konkret erwähnt, wie weit die Levellers in ihren Debatten das vorgeschlagene Wahlrecht gefaßt wissen wollten. Das Verhältnis zu den übrigen Aussagen über das Wahlrecht wird weiter unten untersucht, S. 142–150.

6 Woodhouse, op. cit., S. 452. Ob diese Abstimmung wirklich stattgefunden hat oder nur eine Behauptung der Propaganda war, ist hier ohne Bedeutung. D. M. Wolfe (*Leveller Manifestoes of the Puritan Revolution*, 1944, S. 61, Anm. 10) zweifelt daran, daß die Abstimmung, die er merkwürdigerweise als eine Abstimmung über das allgemeine Männer-Wahlrecht bezeichnet, tatsächlich stattfand. Der Grund für diesen Zweifel ist der, daß Clarke in seinem Tagesbericht über den Sitzungsverlauf in Putney nichts darüber sagt. Aber die Daten stimmen hier nicht. Die in dem *Letter* angeführte Abstimmung fand wahrscheinlich nicht am 30. Oktober statt (wie Wolfe annimmt), sondern am 4. November, also an einem der Tage, über die Clarke nicht berichtet; wir brauchen daher nicht der Frage nachzugehen, ob Clarke diese Abstimmung aus seinem Sitzungsbericht über diesen Tag mit Absicht ausließ.

daß die Levellers in dem Wahlrechtsartikel des *Agreement* das Wahlrecht für »alle Männer, die keine Bedienstete oder Bettler sind«[7] verlangten.

Noch deutlicher sind die Leveller-Manifeste der beiden nächsten Jahre. Die *Petition* vom Januar 1648 verlangt das Wahlrecht für alle Engländer, »denen das Wahlrecht nicht wegen einer kriminellen Handlung rechtskräftig aberkannt wurde, die nicht unter 21 Jahre und keine Bedienstete oder Bettler sind«[8]. Das Zweite *Agreement*, vom 15. Dezember 1648, schränkt das Wahlrecht etwas weiter ein: wieder werden Almosenempfänger, Bedienstete und Lohnempfänger ausgeschlossen, aber ebenso alle, die nicht »regelmäßig zur Unterstützung der Armen beisteuern«[9]. Das Dritte *Agreement*, vom 1. Mai 1649, nimmt wieder die Haltung der *Petition* vom Januar 1648 ein und schließt nur Bedienstete und Almosenempfänger aus.[10]

So wird in der Putney-Debatte über das Erste *Agreement*, in der *Petition* vom Januar 1648 und im Zweiten und Dritten *Agreement*, die offenbar die wichtigsten Dokumente jener Periode für die Wahlrechtsthesen der Levellers sind[11], der von ihnen postulierte Ausschluß von Bediensteten und Almosenempfängern deutlich.

Seit Firth haben die meisten Autoritäten diese Ausschließung entweder ignoriert oder zwar mit ein paar Beispielen darauf hingewiesen, im übrigen aber weiterhin die Levellers als Anwälte des allgemeinen Männer-Wahlrechts apostrophiert, ohne sich eines Widerspruchs bewußt zu werden.[12] Vielleicht waren jene Gelehrten mit dem Sprachgebrauch und den Voraussetzungen der Levellers zu vertraut, als daß sie ein Problem hätten sehen können. Sie mögen der Überzeugung gewesen sein, daß die Levellers das allgemeine Männer-Wahlrecht mit einem Wahlrecht, das Bedienstete und Bettler ausschloß, identifizierten und daß die Postulate, die ihnen das erlaubten, zu offensichtlich waren, um einer Erörterung

7 British Museum, E. 419 (15), fol. 7 verso
8 Wolfe, *Leveller Manifestoes*, S. 269
9 Woodhouse, op. cit., S. 357; Wolfe, op. cit., S. 297
10 Wolfe, op. cit., S. 403. Das Zweite und das Dritte *Agreement* wollen auch diejenigen, die im Bürgerkrieg den König unterstützt hatten, für einige Jahre ausschließen.
11 Siehe S. 138, Fn. 31
12 Siehe Anm. F, S. 329 f.

zu bedürfen. Aber wenn sie dieser Ansicht waren, so haben sie es versäumt, darauf hinzuweisen. Das Ergebnis jedenfalls war wenig glücklich.

Wo nicht auf die von den Levellers geforderte Einschränkung hingewiesen wird, mag der Leser leicht den Schluß ziehen, sie hätten ein uneingeschränktes Männer-Wahlrecht gefordert, was nicht der Fall war. Wo aber ein paar Beispiele dafür angeführt werden, daß die Levellers Bedienstete und Almosenempfänger ausschlossen, ohne daß ein Problem gesehen wird, kann ein Leser, der nicht die ganze Angelegenheit als trivial abtut, zu dem Schluß verführt werden, die ausgeschlossenen Klassen seien zahlenmäßig unbedeutend gewesen, was nicht der Fall war. Und wenn er sich die Implikation zu eigen macht, die Levellers hätten, ohne sich dabei eines Widerspruchs bewußt zu sein, das allgemeine Männer-Wahlrecht mit einem Bedienstete und Almosenempfänger ausschließenden Wahlrecht gleichgesetzt, fehlt ihm immer noch die Einsicht in die theoretische Grundlage, die es den Levellers erlaubte, diese Haltung einzunehmen.

Auch wird der moderne Leser wenig Hilfe bei jenen Gelehrten finden, die zwar, über die oben zitierten hinausgehend, feststellen, daß es, genaugenommen, eine gewisse Inkonsequenz in der Haltung der Levellers gegenüber dem Wahlrecht gab, aber Begründungen anbieten, die nicht recht befriedigen können.[13] Auch wird durch die Analysen anderer Gelehrter nicht viel gewonnen, die eine vorübergehende Änderung in der Haltung der Levellers im Jahre 1648 (im Zweiten *Agreement*) feststellen, aber darin fälschlicherweise einen Übergang *vom* Stimmrecht der Männer (das es nicht wahr) *zum* Stimmrecht der Steuerzahler (was es tatsächlich war) sehen.[14]

Wenn der Leser, der die Standardliteratur zu Rate zieht, zu der Überzeugung gelangt, eine gewisse Klärung der Haltung der Levellers in der Frage des Wahlrechts sei von Nutzen, so kann man ihm das nicht verargen. Wenn man sich die Dokumente vor Augen hält, erscheint das Problem ihrer Folgerichtigkeit unüberwindbar. Doch gerade die sorgfältige Prüfung dieser Dokumente bringt einige Postulate und Begriffe ans Licht, die auf eine im-

13 Siehe Anm. G, S. 330 f.
14 Siehe Anm. H, S. 331 f.

manente Logik in den Wahlrechtsgedanken der Levellers hindeuten. Diese Begriffe und Postulate, die mit der Natur der Freiheit zusammenhängen, ermöglichen ihrerseits eine Neuinterpretation des Individualismus der Levellers und somit ihres Beitrages mehr zur liberalen als zur radikal-demokratischen Tradition des englischen politischen Denkens. Kurz, die Lösung des Problems der scheinbaren Widersprüchlichkeit ihrer Wahlrechtsgedanken führt uns, wie bewiesen werden soll, zu einem tieferen Verständnis des gesamten politischen Denkens der Levellers und läßt so die Quellen der liberal-demokratischen Tradition in neuem Licht erscheinen.

Im folgenden (Abschnitt 3) werden wir die Dokumente gründlich genug untersuchen, um das Ausmaß des scheinbaren Widerspruchs in der Haltung der Levellers zum Wahlrecht zu ermessen und die Annahme zu widerlegen, sie seien von Anhängern des allgemeinen Männer-Wahlrechts zu Anhängern eines Bedienstete und Almosenempfänger ausschließenden Wahlrechts geworden. Es soll gezeigt werden, daß die Levellers niemals ein allgemeines Männer-Wahlrecht im heute gebräuchlichen Sinn vor Augen hatten, sondern ein Wahlrecht, das Bedienstete und Almosenempfänger von vornherein ausschloß; und daß für sie kein Widerspruch bestand zwischen dieser Einschränkung und ihrer Versicherung, ein jeder habe ein natürliches Recht auf eine Wahlstimme, da sie gewisse Voraussetzungen über die Natur der Freiheit machten. Der Untersuchung ihrer Thesen über Wahlrecht und Freiheit geht (in Abschnitt 2) ein Versuch voraus, die Differenzen verschiedener Wahlrechtsvorschläge, die zwischen den Levellers, den Armeeführern und den parlamentarischen Independenten zur Debatte standen, zu verdeutlichen. Solange wir nämlich keine Klarheit darüber gewonnen haben, welche Bevölkerungsgruppen von den vier Arten von Wahlrecht, die zu jener Zeit offen diskutiert wurden (dem Wahlrecht der Grundbesitzer, dem Wahlrecht der Steuerzahler, dem Wahlrecht der Nichtbediensteten und dem allgemeinen Männer-Wahlrecht), eingeschlossen bzw. ausgeschlossen wurden und wie groß diese Gruppen waren, können wir weder die Schärfe der Auseinandersetzung zwischen dem Lager des Grundbesitzer- und dem des Nichtbediensteten-Wahlrechts noch die Bedeutung des zwischen beiden zustandegekommenen Kompromisses verstehen, der sich in der Annahme des Wahlrechts der Steuerzahler ausdrückte.

Der geschätzte Umfang der Wahlrechtsklassen ist für unseren zentralen Gedankengang nicht entscheidend; da diese Schätzungen aber von einem gewissen Wert für das Verständnis des Denkens im siebzehnten Jahrhundert sein mögen, und da sie vermutlich der Rechtfertigung bedürfen, werden sie im Anhang vorgelegt.

In Abschnitt 4 schließlich werden die Implikationen der von den Levellers vertretenen Postulate über die Freiheit allgemeiner erörtert werden.

2. Formen des Wahlrechts

Vier verschiedene Wahlrechtsformen, so scheint es, wurden von den Levellers und ihren Opponenten im Parlament und in der Armee diskutiert. Sie lassen sich wie folgt charakterisieren:

(A) Das Wahlrecht, das auf Eigentümer von Grundbesitz mit einer Rente von 40 Schilling pro Jahr und auf freie Mitglieder von Zünften beschränkt ist. Es handelt sich um das von Cromwell und Ireton[15] ständig befürwortete und von den Levellers ständig angegriffene Wahlrecht. Ich werde es in Zukunft *Grundbesitzer-Wahlrecht (freeholder franchise)* nennen. Es schloß alle Erbpächter und Pächter auf Zeit aus; ferner alle Handwerker, Kaufleute und Händler, die keinen Grundbesitz hatten und nicht Mitglieder von Zünften waren; außerdem alle Bediensteten und Almosenempfänger.

Das ist das Wahlrecht, das seit dem von Heinrich VI. im Jahre 1430 erlassenen Gesetz (8 Henry VI, c. 7) in Kraft war. Der Feststellung, daß es Erbpächter und Zeitpächter ausschloß, könnten zwei Einwände entgegengehalten werden, auf die hier eingegangen werden muß. Zunächst einmal besteht die Möglichkeit, daß die Erbpächter *(copyholders),* die nicht der Willkür des Lords unterworfen waren, sondern ihr Land aufgrund des auf dem

---

15 Nur ein einziges Mal während der Putney-Debatte schien Cromwell auch Erbpächter einbeziehen zu wollen (Woodhouse, op. cit., S. 73). Eine gewisse Konzilianz zeigte er auch im Komitee vom 30. Okt. 1647 (siehe unten, Anm. K, S. 333 f.) und vorübergehend im Zweiten *Agreement* (siehe unten, S. 135–137).

jeweiligen Gut geltenden Gewohnheitsrechtes innehatten, und deren Besitz als Gewohnheitsbesitz oder als freie Erbpacht bezeichnet wurde, in Recht und Wahlpraxis des siebzehnten Jahrhunderts als freie Grundbesitzer galten (niemals dagegen galten vom Willen des Lords abhängige Pächter als freie Grundbesitzer). Coke[16] ließ diese Frage offen. Blackstone[17] behauptete, nachdem das Problem 1754, anläßlich der Wahlen von Oxfordshire, aufgetaucht war, die Erbpächter seien keine Grundbesitzer und hätten niemals das Recht gehabt, zu wählen; ob sie aber jemals *de facto* das Wahlrecht ausübten, ist unbekannt. Dagegen ist sehr wahrscheinlich, daß Cromwell annahm, unter dem bestehenden Recht habe kein Erbpächter eine Stimme. Denn er spricht von der möglichen Zulassung einiger »Pächter kraft Erbschaft« als von einer Veränderung des bestehenden Wahlrechts.[18] Da er sie, wenn überhaupt, nur zugelassen hätte, weil ihre Art von Landbesitz in bezug auf Existenzsicherheit mit einem freien Grundbesitz vergleichbar war, muß er an Erbpächter gedacht haben, die sich auf das Gewohnheitsrecht stützen konnten, deren Pacht also nicht kündbar war. Folglich muß er davon überzeugt gewesen sein, daß alle Erbpächter von dem bestehenden Wahlrecht ausgeschlossen waren. Ich schließe daraus, daß auch das in Putney zur Diskussion stehende Grundbesitzer-Wahlrecht alle Erbpächter ausschließen sollte.

Was zum Zweiten den Ausschluß der Pächter auf Zeit *(leaseholders)* betrifft, so muß darauf hingewiesen werden, daß die gesetzliche Unterscheidung zwischen Grundbesitzern und Pächtern auf Zeit nicht leicht zu fassen ist. Im Grunde waren beide Pächter. Sie unterschieden sich durch die Pachtdauer. Grob gesagt waren Pächter auf die Dauer eines Lebens oder mehrerer Leben Grundbesitzer, Pächter auf Jahre oder Leben dagegen nicht. Genauer gesagt waren Pächter, deren Pachtdauer eine festgesetzte Zeitspanne betrug (z. B. fünf Jahre, neunundneunzig Jahre oder sogar tausend Jahre), und solche, deren Pacht ein festgesetztes Zeitmaximum, aber ein unbestimmtes Zeitminimum dauerte (z. B. eine Pacht auf »neunundneunzig Jahre oder drei Leben«, gleichviel, welche der

16 Coke, *The Compleate Copyholder*, 1644, Abschn. 15–17
17 Blackstone, *Considerations on Copyholders*, 1758
18 Woodhouse, S. 73

beiden Zeitspannen die kürzere war), dem Gesetz nach nicht Grundbesitzer, wie lange die Pacht auch dauern mochte. Diejenigen, die ihr Land auf unbestimmte Zeit gepachtet hatten und ein freies (d. h. keiner Dienstbarkeit unterworfenes) Gut innehatten, waren Grundbesitzer (Freisassen), ob nun die Pacht einem Menschen und seinen Erben für immer gehörte oder nur für die Zeit seines eigenen Lebens oder des Lebens eines anderen.[19] Diese Regelung galt seit Bracton. Ich gehe davon aus, daß diese Unterscheidung auch im täglichen Leben beachtet wurde. Die wenigen Hinweise auf die Zeitpächter während der Putney-Debatten deuten nur an, daß Pächter auf Jahre vom Wahlrecht ausgeschlossen waren.[20] In Ermangelung genauer Belege aus den Debatten selbst dürfen wir annehmen, daß beide Seiten der gebräuchlichen, rechtlich festgelegten Unterscheidung zwischen unabhängigen und nicht unabhängigen Pächtern folgten. Es darf also vorausgesetzt werden, daß unsere Kategorie der »Pächter auf Zeit«, worunter Pächter auf Jahre und auf Jahre oder Leben zu verstehen sind, von dem in Putney zur Diskussion stehenden Grundbesitzer-Wahlrecht ausgeschlossen war.

Zwischen 1640 und 1650 dürften aufgrund dieses Wahlrechts nur etwa 212000 Personen über das Stimmrecht verfügt haben.[21]

(B) Das Wahlrecht der regelmäßig zur Armenunterstützung herangezogenen männlichen Haushaltsvorstände, das Bedienstete und Almosenempfänger ausschloß. Es dürfte, obschon auf einer anderen Basis als das Grundbesitzer-Wahlrecht, praktisch die Gesamtheit der Grundbesitzer und Mitglieder von Zünften umfaßt haben, denn man darf annehmen, daß sich nur wenige von ihnen der Armensteuer entziehen konnten. Aus demselben Grunde dürf-

---

19 G. Jacob, *A New Law-Dictionary*, 1750, siehe unter »Freehold«; Wm. Cruise, *A Digest of the Laws of England Respecting Real Property*, 4. Aufl., 1835, Bd. I., S. 47–48 (Titel I, Nr. 10–12)

20 Cromwell sagte, daß von »einem Einwohner, der für ein Jahr, zwei Jahre oder zwanzig Jahre unter dem drückenden Zinsjoch steht«, kein ausgeprägtes oder dauerndes Interesse erwartet werden könne (Woodhouse, S. 62). Pettys unvollständiger Satz, »Ein Mann mag sein Land für 100 Pfund pro Jahr gepachtet haben, er mag es für drei Leben gepachtet haben« (ibid., S. 61) trägt nichts zur Klärung seines Standpunktes bei; würde der Satz so, wie Woodhouse es ohne jede Begründung vorschlägt, vollendet, so käme das einer falschen Darstellung der Fakten gleich, denn der Inhaber einer Pacht auf drei Leben galt vor dem Gesetz als Grundbesitzer.

21 Siehe Anhang, bes. S. 321, 325

te es auch den größten Teil der Erbpächter und der Pächter auf Zeit eingeschlossen haben. Und endlich wahrscheinlich die meisten der Händler, Ladenbesitzer, Krämer und Handwerker, die weder Grundbesitzer noch freie Mitglieder von Zünften waren; aus dieser ganzen Gruppe blieben nur jene ausgeschlossen, die so arm waren, daß sie keine Armensteuer zu zahlen brauchten. Dieses Wahlrecht wurde im Zweiten *Agreement* vorgeschlagen, und das *Agreement* der Offiziere vom 20. Januar 1649 hielt daran fest.[22] Es soll hier *Wahlrecht der Steuerzahler* genannt werden. Es würde etwa 375 000 Personen umfaßt haben.[23]

(C) Das Wahlrecht für alle Männer mit Ausnahme von Bediensteten und Almosenempfängern. Dies war das von den Levellers in der Putney-Debatte und all ihren späteren Wahlrechtsvorschlägen (mit Ausnahme des Zweiten *Agreement*) mit nur geringen Variationen befürwortete Wahlrecht.[24] Ich werde es das *Wahlrecht der Nicht-Bediensteten* nennen. Es hätte etwa 417 000 Pesonen umfaßt.[25]

Es wird sich noch zeigen, daß ein nur geringer qualitativer und quantitativer Unterschied zwischen dem Wahlrecht der Steuerzahler und dem der Nicht-Bediensteten bestand. Beide schlossen Lohn- und Almosenempfänger aus. Beide umfaßten Grundbesitzer, freie Mitglieder von Zünften, Erbpächter und andere Pächter, soweit sie nicht so arm waren, daß sie nicht zur Armensteuer herangezogen werden konnten. Nur zwei Personengruppen wurden vom Wahlrecht der Nicht-Bediensteten ein- und von dem der Steuerzahler ausgeschlossen. Es handelt sich zunächst um diejenigen Händler, Ladenbesitzer, Krämer und Handwerker, die weder Grundbesitzer noch Zunftmitglieder waren noch einem der Steuerpflicht unterliegenden Haushalt vorstanden. Ihre Zahl mag etwa 19 000 gewesen sein, wobei ich voraussetze, daß nur die Hälfte dieser Selbständigen keine Steuern entrichtete. Aber selbst wenn ihre Zahl sehr viel höher sein sollte, so wäre der Unterschied

22 Wolfe, op. cit., S. 342
23 Siehe Anhang
24 So wurden z. B. in Putney Lehrlinge ausdrücklich den Bediensteten gleichgestellt; in der *Petition* vom Januar 1648 wurden Verbrecher ausgeschlossen; nach dem Zweiten und Dritten *Agreement* sollten für ein paar Jahre auch diejenigen ausgeschlossen werden, die während des Bürgerkriegs den König unterstützt hatten.
25 Siehe Anhang

zwischen dem Wahlrecht der Steuerzahler und dem Wahlrecht der Nicht-Bediensteten bei weitem nicht so groß wie derjenige zwischen dem Grundbesitzer-Wahlrecht und dem Wahlrecht der Steuerzahler.[26] Zur zweiten Gruppe, die vom Wahlrecht der Nicht-Bediensteten berücksichtigt wird, von dem der Steuerzahler aber ausgeschlossen bleibt, gehören die Soldaten der Parlamentsarmee, die im zivilen Leben Lohn- oder Almosenempfänger waren. Die Levellers setzten voraus, daß diese sich durch ihre aktive Teilnahme am Bürgerkrieg das Wahlrecht verdient hatten.[27] Es dürfte sich um etwa 22 000 Personen gehandelt haben.[28] Das Wahlrecht der Nicht-Bediensteten umfaßt also nur etwa 41 000 Personen mehr als das der Steuerzahler.

(D) Das Wahlrecht für alle Männer, oder für alle außer Kriminellen und Delinquenten. Es darf als *allgemeines Männer-Wahlrecht* bezeichnet werden und wurde scheinbar von den Levellers vor und während der Putney-Debatte gefordert. Es hätte – die Gesetzesbrecher sind dabei nicht berücksichtigt – etwa 1 170 000 Personen umfaßt.[29]

Die Stellung der Levellers zum Wahlrecht soll nun im Rahmen dieser vier Wahlrechtsvorschläge kurz umrissen werden. Immer waren sie Gegner des Grundbesitzer-Wahlrechts. In einigen ihrer Schriften vor Putney und einigen ihrer Äußerungen während der Debatte scheinen sie für das allgemeine Männer-Wahlrecht eingetreten zu sein. Während der Putney-Debatte und in all ihren Vorschlägen danach bestanden sie auf dem Wahlrecht für Nicht-Bedienstete, außer im Zweiten *Agreement*, das das etwas enger gefaßte Wahlrecht für Steuerzahler vorschlug.

Die im Zweiten *Agreement* auftauchenden Schwierigkeiten lassen sich leicht beheben. Bei diesem Dokument handelt es sich um einen Kompromiß zwischen einem die Levellers vertretenden Komitee, der Führungsgruppe der Armee, den Independenten und Vertretern des Parlaments. Im allgemeinen wird es jedoch als ein Leveller-Dokument betrachtet, da die Levellers zu jenem Zeitpunkt

---

26 Siehe Anhang, S. 323 f. Die dort für diese Gruppe angegebene Zahl von 21 400 betrifft die Bevölkerung des Jahres 1688; für 1648 wäre die Zahl 19 300 (Anhang S. 325).
27 Siehe Anm. K, S. 333 f.
28 Siehe Anhang, S. 325–327
29 Siehe Anhang

eine starke Position hatten: sie hielten das Gleichgewicht der Macht zwischen dem Führungsstab der Armee und dem Parlament aufrecht und waren so in der Lage, die meisten ihrer Ansprüche durchzusetzen. Das im Zweiten *Agreement* vorgeschlagene Wahlrecht der Steuerzahler war, wie wir sahen, nur wenig enger gefaßt als das von den Levellers während des ganzen vorhergehenden Jahres geforderte Wahlrecht der Nicht-Bediensteten. Das Wahlrecht des Zweiten *Agreement* würde im Vergleich zum Wahlrecht der Nicht-Bediensteten höchstens zwei Gruppen ausschließen: die kleinen, von der Steuer befreiten Selbständigen und die ehemaligen, nun zur Armee gehörenden Lohnempfänger. Es handelt sich um etwa 41 000 Personen, also weniger als ein Zehntel der vom Wahlrecht der Nicht-Bediensteten Berücksichtigten. Ich sage, es würde *höchstens* diese Zahl ausgeschlossen. Denn es besteht sehr wohl die Möglichkeit, daß die Levellers, als sie den Wahlrechtsartikel des Zweiten *Agreement* vorschlugen bzw. annahmen, nur mit dem Ausschluß der 19 000 Selbständigen, die keine Steuern zahlten, rechneten, weil sie davon überzeugt waren, die Armeeführer schlössen stillschweigend all jene ein, die während des Bürgerkriegs für die parlamentarische Sache gefochten hatten. Am 30. Oktober 1647 war nämlich vom *Army Council Committee* in Putney beschlossen worden, daß diese Personen das Wahlrecht erhalten sollten, auch wenn sie »in anderer Hinsicht nicht die nötigen Qualifikationen haben«, die noch zu bestimmen waren.[30] Wäre das Zweite *Agreement* so zu verstehen, so würde das von ihm vorgeschlagene Wahlrecht eine kaum geringere Personenzahl umfassen als das von den Levellers zuvor geforderte Wahlrecht für Nicht-Bedienstete und wiche auch im Prinzip kaum von ihm ab. Aber selbst wenn dies nicht in der Absicht des Zweiten *Agreement* lag, so war doch das von ihm vorgeschlagene Wahlrecht – zumindest was die Personenzahl betrifft – sehr viel weniger ein Kompromiß von seiten der Levellers als von seiten der militärischen Führung. Für letztere bedeutete es einen substantiellen Kompromiß, nämlich die Ausdehnung des Wahlrechts von 212 000 auf 375 000 Personen, da alle nicht-freien Bauern und die meisten keiner Zunft angehörigen Krämer und Händler hinzukamen. Für

30 Siehe Anm. K, S. 333 f.

die Armeeführer war es gleichwohl ein vorteilhafter Kompromiß, den sie wahrscheinlich niemals zu realisieren gedachten; auf alle Fälle paralysierten sie bald das ganze Vertragswerk, indem sie es an ein von ihnen vorher gesäubertes Parlament weiterleiteten. Der Wahlrechtsartikel des Zweiten *Agreement* hat in neueren Untersuchungen immer wieder Verwirrung gestiftet, da man davon ausging, es handele sich hier um einen zweckbestimmten Kompromiß der Levellers. Sollte es tatsächlich so gewesen sein, so dürfte obige Untersuchung gezeigt haben, daß dabei keine wesentlichen Interessen geopfert wurden. Ich werde daher in Zukunft keinen Unterschied mehr zwischen dem Wahlrecht der Steuerzahler des Zweiten *Agreement* und dem Wahlrecht der Nicht-Bediensteten in all den anderen Dokumenten von Putney bis hin zum Dritten *Agreement* machen.

Während der Unterschied zwischen dem Wahlrecht der Steuerzahler und demjenigen der Nicht-Bediensteten nur unbedeutend ist, gibt es eine ganz wesentliche Differenz zwischen dem Wahlrecht der Nicht-Bediensteten und dem der Grundbesitzer. Wir dürfen uns daher nicht darüber wundern, daß der seit den Putney-Debatten herrschende Streit zwischen den Levellers und den das Grundbesitzer-Wahlrecht vertretenden Armeeführern und Independenten sehr ernst war. Wenn unsere Schätzungen zuverlässig sind, so verlangten die Levellers ein Wahlrecht, das fast doppelt soviel Personen umfaßte wie das ihrer Opponenten.

Die Intensität des Wahlrechtsstreites läßt sich also gut erklären, selbst wenn wir davon ausgehen, daß die Levellers nicht nach einem umfangreicheren Wahlrecht als dem der Nicht-Bediensteten verlangten. Doch muß noch der Widerspruch zwischen ihrem scheinbaren Eintreten für ein allgemeines Männer-Wahlrecht und ihrer tatsächlichen Forderung nach dem Wahlrecht der Nicht-Bediensteten geklärt werden.

3. Die Dokumente

a. Chronologie

Da es sich hier offenbar um das Problem widersprüchlicher Äußerungen handelt, müssen wir zunächst untersuchen, ob die Levellers nicht ihre Haltung geändert haben und von Befürwortern des allgemeinen Männer-Wahlrechts zu Befürwortern des Wahlrechts für Nicht-Bedienstete geworden sind. Wäre dies der Fall, so wäre der Widerspruch ausreichend geklärt. Es soll noch einmal darauf hingewiesen werden, daß es sich hier um einen Übergang vom vollen Wahlrecht für alle Männer zu einem Wahlrecht nur für Nicht-Bedienstete handelt, und daß dies etwas ganz anderes ist als der zeitweilige und relativ unbedeutende Wechsel vom Wahlrecht der Nicht-Bediensteten zu dem der Steuerzahler, der soeben erörtert wurde.

Beschränkten wir uns auf eine chronologische Betrachtung der Wahlrechtsäußerungen der Levellers, so könnten wir zur Überzeugung gelangen, es läge ein Wechsel vom allgemeinen Männer-Wahlrecht zum Wahlrecht der Nicht-Bediensteten vor. Denn alle[31] die unklaren oder scheinbar unklaren Beteuerungen der Levellers, daß jeder Einwohner bzw. jeder in England geborene Mann das Recht auf eine Stimme habe, finden sich vor oder während der Putney-Debatten, und in den (recht dürftigen) Hinweisen auf das Wahlrecht vor Putney werden Bedienstete und Almosenempfänger nicht eindeutig ausgeschlossen. Alle Äußerungen, in denen dies geschieht, fallen im Gegenteil während und nach der Putney-Debatte; und alle spezifischen Wahlrechtsvorschläge nach Putney enthalten diesen Ausschluß.[32] Eine chronologische Betrachtung

31 »Alle« bedeutet in diesem Abschnitt soviel wie alle Äußerungen, die in den Standarddokumenten der Levellers, wie ich sie bezeichnen möchte, zu finden sind; nämlich jene, die bei Woodhouse, bei Wolfe, bei Haller and Davies, *The Leveller Tracts 1647–1653* (1944) und bei Haller, *Tracts on Liberty in the Puritan Revolution 1638–1647* (1934) abgedruckt sind; ferner jene, die von den in Anmerkung F, G und H erwähnten Autoritäten in bezug auf das Wahlrecht zitiert werden.

32 Während der letzten Tage der Levellerbewegung kam ein Vorschlag – für eine außerordentliche allgemeine Wahl –, der Bedienstete einschloß. *A Charge of High Treason exhibited against Oliver Cromwell, Esq., for several Treasons by him committed* vom 14. Sept. (oder August) 1653 [British Museum, 669, f. 17 (52), teilweise auch in *Somers Tracts*, VI, 302] rief zu einer sofortigen Wahl auf: »Es ist erwünscht, daß sich am 16. Oktober 1653 … alle Einwohner *Englands*, und zwar Meister sowohl wie Söhne und Diener, wie ein Mann in eine jede Kreisstadt oder an einen anderen passenden Ort innerhalb von *England* und *Wales* begeben – mit der Waffe in der Hand, die sie sich leisten können –, um dann und dort solche und so viele Personen zu wählen, wie die Einwohner der betreffenden Grafschaften, Städte und Flecken zu wählen wünschen, um durch sie im Parlament vertreten zu werden.« Dieses Flugblatt, ein letzter verzweifelter Versuch, ist das einzige mir zu Gesicht gekommene Leveller-Dokument, das auch die Zulassung von Bediensteten verlangt; seine Leidenschaft entspricht gar nicht den gemäßigteren Wahlvorschlägen der offiziellen Leveller-Manifeste.

allein könnte uns also zum Glauben verführen, die Levellers hätten während der Putney-Debatte ihre Haltung zum Wahlrecht geändert und seien von ihrer früheren Forderung nach allgemeinem Männer-Wahlrecht abgerückt angesichts der machtvollen Opposition von Cromwell und Ireton, die die traditionelle Eigentumsqualifikation der Grundbesitzer beibehalten wollten. Die Ansicht, die Levellers hätten ihren früheren Standpunkt gegen ihre Überzeugung, doch in der Hoffnung fallengelassen, soviel wie noch möglich zu retten, mag einleuchtend sein, kann sich indessen nicht auf Belege stützen.

In unserer Analyse der Leveller-Dokumente wollen wir mit den Putney-Debatten beginnen, denn hier wurde zum ersten Mal der Umfang des vorgeschlagenen Wahlrechts deutlich. Auch wurde in den Putney-Debatten (und in einigen späteren Dokumenten, die sich auf diese Debatten beziehen) das Wahlrecht der Nicht-Bediensteten und, wie es scheint, das allgemeine Männer-Wahlrecht mitunter gleichzeitig gefordert. Da keine einzige der Wahlrechtsäußerungen vor Putney in diesem Punkte Klarheit schafft, bleibt uns nur der Weg, auf dem Beweismaterial dieser Debatte (und späterer Dokumente) eine Konstruktion zu errichten und dann die früheren Äußerungen im Licht dieser Konstruktion zu prüfen.

Gleich hier sei festgestellt, daß die Tatsache, daß keines der Dokumente vor Putney einen besonderen Wahlrechtsausschluß fordert, wenig besagt, da die Levellers in jener Periode zu sehr mit anderen Problemen beschäftigt waren, um sich viel mit der Wahlrechtsfrage abzugeben oder gar eine klare Stellungnahme zu formulieren. Vor der Putney-Debatte gab es nur wenige Hinweise auf den Umfang des Wahlrechts: in den Leveller-Manifesten bis hin zum Ersten *Agreement* (20./28. Oktober 1647)[33] wurde er kaum diskutiert, geschweige denn klar definiert. Nur während jener Debatten wurde das Wahlrecht zum eigentlichen Gegenstand der Auseinandersetzung. Dies ist leicht einzusehen. Denn nur in Putney gelangten die Levellers dazu, ihre Position gegenüber den Armeeführern und den verschiedenen parlamentarischen Grup-

---

33 Das Erste *Agreement* wurde vor dem 28. Oktober, als es zum ersten Mal im *General Council of the Army* erwähnt wird, und wahrscheinlich nach dem 20. Oktober verfaßt; siehe Wolfe, S. 224.

pen so zu festigen, daß sie das Wahlrecht bis zum Problem seines Umfangs durchdenken und aus diesem einen Streitpunkt machen konnten. Davor waren sie mit wichtigeren Dingen beschäftigt: dem Kampf gegen die willkürlichen Verhandlungen des Parlaments und seiner Komitees, wodurch die durch die *Petition of Rights* und das gemeine Recht garantierten bürgerlichen Freiheiten verletzt wurden; dem Kampf für religiöse Toleranz und gegen das presbyterianische Parlament; der Forderung, daß das Parlament dem Volk verantwortlich gemacht werden solle, und zwar durch jährliche, nicht von königlicher Order abhängige Wahlen und die Neuverteilung der Sitze; der Forderung nach konstitutionellen Garantien gegen die Willkür der Commons und nach Abschaffung des Vetorechts von König und Lords; der Anprangerung der ständigen Belastung durch Zehnten, Monopole, ungleiche Besteuerung, Schuldhaft, übertriebene Gerichtsgebühren und Prozeßverschleppungen.

Von Beginn der Levellerbewegung bis weit in das Jahr 1647 hinein hatten diese Probleme Vorrang, und die meisten von ihnen blieben auch noch von Bedeutung, als die Wahlrechtsfrage aufgegriffen wurde. Das größte und nie erlahmende Interesse der Levellers galt der Bemühung, zwei Prinzipien zur Anerkennung zu verhelfen: daß dem Parlament seine Macht vom Volk anvertraut sei und daß selbst diese Macht nicht dazu mißbraucht werden dürfe, gewisse bürgerliche, wirtschaftliche und religiöse Freiheiten des Individuums einzuschränken. Erst durch Putney erwies es sich als nötig, auch eine Definition des Begriffes »Volk« zu geben. Man kann also nicht sagen, daß sich aus dem Fehlen spezifischer Einschränkungen in den Wahlrechtsäußerungen vor Putney, die sehr allgemein und ungenau gehalten waren, irgendwelche Hinweise auf den Umfang des von den Levellers intendierten Wahlrechts gewinnen ließen.

b. Putney und die Zeit danach

Vor der Analyse der Putney-Debatte soll zunächst geklärt werden, worum es bei der Wahlrechtsfrage eigentlich ging. Fälschlicherweise wird oft behauptet, es handele sich hierbei um eine eindeutige Auseinandersetzung zwischen einem Eigentums- und einem allgemeinen Männer-Wahlrecht. Ohne Zweifel wurde von Cromwell und Ireton ein Eigentumswahlrecht befürwortet, d. h. ein Wahlrecht, das auf Eigentümer von freiem Grund und Boden und auf freie Mitglieder von Zünften beschränkt war (und von uns als Grundbesitzer-Wahlrecht bezeichnet wird). Die Levellers waren Gegner jeder Eigentumsqualifikation, und zwar entschiedene Gegner. Doch darf daraus nicht gefolgert werden, sie hätten das Wahlrecht für alle Besitzlosen einschließlich der Bediensteten und Almosenempfänger verlangt. Folgern läßt sich lediglich, daß die Levellers das Wahlrecht auf eine wichtige, von Ireton und Cromwell ausgeschlossene Schicht der Bevölkerung ausgedehnt wissen wollten.

Daß es eine solche Bevölkerungsschicht gab, haben wir bereits gesehen: die Erbpächter und die Pächter auf Zeit sowie jene unabhängigen Handwerker, Händler und Kaufleute, die weder freies Grundeigentum innehatten, noch freie Mitglieder von Zünften waren. Viele dieser Unternehmer arbeiteten auf einer ökonomisch schmalen Basis.[34] Es besteht kein Zweifel darüber, daß das Leveller-Programm das Ziel verfolgte, sie von ihrer Bürde, genauer von der Bürde, die sie mit den unabhängigen Bauern teilten, zu befreien. Akzisen und Zölle, Zehnten, Aushebungen, die Insolenz der Behörden, deren Privilegien und Verschleppungstaktik und all jene anderen von den Leveller-Manifesten angeprangerten Mißstände machten diesen Menschen das Leben schwer. So war es ganz natürlich, daß die Levellers, sobald es um die Frage des Wahlrechts ging, zu ihren Sprechern wurden.[35]

Ohne die Haltung der Levellers gegenüber Bediensteten und Almosenempfängern vorschnell zu beurteilen, können wir feststellen, daß in ihren Augen die kleinen unabhängigen Unternehmer eine ganz andere Klasse bildeten als jene. Die Anerkennung der Rechte der einen Klasse brauchte nicht notwendig eine Anerkennung der Rechte der anderen zu implizieren. Für Cromwell und Ireton war der Unterschied zwischen beiden Klassen gering; während des größten Teils der Debatte warfen sie ungeduldig die bei-

34 z. B. Baxters »arme Landmänner« (Unwin, *Studies in Economic History*, S. 347)
35 Die enge Verbindung der Levellers mit dieser Klasse wird allgemein zugegeben, doch sei noch besonders darauf hingewiesen, wie häufig sie in der Putney-Debatte für jene eintraten, die ihren ehemaligen Besitz infolge des Armeedienstes verloren hatten; z. B. Rainborough, S. 56, 67, 71, und Sexby, S. 69, 74, in Woodhouse, op. cit.

den Klassen zusammen, denn ihrer Meinung nach gab es nur einen
wesentlichen Unterschied: den zwischen Grundbesitzern (einschließlich der freien Mitglieder von Zünften) und all jenen, die
keine waren. Ein großer Teil der Verwirrung in den Darstellungen
der von den beiden Seiten eingenommenen Positionen ist auf die
Vernachlässigung dieser unterschiedlichen Gesichtspunkte zurück-
zuführen.[36]

Die Wahlrechtsdebatte wurde von Ireton eröffnet[37], unmittelbar
nachdem der erste Artikel des von den Levellers verfaßten (Ersten) *Agreement* verlesen worden war. Dieser Artikel war nicht
sehr klar formuliert: er verlangte, daß die Bevölkerung Englands
für die Wahl ihrer Parlamentsabgeordneten »gleichmäßiger aufgeteilt werden sollte [nämlich zwischen Grafschaften, Städten und
Wahlflecken], gemäß der Zahl der Einwohner«.[38] Ireton begann
die Diskussion mit der Frage, ob dies bedeute, daß nur jene abstimmen sollten, die auch früher dazu berechtigt waren, also jene
mit Eigentumsqualifikation, oder ob bei der Wahl jeder Einwohner eine gleiche Stimme haben solle; falls letzteres gemeint sei,
habe er etwas dagegen einzuwenden. Der von Ireton umrissene
Standpunkt hieß: Eigentumswahlrecht gegen (wie es schien) allgemeines Männer-Wahlrecht.

Doch war dies nicht genau der Punkt, den die Levellers dann auf-
griffen. Die unmittelbare Antwort trug Petty vor: »Wir meinen,
daß alle Einwohner, die nicht ihr Geburtsrecht verloren haben,
ein gleiches Stimmrecht bei Wahlen erhalten sollten.«[39] So schloß
also schon die erste Wahlrechtsäußerung der Levellers während der
Debatte eine Kategorie der Bevölkerung aus. Die Frage ist nur,
wer mit jenen, die »ihr Geburtsrecht verloren« haben, gemeint
war. Falls darunter nur Kriminelle und Delinquenten[40] zu verstehen waren, haben wir vielleicht gemäß dem allgemeinen Sprach-

36 Siehe unten, S. 147–149
37 29. Okt. 1647. Text in Woodhouse, op. cit., S. 52 ff.
38 Woodhouse, S. 443–4; Wolfe, S. 226
39 Woodhouse, S. 53
40 »Delinquenten« hießen gewöhnlich die Anhänger des Königs während des Bürgerkrieges; gelegentlich wurde der Ausdruck auch weiter gefaßt, so, wenn die gegen
die Levellers gerichtete *Declaration of Some Proceedings* damit »aufrührerische
Brandstifter« (in diesem Fall die Levellers) meinte (Haller and Davies, *The Leveller
Tracts 1647–1653*, 1944, S. 121).

gebrauch das Recht, dieses Wahlrecht als allgemeines Männer-Wahlrecht zu bezeichnen. Doch deutet die einzige haltbare Rekonstruktion der Debatte als ganzer darauf hin, daß die Levellers (und ihre Gegner) davon ausgingen, daß nicht nur Kriminelle und Delinquenten, sondern auch Bedienstete und Almosenempfänger ihr Geburtsrecht verloren hatten.

Denn als die Debatte konkreter wurde – und das geschah erst nach einem sich hinziehenden Streit über den fundamentalen, aber recht allgemeinen Gegensatz zwischen einem Wahlrecht für Grundbesitzer und einem umfassenderen Wahlrecht – scheinen die Levellers den Ausschluß aller »Bediensteten« als ganz selbstverständlich vorausgesetzt zu haben und von ihren Gegnern auch so verstanden worden zu sein. Dieser Teil der Debatte verdient Beachtung:

Cromwell: Falls wir diese Dinge ändern sollten, so ist es nicht nötig, um jede einzelne Frage zu kämpfen. Bedienstete werden, weil Bedienstete, nicht eingeschlossen. Sind Sie dann mit uns der Auffassung, daß auch Almosenempfänger ausgeschlossen sein sollten?
Lt.-Col. (Thomas) Reade: Ich nehme an, es ist unser aller Meinung, daß die Wahl von Abgeordneten ein Privileg ist; ich sehe jedoch keinen Grund, warum irgendjemand, der hier geboren ist, von diesem Privileg ausgeschlossen sein sollte, sofern er nicht freiwillig in ein Dienstverhältnis eingetreten ist.
Petty: Wir würden Lehrlinge, Almosenempfänger und Bedienstete deswegen ausschließen, weil sie vom Willen anderer abhängig sind und sich fürchten, (ihnen) zu mißfallen. Bedienstete und Lehrlinge sind in ihre Herren eingeschlossen, und ebenso jene, die von Tür zu Tür gehen, um Almosen zu empfangen...[41]

Es sei darauf hingewiesen, daß Cromwell hier von einer, wie es schien, gemeinsamen Basis ausging (daß nämlich Bedienstete in das von den Levellers vorgeschlagene Wahlrecht nicht eingeschlossen seien), um sich dann nach ihrer Haltung gegenüber Almosenempfängern zu erkundigen. Reade, der kein Leveller war[42], obwohl er hier etwas links von Cromwell steht, setzt voraus, daß freiwillige Dienstbarkeit ein Grund für den Ausschluß vom Wahlrecht ist. Petty, der Leveller, weit davon entfernt, den Ausschluß der Bediensteten oder den dafür genannten Grund zurückzuweisen, er-

41 Woodhouse, S. 82–3
42 Firth and Davies, *Regimental History of Cromwell's Army,* 1940, S. 563–5

läutert die Gründe der Levellers für diesen Ausschluß und auch für den der Almosenempfänger. Beide Gruppen sind ausgeschlossen, weil sie vom Willen anderer abhängen und »in ihre Herren eingeschlossen« sind.

Dürfen wir folgern, daß die Bediensteten und Almosenempfänger, von denen es jetzt ausdrücklich heißt, sie seien ausgeschlossen, weil sie nicht frei sind, die Bevölkerungsgruppe darstellen, die derselbe Sprecher der Levellers, Petty, zu Anfang als ausgeschlossen erwähnt hatte, nämlich jene, die »ihr Geburtsrecht verloren« haben? Um diese Folgerung ziehen zu können, müssen wir zeigen, daß die Levellers das Geburtsrecht, zu wählen, als etwas auffaßten, das man verlieren oder verwirken konnte, z. B. dadurch, daß man Bediensteter oder Almosenempfänger wurde. Die Zeugnisse dafür sind eindeutig.

Zunächst einmal gibt es, außer der gerade zitierten Feststellung Pettys, genügend Zeugnisse für die Ansicht der Levellers, daß freigeborene Menschen ihres Geburtsrechts und ihrer angeborenen Freiheit verlustig gehen konnten. Wiederholt werden kriminelle Handlungen als ein Grund für diesen Verlust genannt.[43] Zweitens, und deutlicher noch, wird die Überzeugung der Levellers, daß Bedienstete und Bettler ihr angeborenes Recht zu wählen verwirkt hätten, im Wahlrechtsartikel (Abschnitt 11) der *Petition* vom Januar 1648 zum Ausdruck gebracht:

Da es ein altes Recht dieser Nation gewesen ist, daß alle Freigeborenen ihre Vertreter im Parlament, ihre Sheriffs, Friedensrichter etc. frei wählten, und da ihnen diese ihre angeborene Freiheit durch ein Gesetz Heinrichs VIII. (8. H. 6. 7.) genommen wurde, so soll dieses Geburtsrecht aller Engländer sofort wieder hergestellt werden für alle, denen es nicht wegen einer kriminellen Handlung gesetzlich abgesprochen worden ist oder werden wird, die nicht unter 21 Jahren oder Bedienstete oder Bettler sind...[44]

Hier identifizieren die Levellers das Recht »aller Freigeborenen« mit dem »Geburtsrecht aller Engländer« und finden es ganz natürlich, dieses Recht Bediensteten und Bettlern ebenso wie Kriminellen und Minderjährigen abzusprechen. Das Geburtsrecht, so dürfen wir annehmen, verlor man nicht nur durch einen feindseligen Akt

43 Z. B. *Case ot the Army truly stated* (15. Okt. 1647), in Wolfe, op. cit., S. 212
44 Ibid., S. 269

gegen die Gesellschaft, sondern es stand auch denjenigen noch nicht oder nicht mehr zu, deren Alter oder Status als Diener, Knechte oder Bettler unvereinbar schien mit der freien Ausübung eines vernünftigen Willens. Auf alle Fälle könnte es kaum einen deutlicheren Hinweis auf die Überzeugung der Levellers geben, daß jeder, der ein Bediensteter oder ein Bettler wird, damit sein angeborenes Recht zu wählen verwirkt.

Es darf also gefolgert werden, daß die Äußerung der Levellers zu Beginn der Debatte, derzufolge vom Wahlrecht ausgeschlossen sein sollte, wer sein Geburtsrecht verloren hat, auf den Ausschluß der Bettler und Bediensteten abzielte. Vermutlich ist es dies, was Cromwell für die Meinung der Levellers hielt, als er sich, in der oben zitierten Replik, den Einzelfragen zuwandte.[45] Sicherlich aber ist es dies, was der Leveller John Harris für den Sinn des Wahlrechtsartikels im Ersten *Agreement* hielt. In seinem Pamphlet *The Grand Designe* vom Dezember 1647 zitierte er den ersten Artikel des *Agreement* und erklärte, daß er folgendes fordere:

Von nun an sollen Personen als Vertreter einer jeden Grafschaft gewählt werden, entsprechend der Einwohnerzahl einer jeden Grafschaft, und nicht nur von den Grundbesitzern, sondern durch die freie Zustimmung aller Männer, die nicht Bedienstete oder Bettler sind, damit völlige Gleichheit bestehe; denn da alle Personen zu Gehorsam gegenüber den Anordnungen der Volksvertretung oder des Parlaments verpflichtet sind, sollen sie auch eine Stimme bei der Wahl ihrer Vertreter oder der Abgeordneten im Parlament haben.[46]

Ob man dies nun als einen Ausdruck der Leveller-Meinung vom Oktober halten mag oder nicht, es muß als ein weiterer Hinweis darauf genommen werden, daß es in der Vorstellung der Levellers in bezug auf das Wahlrecht keinen Unterschied gab zwischen »alle Personen« und »alle Männer, die nicht Bedienstete oder Bettler sind«.

Es sei noch erwähnt, daß im Wahlrechtsartikel des Dritten *Agreement* das »natürliche Recht« als Grund für die Forderung nach

45 Woodhouse, S. 82
46 *The Grand Designe* by Sirrahniho (John Harris), 1647, fol. 7, r. und v. Nach Thomason ist das Datum der 8. Dezember (British Museum, E. 419 [15]). Wolfe weist darauf hin (*Leveller Manifestoes*, S. 65), ohne jedoch zu zitieren oder die Bedeutung der Tatsache zu erwähnen.

einem Bedienstete und Bettler ausschließenden Wahlrecht angegeben wurde: »Bei der Wahl [der Abgeordneten] sollen (gemäß
dem natürlichen Recht) alle Männer vom einundzwanzigsten Lebensjahr an (sofern sie nicht Bedienstete oder Almosenempfänger
sind oder dem vormaligen König mit der Waffe oder durch freiwillige Tribute dienten) abstimmen dürfen«.[47]

Wenn wir also davon ausgehen dürfen, daß die Levellers den Ausschluß der Bediensteten und Bettler von Beginn der Wahlrechtsdebatte an stillschweigend voraussetzten, wie sollen wir dann das
Dutzend Äußerungen von Beginn an bis zur ausdrücklichen Erwähnung des Ausschlusses verstehen[48], in denen die Sprecher der
Levellers, wie es scheint, ein uneingeschränktes Männer-Wahlrecht
forderten oder ihre Gegner ihnen eine solche Forderung zuschrieben, ohne daß sie widersprachen?

Die Antwort auf diese Frage fällt nicht schwer, wenn wir uns den
Rahmen, in dem die Debatte geführt wurde, vor Augen halten. Die
von den Levellers gebrauchten völlig vagen Ausdrücke »ein jeder
Einwohner«, »jede Person in England«[49] können sehr wohl den
Ausschluß der Bediensteten bedeutet haben, wie sie ja auch den
Ausschluß der Frauen voraussetzten.[50] Andere weitgefaßte Begriffe der Levellers sind Rainboroughs »die ärmsten Personen Englands« und »jede in England geborene Person«, Rainboroughs und
Audleys »freigeborene Menschen« oder Rainboroughs und Clar-
kes »jedermann«.[51] In ihrem Kontext können diese Ausdrücke
sehr wohl so viel bedeutet haben wie »alle freigeborenen Männer,
die nicht ihr Geburtsrecht verloren haben«. Und nur in diesem
Sinn stimmen diese Ausdrücke mit den davor und danach gestell-
ten Forderungen nach Ausschluß derjenigen überein, die ihr
Geburtsrecht verloren haben oder vom Willen anderer abhängig sind. Wir können also annehmen, daß alle Erklärungen der
Levellers in jener Debatte, wie unbestimmt sie auch sein mochten,
so verstanden wurden, daß sie Bedienstete vom Wahlrecht ausschlossen.

47 Wolfe, op. cit., S. 402–3
48 d. h. von Seite 52–82 des Textes bei Woodhouse
49 Petty auf S. 61; Wildman auf S. 66
50 Siehe Anm. I, S. 332
51 Woodhouse, S. 53, 56 (vgl. 55), 67, 81, 53, 80

Wie verhält es sich nun mit den gegnerischen Behauptungen? Sie bereiten noch weniger Schwierigkeiten. Ireton bestand durchgehend darauf, daß es sich ausschließlich um die Frage handele, ob das Wahlrecht nur den Grundbesitzern gegeben werden solle (denjenigen also, die ein ausgeprägtes und fortdauerndes Interesse hatten) oder aber »allen Personen«, »einem jeden, der lebt und atmet«, »allen Einwohnern«. [52] Cromwell, der darauf hinwies, daß der Wahlrechtsvorschlag der Levellers »in Anarchie enden muß«, bezog sich auf »Menschen, die kein anderes Interesse haben als zu atmen«.[53] Die Opposition scheint die Levellers hier in die Rolle von Anhängern des allgemeinen Männer-Wahlrechts zu drängen. Es ist durchaus möglich, daß diese Sätze hyperbolisch gemeint waren, Iretons und Cromwells Wunsch entsprungen, den Streitpunkt, wie sie ihn sahen, zuzuspitzen. Denn obwohl Cromwell ausdrücklich anerkannt hatte, daß der Vorschlag der Levellers Bedienstete und Almosenempfänger ausschloß, sagte er dennoch, dieser Vorschlag tendiere zur Anarchie, weil er »all denen, die im Königreich sind«[54] eine Stimme geben würde. Es könnte sich hier um eine absichtlich falsche Auslegung handeln, doch ist es wahrscheinlicher, daß Cromwell durch die leidenschaftliche Verteidigung seines Standpunktes, daß alles, was über das Grundbesitzer-Wahlrecht hinausgehe, unheilbringend sei, dazu hingerissen wurde.

Wir wissen nicht, ob die von Cromwell und Ireton während des ersten Teils der Putney-Debatte vorgetragenen Sätze hyperbolisch gemeint waren oder nicht, und ebenso wenig, wie sie von den nachfolgenden Sprechern der Levellers verstanden wurden. Jedenfalls machten sich letztere, falls sie sich als Vertreter des allgemeinen Männer-Wahlrechts angesprochen fühlten, nicht die Mühe zu widersprechen. Und sie hatten auch keinen Grund dazu. Sie waren mehr darauf bedacht, sich des viel gefährlicheren Vorwurfs zu erwehren, den Cromwell und Ireton in diesen Passagen als den entscheidenden Punkt herausstellten, daß nämlich jede Ausdehnung des Wahlrechts über die Grundbesizer und freien Mitglieder von Zünften hinaus notwendig zur Zerstörung aller Eigentumsrechte führe.

52 Ibid., S. 57, 70, 63 (vgl. 72), 77
53 Ibid., S. 59
54 Ibid., S. 454. Dies ist die einzige anschließend aufgezeichnete Äußerung Cromwells über das Wahlrecht der Levellers in der Putney-Debatte.

Die Levellers versuchten in ihrer Antwort auf verschiedene Weisen (doch ohne Erfolg), diesen Vorwurf zu entkräften. Es wäre für sie ohne jeden Nutzen gewesen, hier darzulegen (wie sie es etwas später taten), daß sie Bedienstete und Bettler vom Wahlrecht auszuschließen gedachten; im Augenblick war es für sie nur wichtig, Iretons Argument[55] zu begegnen, daß das Prinzip des Naturrechts, mit dem sie ein weitergefaßtes Wahlrecht als das der Grundbesitzer rechtfertigen konnten, notwendig das Eigentumsrecht untergraben müsse. Die Levellers antworteten, (a) daß das Recht auf Eigentum durch das göttliche Gesetz (Rainborough) oder durch das natürliche Gesetz (Clarke) begründet sei, und (b) daß »jedem Engländer« das Stimmrecht zu geben ganz im Gegenteil »das einzige Mittel zur Sicherung allen Eigentums« sei, da »ein jeder von Natur aus frei ist« und deshalb alle »einer Regierungsform zugestimmt [haben müssen], damit sie das Eigentum schützen können« (Petty).[56] Es darf als sicher gelten, daß Petty hier, wie er es auch früher und später in der Debatte tat, diejenigen ausschloß, die »ihr Geburtsrecht verloren«[57] hatten oder »vom Willen anderer abhängig«[58] geworden waren; sie waren nicht mehr frei und hatten nicht das nötige Interesse an der Sicherung des Eigentums; doch sah Petty keinen Anlaß, hierin deutlicher zu werden.

Nur einmal bezieht sich ein Gegner der Levellers ausdrücklich auf die ihnen unterstellte Absicht, Bedienstete am Wahlrecht teilhaben zu lassen – und trifft sofort auf Widerspruch. Colonel Rich malt die schrecklichen Konsequenzen aus, die zu erwarten seien, »falls Meister und Diener gleichermaßen zu Wählern werden«[59]: »die Armen« könnten, wie in Rom, eine Diktatur errichten. Rainborough weist diese »schön vergoldete Pille« zurück; er sagt, eher würde er die gegenwärtige Eigentumsqualifikation in Kauf nehmen, als sich der Gefahr aussetzen, daß »die Armen« »das Volk« überstimmen, und versucht, die Diskussion wieder auf die Frage zu lenken, warum ein Unterschied zwischen einigen freigeborenen Engländern und anderen gemacht werden solle.[60] Es ist eine ziem-

55 Ibid., S. 53–55, 57–58, 62–63
56 Ibid., Rainborough auf S. 59, Clarke auf S. 75, 80, Petty auf S. 61–62
57 Ibid., S. 53
58 Ibid., S. 83
59 Ibid., S. 63
60 Ibid., S. 64

lich klare[61] Zurückweisung von Richs Unterstellung, die Levellers wollten Bedienstete einbeziehen, und zugleich eine Aufforderung, wieder auf die entscheidende Alternative zurückzukommen: Wahlrecht für freigeborene Personen (die wir nach dem Kontext als Nicht-Bedienstete auffassen dürfen) oder Eigentumswahlrecht.

Die bis jetzt angeführten Zeugnisse deuten darauf hin, daß im Verlauf der Debatte, bis zu dem ausdrücklichen Ausschluß von Bediensteten und Almosenempfängern, weder die vagen Feststellungen der Levellers noch die kaum präziseren Unterstellungen ihrer Gegner in dem Sinne gemeint waren bzw. verstanden wurden, daß Bedienstete und Almosenempfänger einzubeziehen seien. Vielmehr scheinen die Levellers grundsätzlich davon ausgegangen zu sein, daß nur »freie« Personen, solche also, deren Lebensunterhalt nicht direkt vom Willen anderer abhing, eine Berechtigung zur Wahl hatten. Hierin stimmten sie mit Cromwell und Ireton überein. Sie haderten nicht mit Iretons Prinzip: »Wenn es überhaupt eine Grundlage für die Freiheit gibt, kann es nur diese sein, daß die Gesetzgeber durch solche Männer gewählt werden, die frei sind von jeder Abhängigkeit von anderen.«[62] Sie unterschieden sich nur in ihrer Auffassung darüber, was als minimale Basis solcher Unabhängigkeit zu gelten habe. Cromwells und Iretons Standpunkt ist klar. Der Grundbesitzer und das freie Mitglied einer Zunft hat ein beständiges Interesse an dem, »wovon er leben kann, und zwar leben als freier Mann, ohne Abhängigkeit«.[63] Sie beide sind daher berechtigt zu wählen. Ein Pächter aber, der ein, zwei oder zwanzig Jahre unter dem Zinsjoch steht, hat kein solches Interesse an dem, wovon er als freier Mann leben kann.[64] Dasselbe gilt für die Erbpächter, wenn auch Cromwell an einer Stelle der Debatte zugestand, daß »es vielleicht einen beträchtlichen Teil von Erbpächtern gibt, die eine Stimme haben sollten«.[65] Weiter indes wollen Cromwell und Ireton nicht gehen: selbst dort, wo Ireton am nachgiebigsten ist, besteht er darauf, den »gerechten Teil der Verfassung« zu bewahren, wonach nur

61 Der Text ist nicht ganz eindeutig, aber es ist schwer zu sehen, welche andere Deutung auf ihn gegründet werden könnte.

62 Ibid., S. 82

63 Ibid., S. 58; vgl. S. 62

64 Ibid., S. 62–63

65 Ibid., S. 73

jene eine Stimme haben sollen, die »offenbar freie Menschen sind, Menschen, die nicht dem Willen anderer unterliegen«.[66]

Kurz, Cromwell und Ireton gingen davon aus, daß nur Grundbesitzer und Mitglieder von Zünften sowie unter Umständen jene, deren Eigentum etwa von gleicher Art war, also einige der Erbpächter, eine Eigentumsgrundlage hatten, auf der sie als freie Menschen ohne jede Abhängigkeit leben konnten. Die Levellers dagegen waren der Meinung, daß alle Männer, von Bediensteten und Almosenempfängern abgesehen, freie Menschen seien. Denn sowohl das Wahlrecht der Levellers als auch das der Armeeführer war letztlich auf Freiheit gegründet, und Freiheit bedeutete individuelle wirtschaftliche Unabhängigkeit. Da die beiden Gruppen aber in verschiedenen Klassen wurzelten, hatten sie unterschiedliche Ansichten über die Eigentumsgrundlage der ökonomischen Unabhängigkeit.

Wir können also sagen, daß die Levellers während der gesamten Putney-Debatte wie auch in ihren Dokumenten nach Putney das Wahlrecht für alle frei geborenen Männer forderten, die nicht ihr Geburtsrecht verloren hatten, für alle Männer also, die nicht zu Bediensteten oder Almosenempfängern geworden waren. Es gab keinen Widerspruch zwischen ihren begrenzten Wahlrechtsforderungen und ihrem Glauben an gleiche natürliche Rechte: das gleiche natürliche Recht wird hinfällig, wenn ein Mensch in einem der genannten Verhältnisse der Abhängigkeit vom Willen anderer steht.

c. Vor Putney

Wenden wir uns den wenigen Wahlrechtsäußerungen der Levellers vor Putney zu, so finden wir nichts, was unserer Interpretation ihrer Haltung in Putney widerspräche. Die das Wahlrecht betreffenden Erklärungen vor Putney waren, wie schon gesagt, im allgemeinen ungenauer als die Erklärungen in und nach Putney, und die meisten Forscher haben auch eingeräumt, daß ihr Sinn nur auf indirektem Weg ausgemacht werden kann. Eine Untersuchung aller Leveller-Schriften vor Putney, in denen manche neuere Forscher die Forderung nach allgemeinem Männer-Wahlrecht sehen wollten, ergibt, wie ich beweisen werde, daß es sich hier wahr-

66 Ibid., S. 78

scheinlich nur um Forderungen nach dem Wahlrecht der Nicht-Bediensteten handelt.

Zunächst sei die Schrift *The Case of the Army truly stated*[67] vom 15. Oktober 1647 erwähnt, die einen Wahlrechtsartikel in ihr Programm aufnahm. Dieser Artikel wurde oft als Forderung nach dem allgemeinen Männer-Wahlrecht verstanden. Er verlangt indes nur, »daß alle Freigeborenen von 21 Jahren an Wähler sein sollen, außer jenen, die sich selbst dieser ihrer Freiheit für einige Jahre oder gänzlich durch Gesetzesübertretung beraubt haben oder berauben werden«.[68] Nachdem wir gesehen haben, daß die Levellers davon ausgingen, daß Bedienstete und Almosenempfänger, solange sie solche sind, sich ihrer angeborenen Freiheit beraubt haben, ist es nicht unwahrscheinlich, daß sie mit dem Bezug auf »jene, die sich selbst dieser ihrer Freiheit für einige Jahre ... beraubt haben oder berauben werden«, Bedienstete und Almosenempfänger meinten. Auf Lehrlinge paßt diese Definition natürlich besser als auf jede andere Gruppe. Da sie jedoch in der Regel unter 21 und somit schon durch die Volljährigkeitsklausel ausgeschlossen waren, dürfte die Klausel »Freiheit für einige Jahre« kaum für sie bestimmt gewesen sein. Der rauhe Ton in *The Case of the Army* gegenüber Gesetzesbrechern stimmt mit dem überein, was unsere Lesart impliziert, daß nämlich die Levellers zu jener Zeit eine Gesetzesübertretung als dauernde Disqualifikation ansahen. Die Folgerung, daß die Levellers in *The Case of the Army* Bedienstete und Almosenempfänger vor Augen hatten, wird durch die Tatsache erhärtet, daß diese Schrift eines der in Putney diskutierten Dokumente war, wo die Levellers, wie wir sahen, den Ausschluß dieser Gruppen aus genau denselben Gründen forderten.[69] Zwar ist die Folgerung nicht absolut sicher, aber doch von ausreichender Wahr-

67 Abgedruckt bei Haller and Davies, S. 64–87; Wolfe, S. 196–212; und z. T. in Woodhouse, S. 429–36

68 Haller and Davies, S. 78; Wolfe, S. 212. Woodhouse's Version mit ihrer modernisierten Rechtschreibung und Zeichensetzung lautet: »für einige Jahre oder gänzlich, durch Gesetzesübertretung« [»either for some years or wholly, by delinquency« ansatt: »either for some yeares, or wholly by delinquency«] (S. 433).

69 Es sei auch erwähnt, daß die Levellers im Ersten *Agreement* eine Wiederholung der in *The Case of the Army* aufgestellten Prinzipien sahen. Ein Postscriptum des *Agreement* nimmt darauf Bezug: »einige Prinzipien der allgemeinen Freiheit, ausgewählt aus den vielen Dingen, die Euch in *the Case truly stated* vorgeschlagen werden, und in die Form eines *Agreement* gebracht« (Wolfe, S. 233).

scheinlichkeit, um an der Richtigkeit der üblichen Interpretation des *Case of the Army* ernste Zweifel aufkommen zu lassen.

Von den anderen Leveller-Schriften vor Putney befassen sich, wie schon erwähnt, nur sehr wenige mit der Frage des Wahlrechts. Lilburnes »an alle freigeborenen Menschen von England« gerichtete Schrift *Englands Birth-Right Justified* vom Oktober 1645 widmet sich mehr der Häufigkeit der Wahlen als dem Umfang des Wahlrechts, doch wird eine Passage manchmal als eine Forderung nach allgemeinem Männer-Wahlrecht zitiert: »Sollten nicht die freien Männer *Englands,* die es in diesen unruhigen Zeiten schwer hatten, das Parlament und ihre eigenen angeborenen Freiheiten und Geburtsrechte zu schützen, das Recht erhalten, nach ihrem Wunsch einmal im Jahr neue Abgeordnete zu wählen, und auch das Recht haben, sich einmal im Jahr nach dem Betragen und Verhalten derjenigen zu erkundigen, die sie gewählt haben?«[70] Hier wird die Wahlrechtsforderung auf die »freien Männer Englands« bezogen, worunter kaum auch die Bediensteten und andere, die sich selbst ihrer »angeborenen Freiheiten und Geburtsrechte« beraubt haben, zu verstehen sind.

Die Schrift *Remonstrance of Many Thousand Citizens, and other Free-born People of England* vom 7. Juli 1646, die als ein Hinweis auf den Glauben an das Recht aller Engländer, ihre Vertreter wählen zu dürfen, aufgefaßt wurde[71], weist vielmehr auf das Gegenteil hin. Sie fordert die Commons auf, zum Zwecke der Parlamentswahl eine Zusammenkunft anzuordnen, und zwar »jährlich an einem festgesetzten Tag im *November* im ganzen Land an hierfür geeigneten Orten, und Ihr sollt bestimmen, daß dort diejenigen zu wählen sind, die sie [die Wähler] für fähig halten, gemäß dem *Gesetz,* und daß alle, die ein Recht haben, dort zu sein, nicht fehlen dürfen, unter Androhung einer harten Buße, aber nicht der Zitierung vor Gericht«.[72] Es wird also eine Wahlpflicht für »alle, die ein Recht haben«, nicht jedoch ein Wahlrecht für alle verlangt.

70 S. 33, in Haller, *Tracts on Liberty in the Puritan Revolution,* Bd. III, S. 291. Zitiert bei Gibb, *John Lilburne, the Leveller,* S. 139, und Frank, *The Levellers* (Cambridge, Mass., 1955), S. 63, Anm. 46
71 Frank, *The Levellers,* S. 82
72 Wolfe, S. 129; Haller, *Tracts,* III, 370

Lilburnes *Londons Liberty in Chains discovered* vom Oktober 1646 beschäftigt sich an einigen Stellen direkt mit dem Wahlrecht. Zunächst befaßt sich Lilburne mit der Regierung der Stadt London. Seiner Ansicht nach sollten die Regierungen aller freien Städte aufgrund des Naturrechts und der alten Verfassung von »den freien Personen einer jeden Stadt« oder durch jeden »freien Bürger und Baron« gewählt werden.[73] Dieser Anspruch bezieht sich zunächst nur auf die Wiederherstellung des Wahlrechts der Zunftmitglieder, das bei einigen vorangegangenen Bürgermeisterwahlen virtuell mißachtet worden war. Natürlich hat dieser Anspruch mit dem allgemeinen Männer-Wahlrecht nicht das Geringste zu tun. An einer späteren Stelle des Pamphlets kommt Lilburne nochmals auf die Mißachtung des Wahlrechts der ärmeren Bürger Londons zurück und fordert sie auf, keine Steuern mehr zu zahlen (sondern die ganze auf der Stadt liegende Belastung von den Ratsherren und angesehenen Zunftmitgliedern tragen zu lassen), »bis Ihr tatsächlich in den Besitz und Genuß der Euch zustehenden Rechte, Freiheiten und Privilegien gelangt seid; denn nach dem Gesetz der Natur, der Vernunft, Gottes und des Landes und auch aufgrund Eurer alten und ursprünglichen Freibriefe hat der Geringste von Euch ohne jegliche Einschränkung das gleiche Recht wie der Größte von jenen«.[74] Aber immer noch handelt es sich nur um ein Wahlrecht für die freien Stadtbürger, für die Geringsten wie die Größten unter ihnen.

Lilburne attackiert sodann das bestehende parlamentarische Wahlrecht der Grafschaften und Wahlflecken. Er klagt (*a*) über die entvölkerten Wahlflecken, die aber noch im Parlament vertreten sind (*rotten boroughs*), (*b*) über den Wahlrechtsentzug für »Tausende von Menschen, die dem Namen nach freie Bürger *Englands* sind, einige von ihnen Männer von großem Vermögen an Geld und Waren, denen aber ebenso das Wahlrecht und das *Bürgerrecht* genommen wurde durch das vorerwähnte *unrechtmäßige Gesetz* [8 Henry VI, c. 7], da sie nicht Land mit einem Ertrag von 40 Schilling pro Jahr besitzen«, und (*c*) über die ungleiche Verteilung der Parlamentssitze auf die Grafschaften. Um dies zu ändern, schlägt er vor, die Zahl der Sitze auf beispielsweise 500

73 *Londons Liberty*, S. 2, 11; vgl. Gibb, *John Lilburne*, S. 158–9
74 *Londons Liberty*, S. 52–53, zitiert bei Frank, *The Levellers*, S. 93–94

oder 600 festzusetzen und auf die einzelnen Grafschaften zu verteilen im Verhältnis zu dem geschätzten Steueraufkommen einer jeden »für die Abgeltung der öffentlichen Aufgaben des Königreiches«;

und dann sollte jede Grafschaft gleichmäßig und aufgrund der allgemeinen Zustimmung des Volkes sich in *Kreise, Zenten* oder *Hundertschaften* aufteilen, und jeder Kreis sollte aus sich selbst heraus *einen oder mehrere Parlamentsabgeordnete wählen*, gemäß dem Anteil, der ihm zukommt: dadurch würde ein für alle Mal den beim obengenannten Gesetz 8. H. 6, 7 erwähnten Ungerechtigkeiten ein Riegel vorgeschoben und ein jeder freie Bürger *Englands* wieder in seine *angeborenen* und gesetzlichen Rechte und Freiheiten eingesetzt...[75]

Es dürfte sich hier kaum um eine Forderung nach allgemeinem Männer-Wahlrecht handeln. Es ist ein Vorschlag, die Qualifikation einer Grundrente von 40 Schillingen aufzuheben, um den »Tausenden von Menschen, die dem Namen nach freie Bürger Englands sind«, das Wahlrecht zu geben. Es gibt keine Anhaltspunkte für die Annahme, daß auch jene einbezogen werden sollten, die als Bedienstete ihre Freiheit verloren hatten; der Vorschlag ist lediglich als eine Verteidigung der Pachtbauern und der nichtkorporierten Händler und Handwerker zu verstehen. Aus der empfohlenen Neuverteilung der Sitze auf die Grafschaften, die sich mehr nach dem Steueraufkommen als nach der Einwohnerzahl richten soll, läßt sich kein Schluß auf den beabsichtigten Umfang des Wahlrechts ziehen.[76]

Zwei Monate später verfaßte Lilburne die Schrift *The Charters of London; or, The Second Part of Londons Liberty in Chaines discovered* (18. Dezember 1646). Sie war an die Bürger Londons gerichtet und sollte den Beweis erbringen, »daß der Bürgermeister kein gesetzlicher Bürgermeister« sei. Sein »*dritter Grund, der die Feststellung untermauern soll,* ist der, daß die alleinige und einzige Gewalt der Gesetzgebung *ursprünglich im Volk ruht und an die von ihm durch gemeinsame Zustimmung gewählten Beauftragten und niemand anders delegiert wurde.* So daß der Ärmste unter uns dasselbe Recht auf Stimmgabe besitzt wie der Größte und Reich-

---

75 *Londons Liberty*, S. 54, zitiert bei Frank, *The Levellers*, S. 94, als Beleg für die Forderung der Levellers nach freiem und gleichem Wahlrecht für alle Männer.
76 Siehe Anm. J, S. 333

ste…«[77] Um zu beurteilen, wie weit das Wahlrecht hier tatsächlich gefaßt war, brauchen wir uns nicht an den Kontext allein zu halten. Die Schrift war zwar an die Bürger Londons gerichtet und wollte beweisen, daß nur die von den Bürgern gewählten Stadträte eine legislative Gewalt innehätten; dennoch wird der Grundsatz, daß der Ärmste wie der Reichste im Volk das Recht zu wählen habe, in aller Allgemeinheit aufgestellt.

Es kann also nicht überraschen, daß diese Passage als Beleg für die Forderung nach allgemeinem Männer-Wahlrecht herangezogen wurde. Doch kann sie angesichts der von den Levellers in der Putney-Debatte eingenommenen Haltung nicht ohne weiteres so verstanden werden. Dort wurden ebenso weitreichende Grundsätze wie hier aufgestellt (z. B. Rainboroughs »der Ärmste« oder »der ärmste Einwohner Englands«), aber immer mit der impliziten Einschränkung, daß Bedienstete und Bettler, da sie ja unfrei waren, vom Wahlrecht ausgeschlossen blieben. Hier wie in der Putney-Debatte liegt der Schluß nahe, daß »der Ärmste unter uns« soviel bedeutet wie der ärmste *freie* Mensch.

Es muß betont werden, daß Armut nicht identisch war mit Unfreiheit. Vielmehr waren die Levellers gegen jeden Wahlrechtsausschluß aufgrund von Armut. Im England jener Zeit gab es tatsächlich sehr viele arme Bauern (von denen einige, nach Baxters berühmtem Ausspruch[78], ärmer als ihre eignen Knechte waren) und sehr viele arme selbständige Handwerker und Händler. Für sie alle forderten die Levellers das Wahlrecht. Sie waren zwar keine Grundbesitzer oder Mitglieder von Zünften, aber nach Ansicht der Levellers dennoch frei: sie waren nicht vom Willen eines Arbeitgebers oder Almosenverteilers abhängig. Die Grenze, die die Levellers zogen, verlief nicht zwischen Armut und Reichtum, sondern zwischen Abhängigkeit und Unabhängigkeit, und die beiden Grenzen deckten sich nicht.

In *Rash Oaths Unwarrantable* vom 31. Mai 1674 kommt Lilburne noch einmal auf seine These über das parlamentarische Wahlrecht zurück. Fast wörtlich wiederholt er die Argumente aus seiner

---

77 *Charters of London*, S. 3–4. Teilweise bei Wolfe zitiert (S. 14) als eine Rechtfertigung des allgemeinen Männer-Wahlrechts.
78 Richard Baxter, *The Poor Husbandman's Advocate to Rich Racking Landlords*, ed. F. J. Powicke, 1926

Schrift *Londons Liberty* (auf die der Leser verwiesen wird); die oben zitierte entscheidende Stelle lautet hier so:

und dann sollte jede Grafschaft gleichmäßig und aufgrund der allgemeinen Zustimmung des Volkes sich in Kreise, Zenten oder Hundertschaften aufteilen, so daß sich alle Menschen (ohne Verwirrung und Unordnung) in ihren verschiedenen Kreisen zusammenfinden können und jeder freie Bürger Englands, ob arm oder reich, dessen Leben, Güter etc. vom Gesetz bedroht sind, eine Stimme bei der Wahl derer erhält, die das Gesetz machen sollen, ist es doch eine Maxime der Natur, daß billigerweise niemand ohne seine eigene Zustimmung verpflichtet werden kann...[79]

Diese Version kann ebensowenig wie die in *Londons Liberty* als Zustimmung zum Prinzip des allgemeinen Männer-Wahlrechts aufgefaßt werden. Ausdrücklich soll hier nur der »freie Bürger Englands« das Recht zur Wahl erhalten; der arme wie der reiche, aber nur der freie. Und die »Maxime der Natur«, daß billigerweise niemand ohne seine eigene Zustimmung verpflichtet werden kann, gilt nach Meinung der Levellers nicht für diejenigen, die freiwillig in ein Dienstverhältnis eintraten, denn damit haben sie zugestimmt, »in ihre Herren eingeschlossen« zu sein.[80]

Schließlich stellt Lilburne in *Jona's Cry out of the Whales belly* vom 16. Juli 1647 eine These auf, die als Zustimmung zu dem Prinzip des allgemeinen Männer-Wahlrechts aufgefaßt werden könnte. Er appellierte über die Köpfe der Führer hinweg an die Soldaten und erklärt, daß das Heer, da es dem Parlament getrotzt habe, kein konstituierter Körper mehr sei, sondern »aufgelöst in das ursprüngliche Gesetz der Natur«. Folglich seien die Soldaten nun berechtigt,

gemäß dem durch allgemeine Zustimmung und gemeinsame Übereinkunft anerkannten, aus Natur, Vernunft und Gerechtigkeit fließenden Prinzip der Sicherheit [zu handeln], wonach jeder einzelne Soldat, ob zu Pferd oder zu Fuß, eine Stimme haben sollte, die Verwalter seiner Angelegenheiten frei oder nur unter den Augen Gottes zu wählen, und alle vernünftigen Menschen sind davon entbunden, zu gehorchen, sich zu beugen und sich zu unterwerfen dem, was ihnen geschieht.[81]

79 *Rash Oaths*, S. 50; teilweise zitiert bei Frank, *The Levellers*, S. 123
80 Siehe auch Anm. L, S. 334
81 *Jonah's Cry*, S. 13. Von Wolfe (S. 33) so gedeutet, als gelte es für alle Menschen und nicht für alle Soldaten.

Die Forderung nach dem Wahlrecht für alle Soldaten ist natürlich nicht eine Forderung nach allgemeinem Männer-Wahlrecht, denn in den Augen der Levellers waren diejenigen Soldaten, die für Englands Freiheit gekämpft hatten, dadurch schon freie Menschen.[82] Zivilisten in abhängiger Stellung blieben von diesem Prinzip unberührt.

d. Zusammenfassung

Die Untersuchung der das Wahlrecht betreffenden Leveller-Dokumente von Lilburnes frühesten Pamphleten bis zu dem letzten Manifest der Levellerbewegung hat zweifellos folgendes ergeben: Es wurde nachgewiesen, daß die Levellers (a) von ihrer ersten spezifischen Äußerung über den Umfang des Wahlrechts in der Putney-Debatte bis hin zu dem abschließenden Manifest Bedienstete und Almosenempfänger ausdrücklich vom Wahlrecht ausschlossen; daß sie (b) während derselben Zeit ihre Wahlrechtsforderung auf das Geburtsrecht und das gleiche natürliche Recht jedes Engländers gründeten; und daß sie (c) zumindest vom Ende der Putney-Debatte an davon ausgingen, daß das Geburtsrecht auf eine Stimme bei Wahlen den Bediensteten und Almosenempfängern nicht zuteil geworden oder von ihnen verwirkt war.

Die Folgerungen zeigten, daß die Levellers (d) aufgrund jener Annahme keinen Widerspruch zwischen dem ausdrücklichen Ausschluß von Bediensteten und Almosenempfängern einerseits und ihrer Betonung der gleichen natürlichen Rechte andererseits sahen; daß sie (e) mit großer Wahrscheinlichkeit auch während und vor der Putney-Debatte davon ausgingen, daß Bedienstete und Almosenempfänger das Geburtsrecht verwirkt hatten; daß sie (f) ihre Forderung nach einem offenbar uneingeschränkten Männer-Wahlrecht vor und nach Putney wahrscheinlich durch jene Annahme eingeschränkt wissen wollten; und daß sie (g) infolge dieser Annahme ihre Position während und vor Putney wahrscheinlich für ebenso widerspruchsfrei hielten, wie sie es nach jener Debatte zweifellos war.

82 Siehe Anm. K, S. 333 f.

4. Theoretische Implikationen

a. Das Eigentum an der eigenen Person

Es bleibt noch das für die Levellers entscheidende Moment des Individualismus zu untersuchen. Ihr Postulat der gleichen natürlichen Rechte und ihre Idee der Freiheit, die wir bisher nur im Zusammenhang mit dem Wahlrecht betrachtet haben, gründeten auf einer Vorstellung von der Natur des Menschen und der Gesellschaft, die wir zu klären versuchen müssen. Der beste Weg dahin führt über ihren Begriff des Eigentums.

Zunächst wenden wir uns einem Problem zu, das wir bisher nur gestreift haben: daß nämlich die Levellers, während sie immer wieder gegen die Eigentumsqualifikation angingen, zugleich das individuelle Recht auf Eigentum lebhaft betonten. Natürlich beruht ihre Opposition gegen die Eigentumsqualifikation beim Wahlrecht auf ihrer Überzeugung, daß jeder freigeborene Mensch ein gleiches natürliches Recht habe, sein Leben nach eigenem Wunsch zu führen. Es war für sie ganz selbstverständlich, daß von einem Parlament, das ausschließlich von Besitzern örtlich gebundenen Eigentums gewählt war, nicht erwartet werden konnte, daß es jene, die über kein örtlich gebundenes Eigentum verfügten, mit gleicher Aufmerksamkeit behandelte.

Doch waren die Levellers keine Gegner des Eigentums. Die Dokumente zeigen, wie sehr sie 1648 darauf insistierten, sie seien »immer die wahrsten und beständigsten Befürworter von Freiheit und Eigentum (was der Gemeinsamkeit und Gleichmacherei genau entgegengesetzt ist) gewesen, die es im ganzen Lande gab«.[83] Schon 1645 trat Lilburne offen für das Eigentumsrecht ein: »Ja, nehmt nur einmal das erklärte und unwiderrufene Gesetz hinweg, wo bleibt dann *Meum & Tuum*, und Freiheit und Eigentum?«; und 1646 wurde er noch deutlicher, als er z. B. folgende Grundrechte aufzählte: »Freiheit des Gewissens in Dingen des Glaubens und des Gottesdienstes; Freiheit der Person und Freiheit des Besitzes: sie besteht vornehmlich in jemandes Eigentum an seinen Gütern und Verfügungsgewalt über seine Besitzungen.«[84]

---

83 Lilburne, *A Whip for the Present House of Lords,* zitiert bei Petegorsky, S. 110
84 *Englands Birth-right Justified* (Okt. 1645) in Haller, *Tracts,* III, 261; *Vox Plebis* (19. Nov. 1646), zitiert bei Wolfe, S. 13

Auch Overton verstand unter Eigentumsrecht das »gute Recht der Menschen, mit ihren Gütern das zu tun, was ihnen beliebt«.[85] Die Leveller-Manifeste seit 1648 forderten ausdrücklich, das Parlament solle sich verpflichten oder verfassungsmäßig gebunden sein, nicht »den Besitz der Menschen zu nivellieren, das Eigentum zu zerstören oder alle Dinge gemein zu machen«.[86]

Wie wir sahen, gelangten die Levellers erst in Putney während des Zusammenstoßes mit den Armeeführern zu einer Präzisierung ihres Begriffs des Eigentumsrechtes. Ireton und Cromwell erklärten, daß ein gleiches natürliches Recht auf Leben, sofern es mehr sei als das Recht, zu atmen und sich zu bewegen, notwendig ein gleiches Recht auf Güter und Ländereien nach sich ziehe, und zwar nicht nur ein gleiches Recht auf die notwendigsten Dinge des Lebens, sondern das Recht eines jeden, sich all das anzueignen, was er begehrt; daher, so folgerten sie, müsse das von den Levellers geforderte gleiche natürliche Recht alles Eigentum zerstören.[87]

Als Antwort auf diesen wiederholt vorgetragenen Einwand brachten die Levellers das natürliche Recht auf Eigentum in die Diskussion. Sie betonten, ihr Prinzip des gleichen Rechts auf Leben könne schon deswegen das Eigentum nicht zerstören, weil Eigentum selbst ein individuelles Recht sei, bestätigt sowohl vom Gesetz Gottes (»Du sollst nicht stehlen«) als auch vom Gesetz der Natur (welches jedermann das Grundrecht gibt, »das was er hat oder haben könnte, sofern es nicht einem anderen gehört, als Eigentum zu betrachten [und dieses] Eigentum ist die Grundlage von *meum* und *tuum*«).[88] Individuelles Eigentum an Gütern galt als geheiligtes natürliches Recht; es entkräftete das unterschiedslose Recht eines jeden auf alle Dinge, das andernfalls aus dem gleichen Recht auf Leben folgern würde. (Beide Seiten gingen davon aus, daß jedermann ein natürliches Recht auf das nackte Leben habe[89] und daß durch dieses Recht dem Eigentum keine Gefahr drohe, da es

85 *Appeale,* in Wolfe, S. 176
86 *Second Agreement,* in Wolfe, S. 301; vgl. die *Petition* vom 11. Sept. 1648, in Wolfe, S. 288
87 Woodhouse, S. 53–55, 58, 60, 63
88 Ibid., S. 59, 75; vgl. S. 80
89 Ireton (ibid., S. 60) hebt hervor, das Leveller-Prinzip des gleichen Rechts auf Leben laufe darauf hinaus, daß ein jeder aufgrund des Gesetzes der Natur alle nur möglichen Güter beanspruchen könne, »selbst wenn er sie für die Erhaltung seiner

bereits – in Form privater Wohltätigkeit und staatlicher Armenhilfe – Teil der Gesellschaftsstruktur war.)

Die Einstellung der Levellers zum Eigentum an Gütern wird noch
deutlicher durch das weitere Argument von Petty, daß das Wahlrecht für jeden »die einzige Möglichkeit ist, alles Eigentum zu
schützen«.[90] Der Gedankengang war dieser: da ein jeder von Natur aus frei ist, hatte die Übereinkunft der Menschen, unter eine
Regierungsgewalt zu treten, den Grund, daß sie ihr Eigentum
schützen wollten. Es wurde als selbstverständlich vorausgesetzt,
daß die natürliche Freiheit des Menschen Eigentum an Sachen implizierte. Die Hartnäckigkeit, mit der die Levellers betonten, Eigentum gehe der Regierungsgewalt voraus – »in Wahrheit ist das
Eigentum die Grundlage der Verfassung«[91] –, drängte Ireton und
Cromwell zu der Feststellung, Eigentum sei überhaupt kein natürliches Recht. Wir haben also den kuriosen Fall, daß Ireton, der
seine eigene Position in der Debatte mit den Worten präzisiert
hatte: »Das Wichtigste, wofür ich hier spreche, ist, daß ich das
Eigentum im Auge behalten möchte«[92], dennoch abstreitet, daß
Eigentum ein natürliches Recht sei: »Weder das göttliche Gesetz
noch das natürliche Gesetz gewährt mir Eigentum, sondern Eigentum entstammt der menschlichen Verfassung… Die Verfassung
begründet das Eigentum.«[93]

Wenn die Levellers während der Debatte darauf insistierten, daß
individuelles Eigentum an Gütern ein natürliches Recht und der
Regierungsgewalt vorrangig sei, so war das kein gegen Iretons
vernichtenden Angriff gerichtetes *ad hoc*-Argument. Schon zuvor
und vollkommen unabhängig von der Wahlrechtsdebatte hatten
sie Eigentum als ein natürliches Recht aufgefaßt. Tatsächlich war
es eine Konzeption des natürlichen Eigentumsrechtes, die viel weiter gefaßt war, als man bisher erkannt hat, worauf sie ihre Forderung nicht nur nach Eigentum als einem natürlichen Recht (und
damit nach einer beträchtlichen Ausdehnung der bestehenden Ei-

---

Natur nicht unbedingt nötig hat«. An anderer Stelle (ibid., S. 73) meint Ireton ganz
direkt: »Das Naturrecht gesteht mir zu, daß ich mich am Leben erhalte und nicht
untergehe.« Vgl. Lockes Haltung, unten S. 239, Fn. 55.
90 Ibid., S. 61–62
91 Clarke während der Putney-Debatte: ibid., S. 75
92 Ibid., S. 57
93 Ibid., S. 69

gentumsrechte), sondern auch nach einer Regierungsgewalt kraft allgemeiner Zustimmung sowie nach bürgerlichen und religiösen Freiheiten gründeten. Das zentrale Postulat war, daß ein jeder von Natur aus Eigentümer seiner eigenen Person ist.

Das wird mit aller Klarheit in einigen von Overtons Flugschriften ausgedrückt. In *An Arrow against all Tyrants* vom 12. Oktober 1646 – einer Weiterentwicklung der von Lilburne ein paar Monate vorher eingenommenen Position[94] – sowie im *Appeale* vom Juli 1647 entwickelt er eine umfassende Naturrechtslehre. Bürgerliche und politische Rechte werden aus dem Naturrecht abgeleitet; das Naturrecht wird aus dem natürlichen Eigentum an der eigenen Person abgeleitet; das Eigentum an der eigenen Person wird aus dem ursprünglichen Instinkt der menschlichen Natur abgeleitet.

Die beiden Eröffnungsparagraphen des *Arrow* verdienen es, ausführlich zitiert zu werden:

Im Zustand der Natur ist jedem Individuum durch die Natur ein individuelles Eigentum gegeben, das niemand antasten oder sich aneignen darf. Denn ein jeder hat, so wie er ist, ein Eigentum an sich selbst, sonst könnte er nicht er selbst sein. Und kein zweiter kann es wagen, ihm etwas davon zu rauben, ohne sich offen gegen die wahren Prinzipien der Natur und die Regeln von Billigkeit und Gerechtigkeit zwischen Mensch und Mensch zu vergehen; nur wenn dies gilt, ist Mein und Dein möglich. Niemand hat Macht über meine Rechte und Freiheiten, und ich über die von niemandem. Ich kann mich darauf beschränken, ein Individuum zu sein, mich an mir selbst und meinem Eigentum zu erfreuen und nicht über meine Grenzen hinausgehen; oder ich kann mehr wollen: falls ich dies tue, verletze ich das Recht eines anderen, wozu ich kein Recht habe. Denn aufgrund ihrer natürlichen Geburt sind alle Menschen gleich geboren, für gleiches Eigentum, gleiche Freiheiten und Vorrechte. Und wie uns Gott durch die Hand der Natur in diese Welt setzte, einen jeden mit natürlichen, angeborenen Freiheiten und Eigentumsrechten (wie es in jedes Menschen Herzen deutlich geschrieben steht und niemals ausgetilgt werden kann), so sollen wir auch leben, ein jeder auf gleiche Weise, um seine Geburtsrechte und Privilegien und alles, wodurch Gott ihn von Natur aus frei gemacht hat, zu genießen.

Und darauf hat jeder von Natur aus Ansprüche, und jeder fordert, daß niemand durch die Tücke seiner Nachbarn um seine Freiheit betrogen oder durch die Macht seiner Nachbarn versklavt werde, denn es ist der

94 Lilburne, *Free-man's Freedom Vindicated* (Juni 1646), Postscriptum, in Woodhouse, S. 317–18

Instinkt der Natur, sich vor allen Gefahren und unheilvollen Dingen zu bewahren, und alle gestehen zu, daß dieses Streben der Natur äußerst vernünftig, gerecht und angemessen ist, auch nicht aus der menschlichen Art ausgetilgt werden kann, da es so alt ist wie die Schöpfung selbst. Aus dieser Wurzel oder Quelle entspringen alle gerechten Machtmittel: also nicht unmittelbar aus Gott (wie die Könige zur Verteidigung ihrer Vorrechte zu behaupten pflegen), sondern mittelbar, durch die Hand der Natur, von den Repräsentierten auf die Repräsentanten übertragen. Denn diese Macht wurde der Kreatur ursprünglich von Gott eingepflanzt, und aus ihr geht sie unmittelbar hervor; eine andere gibt es nicht. Und nicht mehr darf davon kommuniziert werden, als für ein besseres Leben, für Wohlfahrt und Sicherheit bürgt: dies und sonst nichts ist des Menschen Vorrecht; soviel und nicht mehr darf davon abgegeben oder übernommen werden: nämlich gerade so viel, wie für besseres Leben, mehr Sicherheit und Freiheit dienlich ist, auf keinen Fall mehr. Wer mehr gibt, sündigt gegen sein eigenes Fleisch, und wer mehr nimmt, ist Dieb und Räuber an seiner Art: Jeder Mensch ist von Natur aus König, Priester und Prophet in seinem natürlichen Umkreis und Bereich, in den ihm kein zweiter hineinreden darf, es sei denn durch Deputation, Kommission oder freie Zustimmung desjenigen, um dessen natürliche Rechte und Freiheiten es geht.[95]

Overton wiederholte den ersten Teil dieser Passage in seiner Flugschrift *Appeale* und ließ ihm Lilburnes These folgen, daß niemand mehr Macht, als er innehat, übertragen kann und daß von Natur wegen niemand »sich selbst mißbrauchen, schlagen, quälen oder ein Unrecht zufügen darf«.[96] In dieser Schrift findet sich auch eine positivere Begründung für die Notwendigkeit des natürlichen Rechts:

es ist ein unumstößliches Gesetz und radikales Prinzip der Natur, eingezeichnet in die Herzen durch den Finger Gottes bei der Schöpfung, daß jedes lebende und sich bewegende Ding, sofern es einen Hauch von Leben hat, sich gegen alle verletzenden, zerstörerischen und unangenehmen Dinge verteidigt, vor ihnen in acht nimmt, hütet und bewahrt, soweit es nur in seiner Macht steht. Darum ist allen Menschen im allgemeinen und jedem einzelnen im besonderen ein unbezweifelbares Prinzip der Vernunft eingegeben, daß er sich auf allen vernünftigen und gerechten Wegen, die ihm offen stehen, gegen jegliche Unterdrückung, Gewalttat und Grausamkeit schützt, verteidigt und sichert, und daß er

95 Overton, *An Arrow against all Tyrants,* S. 3–4. Auszüge dieser Abschnitte sind zitiert in Pease, *The Leveller Movement,* S. 141–2; in Zagorin, *History of Political Thought in the English Revolution,* S. 22; und in Frank, *The Levellers,* S. 96
96 Overton, *An Appeale from the Degenerate Representative Body of the Commons ...,* in Wolfe, S. 162–3

(aus der Verpflichtung gegenüber seiner eigenen Sicherheit und Existenz) kein gerechtes Mittel unversucht läßt, sich davor zu bewahren: und das ist vernünftig und gerecht; es abzustreiten heißt, das Gesetz der Natur, ja auch das der Religion zu verraten, denn das Gegenteil führt zu nichts anderem als zu Mord, Gewalttat und Grausamkeit.[97]

Der Hobbessche Tenor in Overtons Postulat fällt nicht weniger auf als das Lockesche Argument, das sich darauf gründet. Hier finden wir das Hobbessche »Naturrecht«, das aus dem instinktiven Bedürfnis, sich gegen alles Schädliche und Zerstörende zu verteidigen, abgeleitet ist; und dieses Recht wird zu einem »unbezweifelbaren Prinzip der Vernunft« und zu einem Teil des Gesetzes der Natur, aus dem die »Verpflichtung gegenüber [der] eigenen Sicherheit und Existenz« hervorgeht. Hier finden wir zugleich auch das Argument, das Locke zum Mittelpunkt seiner Lehre machen sollte: daß alle legitime politische Gewalt von den Individuen delegiert ist, daß kein Individuum das Recht hat, sich selbst Schaden zuzufügen, und deshalb ein solches Recht auch keinem anderen übertragen kann, es sei denn, nach Overtons Worten, »gerade so viel, wie für besseres Leben, größere Sicherheit und Freiheit dienlich ist, auf keinen Fall mehr. Wer mehr gibt, sündigt gegen sein eigenes Fleisch«.

Wichtiger in diesem Zusammenhang ist jedoch eine noch fundamentalere Ähnlichkeit mit Locke, nämlich die Eigentumsbezogenheit des Individualismus der Levellers. Sie erscheint auf den ersten Blick noch extremer als bei Locke.[98] Das Individuum hat nicht nur das Eigentum an seiner Person und seinen Fähigkeiten, ein Eigentum im Sinne des Rechts, sie zu genießen und zu gebrauchen und andere davon auszuschließen; vielmehr ist es dieses Eigentum, dieser Ausschluß anderer, was den Menschen erst zum Menschen macht: »ein jeder hat, so wie er ist, ein Eigentum an sich selbst, sonst könnte er nicht er selbst sein«. Was einen Menschen zum Menschen macht, ist seine Freiheit gegenüber anderen Menschen. Das Wesen des Menschen ist Freiheit. Freiheit bedeutet, Eigentümer seiner eigenen Person und Fähigkeiten sein.

Es sei angemerkt, daß dieses Besitzen nicht als passiver Genuß aufgefaßt wurde. Die Levellers betrachteten das vielseitige Eigen-

97 *Appeale,* in Wolfe, S. 159–60
98 Siehe jedoch unten, S. 176–178

tum an der eigenen Person als eine Vorbedingung für den aktiven Gebrauch und Genuß der eigenen Fähigkeiten. Der Mensch ist dazu geschaffen, seine Fähigkeiten zu entfalten und sich an dieser Entfaltung zu erfreuen. Sein Eigentum an sich selbst schließt alle anderen aus, nicht jedoch die Verpflichtung gegenüber seinem Schöpfer und gegenüber seinesgleichen.

b. Die Deduktion der Rechte und die Gründe für den Ausschluß

Auf diese Konzeption vom Wesen des Menschen als Freiheit und von Freiheit als aktivem Besitz an der eigenen Person und ihren Fähigkeiten gründeten die Levellers alle ihre Ansprüche auf spezifische Rechte, seien sie bürgerlicher, religiöser, wirtschaftlicher oder politischer Art. Die Deduktion bot keine Schwierigkeiten.

Was die bürgerliche und religiöse Freiheit betrifft, so war es klar, daß das Eigentum an der eigenen Person die garantierte Freiheit vor willkürlicher Verhaftung, Verurteilung und Einkerkerung und das Recht auf streng gesetzmäßige Prozeßführung voraussetzte. Ebenso klar war es, daß das Eigentum an der geistigen Person die Freiheit der Rede, der Publikation und des religiösen Bekenntnisses voraussetzte. All diese bürgerlichen und religiösen Rechte sollten für jedermann gelten, wie abhängig er auch aus Gründen des Geschlechts oder des Berufs sein mochte. Frauen sind als menschliche Wesen geschaffen worden. Lohnempfänger haben, auch wenn sie die Verfügungsgewalt über ihre Arbeitskraft veräußerten, ihre Menschlichkeit nicht vollkommen veräußert. Sie sind keine Sklaven.

Auch ein schwerwiegender praktischer Grund drängte die Levellers dazu, bürgerliche Freiheiten für alle zu fordern. Nirgends wurde dieser Grund besser vorgetragen als in Lilburnes superbem Angriff auf willkürliche Verhaftung, Einkerkerung und Gerichtspraxis:

...denn was dem einen angetan wird, kann jedem angetan werden. Auch sollte, da wir alle Glieder eines einzigen Körpers, nämlich des englischen Staates sind, keiner zu Unrecht leiden müssen, sondern alle sollten sich getroffen fühlen und um seine Befreiung bemüht sein. Tun sie es nicht, so geben sie einem Ansturm von Willkür und Macht auf alle ihre Rechte und Freiheiten Raum, die doch Wälle gegen Tyrannei und Unterdrückung sein sollten...[99]

99 *The Just Defence of John Lilburne*, in Haller and Davies, S. 455

Bürgerliche und religiöse Freiheiten müssen für alle da sein, oder sie sind für niemanden da.

Die von den Levellers begehrten wirtschaftlichen Rechte waren ebenfalls aus dem Eigentum an Person und Fähigkeiten deduziert. Das grundlegende wirtschaftliche Recht war natürlich das Recht auf individuelles Eigentum an Waren und Gütern, wozu nicht nur das Recht gehörte, sie zu besitzen, sondern auch das, sie durch freie Entfaltung seiner eigenen Kräfte und Fähigkeiten zu erwerben. Die von den Levellers geforderten spezifischen Rechte – die Freiheit zu kaufen, zu verkaufen, herzustellen und zu handeln, und zwar ohne Lizenz, Monopol und willkürliche Regulierung oder Besteuerung – folgten eindeutig hieraus. Hin und wieder sprachen die Levellers von dem individuellen Recht zu handeln als von einem natürlichen Recht, einem Geburtsrecht oder einer angeborenen Freiheit.[100] Wie immer sie es auch umschrieben, ihre Prämissen enthielten das Recht zu handeln als eine gewichtige Art von Eigentum.[101] Sie machte weitgehend das Recht des kleinen Mannes aus, seine eigene produktive Kraft einzusetzen und sein Leben einzurichten, wie es ihm beliebte; ohne sie konnte er das Eigentum an seiner Person und an seinen Fähigkeiten – das fundamentale Recht eines frei geborenen Mannes – gar nicht wirkungsvoll zur Geltung bringen. Wie die bürgerlichen und religiösen Rechte, so wurden auch diese ökonomischen Rechte für jedermann gefordert. In der Praxis natürlich konnte das Recht zu produzieren, zu handeln etc. nur von denjenigen ausgeübt werden, die über ihre eigene Arbeitskraft verfügten. Bedienstete waren – als Bedienstete – nicht in der Lage, diese Rechte zu nutzen. Doch mußten sie in aller Allgemeinheit aufgestellt werden, damit sie jenen sicher waren, die sich ihrer bedienen konnten. Gäbe

---

100 z. B. Lilburne, *Englands Birth-right Justified*, in Haller, *Tracts*, III, 261–2; Overton, *Remonstrance of Many Thousand Citizens* (7. Juli 1646), in Wolfe, S. 124. Vgl. auch die von Petegorsky (S. 81) zitierten Autoren.

101 Es war im siebzehnten Jahrhundert natürlich üblich, von einem Recht oder einer Freiheit als von einem Eigentum zu sprechen. »Eigentum« (*property* oder *propriety*, damals auswechselbare Begriffe) hatte noch seinen früheren Sinn von Recht auf oder an etwas. Die Levellers sagten, jemand habe ein Eigentum an einem Gegenstand, und meinten damit das Recht, diesen Gegenstand zu nutzen, zu genießen, andere davon auszuschließen oder sich seiner zu entledigen. Sie konnten also von Eigentum an Land, an Gütern, an dem Recht zu handeln, am Wahlrecht oder an der eigenen Person sprechen.

es erst einmal in einem Zweig der Industrie oder des Handels ein Monopol, willkürliche Regulierung oder Besteuerung, so wäre der Schaden nicht wieder gut zu machen: alle Unternehmer wären dann bei ihren Unternehmungen gehemmt. Wirtschaftliche wie bürgerliche Rechte mußten für jedermann beansprucht werden, damit sie bestimmten Personen sicher waren.

Anders verhielt es sich mit dem politischen Recht auf eine Stimme bei der Wahl von Repräsentanten. Es war, gleich den anderen Rechten, auf die Vorstellung gegründet, daß das Wesen des Menschen Freiheit sei, und Freiheit der aktive Besitz der eigenen Person und Fähigkeiten, aber es brauchte nicht für jedermann beansprucht zu werden. Obgleich die Levellers manchmal davon sprachen, daß jeder bei der Errichtung eines Staatswesens ein gleiches Stimmrecht habe[102], sollten bei der Wahl der Legislative nur jene eine Stimme haben, die nicht vom Willen anderer abhingen. Bedienstete hatten sich der Verfügung und Bestimmung über ihre Fähigkeiten (d. h. ihre Arbeit) durch das Eingehen eines Dienstvertrags entäußert. Almosenempfänger hatten die ihren verloren, als sie von der Armenhilfe oder der Wohltätigkeit abhängig wurden. Beiden war dadurch ein wesentlicher Teil ihrer angeborenen Freiheit, ihres angeborenen Eigentums abhanden gekommen, nämlich des Eigentums an ihren Fähigkeiten und ihrer Arbeitskraft. Aber die primäre Aufgabe einer Regierung war es, genau dieses Eigentum zu sichern, d. h. die Regeln aufzustellen und durchzusetzen, die es den Menschen erlaubten, aus ihren Kräften und Fähigkeiten das Beste zu machen. Der Schutz des Eigentums an Waren und Gütern war eine bloß abgeleitete oder sekundäre Aufgabe: ohne »meum« und »tuum« gäbe es nicht die Freiheit, aus den eigenen Fähigkeiten das Beste zu machen. Da Bedienstete und Almosenempfänger das Eigentum an ihrer eigenen Arbeitskraft verloren hatten, konnte man davon ausgehen, daß sie kein Eigentum an Boden oder an Kapital besaßen. Sie hatten daher weder an der primären noch an der gleichermaßen wichtigen sekundären Aufgabe des Staates ein Interesse.

Zwar hatten sie noch ein Recht auf bürgerliche und religiöse, möglicherweise sogar auf wirtschaftliche Freiheiten, denn sie hat-

102 Siehe Anm. L, S. 334

ten ja nur einen Teil der ihnen angeborenen menschlichen Freiheit bzw. des Eigentums an der eigenen Person veräußert. Zum Schutz der ihnen noch verbliebenen Rechte benötigten sie jedoch kein Wahlrecht. Denn die bürgerlichen, religiösen und einige der wirtschaftlichen Rechte sollten durch eine konstitutionelle Beschränkung der parlamentarischen Macht garantiert werden; dies waren die Rechte, die nach dem Vorschlag der *Agreements* dem Volke vorbehalten bleiben und jenseits der Einflußmöglichkeit jedes Parlaments liegen sollten. Da diese Rechte somit für jeden garantiert wären, brauchte nicht jeder eine Stimme zu haben, um über ihnen zu wachen. Die nicht konstitutionell garantierten, sondern dem gerechten Empfinden zukünftiger Parlamente überlassenen wirtschaftlichen Rechte konnten auf alle Fälle am besten durch jene gesichert werden, die an ihnen unmittelbar interessiert waren: durch diejenigen, die sich nicht der Verfügung und Bestimmung über ihre eigenen Kräfte entäußert hatten, um Lohn- und Almosenempfänger zu werden.

So lag also im Freiheitsbegriff der Levellers – Freiheit als Eigentum an der eigenen Person und den eigenen Fähigkeiten – kein Widerspruch, wenn in seinem Namen bürgerliche, religiöse und wirtschaftliche Rechte für jedermann, das Wahlrecht jedoch nur für Unabhängige gefordert wurde. Die ersteren waren jedermann eigen; sie waren unveräußerlich, denn niemand konnte den Kern seiner menschlichen Freiheit von sich geben, niemand konnte sich gänzlich vom Eigentum an seiner Person trennen.[103] Aber nicht jedem war das Stimmrecht eigen, denn nicht jeder hatte sich denjenigen Teil seiner menschlichen Freiheit bewahrt, der sich im Eigentum an der eigenen Arbeitskraft manifestierte. Nur wer sich dieses Eigentum bewahrt hatte und ein aktives wirtschaftliches Leben führte, benötigte das Wahlrecht und durfte es beanspruchen; die bürgerlichen und religiösen Rechte dagegen benötigten alle, die ein aktives physisches und geistiges Leben führten, und das war jedermann oder sollte es doch sein.

Wenn wir uns vor Augen halten, daß Freiheit für die Levellers eine Funktion des Eigentums an der eigenen Person war und volle Freiheit eine Funktion der Erhaltung der Verfügungsgewalt über

---

103 Für Lockes ganz ähnliche Unterscheidung zwischen veräußerlichem und nicht veräußerlichem Eigentum an der eigenen Person siehe unten, Kap. V, S. 248, 260.

die eigene Arbeitskraft, dann können wir ein verwirrendes Moment in ihrer Haltung während der Putney-Debatte erklären. Es sei daran erinnert, daß Petty zwei Gründe für den Ausschluß der Bediensteten und Almosenempfänger anführte: erstens, daß sie vom Willen anderer abhingen und sich hüten würden, ihnen zu mißfallen, und zweitens, daß sie in ihre Herren eingeschlossen seien. Der erste Grund mag lediglich als eine realistische Einschätzung der Wahrscheinlichkeit einer Wahlbeeinflussung in einem System der öffentlichen Stimmabgabe angesehen werden. Daß zum Wahlrecht zugelassene Lohn- und Almosenempfänger davor zurückschrecken würden, jenen, von denen sie abhingen, zu mißfallen, ließ sich ohne weiteres aus den Tatsachen des sozialen Lebens folgern. Ob die Levellers aber aufgrund solch praktischer Überlegungen die Hälfte der englischen Männer vom Wahlrecht ausgeschlossen hätten, wenn sie darin einen prinzipiellen Widerspruch zum gleichen natürlichen Recht aller gesehen hätten, ist äußerst zweifelhaft. Unserer Meinung nach gab es jedoch ein solches Problem gar nicht, weil sie keinen prinzipiellen Widerspruch sahen. Da Bedienstete und Almosenempfänger ihr Geburtsrecht bereits verwirkt hatten, wurde das ungerechte Verhältnis der Furcht zu einem gerechten Verhältnis der Abhängigkeit. Dieses gerechte Verhältnis ist in dem Begriff des Eingeschlossenseins in ihre Herren ausgedrückt. Zumindest im Falle der Bediensteten ist der Verlust des Geburtsrechts gleichbedeutend mit dem Eingeschlossensein in den Herrn. Denn der Verlust des Geburtsrechts geht parallel mit der Veräußerung des Rechts an der Arbeitskraft, und diese Entäußerung ist keine Aufgabe eines Rechts, sondern seine Übertragung auf den Herrn. Von nun an ist die Arbeitskraft des Knechts in der des Herrn enthalten; entsprechend ist auch in bezug auf das Stimmrecht die Stimme des Knechts in der des Herrn enthalten.
Im Falle der Almosenempfänger und Bettler kann der Verlust des Geburtsrechts nicht ebenso leicht dem Begriff des Eingeschlossenseins in irgendwelche Herren gleichgesetzt werden. Almosenempfänger und Bettler haben keine Herren im engeren Sinn. Doch selbst in ihrem Falle ist der Begriff des Eingeschlossenseins nicht zu weit hergeholt. Wir müssen zwischen den hilflosen, arbeitsunfähigen Armen, den teilweise abhängigen Armen und den gesunden, umherschweifenden Bettlern unterscheiden. Bei den hilflosen

Armen, ob sie nun bettelnd von Tür zu Tür zogen oder Gemeinde-unterstützung erhielten oder in einem Armenhaus lebten, ergeben sich keine Schwierigkeiten. Sie waren per definitionem zu nütz-licher Arbeit nicht imstande. Sie hatten keine Arbeitskraft zu ver-äußern und keine zu bewahren. Sie fielen der Gemeinschaft zur Last, die damit im Verhältnis eines Herrn oder Vormunds zu ihnen stand.

Die teilweise abhängigen Armen, diejenigen also, die zwar arbei-ten konnten, ihre Familien und sich selbst jedoch weder durch selb-ständige Arbeit noch durch den Verkauf ihrer Arbeitskraft zu er-nähren vermochten, fielen in ähnlicher Weise der Gemeinde zur Last, die dann in einem ähnlichen Verhältnis zu ihnen stand. Man kann daran zweifeln, daß die Levellers jemals daran gedacht ha-ben, zu dieser Kategorie auch jene ehrenhaften, in Leveller-Peti-tionen so häufig und voll Mitleid erwähnten Personen zu zählen, die durch den Bürgerkrieg und (wie es den Levellers schien) die Politik des Parlaments zu Bettlern geworden waren. Es ist wahr-scheinlicher, daß sie diese ehemals unabhängigen Personen als nur vorübergehend aus der Bahn geworfen ansahen; die Levellers rechneten damit, daß sie wieder in den nützlichen Arbeitsprozeß aufgenommen würden, sobald der von den Levellers geforderte Wechsel in der Parlamentspolitik eingetreten wäre.

Die gesunden, umherschweifenden Bettler schließlich dürften wohl aus den Überlegungen der Levellers völlig ausgeklammert gewe-sen sein; sie hatten sich, nach allgemeiner Überzeugung, durch ihre Weigerung, nützliche Arbeit zu leisten, selbst aus der Gesellschaft ausgeschlossen. Tatsächlich hatten sie weder die Fähigkeit zu ar-beiten verloren noch die Rechte an ihrer Arbeitskraft einem ande-ren übertragen. Genau das warf man ihnen vor, und genau das stellte sie außerhalb der Gesellschaft. Sie waren herrenlose Men-schen, und die puritanische Gesellschaft hatte keinen Platz für sie.

Kurz, für Almosenempfänger und Bettler wie für Bedienstete be-deutete der Verlust des Geburtsrechts, sofern er nicht das Resul-tat einer Auflehnung gegen nützliche Arbeit und damit gegen die Gesellschaft war, soviel wie Eingeschlossensein in ihre Herren. Durch eben diesen Verlust – den Verlust des Rechtes an der eige-nen Arbeitskraft – verwirkten beide Gruppen, Almosenempfänger und Bettler wie Bedienstete, auch ihr Geburtsrecht auf eine Stimme bei Wahlen; und dieser Verlust schloß sie notwendigerweise in eine andere Person ein.

c. Der Individualismus der Levellers und der Independenten

Die Eigenart des Individualismus der Levellers wird etwas deutlicher werden, wenn wir ihren Begriff der Freiheit mit dem der Independenten vergleichen. Für beide bedeutete frei sein soviel wie Eigentümer sein. Für beide war das Gegenteil von Freiheit oder Eigentum die Abhängigkeit vom Willen anderer. Sie differierten nur in ihrer Ansicht darüber, welche Art von Eigentum Freiheit von Abhängigkeit unterschied. Für Cromwell und Ireton machte nur das Eigentum an Grundbesitz oder vertraglich gesicherten Handelsrechten jemanden frei, für die Levellers machte schon das Eigentum an der eigenen Arbeitskraft jemanden frei.

Auf den ersten Blick erscheint der Unterschied zwischen den beiden Arten von Eigentum schwerwiegender als alles, was sie verbindet. Nach Auffassung der Levellers war Arbeit ein menschliches Attribut, der Art nach von Boden oder Kapital unterschieden. Wenn sie jedoch den Ausdruck Eigentum so gebrauchten, daß er sowohl das Recht auf die eigene Arbeitskraft als auch das Recht auf materiellen Besitz umfaßte, so war das nicht nur eine Redefigur; die beiden Formen des Eigentums hatten etwas Fundamentales gemein. Es kann in zweierlei Weise gesehen werden. Zunächst einmal war nach Ansicht der Levellers die Arbeit, indem sie ein menschliches Attribut war, auch eine Ware. Sie konnte durch ihren natürlichen Besitzer veräußert werden, und dann wurde ihr Preis wie der jeder anderen Ware vom Markt bestimmt. Die Levellers stießen sich nicht daran: es erschien ihnen ganz natürlich, daß der Lohn so bestimmt werden müsse, und wenn sie, was manchmal geschah, gegen erdrückend niedrige Löhne opponierten, machten sie die Handelsmonopole oder die indirekten Steuern dafür verantwortlich und sahen das Heilmittel in einem freieren Handel. Im Falle der Arbeit wie in dem des Bodens oder irgendeiner anderen Ware war das, was verkauft werden konnte, genau jenes ausschließliche Recht an ihrem Gebrauch, Nutzen und Ertrag, welches das Eigentum an ihnen ausmachte. In dem Maße also, in dem die Levellers Arbeit als Ware verstanden, verstanden sie sie als Eigentum derselben Art wie das Eigentum an materiellen Dingen.

Sodann müssen wir berücksichtigen, daß eine Vorbedingung dafür, sich die Verfügungsgewalt über die eigene Arbeitskraft zu erhalten, in der Wirklichkeit wie in der Erfahrung der Levellers der Besitz von zumindest einigem Arbeitskapital war. Um sich als unabhängiger Produzent einzurichten, sei es in der Landwirtschaft oder in einem Gewerbe, und um unabhängig zu bleiben, d. h. sich die Möglichkeit zu erhalten, über die Verwendung der eigenen Arbeitskraft zu entscheiden, braucht man Kapital.

Daß dies für den Bauern galt, dürfte außer Zweifel stehen. Ob er nun eine Pacht kaufen mußte oder nicht, er mußte jedenfalls Werkzeuge, Vorräte und genügend Arbeitskapital besitzen, um die Zeit zwischen Aussaat und Ernte überbrücken zu können. Auch der auf der sozialen Leiter weiter unten stehende, zu Haus arbeitende Weber, ob er den Webstuhl besaß oder nicht, brauchte genügend Arbeitskapital, um den Einkauf seines Materials finanzieren und seine Unabhängigkeit bewahren zu können; gelang ihm das nicht, so stand er dauernd bei seinem Tuchhändler in der Schuld, so daß ihm nicht mehr Verfügungsgewalt über seine Arbeitskraft verblieb als einem Lohnempfänger. In allen Gewerbezweigen, bei denen die Mitgliedschaft in einer Zunft nicht erforderlich war, stellte ein Minimum an Arbeitskapital die Voraussetzung für die Verfügung über die eigene Arbeitskraft dar. Schuster und Schornsteinfeger brauchten zwar keine große Ausrüstung, aber auch sie mußten etwas zurücklegen, falls sie nicht in schlechten Zeiten von der Armenhilfe leben oder zu Bediensteten werden wollten.

Wohin man auch schaute, Unabhängigkeit oder effektive Erhaltung des Eigentums an der eigenen Arbeitskraft erforderte wenigstens ein Minimum an Arbeitskapital. Das heißt natürlich nicht, daß Armut und Abhängigkeit gleichgesetzt werden dürften. Man konnte arm aber frei sein. Der unabhängige Bauer unter dem Zinsjoch mochte, trotz seiner beträchtlichen Kapitalinvestition, ein ärmlicheres Leben führen als der Lohnarbeiter auf einem Bauernhof; der Schuster konnte ärmer daran sein als mancher Tagelöhner. Armut, am Lebensstandard gemessen, mußte nicht notwendig dasselbe sein wie Abhängigkeit vom Willen anderer Menschen.

Gleichwohl bedeutete der Mangel an jeglichem Arbeitskapital Abhängigkeit vom Willen anderer, d. h. den tatsächlichen Verlust der Freiheit, über seine eigenen Fähigkeiten zu bestimmen. Die Levellers, die dies aus Erfahrung sehr wohl wissen mußten, wiesen nicht ausdrücklich darauf hin. Zu sehr waren sie damit beschäftigt, vor allem die menschlichen Rechte – und nicht so sehr die Eigentumsrechte – zu betonen, oder vielmehr damit, alle Rechte auf das Eigentum an der eigenen Person – und nicht so sehr auf das Eigentum an Sachen – zu gründen und volle Rechte für alle zu fordern, die das Eigentum an ihrer Arbeitskraft nicht aufgegeben hatten, als daß man von ihnen die Betonung der Tatsache hätte erwarten können, daß das Eigentum an der Arbeitskraft so lange nicht zur Unabhängigkeit führt, wie es nicht durch materielles Eigentum ergänzt wird. Nur selten findet sich in ihren Schriften ein Hinweis darauf, daß sie nicht nur Eigentum an Arbeitskraft, sondern auch Eigentum an materiellen Dingen im Sinne hatten, so wie Rainborough mit seiner Feststellung in Putney, daß er Iretons Standpunkt, das Wahlrecht müsse auf Eigentum gegründet sein, nicht etwa ablehne, aber doch in Frage stellen müsse, »ob das ein gerechter Eigentumsbegriff sei, der davon ausgeht, daß erst eine Rente von 40 Schilling pro Jahr einen Menschen befähige, zu wählen«[104]. Doch ob die Levellers es nun ausdrücklich betonten oder nicht, ihr Kriterium der Freiheit als Eigentum an der eigenen Arbeitskraft war notwendig mit dem Eigentum an irgendwelchen materiellen Dingen verknüpft.

Ich behaupte nicht, daß sich das Freiheitskriterium der Levellers auf den Besitz materieller Güter zurückführen lasse, noch daß die Differenz zwischen dem Kriterium der Levellers und dem der Independenten auf eine quantitative Differenz im Bereich materiellen Eigentums reduziert werden könne. Es steht ganz außer Zweifel, daß die Levellers in der Arbeit nicht nur eine Ware, sondern auch ein menschliches Attribut sahen, und daß sie vollkommen aufrichtig waren, wenn sie den Gegensatz zwischen dem Eigentum an der eigenen Person und dem Eigentum an Sachen hervorhoben. Was ich behaupte, ist vielmehr, daß die Levellers durch Verallgemeinerung der ihnen aus Erfahrung bekannten Fakten zu ihrem

104 Woodhouse, S. 79

Begriff der Freiheit gelangten, d. h. durch Verallgemeinerung des komplizierten Phänomens Freiheit, wie sie es kennengelernt hatten – der Freiheit des unabhängigen Produzenten, der in dem Maße vom Willen anderer frei war, wie er über eigene Kraft und eigenes Arbeitskapital verfügte. Daß sie die Verfügungsgewalt über die eigene Arbeitskraft hervorhoben, kann nicht verwundern. Daß sie sie Eigentum nannten, ist kein Zufall.

Der Freiheitsbegriff der Levellers unterschied sich also von demjenigen der Independenten nicht dadurch, daß er Freiheit zu einer Funktion des Eigentums machte – beide Konzeptionen taten das –, sondern dadurch, daß er Freiheit zur Funktion einer bestimmten Art von Eigentum (des Eigentums an der eigenen Arbeitskraft) machte, deren Definition notwendig doppeldeutig war. Eigentum an der Arbeitskraft war sowohl ein menschliches Attribut, ein Teil der Persönlichkeit, als auch eine veräußerliche Ware. Doch nur unter der Bedingung, daß man zugleich über einigen materiellen Besitz verfügte, konnte man sich dieses Eigentum als Teil der eigenen Persönlichkeit erhalten und brauchte es nicht als Ware zu veräußern. Es war entweder ein Eigentum in der Bedeutung einer verkäuflichen Ware oder ein Eigentum, das nur durch zusätzliches materielles Eigentum wirksam werden konnte.

Die Auffassung der Levellers von Freiheit als Eigentumsrecht hatte also mit der Konzeption ihrer Gegner mehr gemein, als es auf den ersten Blick erscheint, und wahrscheinlich auch mehr, als sie sich in der Regel bewußt waren.

Diese Analyse mag uns zugleich eine Erklärung für ein weiteres verwirrendes Moment der Putney-Debatte liefern. Wie schon oft bemerkt wurde, konnten die Levellers das durch Cromwell und Ireton befürwortete Eigentumswahlrecht nicht einmal in ihrem eigenen Sinn befriedigend widerlegen. Der Grund für dieses Unvermögen liegt, wie wir jetzt annehmen dürfen, darin, daß sie selbst in Begriffen des Eigentums dachten, und zwar eines Eigentums, das sich seiner Art nach nicht wesentlich von dem ihrer Gegner unterschied.

Doch wenn wir auch den Unterschied in der Art außer acht lassen können, so bleibt doch ein signifikanter Unterschied im Umfang. Zwar machten die Independenten nicht den Umfang an materiellem Besitz zum Kriterium der Freiheit, sondern seine örtliche

Gebundenheit. Ireton war von der Bedeutung eines dauernden lokalen Interesse geradezu besessen. Er ging so weit, den Engländer ohne Grundbesitz oder Handelsrechte bei lokalen Zünften, und den Ausländer, der in England lebte und den Schutz der englischen Gesetze genoß, auf dieselbe Ebene zu stellen. Der letztere ist rechtmäßig einem Gesetz unterworfen, dem er nicht seine Zustimmung gab; wenn er mit diesem Zustand nicht einverstanden ist, »mag er in ein anderes Königreich gehen. Und dieselbe Feststellung gilt in meinen Augen auch für denjenigen, der kein dauerndes Interesse am Königreich hat. Falls er über Geld verfügt, ist sein Geld an einem anderen Ort ebenso gut wie hier; er hat nichts, was ihn örtlich an dieses Königreich bindet.«[105] Die Independenten dachten in den traditionellen Kategorien der Gentry: Verfügung über Grund und Boden bedeutete einen klaren Anspruch auf Macht, Verfügung über Geld war irgendwie verdächtig.

Obgleich die Independenten tatsächlich mehr auf die Gebundenheit als auf den Umfang des Reichtums achteten, schien es den Levellers doch, als ob sie letztlich den Umfang für ausschlaggebend hielten. Rainborough indentifizierte die Grundbesitzer mit den Reichen und sah sie die restlichen fünf Sechstel der Bevölkerung zu Holzhackern und Wasserträgern degradieren[106]; ein Wahlrecht, das Bürgern mit örtlich gebundenem Eigentum vorbehalten sei, gebe die Macht an »Männer mit Vermögen, Männer mit Hab und Gut« und mache die Nicht-Grundbesitzer zu »ewigen Sklaven«.[107] Für Petty war die Frage einfach die, ob »die Reichen über die Armen beschließen sollen«.[108] Und innerhalb weniger Monate nach Putney brachten die Levellers eine bemerkenswert klassenbewußte Staatstheorie hervor, in der die Führer der Independenten als Mitglieder einer Verschwörung der Reichen und Mächtigen zur Unterdrückung des ärmeren und arbeitsameren Teiles der Bevölkerung auftraten.[109]

Ob die Levellers nun recht damit hatten, das Grundbesitzer-Wahlrecht als Mittel zur Erhaltung der Macht in den Händen der

---

105 Woodhouse, S. 67. Vgl. Lockes Haltung, unten, Kap. V, S. 280 f.
106 Woodhouse, S. 67
107 Ibid., S. 71
108 Ibid., S. 78
109 Siehe die Zitate auf S. 177 f.

Reichen zu betrachten, oder ob sie durch ihre städtischen Erfahrungen allzusehr beeinflußt waren – in den Städten gab es einen auffallenden Zusammenhang zwischen der Gebundenheit des Eigentums (d. h. Mitgliedschaft in einer Zunft) und dem Umfang des Reichtums –, fest steht jedenfalls, daß sie das entscheidende Merkmal des von den Independenten vertretenen Kriteriums des örtlich gebundenen Eigentums mehr im Umfang als in der Art des materiellen Eigentums sahen.

Die Levellers stellten also in ihrer Debatte mit den Independenten zwei Kriterien für Freiheit und Wahlrecht einander gegenüber, von denen sie das eine nicht genau genug erfaßten, das andere nicht klar genug ausdrückten. Ungenau war die Interpretation des Kriteriums ihrer Gegner als beträchtlichen Besitzes an materiellem Eigentum. Unklar war ihr eigenes doppeldeutiges Kriterium, das sie, wie ich sagte, durch Verallgemeinerung ihrer eigenen Erfahrung gewannen: daß nämlich Eigentum an der Arbeitskraft entweder eine veräußerliche Ware (und damit im Grunde dasselbe wie materielles Eigentum) oder aber vom Besitz materiellen Eigentums abhängig war. Es kann deshalb nicht verwundern, daß die Levellers nicht in der Lage waren, den genauen Unterschied zwischen ihrer eigenen Position und der ihrer Gegner zu begreifen.

Ich habe dargelegt, daß der Individualismus der Levellers auf ihrem Begriff der Freiheit als einer Funktion des Eigentums beruht: Das eigentlich Menschliche eines Individuums ist seine Unabhängigkeit vom Willen anderer Personen, seine Freiheit, sich an der eigenen Person zu erfreuen und seine eigenen Fähigkeiten zu entfalten. Die eigene Person ist Eigentum nicht im metaphorischen Sinn, sondern wesenhaft; das Eigentum, das man an ihr hat, besteht in dem Recht, andere von ihrem Gebrauch und Genuß auszuschließen. Das Eigentum an der eigenen Arbeitskraft – exakter umrissen als das umfassendere Eigentum an der Person – ist Eigentum im materiellen Sinn, denn es ist die Erhaltung des Eigentums an der Arbeitskraft, und die Bedingung seiner Erhaltung ist der Besitz materiellen Eigentums.

Man mag einwenden, die hier versuchte Analyse des Individualismus der Levellers sei zu komplex und sie enthalte Begriffe, die schärfer definiert sind als die der analysierten Schriften selbst. In der Tat würde man mit der Auffassung fehlgehen, die Levellers hätten eine auch nur einigermaßen konsistente Begriffssprache gebraucht. Dennoch bin ich der Überzeugung, daß ihre Theorie eine solche Begriffssprache impliziert und daß viele der unbefriedigenden Momente ihrer Theorie der Tatsache zuzuschreiben sind, daß sie nicht alle Implikationen ihrer Begriffe erkannten. Es ist nicht verwunderlich, daß sie in einer Zeit, in der Arbeit sowohl als Ware wie als wesentliches Attribut des Menschen aufgefaßt werden konnte und, zumal von den selbständigen kleinen Unternehmern, die ihre Unabhängigkeit gefährdet sahen, tatsächlich so aufgefaßt wurde, von derartigen Begriffen ausgingen, aber nicht alle ihre Implikationen zu überschauen imstande waren.

d. Ziel und Grenzen des Individualismus der Levellers

Wir dürfen jedoch die Eigentumsbezogenheit des Individualismus der Levellers nicht überschätzen. Ihr Eigentumsbegriff weicht zwar von dem der Independenten nicht so weit ab, wie gewöhnlich angenommen wird; vergleichen wir ihn aber mit der anspruchsvolleren Eigentumstheorie Lockes, so wird ein wesentlicher Unterschied deutlich. Ich deutete schon an, daß das Postulat eines vielschichtigen natürlichen Eigentums an der eigenen Person als des Wesens der Freiheit und damit der Menschlichkeit die Theorie der Levellers als ebenso eigentumsbezogen erscheinen läßt wie diejenige Lockes. In der Tat sahen die Levellers das Individuum als den natürlichen Eigentümer seiner Fähigkeiten, der der Gesellschaft nichts dafür schuldete, und sie betrachteten Freiheit und Leben mehr als Besitztümer denn als gesellschaftliche Rechte mit entsprechenden Pflichten. Doch übernahmen sie die Postulate des Besitzindividualismus nicht vollständig.

Vor allem war für sie das Recht, sich Eigentum an Waren und Gütern zu erwerben, nicht, wie bei Locke, ein Recht auf unbeschränkten Erwerb durch jedes Individuum.[110] Wenn sie auch den unbeschränkten Erwerb nicht ausdrücklich ablehnten, so widersetzten sie sich doch deutlich dessen Folgen, nämlich der Konzentration des Reichtums und der daraus resultierenden praktischen Ungleichheit des Rechts auf Erwerb. Sie unterschrieben nicht die

---

110 Siehe unten, Kap. V, Abschn. 2

Hobbesschen Thesen: »Gier nach großen Reichtümern und Verlangen nach großen Ehren sind ehrenhaft, denn sie sind Zeichen für die Macht, sie erringen zu können«; »Reichtum ist ehrenhaft, denn er bedeutet Macht«.[111] Sie sahen Reichtum und Macht tatsächlich als voneinander abhängig und lehnten beide ab. Die Reichen benützten die Staatsmacht, um sich auf Kosten der kleinen Leute noch weiter zu bereichern, sowohl im Großen (z. B. durch die indirekten Steuern, die »schwer und fast unerträglich nur auf dem ärmeren und arbeitsameren Bevölkerungsteil lasten, während alle Personen mit großem Einkommen aus Boden und Wucherzinsen keinerlei vergleichbaren Anteil an dieser Last zu tragen haben«[112]) als auch im Kleinen (z. B. indem sie ein öffentliches Amt dazu benutzen, ihre eigene Tasche zu füllen). In beiden Fällen ist es »unser Fleisch, von dem Ihr Reichen lebt und mit dem Ihr Euch schmückt und herausputzt«.[113] Die Reichen und Großen wurden sogar beschuldigt, zu ihrem eigenen Nutzen Zwietracht und »Unruhe im Lande« zu schüren:

Was anderes als Euer Ehrgeiz und Eure Streitsucht verlängert denn unsere Verwirrung und Unterdrückung? Ist nicht aller Zank dazu bestimmt, die Armen zu unterjochen – gleichviel, ob sie nun Vasallen des Königs, der Presbyterianer oder einer Faktion der Independenten sein sollen? Und wird nicht die Zwietracht nur deshalb genährt, damit Ihr, deren Häuser voll der Raubgüter aus Eurem Lande sind, sicher sein könnt, nicht zur Rechenschaft gezogen zu werden, solange überall Verwirrung herrscht? und damit Ihr die Unruhe des in grenzenloser Unterdrückung lebenden Volkes zum willkommenen Anlaß nehmen könnt, eine Armee und Garnisonen zu unterhalten? und damit Ihr unter dem Vorwand der Notwendigkeit weiterhin Eure Willkürherrschaft durch Komitees ausüben könnt?[114]

Auch Walwyn sah diese Verschwörung einer Klasse und brandmarkte sie mit noch schärferen Worten:

Eure Großen, ob nun der König, die Lords, die Parlamentarier oder die reichen Bürger etc., spüren nichts von den elenden Auswirkungen [des Bürgerkriegs] und können daher kein Mitgefühl haben; Ihr aber und

111 *Leviathan*, Kap. 10, S. 71, 70
112 *Petition* vom Januar 1648, Artikel 14 (Haller and Davies, S. 113; Wolfe, S. 270). Vgl. auch Artikel 6 und 7.
113 *The Mournfull Cryes of many thousand poor Tradesmen* (Haller and Davies, S. 127; Wolfe, S. 276)
114 *Mournfull Cryes*, Haller and Davies, S. 127; Wolfe, S. 276

Eure armen Freunde, die von Landwirtschaft, Handel und niedrigen Löhnen Abhängigen, könnt Eures Lebens nicht froh werden, während jene in Vergnügen und Freude schwelgen: Reichtum und Ehre, diese verfluchten Dinge, werden von ihnen hochgehalten, und beide kommen von den blutigen, jammervollen Verwirrungen des Staates, und sie fürchten, ein Ende der Unruhen würde auch ihrem Ruhm und ihrer Größe ein Ende setzen... König, Parlament und die großen Herren der City und der Armee haben Euch nur als Treppe benutzt auf ihrem Weg zu Ehre, Reichtum und Macht. Der einzige Streit, den es gegeben hat und gegenwärtig gibt, ist der, wessen Sklave das Volk sein soll...[115]

Reichtum und Ehre sind »verfluchte Dinge«. Das große Eigentum verschlingt das kleine Eigentum. Doch wenn die Levellers klassenbewußt waren, so waren sie auch eigentumsbewußt. Die Macht zur Akkumulation durch Privilegien zerstört, wie sie am Beispiel der Monopole sehr deutlich sahen, »nicht nur Freiheit, sondern auch Eigentum«.[116] Sie verlangten die Wiederherstellung von Freiheit und Eigentum, die Freiheit des kleinen Mannes, Eigentum zu erwerben. Der nächste Schritt auf dem Wege zur Freiheit war deshalb Aufhebung der Privilegien – Zehnten, Akzisen, Monopole etc. –, die den kleinen Mann an der Ausübung seiner Rechte hinderten. In ihrem Drang, einem jeden die Rechte zukommen zu lassen, die damals praktisch auf die Männer mit großem Vermögen beschränkt waren, akzeptierten sie das Eigentumspostulat, das Besitz mit Freiheit und Menschlichkeit gleichsetzte, und verwarfen zugleich seine letzten Konsequenzen. Ihr Denken war besitzbezogen, aber nicht in dem Maße wie das von Locke.

Kommen wir schließlich von ihrem Eigentumsbegriff zu ihrer Gesellschaftskonzeption, so stellen wir wiederum eine Abweichung vom vollentwickelten Besitzindividualismus fest. Wir haben schon auf den Hobbesschen Tenor von Overtons Naturrechtstheorie hingewiesen: Rechte und Pflichten werden vom Selbsterhaltungstrieb hergeleitet. Aber selbst in dieser sehr extremen Darstellung des Individualismus findet sich ein Glaube an den positiven Wert der Gesellschaft, der Hobbes völlig fremd war. Selbsterhaltung ist nicht das Grundpostulat, sie beruht auf etwas noch Fundamentalerem, nämlich der Pflicht, die menschliche Gesellschaft zu schützen: »Menschliche Gesellschaft, das Zusammenleben oder Dasein

115 *The Bloody Project* (28. August 1648), Haller and Davies, S. 144–5
116 *Petition* vom Jan. 1648, Artikel 9. Haller and Davies, S. 111; Wolfe, S. 268

der Menschen ... muß als das höchste irdische Gut des Menschengeschlechts vor allen irdischen Dingen verteidigt werden, gleichgültig, was oder wer dadurch untergehen und vernichtet werden mag, denn die Menschheit muß auf Erden erhalten werden...«[117] Diese Vorstellung von der menschlichen Gesellschaft als dem höchsten Gut und von dem absoluten Wert des Zusammenlebens kann man in den Schriften der Levellers immer wieder finden. Wenn Lilburne z. B. argumentiert, daß alle gerechte Autorität aus wechselseitiger Übereinkunft oder Zustimmung stamme, setzt er als selbstverständlich voraus, daß eine solche Übereinkunft nicht »zum Nachteil oder Schaden von irgendjemandem« getroffen werden darf, sondern nur »zum gegenseitigen Nutzen und Vorteil«[118] oder »um eines besseren Lebens für den einen wie den anderen willen«.[119] Drei Jahre später eröffnete Walwyn eine Zusammenfassung der theoretischen Position der Levellers mit der für ihn selbstverständlichen Prämisse: »Da niemand nur für sich allein geboren ist, sondern durch die Gesetze der Natur (denen alle unterliegen), des Christentums (die uns als Christen binden), der Gesellschaft und des Staates verpflichtet ist, seine Bemühungen auf die Beförderung des gemeinsamen Wohls zu richten, der gleichen Anteilnahme an anderen wie an sich selbst...«[120]

Der Gemeinschaftssinn der Levellers scheint schlecht zu ihrem Besitzindividualismus zu passen, doch sahen sie keinen Widerspruch. Sie strebten nach einer Gemeinschaft von Unternehmern im weitesten Sinn – von Unternehmern nicht nur im wirtschaftlichen, sondern auch im spirituellen und intellektuellen Sinn. Wenn wir heute wissen, daß eine Gemeinschaft in vollem Wettbewerb stehender wirtschaftlicher Unternehmer eine *contradictio in se* ist, so dürfen wir von ihnen diese Einsicht noch nicht erwarten. Den einzigen Weg, mehr Menschen ein erfüllteres Leben zu ermöglichen, sahen sie im Abbau der die kleinen Unternehmer behindernden Schranken; und dies *war* ein Weg, vielleicht der einzig gangbare für die beiden nächsten Jahrhunderte. Die Levellers teilten nicht die utopische Einsicht Winstanleys, daß Freiheit im freien und gemein-

117 *Appeale*, in Wolfe, S. 178
118 *Free-man's Freedom Vindicated*, in Woodhouse, S. 317
119 *London's Liberty*, S. 17
120 *A Manifestation* (April 1649), in Wolfe, S. 388

samen Zugang zum Grund und Boden liege. Für Winstanley war das der Schlüssel zur Freiheit, denn es war der einzige Weg, die Freiheit vor der gegenseitigen Ausbeutung der Menschen zu schützen. Das einzige von Winstanley anerkannte natürliche Recht des Individuums war das natürliche Recht der Menschen, miteinander zu arbeiten und zu leben und sich dabei selbst zu regieren gemäß dem natürlichen Gesetz der Erhaltung der Gesellschaft.[121]

Hin und wieder, wenn sie den absoluten Wert des Zusammenlebens herausstellten, kamen die Levellers dieser Ansicht recht nahe. Ihr eigenes Leben als politische Organisatoren, die eine politische Bewegung schufen, wo es zuvor nur Individuen gab, und die sich auf gegenseitige Hilfe verließen, innerhalb wie außerhalb des Gefängnisses, hat zweifellos zu ihrem Gemeinschaftssinn beigetragen. War jedoch eine Gemeinschaft nur durch Nivellierung des Eigentums möglich, dann verzichteten sie lieber darauf. Ihr Ziel war Freiheit von Ausbeutung, für alle Unternehmer, doch das erforderte nicht den Gemeinbesitz am Eigentum.

Zu sehr war ihr Denken in den Vorurteilen ihrer Klasse befangen, als daß sie sich von der Konzeption der Freiheit als eines Rechtes, selbständig und unabhängig zu sein, weit hätten entfernen können. Die Idee der Freiheit als eines Bestandteils des gesellschaftlichen Lebens in einer nicht dem Erwerb verfallenen Gesellschaft blieb ihnen fremd. Diese Idee mag im siebzehnten Jahrhundert utopisch gewesen sein, doch genügt es nicht, einfach festzustellen, die Levellers seien realistischer gewesen als die Diggers, denn in der Praxis blieben sie gleichermaßen erfolglos; es war die Doktrin des vollentwickelten Besitzindividualismus, die triumphierte.

Die Levellers werden gewöhnlich als radikale Demokraten gesehen, die ersten Demokraten in der politischen Theorie Englands. Es dürfte jetzt aber angebracht sein, sie weniger als radikale Demokraten denn als radikale Liberale zu bezeichnen. Denn sie setzten die Freiheit obenan und machten sie zu einer Funktion des Eigentums. Die Levellers sollten mit ihrem Eintreten für ein natürliches Recht auf Eigentum an Waren und Gütern nicht weniger als mit irgendeiner anderen ihrer Thesen in Erinnerung bleiben. Ihnen gebührt der Ruhm, die ersten politischen Theoretiker ge-

121 Winstanley, *The Law of Freedom*, K. I und III (*Works*, ed. Sabine, S. 519, 536)

wesen zu sein, die ein natürliches Recht auf Eigentum vertraten, für welches das Individuum der Gesellschaft nichts schuldet und das keine jener Pflichten zur Folge hat, die in der älteren Lehre der Treuhänderschaft aus ihm folgten. Ohne daß sie es wußten, ebneten sie Locke und der Tradition der Whigs den Weg, denn ihre gesamte Lehre von den natürlichen Rechten als Eigentum und von dem natürlichen Recht auf Eigentum konnte ebenso leicht den Zwecken Lockes wie irgend welchen radikalen Zielen dienstbar gemacht werden.

Und dies war auch tatsächlich das Schicksal ihrer Doktrin im England des siebzehnten Jahrhunderts. Wenn die Ideen der Levellers den progressiven Denkern in Amerika und den späteren demokratischen Bewegungen in England Mut und Stärke gaben, so reichte ihr Einfluß doch ebenso in die entgegengesetzte Richtung. Da sie ein schwach definiertes, aber mit Leidenschaft vertretenes natürliches Eigentumsrecht in den Mittelpunkt ihrer Verteidigung der Interessen des Volkes stellten, machten sie es Locke leicht, in der allgemeinen Einschätzung das gleiche Recht auf Eigentum mit dem Recht auf unbeschränktes Eigentum zu vermengen und dadurch demokratische Regungen für die Sache der Whigs einzuspannen. Zwei Jahrhunderte lang ist diese Verwirrung nicht ausgeräumt worden.

IV. Harrington: Der Opportunitätsstaat

1. Ungeprüfte Zweideutigkeiten

Noch bis vor wenigen Jahren schien Harringtons Platz in der Geschichte der politischen Theorie gesichert. Er hatte eine von früheren Autoren nur erahnte Beziehung zwischen Eigentumsverteilung und politischer Macht entdeckt, diese Beziehung systematisiert und erfolgreich zur Erklärung politischer Wandlungen herangezogen. Er hatte nicht nur gezeigt, daß eine solche Beziehung in der Geschichte vorherrschte, sondern auch, daß es sich um eine notwendige Beziehung handelte und daß in dem Maße, wie diese Notwendigkeit erkannt wurde, eine dauerhafte und befriedigende Regierungsform für jede Nation gefunden werden könnte.

Harrington selbst hielt sich mehr für einen politischen Wissenschaftler als für einen Philosophen, und die Philosophen haben ihn auch in der Regel ignoriert. Es waren die Historiker, nicht zuletzt die Wirtschaftshistoriker, die ihm zu seinem Ruf verhalfen. Seine Nische im modernen Tempel des Ruhms wurde von Prof. Tawneys *Raleigh Lecture* von 1941 gemauert und ausgeschmückt: Harrington war »der erste englische Denker, der die Ursache politischer Umwälzungen in vorausgehenden sozialen Wandlungen erkannte«; seine Originalität »lag hauptsächlich in seiner Analyse der konstitutionellen Konsequenzen der englischen Wirtschaftsentwicklung in den eineinhalb Jahrhunderten, die dem Bürgerkrieg vorausgingen«.[1] Doch indem er Harrington als Zeugen für etwas anrief, das zu einer höchst umstrittenen Interpretation der ökonomischen Wandlungen jener Periode werden sollte, brachte er ihn in eine unerwartet exponierte Lage, und Harrington scheint nun in Gefahr zu sein, ein Opfer des um »den Aufstieg der Gentry« entbrannten Streites zu werden. Hills wertvoller aber zu kurzer Essay[2], der Harrington in einen größeren historischen Zusammenhang stellt und die Bedeutung des Volkes in seiner Theorie betont, hat viel dazu beigetragen, Harringtons Stellung wieder zu festigen. Aber manches bleibt noch zu tun übrig.

1 »Harrington's Interpretation of his Age«, *Proc. Brit. Academy*, XXVII, 200
2 Christopher Hill, *Puritanism and Revolution* (1958), Kap. 10

Bei aller Aufmerksamkeit, die Harrington in den letzten zehn Jahren geschenkt wurde, blieben zwei zentrale Zweideutigkeiten seiner Theorie ungeprüft. Erstens hat Harrington in einer Theorie, die sich fast ausschließlich um das Gleichgewicht des Eigentums zwischen den Wenigen und den Vielen, dem Adel und dem Volk dreht, die Zuordnung der Gentry zu einer der beiden Gruppen dunkel gelassen. Im Laufe der Untersuchung zählte er sie bald zu der einen, bald zu der anderen Kategorie. Zweitens ist der zentrale Begriff des Gleichgewichts bzw. des Übergewichts selbst zweideutig, und zwar bis zum offenbaren Widerspruch. In den Feststellungen über das allgemeine Prinzip des Gleichgewichts und in der Demonstration, daß England für eine Republik *(commonwealth)* reif sei, ist es das Übergewicht des Eigentums der Vielen oder der Wenigen (d. h. der Besitz von mehr als der Hälfte des Bodens durch die Vielen oder die Wenigen), was über das Regierungssystem entscheidet, und eine Republik ist nur dann harmonisch und stabil, wenn das Übergewicht bei den Vielen liegt. Doch sobald Harringtons Republik errichtet ist, soll ein Gesetz, das einem Prozent der Bürger gestattet, den gesamten Boden zu erwerben, diese daran hindern, ein Übergewicht über den restlichen Teil der Bevölkerung zu erlangen, und dieses Gesetz soll die Eigentumsgrundlage der Republik sichern. Das Gleichgewichtsprinzip, das zur Errichtung der Republik diente, scheint durch die Errichtung dieser Republik wieder aufgehoben zu werden.

Die beiden Zweideutigkeiten heben sich nicht gegenseitig auf. Aber sie werden verständlich unter bestimmten Voraussetzungen über die Natur der englischen Gesellschaft des siebzehnten Jahrhunderts, von denen sich durch andere Belege nachweisen läßt, daß Harrington von ihnen ausging. Untersuchen wir seine doppeldeutigen Aussagen näher, so erscheint seine Theorie weniger konsequent, vielleicht aber realistischer, als sie mitunter dargestellt wurde. Und er selbst erscheint weder als unlogischer Anwalt einer untergehenden Gentry, noch als ein Historiker, dessen Einsicht in die englische Gesellschaft zwar originell, aber auf die Folgen der Beseitigung des militärischen Monopols der Feudalklasse beschränkt war. Ich werde zeigen, daß Harrington der Meinung war, daß die Gentry im Jahre 1656 weniger als die Hälfte des Bodens besaß und sein Eintreten für eine gentrygeführte Republik auf diese Voraussetzung gründete; daß er die bürgerliche Natur der englischen Gesellschaft des siebzehnten Jahrhunderts genügend durchschaute, um annehmen zu können, daß die Gentry die damals existierende und vom Rest der Bevölkerung gewünschte bürgerliche Gesellschaftsordnung akzeptierte und sie auch in Zukunft unterstützen würde; und daß diese Annahme das Fundament seines ganzen politischen Denkens war.

Der Ausdruck »bürgerlich« *(bourgeois)*, der zu einem der unklarsten Begriffe im historischen und politischen Schrifttum geworden ist, bedarf der Definition. Unter bürgerlicher Gesellschaft *(bourgeois society)* verstehe ich im wesentlichen die Eigentumsmarktgesellschaft, wie sie in Kapitel II definiert wurde.[3] Eine bürgerliche Gesellschaft soll hier also eine Gesellschaft sein, in der die Beziehungen zwischen den Menschen vom Markt beherrscht sind; in der Boden und Arbeit genauso wie beweglicher Reichtum und für den Konsum hergestellte Güter als Waren betrachtet werden, die im Hinblick auf Profit und Akkumulation gekauft und verkauft werden und Vertragsgegenstände sind; und in der die Beziehungen der Menschen untereinander weitgehend durch ihr Eigentum an diesen Waren und den Erfolg, mit dem sie es zum eigenen Nutzen verwenden, bestimmt werden.

2. Das Gleichgewicht und die Gentry

Harringtons Prinzip des Gleichgewichts *(balance)* scheint durchaus folgerichtig zu sein. Die Zuteilung politischer Macht, also die Herrschaft eines Einzelnen, der Wenigen oder der Vielen muß, von kurzen Perioden der Gleichgewichtsstörung abgesehen, der Verteilung des Eigentums (in den meisten Ländern: des Bodens) zwischen dem Einen, den Wenigen und den Vielen korrespondieren:

...so wie (es sei denn in einer Stadt, die wenig oder keine Ländereien hat und deren Einkünfte aus Handel und Gewerbe stammen) das Verhältnis oder Gleichgewicht des Eigentums an Grund und Boden ist, so ist auch die Art der Herrschaft *(empire)*.

3 S. 62 f., 68–76

Wenn jemand der einzige Herr eines Landstrichs ist oder das Übergewicht *(overbalance)* über das Volk hat, z. B. im Verhältnis von drei zu vier, ... dann ist seine Herrschaft eine absolute Monarchie.
Wenn die Wenigen oder der Adel, oder der Adel zusammen mit dem Klerus die Landbesitzer sind oder das Volk im selben Verhältnis überwiegen, dann haben wir das *mittelalterliche (Gothic)* Gleichgewicht... und die Herrschaft ist eine gemischte Monarchie...
Wenn aber alle in einem Volk Landbesitzer sind oder das Land so untereinander aufgeteilt haben, daß kein einzelner oder keine Gruppe von Menschen im Bereich der *Wenigen* oder der *Aristokratie* das Übergewicht über sie hat, dann ist die Herrschaft (wenn keine äußere Gewalt dazwischentritt) eine Republik.[4]

Die notwendige Entsprechung von Regierungsform und Eigentumsverteilung wird als Deduktion aus selbstverständlichen Voraussetzungen dargestellt. Wer auch immer von den Einzelnen, den Wenigen oder den Vielen die Macht hat, die anderen zu beherrschen, wird es tun. Da der Mensch Nahrung braucht, wird er jeden, der sie ihm verschafft, unterstützen. Wer das meiste Land besitzt, kann die größte Armee ernähren und somit auch befehligen. Die Menschen hängen vom Reichtum ab, »nicht aus freier Wahl ... sondern aus Notwendigkeit und durch ihren Magen: denn in dem Maße, wie jemand Brot begehrt, ist er der Knecht dessen, der ihn nährt; wenn also jemand ein ganzes Volk ernährt, steht es unter seiner Herrschaft«.[5] Die Verteilung des Eigentums bestimmt demnach über die Verteilung der politischen Macht. Ein Mißverhältnis zwischen den beiden Zuteilungen kann entweder durch eine Gruppe entstehen, die, ohne den erforderlichen Vermögensanteil zu haben, nach politischer Macht strebt, oder durch einen Wechsel in der Eigentumsverteilung, der nicht von einem entsprechenden Wechsel in der politischen Macht begleitet ist. In beiden Fällen jedoch wird sich, wie aus den Postulaten folgt, das Gleichgewicht (sei es das alte oder ein neues) wieder herstellen. Harrington interessierte sich vor allem für die zweite Art des Wechsels. Hier sah er nur einen möglichen Ausweg: die alte herr-

4 *Oceana*, S. 37; vgl. *Prerogative of Popular Government*, S. 227, 270; *Art of Lawgiving*, S. 363; *System of Politics*, S. 467 (wo das Verhältnis als zwei zu drei angegeben wird). Die Seitenhinweise dieses Kapitels beziehen sich auf die Ausgabe *Oceana and Other Works* von 1771.
5 *Oceana*, S. 37

schende Klasse, die nicht mehr über genügend Hilfsmittel zur Aufrechterhaltung ihrer Herrschaft verfügt, muß früher oder später von jenen überwunden werden, die den Großteil des Vermögens innehaben.

Daher muß, soll die Regierung stabil sein, das Machtgleichgewicht dem Eigentumsgleichgewicht korrespondieren. Auch ist es für eine stabile Regierung notwendig, daß das Gleichgewicht des Besitzes eindeutig auf seiten des Einen oder der Wenigen oder der Vielen liegt. Der betreffende Bevölkerungsteil muß über beträchtlich mehr als die Hälfte des Eigentums verfügen, denn wenn er nur etwa die Hälfte innehat und die übrigen die andere Hälfte, »wird der Staat zu einem wahren Schlachthof«, und jeder trachtet danach, den anderen zu unterwerfen.[6] Da sich nun das Eigentumsgleichgewicht aus verschiedenen, der menschlichen Voraussicht verborgenen Gründen leicht verschieben kann[7], ist es zur Aufrechterhaltung einer stabilen Regierung, gleich welcher Art, notwendig, ein Gesetz zu erlassen, das einen entscheidenden Wechsel im Gleichgewicht des Eigentums abwehrt.

Dies ist der Kern der berühmten Gleichgewichtstheorie. Obwohl das Prinzip in aller Allgemeinheit aufgestellt wird (»so wie das Verhältnis oder Gleichgewicht des Eigentums an Grund und Boden ist, so ist auch die Art der Herrschaft«), wendet Harrington es nur auf die mögliche Herrschaft eines Einzelnen, der Wenigen (bzw. des Adels) und des ganzen Volkes an. Hier treffen wir auf die erste Zweideutigkeit. Der Begriff »die Wenigen oder der Adel« schließt die Gentry manchmal ein, manchmal schließt er sie aus.

In der oben zitierten These über das allgemeine Gleichgewichtsprinzip wird zwar nicht definiert, was unter »die Wenigen oder der Adel« zu verstehen sei, doch ist vermutlich die dünne Schicht des Feudaladels gemeint, denn das Übergewicht des in ihrer Hand befindlichen Eigentums soll dem mittelalterlichen Gleichgewicht (*Gothic balance*) – Harringtons Ausdruck für die Feudalordnung – korrespondieren.

In der historischen Darstellung des in England von Heinrich VII. bis zum Bürgerkrieg vor sich gehenden Wechsels im Eigentumsgleichgewicht wird der Adelsstand ganz offensichtlich auf den feu-

6 *Oceana*, S. 38; vgl. *System*, S. 466
7 *Prerogative*, S. 270; *Art of L.*, S. 364

dalen Hochadel zu Beginn und den Stuartschen Hochadel am Ende der Entwicklung eingeschränkt. Er umfaßte nicht mehr als 200 bis 300 Personen. Bis zur Regierungszeit Heinrichs VII., so hören wir, lag das Gleichgewicht des Grundbesitzes auf seiten des Adels, der großen Feudalherren also, die, dank ihrer Verfügung über den Waffendienst ihrer Vasallen, »den Trick anwenden konnten... ihre Könige gemäß ihren wechselnden Interessen auf den Thron zu heben oder abzusetzen..«[8]. Heinrich VII. brach die Macht des Adels durch sein Bevölkerungsgesetz, sein Vasallengesetz und sein Landveräußerungsgesetz. Das erstere diente dem Schutz der Bauernfamilien und bedeutete tatsächlich die »Übertragung eines großen Teiles des Bodens in die Verfügung und den Besitz der Bauern oder des Mittelstandes *(middle people)*«, Menschen »mit einem gewissen Vermögen, die Knechte und Bedienstete halten und den Hof bewirtschaften konnten«; sie »erlangten eine große Unabhängigkeit von ihren Herren«, die somit faktisch ihr Fußvolk verloren.[9] Für den Verlust der Kavallerie sorgte das Vasallengesetz. Das Landveräußerungsgesetz ermutigte die Adligen, Ländereien zu verkaufen, um ihre gesellschaftliche Stellung behaupten zu können, mehr als Höflinge jetzt denn als Landadel. Was es des weiteren an Gleichgewichtswechsel gab, umreißt Harrington in zwei Sätzen:

[Heinrich VIII.] löste die Klöster auf und bot dadurch, in Verbindung mit dem Niedergang des Adels, dem Fleiß des Volkes eine so große Beute dar, daß sich das Gleichgewicht des Gemeinwesens zu offenkundig auf die Seite der Volkspartei verlagerte, als daß dies hätte übersehen werden können von den weisen Ratgebern der Königin Parthenia [Elisabeth], die ihre Herrschaft durch die fortwährenden Liebeleien zwischen ihr und ihrem Volk zu einer Art Romanze machte und den Adel gänzlich außer acht ließ. Und so erhob das House of Commons allmählich sein Haupt, das seitdem den Prinzen so mächtig und furchterregend erscheint, daß sie beim Anblick jener Versammlung schier erblassen.[10]

Zur Zeit der Königin Elisabeth hatte sich das Eigentumsgleichgewicht vom Adel auf das Volk verlagert. Die einzige Klasse, die als Nutznießer dieser Veränderung genannt wird, ist die Bauern-

8 *Oceana*, S. 64
9 Ibid.
10 Ibid., S. 65

schaft; aber der Hinweis auf das Unterhaus als den institutionellen Nutznießer macht es deutlich, daß Harringtons Begriff »das Volk« nicht nur die Bauern, sondern auch die Gentry einschließt.

In *The Art of Lawgiving* wird jene Veränderung in derselben Weise dargestellt und mit einigen weiteren Details ausgemalt: das Wachstum der Stadt London wird mit der »Verschiebung des Gleichgewichts zum Volke hin« in Beziehung gebracht; die Parlamente waren zur Zeit Jakobs I. »reine Volksversammlungen *(mere popular councils),* die, wie eine Kugel den Berg hinab, auf immer größere Volksfreundlichkeit der Regierung hinausliefen«, und weder der von ihm im Überfluß geschaffene neue Adel noch der alte konnten ihm gegen diese Entwicklung helfen; »in unseren Tagen ... überwiegt der im Besitz des Volkes befindliche Grund und Boden den dem Adel gehörenden mindestens im Verhältnis von neun zu eins«.[11] In keiner dieser Darstellungen der Gleichgewichtsverschiebung wird die Gentry erwähnt. Doch unterliegt es keinem Zweifel, daß die Gentry sowohl hier wie in der Darstellung von *Oceana* im Begriff »das Volk« eingeschlossen ist, was sich schon daraus ergibt, daß Harrington die Jakobschen Parlamente als »volksfreundlich« charakterisiert und den damaligen Besitzanteil des Adels auf nur ein Zehntel des Bodens schätzt.[12]

Sehen wir von der historischen Beschreibung der Veränderung des Gleichgewichtszustandes in England ab, so finden wir die Gentry in Harringtons Schriften wiederholt ausdrücklich erwähnt. Doch wann er auch von ihr spricht, sei es in Verbindung mit seinem Gleichgewichtsgesetz oder mit der Anwendung dieses Gesetzes auf den Entwurf eines Regierungssystems für das damalige England, immer setzt er die Gentry mit dem Adel gleich und stellt sie dem Volke gegenüber.

So folgt er im ersten Teil der Präliminarien der *Oceana,* wo er die

---

11 *Art of L.,* S. 364–6

12 Selbst wenn wir nicht annehmen dürften, daß Harrington sehr wohl wußte, daß Gentry und Adel zusammen bedeutend mehr als ein Zehntel des Bodens besaßen, hätten wir Belege für seine Überzeugung, daß die 200 bis 300 größten Gutsbesitzer allein über etwa ein Zehntel verfügten. Den Wert des gesamten Bodens in England schätzte er auf etwa 10 Millionen Pfund pro Jahr. Höchstens 300 Personen, so stellte er fest, hatten zu seiner Zeit mehr als 2000 Pfund pro Jahr aus eigenem Grund und Boden *(Oceana,* S. 99–100). So hatten also diese 300 allein einen Ertrag von etwa 600 000 Pfund pro Jahr oder, da die 2000 Pfund nicht den Durchschnitt, sondern das Minimum darstellen, etwa 1 Million pro Jahr, d. h. ein Zehntel des Bodens.

Regierung im allgemeinen und das Gleichgewichtsgesetz erörtert, dem Sprachgebrauch Macchiavells, indem er Gentry und Adel als Synonyme behandelt – jene, die Land, Schlösser und Schätze besitzen, wodurch die übrige Bevölkerung in Abhängigkeit von ihnen gerät –, korrigiert aber zugleich Macchiavell, indem er sagt, daß Adel und Gentry nur dann für eine volksfreundliche Regierung gefährlich sind, wenn sie ein Übergewicht an Eigentum haben.[13] An einer späteren Stelle der Präliminarien betont er, daß die Gentry (immer noch synonym mit Adel gebraucht) und das Volk in einer Republik so sehr aufeinander angewiesen sind wie Offiziere und Soldaten in einer Armee: die Gründung, Regierung und militärische Führung einer Republik erforderten »das Genie eines Gentleman«; »wo es keinen Adel gibt, um das Volk anzuspornen, wird es träge, lebt unbekümmert um die Welt und das gemeinsame Interesse an der Freiheit, wie es selbst dem Volk von Rom ohne seine Gentry erging...«[14] Gentry und Volk sind zwar getrennte Klassen, die sich in ihrem Wesen und ihrer Funktion unterscheiden, doch sind beide füreinander notwendig.

Wenn Harrington schließlich versucht, dem damaligen Eigentumsgleichgewicht in England einen politischen Überbau anzupassen, gebraucht er die Begriffe Gentry und Adel wieder synonym und hebt beide vom Volk ab. Der »Adelsstand oder die Gentry« sei für eine Republik unentbehrlich, denn Politik könne ohne Studium nicht gemeistert werden, und zum Studieren habe das Volk keine Muße; Rechtsanwälte und Geistliche, so fügt er hinzu, seien wegen »ihrer unheilbaren Jagd nach ihren eigenen beschränkten Zielen« für dieses Geschäft ebenso unnütz »wie so viele andere Krämer«. Da also »weder das Volk noch Geistliche und Rechtsanwälte die Aristokratie einer Nation sein können, bleibt nur der Adel; um Wiederholungen zu vermeiden, sei festgestellt, daß ich unter diesem Ausdruck, so wie die Franzosen unter dem Wort *noblesse*, auch die Gentry verstehe«.[15]

Ein Adel, der gegenüber dem Volk ein Übergewicht an Eigentum besitzt, wie es beim Feudaladel der Fall war, ist mit einer volksfreundlichen Regierung unvereinbar. Ein Adel indessen, dem

13 *Oceana*, S. 39–40
14 Ibid., S. 53
15 Ibid., S. 124

gegenüber das Volk Übergewicht hat, ist »für die Mischung in einem wohlgeordneten Gemeinwesen nicht nur unbedenklich, sondern auch notwendig«; Adel wird hier, wiederum im Sinne Macchiavells, wenn auch etwas umfassender, definiert als »*jene, die aus ihren eigenen Einkünften im Überfluß leben, ohne sich mit dem Pflügen ihres Landes oder irgendeiner anderen Arbeit für ihren Lebensunterhalt abgeben zu müssen*«.[16] In diesem Zusammenhang fällt die Bemerkung, England müsse sich glücklich schätzen, genau die richtigen Vorbedingungen für eine volksfreundliche Regierung zu haben: das Eigentumsgleichgewicht liege auf seiten des Volkes, und zugleich gebe es einen vorzüglichen »Adel oder Gentry«, gelehrt und erprobt in militärischer Führung, alten Reichtum mit alter Tugend verbindend, ideal dafür ausgerüstet, die politische Führerschaft im Senat und in den Behörden von Oceana zu stellen.[17]

Mit einem Wort, gerade weil »Adel oder Gentry« in England kein Übergewicht an Eigentum besitzen, kann ihnen bedenkenlos die Führung in der vorgeschlagenen englischen Republik anvertraut werden. Hierauf gründet Harrington 1656 sein ganzes Plädoyer für die Errichtung einer gentrygeführten Republik. Nur dann, so betont er, wenn der Adel oder die Gentry durch ihren Grundbesitz nicht überwiegen, können sie ohne Bedenken in einer Republik geduldet werden; und in England, so betont er gleicherweise, sind der Adel oder die Gentry für das Gemeinwesen jetzt ungefährlich und notwendig.

Harrington stellt dann fest, daß Adel und Gentry im Jahre 1656 zusammen weniger, und zwar beträchtlich weniger, als die Hälfte des Bodens besaßen[18], denn ihr »Untergewicht« *(underbalance)* sei so beträchtlich, daß es erlaube, eine stabile Republik darauf zu gründen, während es überall dort, wo sich Adel und Volk etwa die Waage halten, keine Stabilität geben könne.[19] Und da er zuvor gesagt hatte, der Hochadel besäße nicht mehr als 10 Prozent des

16   Ibid., S. 125
17   Ibid., S. 123–5
18   Dies folgt allerdings nur, wenn Harrington hier den Begriff »underbalance« in dem Sinne verwendet, wie er von seinem Gleichgewichtsprinzip gefordert wird, nicht in dem besonderen Sinn, in dem er ihn später gebraucht. Die Doppeldeutigkeit des Begriffs wird unten untersucht, S. 214
19   *Oceana*, S. 38

Bodens, muß die von ihm angenommene Verteilung 1656 folgende gewesen sein: hoher Adel – 10 Prozent oder weniger; Gentry – bedeutend weniger als 40 Prozent; Bauernschaft und Stadtbürger – bedeutend mehr als 50 Prozent.

Wie ist es dann, so könnte man fragen, zu verstehen, daß Harringtons Darstellung der Gleichgewichtsverschiebung in England den Eindruck hinterließ, das Gleichgewicht habe sich zugunsten der Gentry verlagert? Daß sie bei einigen seiner Zeitgenossen und auch bei späteren Gelehrten diesen Eindruck erweckte, läßt sich aus Trevor-Ropers Darstellung entnehmen, der wir uns gleich zuwenden werden. Eine ausreichende Begründung hierfür läßt sich unschwer finden. Der wichtigste von Harrington vorgetragene Beweis für die Verschiebung des Gleichgewichts vom Adel zum Volk ist die im Lande wie im Parlament stattfindende Machtverschiebung vom Adel zu den unabhängigen Bürgerlichen. So sehr lag das Gleichgewicht zur Zeit Elisabeths auf seiten der Volkspartei (*»the popular party«*), daß sie nach dem Grundsatz regierte, dem Volk zu schmeicheln und den Adel zu vernachlässigen: das Unterhaus wurde zum beherrschenden Faktor; die Parlamente Jakobs I. waren »reine Volksversammlungen«. Da es offensichtlich war, damals wie heute, daß unter Elisabeth und Jakob die Mitglieder des Unterhauses in der Regel der Gentry angehörten, so lag der Schluß nahe, daß Harrington sagen wollte, das Gleichgewicht des Grundbesitzes habe sich zugunsten der Gentry verschoben. Dies folgt jedoch keineswegs. Denn Harrington war der Überzeugung, das gewöhnliche Volk bringe den »Besseren«, sofern es von ihnen nicht geschädigt werde, eine natürliche Hochachtung entgegen[20] und wähle so viele von ihnen, wie immer möglich[21], so daß, wie er meinte, eine besondere verfassungsmäßige Sicherung notwendig sei, die gewährleiste, daß auch Mitglieder der unteren Klassen in der repräsentativen Körperschaft der neuen Republik enthalten seien.[22] Aus der Beschreibung der elisabethanischen und jakobinischen Parlamente als Volksparlamenten folgt nichts weiter, als daß das Gleichgewicht des Grundbesitzes bei Volk und Gentry gemeinsam ruhte.

20 Ibid., S. 133
21 *Art of L.*, S. 419
22 *Valerius*, S. 449–50, Siehe unten, S. 207 f.

Nach dieser Erläuterung von Harringtons eigenem Begriff von der Gentry wollen wir nun die ihm in der Gentry-Kontroverse zugewiesene Stellung untersuchen. Das ist insofern wichtig, als zwar die Interpretation Harringtons nur am Rande mit dieser Kontroverse zu tun hat, die Kontroverse aber für die Interpretation Harringtons entscheidend geworden ist, und zwar auf eine gefährlich irreführende Weise. Tawney, der Harrington als Zeugen für den Aufstieg der Gentry anführt, beschreibt den von Harrington wahrgenommenen Wechsel treffend als einen Wechsel zugunsten der Gentry und der Bauern, nicht zugunsten der Gentry allein[23]; nur dann könne Harringtons Aussage als Zeugnis für den Aufstieg der Gentry gelten, wenn man auch noch die Aussagen anderer Beobachter dazunehme, so z. B. über die Verschlechterung der Lage der Bauernschaft gegen 1600, als die langen Pachtzeiten abliefen.[24]

Trevor-Roper[25] attackiert Tawneys These, indem er mit Harrington kurzen Prozeß macht: zunächst sucht er seine Glaubwürdigkeit als Zeuge zu erschüttern, dann interpretiert er seine Theorie – nachweislich falsch – als eine Lehre vom Niedergang der Gentry in ihrem hoffnungslosen Kampf um Wiederherstellung ihrer Position. Beide Argumente beruhen auf einer Verwechslung Harringtons mit verschiedenen »Harringtonianern«, die seine Theorie nachbeteten, unterstützten oder für ihre eigenen Zwecke einsetzten: als Argumente bezüglich Harringtons Theorie sind sie ohne Belang.

Betrachten wir zunächst Harringtons Wert als Zeuge. Wir erfahren, daß Harrington, Neville, Chaloner, Baynes, Ludlow und andere eine zusammenhängende Theorie hervorgebracht oder sich darauf bezogen haben, und daß diese Theorie die These enthält, in England habe eine Veränderung im Vermögensgleichgewicht zwischen den sozialen Klassen stattgefunden; »die Krone und der Adel hatten ihr Eigentum verloren, ›die Gentry besitzt allen Grund und Boden‹«.[26] Alsdann wird diese These als Beleg für den Aufstieg der Gentry zwischen 1540 und 1640 in Zweifel gezogen, und zwar aus zwei Gründen. Erstens seien diese Kommentatoren

23 »Harrington's Interpretation of His Age«, S. 212
24 Ibid., S. 216; und »The Rise of the Gentry«, *Econ. Hist. Rev.*, XI (1941), 5
25 *The Gentry, 1540–1640, Econ. Hist. Rev. Supplement*, Nr. 1 (1953)
26 *The Gentry*, S. 45

»oft dunkel und manchmal widersprüchlich« bezüglich des Zeit-
raums jener Veränderung gewesen: ihr Beginn werde manchmal
zwei Jahrhunderte und mehr zurückverlegt, manchmal erst auf
die Regierungszeit Jakobs I. und sogar noch später festgesetzt.
Man könne also nicht behaupten, die Kommentatoren hätten
einen historischen Prozeß zwischen 1540 und 1640 beschrieben; sie
hätten lediglich »über einen vagen Zeitraum hinweg einen Prozeß
generalisiert, für den sie keinen anderen Beweis haben als den gewaltsamen Umschwung der letzten Dekade« (d. h. zwischen 1640
und 1650). Zweitens handele es sich bei den Kommentatoren nicht
um verschiedene, unabhängige Beobachter, sondern um »eine
Gruppe, fast eine Clique aktiver republikanischer Politiker, die
ihre Ansichten von Harrington und Neville – selbst einem un-
trennbaren Paar – übernahmen«; ihre Aussagen »bilden kein Zu-
sammenspiel von Beobachtungen, sondern sind die Wiederholung
eines Dogmas; des Dogmas von *Oceana*«.[27]
Wie aber konnte eine ein Dogma wiederholende Clique so widersprüchliche und vage Daten für die von ihr behauptete Veränderung angeben, da sich doch Harrington klar darüber geäußert
hat? Der Umschwung hat ihm zufolge etwa 1489 mit der Gesetzgebung Heinrichs VII. begonnen, wurde 1536 mit der Auflösung
der Klöster beschleunigt und führte offensichtlich unter der Herrschaft Elisabeths zu einem neuen Gleichgewichtszustand.[28] Auch
hatte die Gentry nicht erst kürzlich die blauen Roben des Adels angelegt, sondern schon zur Zeit ihrer Urgroßväter.[29] Wenn es heißt,
das Gleichgewicht habe »während der letzten Monarchie« auf seiten des Adels und der Geistlichkeit gelegen, so ist damit die Zeit
des Krieges der Barone gemeint.[30] Gewiß, wenn Harrington zeigen will, wie unerwartet und plötzlich ein Gleichgewichtswechsel
vor sich gehen kann, sagt er, der Übergang vom monarchischen
zum volksbezogenen Gleichgewicht habe sich »zwischen der Regierungszeit Heinrichs VII. und der Königin Elisabeth, d. h. in
weniger als 50 Jahren vollzogen«[31]; und wenn er betonen will,

27 Ibid., S. 45–46
28 *Oceana*, S. 64–65; *Art of L.*, S. 364–6
29 *Prerogative*, S. 281
30 Ibid., S. 246
31 *Art of L.*, S. 408

wie langsam er vor sich geht, sagt er, der Übergang von der aristokratischen zur volksfreundlichen Regierung habe 140 Jahre ge-
dauert.[32] Eine grobe Inkonsequenz gibt es hier jedoch nicht: der
Wechsel im Gleichgewicht beginnt etwa zu Anfang des 16. Jahrhunderts, der Umschwung findet um die Mitte des Jahrhunderts
statt, und der neue Gleichgewichtszustand festigt sich im Laufe
des folgenden Jahrhunderts. Harringtons Zeitangaben sind also
recht klar. Man kann ihm auch nicht vorwerfen, er habe einen
Prozeß, für den er keinen anderen Beweis habe als den Umsturz
von 1640–50, über jenen Zeitabschnitt ausgedehnt: das Beweismaterial, auf das er sich am meisten stützt, entnimmt er der 1622
veröffentlichten *History* von Bacon.

Auf keinen Fall darf Harrington irgendeiner Clique zugerechnet
werden. Was immer seine Schüler und jene, die ihn sich zurechtleg-
ten, dann und wann gesagt haben mögen: nie hat er behauptet,
»die Gentry besitzt allen Grund und Boden«. Die von ihm entdeckte Veränderung war keine Bewegung vom König und vom
Adel zur Gentry, sondern vom König und vom Adel zum Volk; in
seinem Sprachgebrauch gehörten die Bauern immer zum Volk,
nicht immer jedoch die Gentry.

Die Identifikation von Harringtons Lehre mit den Aussprüchen
einiger seiner Nachfolger verführt Trevor-Roper in noch unglück-
licherer Weise dazu, diese Lehre als falsch zu charakterisieren. Sie
habe, so argumentiert er, genau das geliefert, was die »reine« Gentry benötigte, und sei deshalb zu ihrem Slogan geworden »in
ihrem letzten, vergeblichen Kampf gegen den Hof. Die Tatsache,
daß sie diesen Kampf verlor, beweist die Unhaltbarkeit der
Lehre.«[33] Aber Harrington lehrte gar nicht, das Eigentum sei auf
die »reine« Gentry übergegangen, und die Macht solle ihm nun
folgen. Vielmehr behauptet er, das Eigentum habe sich vom Adel
auf Gentry und Volk verlagert und die Macht solle sich nun in
entsprechender Weise verschieben. Aber selbst wenn wir das Volk
beiseite lassen, so umfaßte doch die Gentry, der Harrington die
Macht übergeben wollte, ebenso die »hohe Gentry« und die »aufsteigende Gentry« wie die reine oder niedere oder im Absteigen be-
griffene Gentry. Die hohe oder aufsteigende Gentry mit einem

32 *Pian Piano*, S. 528
33 *The Gentry*, S. 49–50

Jahreseinkommen von 2000 bis 3000 Pfund[34] lag unter Harringtons Agrarlimit von 2000 Pfund pro Jahr (4500 Pfund auf den Britischen Inseln und möglicherweise zweimal soviel in den Kolonien) plus unbegrenzten Einkünften aus Handelsgeschäften und einigen aus öffentlichen Ämtern[35], und die aufsteigende Gentry wird in Harringtons Erörterung über harte Pachtbedingungen erwähnt.[36] Hätte er ein Eigentumsübergewicht auf seiten der niederen Gentry postuliert, so wäre ihr tatsächliches Unvermögen, zur Macht zu gelangen, ein Beweis dafür, daß entweder sein faktisches Postulat nicht stimmt oder seine ganze Theorie falsch ist. Trevor-Roper möchte beides: daß Harringtons Fakten nicht stimmen und daß seine Theorie falsch ist. Da es sich aber gar nicht um Harringtons Fakten handelt, folgt weder das eine noch das andere.

Es bleibt zu untersuchen, warum sich Harrington die Zweideutigkeit erlaubte, die Gentry bald zum Adel und bald zum Volk zu rechnen. Warum gebrauchte er für »die Wenigen oder der Adel« zwei verschiedene Definitionen, von denen die eine die Gentry ausschloß, die andere sie einbezog? Und war er inkonsequent, indem er dies tat? Es sei daran erinnert, daß er die engere Definition bei der Beschreibung des Wechsels vom mittelalterlichen zum modernen Gleichgewichtszustand gebrauchte und die weitergefaßte bei der Erörterung der Situation von 1656. Halten wir uns den Unterschied zwischen feudalen und nach-feudalen Pachtbedingungen vor Augen, so wird der unterschiedliche Begriffsgebrauch verständlich und verliert seine Widersprüchlichkeit. Solange der Besitz an Grund und Boden mit einem militärischen Monopol verbunden war, hatte nur der eigentliche Adel durch seinen Rechtsanspruch auf Land die militärische Macht inne, von der das Gleichgewicht der Herrschaft abhing; die Ritter und Gentlemen, die seine Lehnsleute waren, waren ihm untertan. Mit dem Verschwinden der Feudallehen aber konnte der Adel aus seinen Ländereien, Morgen um Morgen, nicht mehr militärischen Vorteil ziehen als jeder andere Landeigentümer auch. Adel und Gentry, ja selbst die Freibauern unterhalb des Gentry-Ranges, waren in

34 Ibid., S. 52
35 Oceana, S. 100; Prerogative, S. 280, zitiert unten, S. 203
36 Oceana, S. 165; siehe unten, S. 202

bezug auf das vom Landbesitz gewährte militärische Potential gleichrangig; jeder Morgen war für die Ernährung einer Armee von gleichem Wert. Durch diesen Wechsel, der mit großem Bodenerwerb der Gentry und der Freibauern Hand in Hand ging, wurde der alte Adel so entscheidend geschwächt, daß er im Hinblick auf das Eigentums- und Machtgleichgewicht eine unbedeutende Klasse wurde. Gleichwohl hatten die Adligen noch Führerqualitäten, die dringend gebraucht wurden. Ebenso die Gentry. So war es also möglich, Adlige und Gentry – müßige Rentiers, zur politischen Führung geeignet – als im wesentlichen zur gleichen Klasse gehörig zu behandeln. Die für Harrington jetzt signifikante Trennungslinie verlief zwischen »Adel oder Gentry« und den Freibauern unterhalb dieses Ranges, die ihren Lebensunterhalt aus der Bestellung ihrer Äcker ziehen mußten und deshalb keine politische Führungsrolle übernehmen konnten; sie wurden der Klasse des arbeitenden »Volkes« zugeschlagen.

Es war nicht Harrington, der die Gentry vom »Volk« zum »Adel« beförderte; sie selbst beförderte sich dorthin, indem sie vom Feudalstatus unabhängig wurde und beträchtliche Ländereien als erblichen Besitz erwarb. In diesem Sinne zumindest stieg die Gentry tatsächlich auf, und Harringtons zwiefacher Gebrauch des Begriffes spiegelt diesen Aufstieg wider. Das soll nicht heißen, Harrington habe den Doppelsinn in dieser Weise verteidigt. Er hat ihn überhaupt nicht verteidigt. Es gibt keinerlei Hinweis darauf, daß er die Notwendigkeit gesehen hätte, irgendetwas zu verteidigen. Er durfte ohne weiteres davon ausgehen, daß die Gentry-Leser, für die er schrieb, seine Einschätzung der Lage, nämlich daß die Gentry sich während der letzten eineinhalb Jahrhunderte im Sinne politischer Macht um eine Stufe emporgearbeitet habe, nicht mißverstehen würden. Es ist also ganz natürlich, daß Harrington in seiner Hauptuntersuchung niemals von der Gentry als einer eigenständigen Klasse spricht, sondern sie immer einer anderen zuordnet. Und tatsächlich war sie auch nie eine Klasse, die allein hätte regieren können. Sie konnte die Herrschaft mit Adel und Hof oder mit den Freibauern teilen, aber das war auch alles. Harringtons unterschiedlicher Gebrauch des Gentrybegriffs berücksichtigt dies ebenso wie sein Vorschlag einer Republik, in der sich Gentry und Freibauern in die Macht teilen.

Nur sehr selten bezieht sich Harrington auf die Gentry als eine eigenständige Klasse, und in einem dieser Fälle nur, um hervorzuheben, daß sie noch immer unfähig sei, selbständig zu regieren. In einem Pamphlet vom Juli 1659 weist er darauf hin, daß das Unterhaus, welches, »wie bisher in England üblich«, sich »hauptsächlich aus Gentlemen« zusammensetze, zwischen dem Interesse des Königs und dem des Volkes gestanden habe, »solange sie noch dem Adel unterworfen waren; seit sie aber durch den natürlichen Untergang dieser Ordnung weiter emporgestiegen sind, ist es ihr Ziel, sich von den Einmischungen [des Königs] frei zu machen«. Durch ihren Aufstieg konnte die Gentry das durch den Niedergang des Adels entstandene Vacuum füllen. Doch weist Harrington warnend darauf hin, daß das Gentry-Unterhaus von 1659, wenn es nicht so reformiert werde, daß auch das Volk einen Anteil an der Macht erhalte, »aus Furcht vor einer Einmischung des Volkes zur Einführung der Monarchie tendieren werde«.[37] Ein solcher Versuch, so meint er, könne zu nichts anderem als zu fortwährender Unruhe führen; nur eine gemeinsame Regierung von Gentry und Volk sei sinnvoll und vernünftig.

3. Die bürgerliche Gesellschaft

Wie wir sahen, ist Harringtons doppeldeutiger Begriff »die Wenigen« oder seine doppeldeutige Zuordnung der Gentry im Bereich seiner eigenen Bezugspunkte durchaus sinnvoll. Die Gentry hatte mit dem Volk die gemeinsame Unterordnung unter den Adel geteilt; nun, nachdem alle Grundbesitzer einander gleichgestellt waren, hatte die Gentry mehr mit dem Adel als mit dem Volk gemein. Aber die Untersuchung hier enden zu lassen hieße, einen falschen Eindruck von Harringtons Ansicht über die Gesellschaft seiner Zeit zu geben. Wenn er in der Gentry des siebzehnten Jahrhunderts den aristokratischen Zug sah, so sah er doch auch, und in einem überraschenden Ausmaß, den bürgerlichen Zug in der Aristokratie des siebzehnten Jahrhunderts. Bevor wir die zweite zentrale Zweideutigkeit in seiner Theorie erörtern, soll uns zunächst

---

37 *A Discourse Shewing That the Spirit of Parliaments ... is not to be trusted,* S. 575

interessieren, inwieweit er das England seiner Zeit als eine bürgerliche Gesellschaft sah.

Die orthodoxe Auffassung im Gefolge Tawneys hat Harrington eine gewisse Einsicht in die Natur des Umschwungs von feudalen zu bürgerlichen Produktionsverhältnissen zugestanden. Gegen diese Auffassung meldete Pocock ernste Bedenken an. Harrington, so schreibt er,

hat keinerlei Vorstellung davon, daß es zwischen den Menschen ein komplexes Gewebe wirtschaftlicher Beziehungen gibt, das die Machtverteilung zwischen ihnen bestimmt und zu einem Gegenstand eigener Forschung werden kann. Verglichen mit den besten Schriftstellern der Tudorzeit, die sich mit sozialen Reformen beschäftigten, sind ihm die Realitäten einer Agrarwirtschaft weniger unbekannt als gleichgültig. Er begriff nicht, daß der Austausch von Gütern und Dienstleistungen auf agrarwirtschaftlicher Basis nicht nur im Hinblick auf seine eigenen Gesetze, sondern auch in seiner Beziehung zur politischen Macht erforscht werden kann und erforscht werden sollte... Seine einzige Anmerkung zu den wirtschaftlichen Beziehungen zwischen den Menschen – und die einzige Begründung all dessen, was er über das Eigentum als Basis der Macht zu sagen weiß – ist: »Ein Heer ist ein wildes Tier, das einen großen Magen hat und gefüttert werden muß«; derjenige, der über den Boden verfügt, kann die Soldaten ernähren.[38]

Die Schärfe dieses Angriffs ist wohltuend. Die allzu einfachen Vorstellungen, die man sich von Harrington zu machen begann, bedurften eines Korrektivs. Es war unklug zu folgern, daß Harrington, weil er die fundamentale politische Rolle der Veränderungen in der Eigentumsverteilung zwischen der Zeit Heinrichs VII. und dem Bürgerkrieg erkannte, auch das Wesen der gleichzeitigen Veränderung in den ökonomischen Beziehungen zwischen den Menschen und den Klassen durchschaut habe. Die politischen Auswirkungen des Untergangs eines Systems abhängiger Pächter zu sehen – und nach Pocock bestätigt diese Entdeckung Harringtons Originalität als politischer Denker – bedeutet nicht notwendig, auch in das System der Marktbeziehungen, das jenes ablöste, Einblick zu haben.

Doch geht Pococks Korrektur zu weit. Es gibt Beweise dafür, daß sich Harrington der alles durchdringenden Marktbeziehungen,

38 J. G. A. Pocock, *The Ancient Constitution and the Feudal Law* (1957), S. 128–9

auch was die Nutzung des Bodens betrifft, bewußt war; »derjenige, der über den Boden verfügt, kann die Soldaten ernähren« war nicht Harringtons einziger Kommentar zu den wirtschaftlichen Beziehungen zwischen den Menschen. Und, was vielleicht noch entscheidender ist, Harringtons wichtigste Verteidigung seiner politischen Vorschläge geht von der Annahme aus, die Gentry sei bürgerlich genug, um eine Unternehmergesellschaft zur Zufriedenheit der Unternehmer verwalten zu können.

Nehmen wir zunächst die Beweise dafür, daß Harrington sich der Marktmotivationen und -beziehungen bewußt war und sie gutgeheißen hat. Da ist etwa seine Verteidigung des Wuchers, die sich auf das Postulat stützt, daß den Wirtschaftsunternehmen private Kapitalakkumulation ermöglicht werden müsse und daß niemand sein Geld aufs Spiel setzen wolle, es sei denn in der Hoffnung auf Gewinn. In einem Gebiet von der Größe Englands, wo das Geld den Boden nicht überwiegen könne, sei der Wucher »so weit davon entfernt, schädlich zu sein, daß er notwendig ist«; er sei »für die Republik von Nutzen«, »von großem Vorteil für die Öffentlichkeit«, weil er dem Wirtschaftskreislauf Geld zuführe.[39] Und mehr noch: Akkumulation ist ehrenwert und rühmlich; Besitz erwirbt man sich durch Fleiß, nicht durch »Habgier und Ehrgeiz«.[40] »Gewerbefleiß *(industry)* in allen Dingen ist die beste Akkumulation, und Akkumulation in allen Dingen ist der Feind der Gleichmacherei: da also das Einkommen des Volkes das Einkommen des Gewerbefleißes ist…, wird man [kein Volk auf der Welt] finden, das aus Gleichmachern *(levellers)* bestand.«[41] Natürlich wird hier das Streben nach Akkumulation und die Möglichkeit einer ehrenhaften Akkumulation nicht als ein für das siebzehnte Jahrhundert neuer Gedanke angeboten, aber man braucht nur die in diesen Aussagen zutage tretende moralische Einstellung mit den Ansichten der Traditionalisten jenes Jahrhunderts zu vergleichen, um zu erkennen, in welchem Maße Harrington bürgerliche Werte akzeptierte.

Seine spezifischen Beobachtungen über die Sozio-Ökonomie Eng-

39 *Prerogative*, S. 229
40 Ibid., S. 278; vgl. Lockes Behandlung der Habgier, unten, Kap. V, S. 266–7; und die gegensätzliche Auffassung von Hobbes, oben, Kap. II, S. 52
41 *System of Politics*, S. 471

lands erfassen auch deren fließenden Charakter. Daß die soziale Mobilität nach oben vom kaufmännischen und industriellen Profit abhängt, ist für ihn ganz selbstverständlich: es gibt »unzählbare Handels- und Gewerbezweige, von denen die Menschen nicht nur besser leben als andere von schönem Landbesitz, sondern die sie auch immer größeres Vermögen erwerben lassen«; »die Einkünfte aus dem Gewerbefleiß einer Nation, zumindest der unsrigen, sind drei- oder vierfach größer als die aus der bloßen Rente«.[42] Das gleiche Postulat der Mobilität erscheint in der Verteidigung seines Agrargesetzes, das unter anderem den Vorzug habe, daß es den Reichen nicht mehr die Möglichkeit gebe, »den Fleiß und das Verdienst [des Volkes] vom gleichen Zugang zu Besitz, Macht und Ansehen auszuschließen«; wobei er als selbstverständlich hinzufügt, das Volk sei der Überzeugung, daß die Reichtümer der Gesellschaft »dem unterschiedlichen menschlichen Fleiß entsprechend« verteilt werden sollten.[43]

Harrington erkannte also die Vorherrschaft bürgerlicher Wertvorstellungen innerhalb des Volkes und auch, so dürfen wir hinzufügen, die wichtigsten Elemente der Marktwirtschaft, deren soziale Implikationen er keineswegs ablehnte. Die zu erwartende gewaltige Ausdehnung der handeltreibenden Städte vermochte ihn nicht zu erschrecken: dies würde die bestehende Wirtschaft nicht schädigen, sondern stärken, denn Land und Stadt seien einander ergänzende Teile einer einzigen Marktgesellschaft. Städtisches Wachstum führt zu ländlichem Wachstum und umgekehrt; in jedem Fall ist es das Wirken des Gesetzes von Angebot und Nachfrage, in bezug auf Waren wie auf Arbeitskraft, das zum sekundären Wachstum führt. Wenn es die Stadt ist, die sich zuerst entwickelt, gilt dieses:

Je mehr Münder es in einer Stadt gibt, um so mehr Fleisch muß das Land verkaufen, und so wird es mehr Getreide, mehr Vieh und bessere Märkte geben; dies wieder führt zu einer größeren Zahl von Landarbeitern und Bauern, zu reicheren Grundbesitzern, so daß das Land schließlich so weit von einem Staat von Tagelöhnern entfernt sein wird, daß ... der Bauersmann, ...da sein Handel infolge sicherer Märkte keine Unterbrechungen erfährt, die Zahl seiner Kinder und Bediensteten, seinen

42 Oceana, S. 154
43 Prerogative, S. 242–3

Getreideanbau und Viehbestand ständig vergrößern kann... Wenn so das Land von mehr Menschen bewohnt wird und besser mit Vieh besetzt ist, was auch den Anfall von Dünger erhöht, muß seine Fruchtbarkeit entsprechend zunehmen.

Ähnlich führt dicht besiedeltes bäuerliches Land zu dichterer Besiedlung der Städte,

denn wenn sich die Menschen so sehr vermehren, daß die Brust der Erde sie nicht länger zu ernähren vermag, dann müssen sich die Überzähligen auf andere Weise ihren Lebensunterhalt verdienen: sei es durch das Kriegshandwerk, wie es die Goten und Vandalen taten, oder durch Handwerk und Handel, wozu es erforderlich ist, daß sie ihren Witz und ihre Vorräte zusammenlegen, so daß es zur Entstehung dicht bewohnter Städte kommt.[44]

Wenn sich Harrington hier auch nicht als Meister der Volkswirtschaft zeigt, so scheint er doch die wesentlichen Merkmale einer Marktwirtschaft erfaßt zu haben; seine vergleichenden Anmerkungen über die jeweiligen Vorteile des englischen und des niederländischen Handels[45] erhärten diese Vermutung. Die im »Volke« vorherrschenden Marktbeziehungen waren ihm also nicht ganz unbekannt. Soweit wir jedoch bis jetzt beobachten konnten, scheint er der Meinung gewesen zu sein, daß Adel und Gentry von jenen Beziehungen ausgenommen waren. Fast immer betont er die Verschiedenartigkeit der beiden Lebensweisen und der beiden Einkommensquellen. Das Einkommen aus Handel, Handwerk und Landwirtschaft verdanke sich der Anstrengung, die in überlegter Weise in die Produktion von Waren für den Markt investiert werde, wobei das Streben nach Akkumulation als Antrieb wirke. Das Einkommen aus Grundbesitz fließe von selbst: »daß die Renten und Gewinne aus eigenem Boden ganz natürlich und wie von selbst anfallen, aufgrund gemeinsamer Zustimmung oder gemeinsamen Interesses, das heißt aufgrund der Gesetze, die auf das öffentliche Interesse gegründet und deshalb freiwillig vom ganzen Volk anerkannt sind, ist selbstverständlich«.[46] Einer Anstrengung bedarf es nicht; die Rentiers scheinen von der sie umgebenden Marktgesellschaft unberührt. Doch wußte Harrington sehr wohl,

44 Ibid., S. 279
45 *Oceana*, S. 165
46 *Prerogative*, S. 231

daß ihr Einkommen nicht aus einer von den Gesetzen des Marktes unabhängigen, traditionellen Beziehung zwischen Gutsherr und Pächter stammte. Er wußte, daß auch auf dem Land eine kapitalistische Beziehung Fuß gefaßt hatte, in Form des Zinsjoches, und er hieß sie im Prinzip gut und beklagte nur ihre Exzesse: »Das Zinsjoch ist von Übel für die Reicheren und grausam für die Ärmeren, ein vollkommenes Zeichen der Sklaverei, und tötet Euer Gemeinwesen in der schönsten Blüte. Würde man andrerseits hierin zuviel Nachsicht walten lassen, so würde sie Trägheit zeitigen und damit den Fleiß untergraben, den wichtigsten Nerv einer Republik.«[47] Zwar bekennt er, zu wenig Experte zu sein, um angeben zu können, wie hoch der Pachtzins geschraubt werden dürfe, aber über das Prinzip ist er sich im klaren: hoch genug, um die Pachtbauern daran zu hindern, nachlässig zu werden, aber nicht so hoch, daß ihre Existenz bedroht ist, denn sie sind das Rückgrat eines Gemeinwesens und die »am wenigsten unruhige und ehrgeizige« aller Klassen. Während die Anhänger der traditionellen Gesellschaft nur die üblen und zersetzenden Wirkungen harter Pachtbedingungen zu sehen vermochten, erkannte Harrington, wie notwendig sie als Anreiz für die Produktion sind: Es ist die wirtschaftliche Funktion des Gutsherrn, den Fleiß des Pächters zu erzwingen; indem er das tut, sorgt er dafür, daß das von Bauern getragene Gemeinwesen nicht untergeht, sondern am Leben erhalten wird.

Ebenso erhellend für Harringtons Ansicht über die Position des Grundbesitzers in der kapitalistischen Gesellschaft ist seine Beschreibung der Vorteile, die aus der militärischen Unterwerfung von »Provinzen« zu erwarten seien. Er subsumiert unter eine einzige allgemeine Theorie der Appropriation sowohl die Arbeit des Unternehmers als auch die Arbeit von Adel und Gentry, die sich mit Waffengewalt fremde Länder und Völker zu ihrem privaten Vorteil unterwerfen. In seiner Rechtfertigung des Eigentums durch Arbeit macht er keinerlei Unterschied zwischen militärischer und friedlicher Arbeit. »Dieses Geschenk der Erde an den Menschen«, schreibt er, die Psalmen und die Genesis zitierend, »läuft auf eine Art Verkauf der Erde gegen *Fleiß* hinaus... Von den ver-

schiedenen Arten und Chancen dieses Fleißes, sei es im Waffenhandwerk oder in einer anderen Betätigung des Geistes oder des
Körpers, leitet sich der natürliche Rechtsanspruch auf Herrschaft
oder Eigentum her...«[48] Oceana sei

eine auf Wachstum gerichtete Republik: das Geschäft einer solchen
Republik ist das Waffenhandwerk; Waffen aber werden nicht von Kaufleuten, sondern von Adligen und Gentlemen getragen. Da nun der Adel
diese Waffen, mit denen Provinzen erobert werden, in der Hand hält,
werfen neue Provinzen neue Rittergüter ab. So wie der Kaufmann seinen
Lohn in Seide und Leinen hat, wird der Soldat seinen Lohn in Grund und
Boden haben... Wenn nun die Republik fünf neue Provinzen erwirbt
(und eine solche Republik wird stets neue Provinzen haben), ist es sicher,
daß der Adel von *Oceana* (neben den Ehren, Ämtern und damit verbundenen Einkünften) mehr Güter mit einem Wert von 14 000 Pfund im
Jahr haben wird als zuvor oder als wenn es nur vier Provinzen
wären...[49]

Die Aneignung solch großer Güter durch Adlige und Gentlemen,
die schon über die größtmöglichen Güter in England (und Irland
und Schottland) verfügten[50], würde das Eigentums- und Machtgleichgewicht zu Hause nicht gefährden, denn das unterworfene
Volk sollte mehr eine Einkommensquelle als ein potentielles Söld-
nerreservoir der Eroberer sein.
Das Geschäft von Adel und Gentry ist das Waffenhandwerk; die
Arbeit, durch die sie sich ihren Anteil am Gottesgeschenk der Erde
sichern, ist die Arbeit mit den Waffen. Der Unterschied zwischen
Gentry und Adel auf der einen und dem Volk auf der anderen
Seite, den Harrington so sehr hervorhebt, wenn er an ihre politischen Qualitäten denkt, schrumpft darauf zusammen, daß sie verschiedene Gewerbe betreiben; beide aber akkumulieren, und beide
erwirtschaften Erträge, die das Grundkapital der Nation erhöhen.
Das soll nicht heißen, Harrington habe Adel und Gentry gänzlich
in die bürgerliche Ordnung integrieren wollen. Aber man darf
zumindest behaupten, daß sich der von ihm so oft betonte Unter-

48 *Art of L*, S. 363
49 *Prerogative*, S. 280
50 Unter Harringtons Agrargesetz durfte man Ländereien im Werte bis zu 2000
Pfund in England, noch einmal so viel in Irland und bis zu 500 Pfund in Schottland
besitzen (*Oceana*, S. 100).

schied zwischen ihnen und der Schicht der Händler und Handwerker durchaus mit seiner Vorstellung von ihnen als einem Bestandteil der bürgerlichen Gesellschaft verträgt.

Wir dürfen noch weiter gehen. Eine Politik kolonialer Unterwerfung ist natürlich kein ausschließliches Merkmal der bürgerlichen oder kapitalistischen Gesellschaft: in den nicht-bürgerlichen Staaten der antiken Welt war sie die übliche Methode, ein Imperium zu gründen. Aber die koloniale Unterjochung, die es ermöglichte, das Mehrwert-Produkt menschlicher Arbeitskraft in dieser oder jener Form (als Rente oder Profit aus den in der Kolonie erzeugten Gütern) in die Hände der neuen Besitzer fließen zu lassen, war im sechzehnten und siebzehnten Jahrhundert eines der Mittel, durch welche die für die Entstehung des modernen Kapitalismus notwendige Akkumulation des Reichtums bewirkt wurde. Wir können zwar nicht sicher sein, ob und wie weit Harrington dies durchschaute, aber seine Äußerungen über Irland geben uns einige Hinweise. Er bejahte Irlands Unterjochung, bedauerte, daß es bei weitem nicht so viel für England abwerfe, wie es tun könnte, und hätte gern gesehen, wenn es von einem fleißigeren und unternehmungslustigeren Volk, den Juden, neu besiedelt worden wäre, die er für fähig hielt, Irlands Landwirtschaft zu verbessern, seinen Handel und seine Industrie zu intensivieren, so daß sie pro Jahr vier Millionen Pfund »trockener Rente« produzierten, d. h. ein Netto-Mehrprodukt über die Arbeitslöhne und Unternehmerprofite hinaus. Von diesem Surplus verlangte er voller Mäßigung nur zwei Millionen Pfund (zuzüglich der für eine in Irland zu unterhaltende Armee notwendigen Kosten) als jährlichen Tribut für England.[51] Der Plan war insofern ungewöhnlich, als er die Übergabe des eroberten Landes an ein fremdes Volk gegen einen jährlichen Tribut vorsah. Harrington hielt diese merkwürdige Regelung wegen des in Irland herrschenden sanften Klimas, das nicht nur das irische Volk, sondern auch die dort ansässigen Engländer sorglos und träge gemacht habe, für geboten. Außergewöhnliche Maßnahmen seien notwendig, um die nach England fließenden Zahlungen auf eine angemessene Höhe zu bringen. Doch ergibt sich aus den oben zitierten Äußerungen über die in neuen Provin-

51 *Oceana*, S. 33–34

zen zu errichtenden Landgüter, daß Harrington bei den noch zu erobernden Ländern eher an eine Aneignung des Surplus auf den damals gebräuchlicheren Wegen dachte, nämlich in Form der den privaten englischen Grundherren zu zahlenden Rente.

Wir können also sagen, daß Harrington, wenn er auch nicht gerade die Marxsche Theorie der »ursprünglichen Akkumulation« vor Augen hatte, doch sehr deutlich erkannte, daß es Aufgabe der Kolonialvölker war, einen Surplus zu produzieren, der als frei verfügbarer Reichtum in englische Hände strömen sollte. Sein Modell einer »auf Wachstum gerichteten Republik« stammt natürlich aus der antiken Welt. Aber war sein Kopf auch voll »antiker Prudentia«, so standen seine Füße doch fest auf dem Boden des siebzehnten Jahrhunderts. Er sah Adel und Gentry in Wirtschaft wie in Politik zum Nutzen Englands beitragen. Indem sie ihren eigenen Reichtum vergrößerten, vergrößerten sie zugleich ganz wesentlich auch den Reichtum der Nation, denn ihre neuen Einkünfte konnten sie entweder zur Verbesserung ihrer Landgüter verwenden oder gegen Zinsen ausleihen – beides zum Wohl des Staates. So fügten sich Adel und Gentry nützlich und geschmeidig in eine vornehmlich von freien und fleißigen Unternehmern – Bauern, Handwerkern und Kaufleuten – getragene Gesellschaft ein, auf deren Seite das Gleichgewicht jetzt lag.

Bevor wir Harringtons Bild seiner eigenen Gesellschaft hinter uns lassen, müssen wir noch festhalten, daß es *eine* Klasse völlig ausschließt. Lohnempfängern oder Bediensteten wird nicht nur das Bürgerrecht verweigert (mit der Begründung, daß sie keine freien Bürger und daher unfähig seien, an der Regierung eines Staates teilzunehmen)[52]; sie werden weniger als eine Klasse innerhalb des Gemeinwesens denn als ein Volk außerhalb seiner behandelt. Gänzlich bedeutungslos sind sie für das sich innerhalb eines Gemeinwesens herstellende Klassengleichgewicht: »Die Ursachen für die in einer Republik sich vollziehenden Veränderungen kommen entweder von außen oder von innen. Von außen wirken Feinde, Unterjochte oder Knechte.«[53]

---

52 Ibid., S. 77; *Art of L.*, S. 409
53 *Oceana*, S. 138; vgl. Lockes Behandlung der Arbeiterklasse als nicht ganz zur bürgerlichen Gesellschaft gehörig, unten, Kap. V, S. 279 f.

4. Die ausgeglichene Republik und das Agrargesetz

Auf der Grundlage dieser Gesellschaft wollte Harrington ein ewig dauerndes Staatswesen errichten. Er bezeichnete es als »ausgeglichene Republik (»*equal commenwealth*«) und machte seine Lebensdauer letztlich von einem Agrargesetz abhängig, das er »ausgeglichenes Agrargesetz« (»*equal agrarian*«) nannte. Untersuchen wir seine Vorschläge genauer, so entdecken wir, daß das Modell zwei gesetzgebende, de facto mit Vetorecht ausgestattete Körperschaften enthält, die zwar beide von der gesamten Bürgerschaft gewählt werden, aber aus verschiedenen sozialen Klassen bestehen; daß ferner beide Klassen in ihrem Grundbesitz sehr ungleich sind oder doch sehr ungleich sein können, und daß das Eigentumsgleichgewicht nicht unbedingt auf seiten der Klasse zu liegen braucht, die an Zahl die weitaus größere ist und daher die Wahl beider gesetzgebender Körperschaften kontrollieren kann. Harringtons Versuche zu erklären, warum sein System trotzdem unwandelbar sei – er versucht kaum zu erklären, wie es auch nur von Monat zu Monat oder von Jahr zu Jahr funktionieren könne –, sind äußerst verwirrend. Wir werden in diese Wirrnis eindringen müssen, wenn wir Vermutungen darüber anstellen wollen, wieso Harrington überhaupt glauben konnte, er habe sich deutlich ausgedrückt. Seine Argumentation ist im wesentlichen die, daß die Republik so lange nicht untergehen könne, wie das Agrargesetz in Kraft sei, und daß dieses in Kraft bleibe, weil keine Klasse, die stark genug sei, es zu ändern, ein Interesse daran habe, dies zu tun. Wir werden sehen, daß keine dieser Thesen ohne die Annahme aufrechterhalten werden kann, daß sowohl die Gentry als auch das Volk zur Bourgeoisie zählen; daß Harrington im Laufe seiner Argumentation beinahe dahin kommt, diese Annahme aufzustellen, sie jedoch nicht ausdrücklich formuliert oder ihre Notwendigkeit nicht zu erkennen scheint; und daß er sich infolgedessen in offenkundige Widersprüche verstrickt. Zunächst sei ein Blick auf die vorgeschlagene Verfassungsstruktur geworfen, dann auf das schwierigere Problem des Agrargesetzes.

Die wesentlichen Elemente der Verfassungsstruktur sind diese: (1) ein 300-köpfiger Senat und ein aus 1050 Mitgliedern bestehendes Repräsentantenhaus, beide durch jährliche, indirekte und geheime Wahlen ergänzt (wobei jedes Jahr ein Drittel der Mitglieder für die Dauer von drei Jahren gewählt wird und kein Mitglied zweimal hintereinander gewählt werden darf); die Wahlmänner sowohl für den Senat als auch für das Repräsentantenhaus müssen das 30. Lebensjahr vollendet haben und dürfen weder Bedienstete noch Verschwender sein; die Kandidaten für den Senat und für drei Siebtel der Sitze des Repräsentantenhauses müssen eine substantielle Eigentumsqualifikation aufweisen; (2) eine strenge Gewaltenteilung zwischen den beiden gesetzgebenden Körperschaften: der Senat debattiert über Gesetze und schlägt sie vor, das Repräsentantenhaus stimmt diesen Vorschlägen zu oder verwirft sie, ohne darüber zu debattieren; (3) Verwaltungs-, Militär- und Gerichtsbeamte werden gewählt, kein Beamter darf zweimal hintereinander gewählt werden. Ein derart verfaßtes System (mit einem Agrargesetz, das die Eigentumsgrundlage zementiert) sei gegen Auflösung von innen her immun. Es genüge der Anforderung einer »perfekten Regierung«, nämlich der, daß »niemand in ihr oder unter ihr das Interesse haben kann oder, falls er das Interesse hat, die Macht haben kann, sie durch einen Aufstand zu stürzen«.[54] Welche Stellung haben Adel und Gentry einerseits, das Volk andererseits in diesem System? Adel und Gentry besetzen den Senat, drei Siebtel des Repräsentantenhauses und die wichtigsten Ämter, und zwar nicht aufgrund eines Rechtsanspruches, sondern weil sie vom ganzen Volk gewählt werden. Zufolge der Eigentumsqualifikation (Einkünfte von 100 Pfund pro Jahr aus Boden, Waren oder Geld) konnten nicht nur die Gentry-Mitglieder, sondern auch reiche Bauern und Städter diese Plätze einnehmen. Wenn Harrington überzeugt war, sie blieben der Gentry vorbehalten, so stützte er sich dabei nicht auf die Eigentumsqualifikation, sondern auf die traditionelle Hochachtung des Volkes vor dieser Klasse. Tatsächlich sah er den springenden Punkt der Eigentumsqualifikation (die insofern ungewöhnlich war, als sie in beide Richtungen wirkte) gerade darin, daß sie die Mehrzahl der Sitze im Repräsentantenhaus Männern mit einem Einkommen von weniger als 100 Pfund im Jahr sicherte.[55] Diesen Männern »geringerer Art«, die den Großteil des Volkes bildeten,

---

54 *Oceana*, S. 49; vgl. *Prerogative*, S. 247; *Art of L.*, S. 433
55 *Valerius*, S. 449–50; vgl. *Oceana*, S. 133; *Art of L.*, S. 419

waren vier Siebtel der Sitze im Repräsentantenhaus und die weniger wichtigen Staatsämter zugedacht.

Es gibt also sorgsame Überlegungen hinsichtlich der beiden, vorwiegend von verschiedenen Klassen besetzten, gesetzgebenden Körperschaften. Die Begründung, mit der die Gewaltenteilung zwischen ihnen gerechtfertigt wird, schließt ein, daß sie bis zu einem gewissen Grad verschiedene Interessen haben: Gerade so wie zwei Mädchen, die einen Kuchen unter sich aufteilen müssen und in Streit geraten, weil jede das größere Stück haben möchte, gleich bedient sind, wenn die eine teilt und die andere auswählt, so werden auch Senat und Volk, von denen jeder das größere Stück haben möchte, gleich bedient sein, wenn die eine Körperschaft die Gesetze vorschlägt und die andere sie auswählt. Nun ist es aber nicht selbstverständlich, daß ein System, das auf die Zusammenarbeit zweier solcher Körperschaften angewiesen ist, auch harmonisch funktioniert. Beide sollen zwar durch das ganze Volk gewählt werden, aber es gibt keine Parteien und keine Wahlpropaganda[56], die die Wünsche des Volkes zum Ausdruck bringen könnten; und die für den Senat geforderte Eigentumsqualifikation macht es den mittleren und unteren Volksschichten unmöglich, ihre eigenen Leute dorthin zu entsenden. Auch die traditionelle Hochachtung des Volkes kann nicht als ausreichende Basis für ein harmonisches Funktionieren des Systems gelten. Die Hochachtung, die Harrington im Auge hat, ist mehr Folge als Ursache einer Interessenharmonie: das Volk ist nur dann ehrerbietig, wenn es sich nicht übervorteilt fühlt; und er setzt eindeutig voraus, daß es seine eigenen Interessen kenne.[57] Harrington behauptet schlichtweg, daß dort, wo der Senat an keine erbliche Ordnung gebunden ist, sondern vom Volk gewählt wird, die Interessen von Senat und Volk die gleichen sind.[58]

Tatsächlich bleibt uns Harrington den Beweis dafür schuldig, daß sein System funktioniert. Vielleicht glaubte er, dies sei schon durch die Beweise für seine wichtigere These dargetan, die nämlich, daß das System nicht durch Aufstand beseitigt werden könne. Diese Beweise aber laufen alle auf den einen Beweis hinaus, daß das

56 Oceana, S. 144
57 z. B. Prerogative, S. 246; Valerius, S. 459
58 Prerogative, S. 244

Agrargesetz jede Klasse, die ein Interesse oder die Macht habe, die Republik zu zerstören, hieran zu hindern vermöge.

Und gerade hier gerät Harringtons Gedankengang in fast unentwirrbare Konfusion. Denn sein Agrargesetz wollte grobe Ungleichheit des Eigentums keineswegs verhindern. Das Agrarlimit von 2000 Pfund jährlicher Rente aus Grundeigentum würde, nach seinen eigenen Berechnungen, die Möglichkeit eröffnen, daß der gesamte Boden Englands in die Hände von 5000 Personen gelangte und die restlichen 500000 Bürger allen Grundbesitzes bar wären.[59] Wenn er es auch als höchst unwahrscheinlich hinstellte – »so unwahrscheinlich wie irgendetwas auf der Welt, das nicht vollkommen unmöglich ist« –, daß der Boden jemals in die Hände von nur 5000 Eigentümern gelangen könnte, so glaubte er doch, daß selbst in diesem Fall der Staat noch ein Volksstaat *(popular state)* mit einem entsprechenden Gleichgewicht sei:

... wenn der Boden in den Besitz von 5000 gelangt, so fällt er nicht einer Anzahl von Personen anheim, die im Bereich der Wenigen liegt oder die nur aus Fürsten besteht, sei es in bezug auf ihre Zahl oder auf ihr Vermögen; sondern er fällt einer Anzahl von Personen zu, die einer Abschaffung des Agrargesetzes nicht zustimmen können, weil das ihrer gegenseitigen Beraubung zustimmen hieße. Auch wird keine gegen ihr gemeinsames Interesse sich richtende Gruppe unter ihnen je stark genug werden, sich durchzusetzen und es zu brechen. Diese 5000 sind also nichts anderes und können nichts anderes sein als ein Volksstaat, und das Gleichgewicht bleibt in jeder Beziehung so stabil, als läge der Boden in bedeutend mehr Händen.[60]

Daß die 5000 einer Abschaffung des Agrargesetzes nicht zustimmen würden, darf als sicher gelten, denn wenn ihnen der ganze Betrag von zehn Millionen Pfund pro Jahr zuflösse, würden auf jeden der 5000 nach den Bestimmungen des Agrargesetzes genau 2000 Pfund entfallen, und wenn das Gesetz abgeschafft oder das Limit erhöht würde, wäre der Gewinn des Einen zugleich der Verlust des Anderen. Aber der Gedankengang im Ganzen erscheint zirkulär. Das Agrargesetz, so erfahren wir, sichere die Erhaltung eines stabilen Gleichgewichts, da die durch das Gesetz gestattete maximale Konzentration von Eigentum die Eigentümer nicht dazu verleite, das Gesetz aufzuheben. Doch kann dies nur

59 Siehe Anm. M, S. 334 f.
60 *Prerogative*, S. 247

dann die Aufrechterhaltung eines stabilen Gleichgewichts sichern, wenn schon vorausgesetzt wird, daß das Gleichgewicht stabil ist, solange das Agrargesetz in Kraft ist.

Harrington geht tatsächlich von dieser Voraussetzung aus und formuliert sie auch:

Wenn die Reichen durch das Agrargesetz so gebunden sind, daß sie kein Übergewicht bekommen können (und dadurch auch nicht in der Lage sind, das Volk zu unterdrücken oder seinen Fleiß und sein Verdienst vom gleichen Zugang zu Besitz, Macht und Ansehen auszuschließen), dann hat das ganze Volk den gesamten Reichtum der Nation schon gleichmäßig unter sich aufgeteilt; denn wenn der Reichtum eines Staates nicht dem unterschiedlichen menschlichen Fleiß entsprechend verteilt ist, sondern nach der Kopfzahl, so ist das Ungleichheit.[61]

Gleichheit des Reichtums ist nach Harrington keine arithmetische Gleichheit, vielmehr die gleiche Chance, seinen Reichtum zu vergrößern. Dementsprechend ist es eine ausreichende Grundlage für eine »ausgeglichene Republik«, wenn den Reichen nicht die Möglichkeit gegeben wird, den Drang der Mittelklasse nach oben zu behindern. Und das Agrargesetz ist dazu bestimmt, ihnen jene Behinderung unmöglich zu machen. Solange das Agrargesetz gilt, ist folglich das Gleichgewicht »ausgeglichen«.

Wenn wir also Harringtons Gleichheitsbegriff in Betracht ziehen, erscheint seine Argumentation nicht mehr zirkulär. Aber noch immer enthält sie eine unausgesprochene Voraussetzung. Denn das Agrargesetz als solches würde die Reichen keineswegs davon abhalten, dem Aufstreben des Volkes Widerstand entgegenzusetzen. Es könnte dies nur unter der Voraussetzung tun, daß auch jede zukünftige Klasse von reichen Grundeigentümern mehr daran interessiert wäre, die Marktwirtschaft aufrechtzuerhalten (die ihrerseits wieder den arbeitsamen Mitgliedern des »Volkes« die Möglichkeit eröffnen würde, zu akkumulieren und aufzusteigen), als sich zusammenzuschließen und dem Volk entgegenzutreten. Harringtons Verteidigung des Agrargesetzes als ausreichender Garantie für ein ausgeglichenes Gleichgewicht gegen Angriffe der Wenigen beruht also auf einem für das Bürgertum charakteristischen Begriff der Gleichheit (Gleichheit des Reichtums heißt gleiche

61 *Prerogative*, S. 242–3

Chance, ungleiche Beträge zu akkumulieren) und einem Begriff der Gentry als einer Klasse, die bürgerlich genug ist, die Aufrechterhaltung der Marktgesellschaft in ihrem eigenen Interesse allem anderen voranzustellen.

Der Beweis dafür, daß das Agrargesetz auch gegen Attacken der anderen Seite gefeit ist, stützt sich auf denselben Gleichheitsbegriff und auf einen rudimentären Begriff der kapitalistischen Wirtschaft. Warum sollte das Volk, das nur wenig Boden besitzt (oder gar keinen, falls 5000 Personen allen Boden innehaben), nicht versuchen, den Reichtum zu nivellieren, indem·es sich entweder durch Bürgerkrieg seiner bemächtigt oder ihn durch eine das Agrarlimit aufhebende Gesetzgebung konfisziert? Harrington antwortet darauf ganz allgemein, das Volk werde dies nicht tun, da es ja schon die gleiche Chance zur Akkumulation habe, »den gesamten Reichtum der Nation schon gleichmäßig unter sich aufgeteilt« habe. Er unterstreicht dies noch durch ein arithmetisches Argument, das zeigen soll, daß das Volk die Nivellierung nicht wünschen kann, da sie gegen sein eigenes Interesse sei: Der gegenwärtige oder zukünftige Wert des gesamten Bodens betrage 10 Millionen Pfund pro Jahr. Würde er nun konfisziert und gleichmäßig unter die eine Million Familienvorstände verteilt, so erhielte jeder nur zehn Pfund pro Jahr. Nun nehme aber schon der geringste Arbeiter mit einem Tagelohn von einem Schilling mehr als diese Summe im Jahr ein, und wenn alle gleich viel Boden hätten, verlöre er sein gegenwärtiges Einkommen, denn »es gäbe niemanden mehr, der ihn beschäftigen könnte«. Die wohlhabenden Handwerker und Händler würden sogar noch mehr verlieren, denn die Einkünfte aus Gewerbefleiß seien drei bis vier Mal größer als diejenigen aus der Bodenrente, und sie würden diese Einkünfte verlieren, wenn sie einen Bürgerkrieg entfesselten, ja selbst durch verfassungsmäßige Nivellierung des Eigentums.[62]

Das arithmetische Argument erscheint nicht sehr überzeugend. Warum sollte sich der zu einem kleinen Pächter gewordene Arbeiter nicht an den zehn Pfund pro Jahr (der vermuteten Netto-Produktivität seines Grundbesitzes) und gleichzeitig an seinem Arbeitsverdienst erfreuen? Warum sollte sich der Handwerker

62 *Oceana*, S. 154–5; *Prerogative*, S. 247

oder Händler, dessen Einkünfte aus seinem Gewerbe so hoch waren, daß er akkumulieren konnte, nicht auch weiterhin dieser von jedem Grundbesitz unabhängigen Einkünfte erfreuen? Und warum sollte ein mittlerer Bauer, der in der Tat mehr Ackerland benötigte, als ihm bei absoluter Nivellierung zur Verfügung stünde, nicht von einer partiellen Enteignung der großen Gutsherren durch Herabsetzung des Maximums von 2000 auf 1000 Pfund oder weniger profitieren? Harrington überging diese Fragen. Doch beantworten sie sich von selbst, wenn gewisse rudimentäre Begriffe der bürgerlichen Ökonomie vorausgesetzt werden. Der erste Einwand löst sich auf, wenn angenommen wird, daß die Produktivität kleiner Pachtbetriebe viel geringer ist als die von Land, das als Bodenkapital und nach Profitgesichtspunkten bewirtschaftet wird, oder, was auf dasselbe hinausläuft, daß das System der Lohnarbeit zur Aufrechterhaltung der gegenwärtigen Produktivität wesentlich ist. Der zweite Einwand löst sich auf, wenn angenommen wird, daß die Rentabilität von Handel und Handwerk von der rentablen Bewirtschaftung des Bodens abhängt. Fast die gleichen Annahmen waren, wie wir sahen, schon in Harringtons Bemerkungen über die harten Pachtbedingungen und das Wachstum der Städte enthalten. Der dritte Einwand löst sich auf, wenn angenommen wird (und Harrington war, wie wir sahen, dieser Meinung), daß die vom Volk begehrte Gleichheit die Gleichheit der Chance ist, der Unternehmungslust entsprechend Gewinne zu machen: die Menschen würden eine Schwächung der Heiligkeit des Eigentums durch irgendwelche konfiskatorischen Maßnahmen nicht riskieren wollen.

Harringtons ganze Verteidigung seines Agrargesetzes als einer ausreichenden Garantie für ein »ausgeglichenes« Gleichgewicht und als einer ausreichenden Grundlage für ein vom Volk getragenes oder »ausgeglichenes« Gemeinwesen hängt, so können wir folgern, an einem Begriff der Wirtschaft, der die Notwendigkeit oder wenigstens die Vorherrschaft kapitalistischer Produktionsverhältnisse als gegeben annimmt, und an einem Begriff der Gleichheit, der wesentlich bürgerlich ist.

Nur auf der Grundlage dieser Begriffe ergibt der bei dem Ausdruck Übergewicht vorgenommene eigenartige Bedeutungswechsel einen Sinn. In seinen allgemeinen Ausführungen zum Prinzip des Gleichgewichts und in seinen vielen Beispielen historischer Gleichgewichtszustände und Gleichgewichtsverschiebungen setzt Harrington »Übergewicht« mit dem Besitz von mehr als der Hälfte des Bodens gleich. Als Vorbedingung für die Existenz einer Republik gilt unterschiedslos, daß das Volk drei Viertel (oder zwei Drittel) des Bodens besitzt oder daß ein Zustand herrscht, wo weder ein Einzelner noch die Wenigen ein Übergewicht an Grundeigentum über das Volk haben.[63] Dann aber heißt es plötzlich, selbst wenn aller Boden in die Hände von 5000 Eigentümern (einer kleinen Minderheit der 500 000 Bürger) gelange, liege das Gleichgewicht noch immer auf seiten des Volkes; und nicht nur dies, sondern das Agrargesetz von Oceana, das 5000 Personen erlaube, den ganzen Boden zu besitzen, bedeute kein Übergewicht »der Wenigen oder der Reicheren« (hier mit den 5000 identifiziert) über das Volk (»die Vielen oder die Ärmeren«).[64]

Es fällt schwer, hier irgendeine Folgerichtigkeit zu entdecken. Nichts scheint seine Bedeutung beizubehalten. Einmal sind die Wenigen die 5000, ein paar Seiten später wird behauptet, die 5000 seien keine Anzahl, die »im Bereich der Wenigen liegt«.[65] Das Gleichgewicht soll auf seiten des Volkes liegen, wenn die 5000 Wenigen über den ganzen Boden verfügen. »Übergewicht« bedeutet plötzlich etwas ganz anderes, denn jetzt sind die Wenigen, die doch sicher das Eigentumsübergewicht haben, »nicht in der Lage, das Volk zu überwiegen«, und zwar in dem Sinn, daß sie »keinerlei Gewalt besitzen, das Gemeinwesen zu erschüttern«.[66] Und warum nicht? Weil sie selbst dann, wenn sie irgendein Interesse daran hätten (was sie Harrington zufolge nicht haben können, da sie bereits über allen Reichtum und alle nur denkbare Freiheit

63 z. B. *Oceana*, S. 37; *Prerogative*, S. 227, 270; *Art of L.*, S. 363; *System of Politics*, S. 467
64 *Prerogative*, S. 243; vgl. S. 242
65 Ibid., S. 247, zitiert oben, S. 209
66 Ibid., S. 243

verfügen und als Haupt einer Republik von einer Million Einwohnern mehr Macht haben, als sie haben würden, wenn sie die Million ausschlössen und sich dadurch auf ein Gemeinwesen von nur 5000 reduzierten[67] oder auf diese Art ihrer Miliz verlustig gingen[68]), doch nicht genügend Macht dazu hätten, »weil das Volk gleicherweise die Regierungsgewalt und Waffen innehat und an Zahl weit überlegen ist«.[69] So scheint auch die letzte Spur des Prinzips, daß das Machtgleichgewicht vom Eigentumsgleichgewicht abhängt, verschwunden zu sein. Noch immer hängt politische Macht an militärischer Macht, aber militärische Macht ist vom Rechtsanspruch auf Eigentum getrennt.

Was ist mit dem Gleichgewichtsprinzip geschehen? Eines ist gewiß: wie auch immer wir die widersprüchliche Verwendung von »Übergewicht« und die offensichtliche Preisgabe des ganzen Prinzips beurteilen mögen, der Begriff Übergewicht wird nur dann in diesem widersprüchlichen Sinne gebraucht, wenn Harrington einen hypothetischen zukünftigen Zustand vor Augen hat, der sich nach Einrichtung der »ausgeglichenen Republik« einstellen könnte. Der Gebrauch des Begriffs Übergewicht in diesem besonderen Sinn entkräftet daher keineswegs die von uns im Hinblick auf seine Vorstellungen über die Landverteilung von 1656 gezogenen Schlußfolgerungen.[70]

Wie aber konnte es Harrington entgehen, daß er sich selbst widersprach, wenn er die Notwendigkeit seiner Republik auf das Gleichgewichtsprinzip gründete und dann das Herzstück dieser Republik, das Agrargesetz, mit Argumenten verteidigte, die dem Wirken jenes Prinzips zuwiderlaufen? Er konnte dies tun, wenn er voraussetzte, daß in jeder zukünftigen Situation, in welcher aller Boden in den Besitz von 5000 Personen gelangt, diese 5000 sich sowohl in Qualität als auch in Quantität von den Wenigen unterscheiden, die in der antiken und der feudalen Welt Träger der Oligarchien waren. Unter der Voraussetzung, daß die englische Gentry der Gegenwart und der Zukunft sich der Marktwirtschaft verbunden weiß, daß sie in ihrem Denken und Planen bürgerlich

67 Ibid.
68 Oceana, S. 99
69 Prerogative, S. 243–4
70 Vgl. oben S. 190 f.

ist, lösen sich die Widersprüche auf. Jene 5000 hätten dann kein Verlangen nach Institutionen, die das Volk (d. h. nur jene oberhalb der Schicht der Lohnempfänger) unterdrücken. Sie wären nicht daran interessiert, ein Übergewicht über das Volk zu gewinnen, indem sie sich seiner Teilhabe an der politischen Gewalt widersetzten. Auch hätten sie gar nicht die Macht dazu, denn noch würde das Volk (das sich zu Beginn der Republik noch einer breiteren Streuung des Grundbesitzes erfreut und bewaffnet ist, um das »ausgeglichene« oder Volksgleichgewicht zu verteidigen) über Waffen verfügen und sie auch gebrauchen, um jeden Versuch, es von der politischen Macht auszuschließen, abzuwehren (welchen Versuch es nur als einen Angriff auf die »Gleichheit« des Eigentums verstehen könnte, deren es sich so lange erfreut, wie es imstande ist, zu akkumulieren und seine Lage zu verbessern).

Daß sich Harrington keiner Inkonsequenz in der Anwendung seines Gleichgewichtsprinzips bewußt war, ist also verständlich, wenn er die damalige Gentry und die geplante Republik als in ihrem Wesen bürgerlich begriff. Und die oben untersuchten Belege sprechen dafür, daß er sie so verstanden hat. Doch damit wird Harrington noch immer des Widerspruchs bezichtigt. Denn das universelle Gültigkeit beanspruchende Gleichgewichtsprinzip, so stellt sich heraus, ist nur bis zur Errichtung des bürgerlichen Gemeinwesens wirksam und hebt sich gerade durch diesen Schritt selbst auf. In der Vergangenheit hatte das Gleichgewichtsprinzip nach allen Richtungen hin gewirkt: seinen Weg säumen gefallene Monarchien, Oligarchien und Republiken. Sobald es jedoch eine bürgerliche Republik ins Leben ruft, verliert es seine Wirksamkeit. Das Übergewicht des Grundeigentums einer bürgerlichen Minderheit führt zu keinem Übergewicht ihrer politischen Macht. Mit der Errichtung von Harringtons Republik käme die Geschichte zum Stillstand. Sein ganzes Trachten zielte darauf, sie zum Stillstand zu bringen.

6. Harringtons Standort

Wie steht es nun mit Harringtons hochgesteckten Zielen? »Die Gleichgewichtslehre«, so prahlte er, »ist das Prinzip, das die Politik zu etwas macht, das sie vor der Erfindung dieser Lehre nicht war, nämlich zu einer durchaus unbestreitbaren und...wie nichts anderes beweisbaren Sache«.[71] Er betonte, daß es sich nicht lediglich um eine historische Verallgemeinerung, sondern auch um ein notwendiges Prinzip handle. Er bestritt, ein bloß empirischer Denker zu sein. Wenn er auch Hobbes verachtete, weil er sein System an der Geometrie aufgehängt habe[72], so verachtete er doch keinesfalls die deduktive Methode. Die deduktive Methode hielt er für die »ehrenhaftere« Argumentationsweise, mag es auch zweifelhaft sein, ob er sie wirklich verstanden hat.[73] Er stimmte mit den Geometrikern der Politik darin überein, daß Gesetz und Recht aus dem Willen hervorgeht und daß der Antrieb des Willens das Interesse ist.[74] Dagegen haderte er mit ihnen, weil sie allen Menschen ununterschiedene Interessen und damit ununterschiedene Willen unterstellten: Solange es Geschichte gebe, hätten die Wenigen und die Vielen verschiedenartige Interessen gehabt. Jede Klasse sei darauf aus, die ihr eigene Lebensweise zu sichern. Das Klasseninteresse (d. h. das Interesse, das die Menschen als Mitglieder unterschiedlicher Klassen daran haben, ihre unterschiedliche Lebensart und ihre unterschiedlichen Eigentumsordnungen zu sichern) sei wichtiger als das allen Menschen gemeinsame Interesse an Sicherheit *per se*. Darum auch könne man nicht einfach Könige (oder Republiken) machen, indem man eine Geometrie des Willens der Menschen konstruiere, ohne zugleich eine Anatomie ihres Eigentums zu entwerfen.[75] Wann immer zwei Klassen nach verschiedenen Arten von Sicherheit, verschiedenen Eigentumsordnungen strebten, werde jede ein Interesse daran haben, ihre Regeln der anderen aufzuzwingen, und dies auch zu tun versuchen. Wann immer eine Klasse den Löwenanteil des Eigentums innehabe, werde sie die Fähigkeit und auch den Willen haben, sich über die andere zu erheben, und dies deshalb auch tun. Das Gleichgewichtsprinzip sollte wahrscheinlich diese notwendige Beziehung zum Ausdruck bringen. So aufgefaßt, wird es durch die in der Republik vollzogene Trennung von Klassenmacht und Klasseneigen-

71 *Prerogative*, S. 226
72 *Oceana*, S. 65
73 *Politicaster*, S. 560
74 Ibid., S. 553
75 *Art of L.*, S. 402–3

tum nicht aufgehoben. Es verliert nur seine Wirksamkeit, weil es jetzt nicht mehr zwei Klassen gibt, die verschiedene Eigentumsordnungen erstreben. Aber Harrington hat sein Prinzip nicht in dieser Form ausgedrückt und sich dadurch in Widersprüche verstrickt.

Ich habe argumentiert, (1) daß der Grund, warum Harrington sich der zwischen seinem Gleichgewichtsprinzip und seiner Verteidigung des Agrargesetzes bestehenden Inkonsistenz nicht bewußt war, der ist, daß er durchgehend annahm, die Wenigen und die Vielen seien nunmehr in ihrem Wesen bürgerlich; und (2) daß er, wenn er diese Annahme klar ausgedrückt hätte und ein so guter deduktiver Denker gewesen wäre, wie er zu sein glaubte, den Widerspruch hätte vermeiden können (indem er nämlich das Prinzip so gefaßt hätte, daß es nur zwischen zwei Klassen, die nach verschiedenen Eigentumsordnungen streben, wirksam ist).

Diese Argumentation gesteht Harrington etwas mehr Einsicht in die Gesellschaft des siebzehnten Jahrhunderts, aber weniger logisches Denkvermögen zu, als es bisher üblich war. Die logische Schwäche seines Versuchs, eine historisch gültige Beziehung zu einem notwendigen und allgemein gültigen Prinzip zu machen, dürfte ausreichend demonstriert worden sein. Mehr Zweifel mag es über den Grad seiner Einsicht in die Gesellschaft des siebzehnten Jahrhunderts geben. Diejenigen, die Harrington im wesentlichen als einen klassischen Republikaner sehen, könnten darauf hinweisen, daß er von der antiken Prudentia so bezaubert war, daß er nicht umhin konnte, seine eigene Gesellschaft in antike Kategorien zu pressen, ohne die damit verbundene Inkonsistenz zu bemerken. Würde es sich so verhalten, so könnte man auch nicht mehr folgern, er habe die Widersprüchlichkeit nur deswegen nicht empfunden, weil er die bürgerliche Natur der Gesellschaft des siebzehnten Jahrhunderts für selbstverständlich hielt. Wir haben jedoch, unabhängig von dieser Schlußfolgerung, genügend Belege dafür gefunden, daß Harrington seine eigene Gesellschaft in, wie wir es heute nennen würden, bürgerlichen Kategorien begriff. Auch muß berücksichtigt werden, daß Harrington seine antike Prudentia von einem gelehrten Schüler der Antike hatte, von Macchiavell, »dem einzigen Politiker der letzten Jahrhunderte«[76],

76 *Oceana*, S. 36

und daß der Meister schon erkannt hatte, daß eine bürgerliche Klasse keine Bedrohung für eine Republik darstellt.[77] Indem Harrington von Macchiavell ausging, war er bereits mitten in der modernen Zeit. Und im Verständnis der modernen Zeit gelangte er mit seinen eigenen Schritten ein Stück weiter. Während Macchiavell noch eine Trennungslinie gezogen hatte zwischen den großen Grundeigentümern und jenen, deren Reichtum in Geld und beweglichem Kapital bestand, und nur die letzteren als mit einer Republik vereinbar gelten lassen wollte, erkannte Harrington, daß auch eine nicht-feudale grundbesitzende Gentry mit einer Republik zu vereinbaren ist. In Macchiavells Italien waren die Geldbesitzer die Träger des Kapitalismus gewesen; in Harringtons England war die Gentry in dieser Rolle sogar noch wichtiger als die Kaufleute und Finanziers, und Harrington scheint dies zumindest geahnt zu haben. Die Funktionen, die er die englische Gentry erfüllen sah, waren kapitalistische Funktionen: private Akkumulation ließ den Volkswohlstand wachsen, ohne die »ausgeglichene« Republik im geringsten zu beeinträchtigen. Privater Verdienst war öffentlicher Nutzen.

Harrington hatte keine der Hobbesschen vergleichbare Einsicht in das Wesen der bürgerlichen Gesellschaft. Er brachte nicht alle Beziehungen zwischen den Menschen auf den Nenner von Marktbeziehungen. War Harringtons Gentry auch bürgerlich, so war sie doch immer noch Gentry, mit einem für sie typischen Lebenszuschnitt und Verhaltenskodex, der es erforderlich machte, einen besonderen Platz für sie zu finden. Und Harrington fand ihn, wenn auch auf Kosten theoretischer Verwirrung. Als Denker ist er Hobbes unterlegen. Aber gerade weil er weniger scharf urteilte, weil er weniger von der Mannigfaltigkeit einer noch nicht ganz bürgerlichen Gesellschaft abstrahierte, darf er als der realistischere Analytiker der Übergangsperiode gelten.

77 Macchiavell, *Discorsi*, Buch I, Kap 55

V. Locke: Die politische Theorie
der Appropriation

1. Interpretationen

Locke hatte wie irgendeiner und mehr als die meisten darunter
zu leiden, daß moderne liberal-demokratische Annahmen in sein
politisches Denken hineingelesen wurden. Sein Werk fordert solche Behandlung geradezu heraus, denn es scheint fast alles zu
enthalten, was sich ein moderner liberaler Demokrat nur wünschen kann. Regierungsgewalt kraft Zustimmung, Mehrheitsprinzip, Minderheitsrechte, moralischer Vorrang des Individuums,
Heiligkeit des Eigentums – alles ist da, und alles entfließt dem
ersten Prinzip der natürlichen Rechte und der Vernunft des Individuums, einem sowohl utilitaristischen als auch christlichen Prinzip. Zugegeben, das Lehrgebäude enthält einige dunkle Stellen
und sogar Widersprüche, aber das war entschuldbar bei jemandem, der noch ganz am Beginn der liberalen Tradition stand:
man durfte von ihm nicht die Perfektion erwarten, zu der das
Denken im neunzehnten und zwanzigsten Jahrhundert gelangen
sollte.

Lockes Theorie auf diese Art zu interpretieren, heißt jedoch, viel
von ihrer Bedeutung zu übersehen. Weder ihre Stärke noch ihre
Schwäche, nicht einmal ihr Sinn lassen sich verstehen, wenn wir
nicht aufhören, Annahmen einer späteren Epoche in sie hineinzulesen. Es ist nicht leicht, damit aufzuhören, zumal man dann
Vermutungen darüber anstellen muß, welche Annahmen Locke
aus seinem Verständnis seiner eigenen Gesellschaft stillschweigend
in seine Theorie hineingenommen haben mag. Doch muß der Versuch gemacht werden, wenn wir hoffen wollen, Schwierigkeiten
in Lockes Theorie zu lösen, die sowohl dem üblichen liberalen
oder konstitutionellen Zugriff als auch der abstrakten philosophischen Analyse trotzen.

Das soll nicht heißen, daß alle Interpreten von Lockes politischer
Theorie deren sozialen Bezug vernachlässigt hätten. Einige bedeutende moderne Schriftsteller haben aus der zentralen Stellung,
die Locke den Eigentumsrechten einräumt, geschlossen, daß seine

ganze Theorie der begrenzten und bedingten Staatsgewalt im Grunde auf eine Verteidigung des Eigentums hinauslaufe. Die Ansicht, Lockes Staat sei letztlich eine Kapitalgesellschaft, deren Aktionäre alle Menschen mit Eigentum sind, hat weitgehend Zustimmung gefunden. Es ist die von Leslie Stephen, Vaughan, Laski und Tawney vertretene Ansicht.[1] Aber sie birgt eine große Schwierigkeit. Wer sind die Mitglieder von Lockes bürgerlicher Gesellschaft? Wenn es nur die Eigentümer sind, wie kann diese Gesellschaft dann jedermann verpflichten? Wie kann der Gesellschaftsvertrag eine ausreichende Grundlage der politischen Verpflichtung für alle Menschen sein? Ohne Zweifel ist es aber der Zweck des Gesellschaftsvertrages, eine Basis für eine umfassende politische Verpflichtung zu schaffen. Hier liegt eine nicht zu unterschätzende Schwierigkeit. Daß sie von hervorragenden Forschern nicht als solche erkannt wurde, dürfte der Tatsache zuzuschreiben sein, daß ihre Interpretation in der Mehrzahl der Fälle noch der konstitutionellen Tradition verpflichtet ist[2]; sie unterstreicht mehr die Einschränkungen, die Locke dem Staat im Interesse des Eigentums auferlegte, als die sehr große Macht, die er dem politischen Staatswesen (seiner »bürgerlichen Gesellschaft« [civie society]) gegenüber den Individuen zuerkannte.

Eine andere Ansicht, die Locke aus der konstitutionellen Tradition herauslöst, wurde von Willmoore Kendall vorgetragen.[3] Er ist davon überzeugt, daß Lockes Theorie der bürgerlichen Gesellschaft eine nahezu absolute Souveränität zubillige, im Grunde also der Mehrheit des Volkes (und natürlich nicht der Regierung, die nur anvertraute Macht hat). Gegen diese Herrschaft der Mehrheit, so erfahren wir, habe das Individuum keine Rechte.

1 Leslie Stephen, *English Thought in the Eighteenth Century* (1876); C. E. Vaughan, *Studies in the History of Political Philosophy* (1925); H. J. Laski, *Political Thought from Locke to Bentham* (1920) und *Rise of European Liberalism* (1936); und R. H. Tawney, *Religion and the Rise of Capitalism* (1926); deutsch: *Religion und Frühkapitalismus*, Bern 1946).

2 Eine Ausnahme ist Prof. Tawney, der unsere Aufmerksamkeit auf eine entscheidende Annahme des siebzehnten Jahrhunderts lenkte, die Überzeugung nämlich, daß die Arbeiterklasse eine gesonderte Klasse sei (s. unten S. 257). Doch wird den Auswirkungen dieser Tatsache auf die politische Theorie jener Epoche, da sie für seinen Gedankengang von untergeordneter Bedeutung sind, nicht nachgegangen.

3 Willmoore Kendall, *John Locke and the Doctrine of Majority Rule* (Urbana, Illinois, 1941)

Für diese Interpretation Lockes können eindrucksvolle Beweise vorgetragen werden. Sie führt zu dem überraschenden Schluß, daß Locke gar kein Individualist war, sondern ein »Kollektivist«, insofern er die Zwecke des Individuums den Zwecken der Gesellschaft unterordnete. Locke wird zu einem Vorläufer Rousseaus und der *volonté générale*.[4] Die These ist schwer zu widerlegen. Wenn sie jedoch zu dem Ergebnis kommt, Locke sei ein »Demokrat des Mehrheitsprinzips« gewesen, übersieht sie alle Beweise dafür, daß er überhaupt kein Demokrat war. Sie unterstellt Locke eine Beziehung zum demokratischen Mehrheitsprinzip, das zwar im späten achtzehnten und frühen neunzehnten Jahrhundert – wie auch heute wieder – ins Zentrum des politischen Denkens in Amerika rücken sollte, aber für Locke ohne Belang war. Auch läßt sie eine wichtige Frage offen: gefährdet das Mehrheitsprinzip nicht das individuelle Eigentumsrecht, das Locke doch offensichtlich schützen wollte? Und mehr noch: sie will Lockes zahlreiche Widersprüche dadurch auflösen, daß sie ihm eine Annahme zuschiebt (»daß die Chancen zumindest 50 zu 100 stehen, daß der Durchschnittsmensch vernünftig und gerecht ist«)[5], die Locke bestimmt nicht für unumstößlich hielt, und der er mehr als einmal ausdrücklich widersprach.[6]

Vor kurzem erst wurden Versuche gemacht, vor allem von J. W. Gough[7], Locke wieder der liberal-individualistischen Tradition zurückzugewinnen. Doch sind diese Anstrengungen nicht überzeugend. Indem sie Locke von der analytischen Behandlung, der er von einigen Forschern unterzogen worden ist, befreien und seine Theorie in ihren historischen Kontext zurückstellen wollen, legen sie die Betonung wieder auf Lockes Konstitutionalismus. Aber der Kontext der politischen Geschichte überschattet den der Sozial- und Wirtschaftsgeschichte. Das Ergebnis ist bestenfalls ein Kompromiß zwischen Lockes Individualismus und seinem »Kollektivismus«, und wesentliche Unstimmigkeiten bleiben ungelöst.

In der Tat lassen alle diese Interpretationen einen radikalen

---

4 Kendall, op. cit., S. 103–6
5 Ibid., S. 134–5
6 Siehe unten, S. 270 f.
7 *John Locke's Political Philosophy, Eight Studies* (Oxford 1950)

Widerspruch in den Lockeschen Postulaten unerklärt. Was kann Locke gemeint haben, wenn er einerseits sagte, alles in allem seien die Menschen vernünftig, und andererseits, die meisten von ihnen seien es nicht; einerseits, der Naturzustand sei vernünftig, friedlich und sozial, und andererseits, er sei es nicht.[8] Wenn wir das nicht erklären können, dürfen wir kaum behaupten, Lockes politische Theorie verstanden zu haben.

Alle diese und noch weitere Widersprüche und Doppeldeutigkeiten in seiner Theorie können, wie ich zeigen werde, damit erklärt werden, daß Locke auf die Natur von Mensch und Gesellschaft gewisse Vorverständnisse projiziert hat, Vorverständnisse nämlich über die Menschen und die Gesellschaft des siebzehnten Jahrhunderts, die er ganz unhistorisch verallgemeinerte und ziemlich unsystematisch vermengte mit traditionellen Vorstellungen wie jenen, denen er in seinen häufigen Berufungen auf Hooker Beifall zollte.[9]

Von diesen Vorverständnissen, die wir die sozialen Prämissen seines politischen Denkens nennen werden, sind einige explizit im *Second Treatise* ausgedrückt, andere dort nur implizit zu finden, jedoch explizit, wenn auch nur gelegentlich, in einigen seiner übrigen Werke. Von den im *Second Treatise* ausdrücklich erwähnten gesellschaftlichen Prämissen steht die wichtigste in dem berühmten Kapitel »Über Eigentum«. Und gerade in diesem Kapitel läßt sich beobachten, wie die impliziten, aber kaum weniger wichtigen Prämissen ihren Weg in seine politische Theorie gefunden haben. Bevor wir damit beginnen können, in Lockes Theorie der bürgerlichen Regierung Licht zu bringen, müssen wir deshalb seine Eigentumslehre näher ins Auge fassen.

---

8 »Vernünftig« *(rational)* wird hier in Lockes Sinn der Selbstregierung gemäß dem Gesetz der Natur oder der Vernunft gebraucht (z. B. im *Second Treatise*, Abschn. 6: Vernunft *ist* das Gesetz der Natur; Abschn. 8: das Gesetz der Natur übertreten heißt, nach einem anderen Gesetz als dem der Vernunft und der allgemeinen Billigkeit leben). Über Lockes widersprüchliche Ansichten über die Vernünftigkeit des Menschen, siehe unten, S. 261–8.

9 Der Ansicht, daß Locke in seiner Verwendung traditioneller Vorstellungen unsystematisch sei, tritt R. H. Cox in seinem Buch *Locke on War and Peace* (Oxford 1960) entgegen: Lockes Gebrauch (meistens ein Mißbrauch) Hookerscher Begriffe sei Teil eines höchst systematischen Versuchs, seine wahre (Hobbessche) Position zu verbergen oder abzumildern, und seine sich widersprechenden Aussagen über den Naturzustand seien als Teil desselben Versuchs sorgfältig geplant gewesen. Vgl. S. 273 und Anm. R, S. 337

2. Die Theorie des Eigentumsrechtes

a. Lockes Vorsatz

Es kann niemandem verborgen bleiben, daß Lockes Darstellung und Rechtfertigung des natürlichen individuellen Rechts auf Eigentum der Kern seiner Theorie der bürgerlichen Gesellschaft und Regierung ist. »Das große und *hauptsächliche Ziel* also, um dessen willen Menschen sich zu einem Staatswesen vereinigen und sich unter eine Regierung stellen, *ist die Erhaltung ihres Eigentums*«.[10] Dieser in vielen Variationen im *Second Treatise* wiederholte Satz[11] ist es, von dem die meisten der Lockeschen Folgerungen über Macht und Grenzen der bürgerlichen Gesellschaft und Regierung abgeleitet werden. Und dieser Satz erfordert eindeutig das Postulat, daß die Menschen ein natürliches Recht auf Eigentum haben, ein Recht, das der Existenz einer bürgerlichen Gesellschaft und Regierungsgewalt vorausgeht und von ihr unabhängig ist.

Allerdings hat Locke die Dinge ein wenig verdunkelt, indem er dieses Eigentum, dessen Bewahrung der Grund für den Eintritt in die bürgerliche Gesellschaft ist, mitunter in überaus weit gefaßten Begriffen definierte. »Der Mensch ... besitzt von Natur aus die Macht..., sein Eigentum, d. h. sein Leben, seine Freiheit und seinen Besitz, zu bewahren.«[12] Der Menschen »Leben, Freiheit und Besitz ... bezeichne ich mit dem allgemeinen Namen *Eigentum*«.[13] »Unter *Eigentum* verstehe ich hier wie auch an anderen Stellen jenes Eigentum, das die Menschen an ihrer Person wie an ihren Gütern haben.«[14]

Doch nicht immer wird der Ausdruck Eigentum in einem so weiten Sinn gebraucht. In der entscheidenden Argumentation über die Grenzen staatlicher Macht[15] wie auch im ganzen Kapitel »Über Eigentum« verwendet er den Ausdruck eindeutig im üblichen Sinn von Boden und Gütern (oder einem Recht auf Boden

---

10 *Second Treatise*, Abschn. 124. Zitiert nach Peter Lasletts Ausgabe der *Two Treatises of Government* (Cambridge 1960)

11 z. B. in Abschn. 94, 134, 138, 222

12 Abschn. 87

13 Abschn. 123

14 Abschn. 173

15 Abschn. 138–9

und Güter). Die Implikationen dieser Zweideutigkeit sollen uns hier nicht aufhalten[16]; es sei nur angemerkt, daß er stets, ob Eigentum nun im weiteren oder im engeren Sinn verstand, den Besitz zusammen mit Leben und Freiheit als Gegenstände des natürlichen Rechts der Menschen klassifizierte, als Gegenstände, zu deren Wahrung sie Regierungen einsetzen. In diesem wie in jenem Sinn von Eigentum müßte Locke ein natürliches Recht auf Besitz nachweisen.

Doch mit der Feststellung, daß Locke ein natürliches Recht des Individuums auf Besitz oder Vermögen nachweisen mußte, ist man noch nicht sehr tief in das eingedrungen, was er in dem Kapitel »Über Eigentum« tatsächlich tut. Schon zu Beginn des *Treatise* hatte Locke es als selbstverständlich vorausgesetzt, daß jedermann ein natürliches Recht auf Besitz habe. Die Lage, in der sich alle Menschen von Natur aus befinden, ist »ein *Zustand vollkommener Freiheit,* innerhalb der Grenzen des Gesetzes der Natur ihre Handlungen so einzurichten und über ihren Besitz und ihre Person so zu verfügen, wie sie es für richtig erachten, ohne jemanden um Erlaubnis zu bitten oder vom Willen irgendeines anderen Menschen abhängig zu sein«.[17]

Die vom Gesetz der Natur errichteten Schranken fordern von den Menschen, daß, »da alle gleich und unabhängig sind, niemand eines anderen Leben, Gesundheit, Freiheit und Besitz antasten darf«.[18] Diese Sätze, die ein natürliches Recht auf Besitz sowohl wie auf Leben, Gesundheit und Freiheit als gegeben annehmen, schienen für Locke kaum eines Beweises zu bedürfen; sie folgten aus dem axiomatischen Satz, daß alle Menschen von Natur aus in dem Sinne gleich sind, daß niemand eine natürliche Gerichtsbarkeit über andere besitzt: »nichts ist offensichtlicher, als daß Geschöpfe von gleicher Art und gleichem Rang, die ohne Unterschied zum Genuß derselben Vorteile der Natur und zum Gebrauch derselben Fähigkeiten geboren sind, auch als gleichgestellte untereinander leben sollten, ohne Unterordnung oder Unterwerfung...«[19]

16 Siehe unten, S. 248 f. u. 278 ff.
17 *Second Treatise,* Abschn. 4
18 Abschn. 6
19 Abschn. 4

Das Kapitel »Über Eigentum«, in dem Locke zeigt, wie das natürliche Recht auf Eigentum von dem natürlichen Recht auf das eigene Leben und die eigene Arbeit abgeleitet werden kann, wird gewöhnlich so aufgefaßt, als liefere es nur ein unterstützendes Argument für die bloße Feststellung zu Beginn des *Treatise,* daß jedermann »innerhalb der Schranken des Gesetzes der Natur« ein natürliches Recht auf Eigentum habe. Tatsächlich aber tut dieses Kapitel etwas weitaus Wichtigeres: es befreit das natürliche Eigentumsrecht des Individuums von den »Schranken des Gesetzes der Natur«. Lockes überraschende Leistung war es, das Eigentumsrecht zunächst auf natürliches Recht und natürliches Gesetz zu gründen und dann alle dem Eigentumsrecht vom natürlichen Gesetz auferlegten Beschränkungen aufzuheben.

b. Das anfänglich eingeschränkte Recht

Locke akzeptiert es zunächst als ein Diktum der natürlichen Vernunft wie auch der Heiligen Schrift, daß die Erde und ihre Früchte den Menschen ursprünglich gemeinsam gegeben worden sind. Das war die traditionelle Anschauung, wie man sie sowohl in der mittelalterlichen Philosophie als auch in der puritanischen Theorie des siebzehnten Jahrhunderts finden konnte. Doch akzeptiert Locke diese Position lediglich, um die früher daraus gezogenen Schlußfolgerungen, nach denen das Eigentum etwas Geringeres als ein natürliches Recht des Individuums war, zurückzuweisen.

Wenn wir dies aber annehmen [daß die Erde den Menschen gemeinsam gegeben worden ist], so scheint es für einige eine sehr schwierige Frage zu sein, wie dann jemals irgendjemand irgendetwas zu seinem *Eigentum* machen konnte... Ich will mich jedoch bemühen zu zeigen, wie die Menschen zu einem *Eigentum* an verschiedenen Teilen dessen gelangen konnten, was Gott der Menschheit gemeinsam gab, und dies ohne einen ausdrücklichen Vertrag all dieser Gemeinen.[20]

Die erste Stufe seines Gedankengangs ist uns so vertraut, daß sie kaum eines Kommentars bedarf. »Die Menschen, einmal geboren, haben ein Recht auf Selbsterhaltung und folglich auf Speise und Trank und all die anderen Dinge, die die Natur für ihren Unterhalt erzeugt.«[21] Die Erde und ihre Erzeugnisse wurden den

20 Abschn. 25
21 Abschn. 25

Menschen »zum Nutzen und Wohl ihres Daseins« gegeben; zwar gehörten sie der Menschheit gemeinsam, »doch da sie für den Gebrauch der Menschen bestimmt waren, mußte es schließlich auch Mittel geben, sie sich auf diese oder jene Weise *anzueignen*, bevor sie einem einzelnen Menschen zum Nutzen und Vorteil gereichen konnten«.[22] Bevor jemand ein natürliches Produkt der Erde für Nahrung und Unterhalt verwenden kann, muß er es sich aneignen; es »muß ihm eigen sein, und zwar so sehr eigen, d. h. ein Teil seiner selbst, daß ein anderer nicht länger ein Recht darauf haben kann; erst dann kann es ihm zur Erhaltung seines Lebens dienen«.[23] Es muß also irgendwelche legalen Wege der individuellen Aneignung geben, d. h. irgendein individuelles Recht, sich etwas anzueignen. Was ist das für ein Recht? Dieses Recht und seinen ursprünglichen Umfang entwickelt Locke aus einem weiteren Postulat: »jeder Mensch hat ein *Eigentum* an seiner eigenen *Person*. Auf diese hat kein anderer irgendein Recht als er selbst. Die *Arbeit* seines Körpers und das *Werk* seiner Hände, so können wir sagen, sind im eigentlichen Sinne sein eigen«.[24] Was immer ein Mensch aus seinem natürlichen Zustand herauslöst, hat er mit seiner Arbeit vermischt, und durch dieses Vermischen mit seiner Arbeit macht er es zu seinem Eigentum, »zumindest dort, wo genügend und ebenso gutes für die anderen gemeinsam übrigbleibt«.[25] Keine Zustimmung der anderen ist zur Rechtfertigung dieser Art von Aneignung nötig: »Wäre eine solche Zustimmung erforderlich, so wäre der Mensch, ungeachtet des ihm von Gott geschenkten Überflusses, längst verhungert«.[26] So rechtfertigt also Locke individuelle Aneignung von ursprünglich den Menschen gemeinsam gegebenen Erzeugnissen der Erde aufgrund zweier Postulate, daß nämlich jeder ein Recht auf die Erhaltung seines Lebens habe und daß die Arbeit eines Menschen sein Eigentum sei.

Nun sind aber der durch diese Argumente gerechtfertigten individuellen Appropriation gewisse Grenzen gesetzt; zwei davon

22 Abschn. 26
23 Abschn. 26
24 Abschn. 27
25 Abschn. 27
26 Abschn. 28

werden von Locke wiederholt und nachdrücklich hervorgehoben, von einer dritten glaubte man (fälschlicherweise, wie ich zeigen werde), daß die Logik der Lockeschen Rechtfertigung sie notwendig impliziere. Erstens darf sich jeder nur so viel aneignen, daß den anderen noch »genügend und ebenso gutes« übrigbleibt[27]; auf diese von Locke ausdrücklich genannte Einschränkung kann seine Rechtfertigung nicht verzichten, denn *jeder* Mensch hat das Recht auf Selbsterhaltung und folglich auf die Aneignung der zu seinem Leben notwendigen Dinge.

Zweitens: »So viel, wie jemand zum Nutzen seines Lebens verbrauchen kann, bevor es verdirbt, mag er durch seine Arbeit zu seinem Eigentum machen. Alles, was darüber hinausgeht, ist mehr als sein Anteil und gehört anderen. Nichts ist von Gott geschaffen worden, damit der Mensch es verderben lasse oder vernichte.«[28] Ein Tausch der überschüssigen verderblichen Erzeugnisse der eigenen Arbeit war innerhalb dieser Grenzen erlaubt; solange nichts ungenutzt in den Händen dessen, der es sich angeeignet hatte, verdarb, geschah nichts Unrechtes und wurde nichts von dem, was anderen gehörte, vernichtet.[29] Drittens ist die rechtmäßige Aneignung offenbar auf das beschränkt, was jemand durch eigene Arbeit produzieren kann; Lockes Rechtfertigung scheint dies notwendig zu implizieren, denn es sind »die *Arbeit* seines Körpers und das *Werk* seiner Hände«, die, vermischt mit den Erzeugnissen der Natur, etwas zu seinem Eigentum machen.

Damit hat Locke jedoch nur die Aneignung der Früchte der Erde gerechtfertigt.

Da aber die *Hauptsache des Eigentums* heute nicht die Früchte der Erde und die Tiere sind, die auf ihr leben, sondern *die Erde selbst…*, halte ich es für offensichtlich, daß das *Eigentum* an ihr ebenso erworben wird wie das frühere. *So viel Boden,* wie jemand bepflügt, bepflanzt, bebaut, kultiviert und in seinem Ertrag zu nutzen vermag, so viel ist sein *Eigentum.* Durch seine Arbeit nämlich hat er ihn gleichsam dem Gemeingut entzogen.[30]

27 Abschn. 27; vgl. Abschn. 33
28 Abschn. 31
29 Abschn. 46
30 Abschn. 32

Die Zustimmung der anderen ist für diese Aneignung nicht erforderlich. Denn Gott befahl dem Menschen, die Erde zu bearbeiten, und gab ihm so das Recht, sich jedes Stück Boden, in das er seine Arbeit hineinsteckte, anzueignen; auch gereichte die ursprüngliche Appropriation »keinem anderen zum Nachteil, denn es blieb noch genügend und ebenso guter Boden übrig«.[31]

Diese Rechtfertigung enthält die gleichen Beschränkungen für die Aneignung von Boden, wie sie für die Aneignung von Naturerzeugnissen galten. Nur so viel darf sich jemand aufgrund dieser Argumentation aneignen, daß für die anderen noch »genügend und ebenso guter Boden« übrigbleibt, »so viel, wie er in seinem Ertrag zu nutzen vermag«, und so viel, wie er mit seiner Arbeit vermischt hat.

Es ist bezeichnend, daß Locke, der hier vor allem über die Aneignung von Boden »in den frühen Zeiten der Welt« spricht, »als die Menschen eher Gefahr liefen, unterzugehen, wenn sie sich von ihrer Gruppe trennten und in die damals noch endlose Wildnis der Erde zogen, als Not zu leiden, weil es nicht genügend bebaubares Land gab«[32], den primitiven Gesellschaften die Institution des individuellen Eigentums an Boden unterstellt und es für selbstverständlich hält, daß dies der einzig gangbare Weg war, Boden zu kultivieren. Da er den gemeinschaftlichen Besitz und die gemeinschaftliche Arbeit primitiver Gesellschaften außer Betracht läßt, kann er sagen, daß »die Bedingung des menschlichen Lebens, das Arbeit und zu bearbeitendes Material erfordert, notwendig zu *privatem Besitz* führt«.[33]

Hätte es Locke damit bewenden lassen, so hätte er eine Verteidigung des beschränkten individuellen Eigentums gehabt; aber seine Argumentation hätte dann kräftig gestreckt werden müssen, um auch nur das Eigentumsrecht der damaligen englischen Bauern zu umschließen, denn es galt zu zeigen, daß ihre Aneignung den anderen genügend und ebenso guten Boden übrigließ. Locke legt tatsächlich eine derartige Verteidigung nahe, wenn er sagt, daß man, »so überfüllt die Welt auch scheinen mag«, immer noch genügend und ebenso guten Boden an »einigen unbewohnten

31 Abschn. 33
32 Abschn. 36
33 Abschn. 35

Stellen im Inneren *Amerikas*« finden könne.[34] Doch ist es nicht dies, worauf er seinen Beweis gründet. Wenn wir nachprüfen, wie er ihn führt, werden wir sehen, daß es ihm gar nicht um eine solche beschränkte Aneignung geht, sondern um ein uneingeschränktes natürliches Recht auf Aneignung, ein Recht, das die in seiner anfänglichen Rechtfertigung enthaltenen Einschränkungen transzendiert.

c. Die Transzendierung der Einschränkungen

Das entscheidende Argument ist so oft mißverstanden worden, daß sich eine genaue Untersuchung als notwendig erweist. Der Übergang vom beschränkten zum unbeschränkten Recht findet zum ersten Mal in Abschnitt 36 statt. Nach der Feststellung, daß es bei Einschluß der unbesiedelten Flächen Amerikas genügend Land auf der Welt gebe, daß jedermann so viel besitzen könne, wie er zu bearbeiten und zu nutzen vermag, fährt Locke fort:

Aber wie dem auch sei, ich messe dem keine weitere Bedeutung bei. Dies jedoch wage ich zu behaupten: eben diese *Eigentumsregel,* daß nämlich jeder Mensch so viel haben sollte, wie er nutzen kann, würde auch jetzt noch auf der Welt gelten, ohne daß jemand Not leiden müßte – denn es gibt Boden genug auf der Welt, um selbst für die doppelte Zahl von Einwohnern zu reichen –, wenn nicht die *Erfindung des Geldes* und die stillschweigende Übereinkunft der Menschen, ihm einen Wert zuzumessen, größere Besitztümer und ein Recht darauf (durch Zustimmung) ins Leben gerufen hätte...[35]

Das ist durchaus eindeutig. Die Naturrechtsregel, die durch ihre spezifischen Begriffe die Grenzen setzte, innerhalb derer sich jemand bereichern konnte, so daß jeder so viel besitzen durfte, wie er nutzen konnte, gilt nun *nicht* mehr; sie »würde auch jetzt noch gelten..., wenn nicht die Erfindung des Geldes ... größere Besitztümer und ein Recht darauf (durch Zustimmung) ins Leben gerufen hätte«. Der Grund, warum jene Regel jetzt keine Gültigkeit mehr hat, ist nicht der, daß kein Boden mehr zur Verfügung steht: es gibt genug davon auf der Welt für die doppelte Zahl von Einwohnern, aber nur unter Einschluß jener Teile der Welt, in denen Geld noch unbekannt ist. Wo die alte Regel noch wirk-

34 Abschn. 36
35 Abschn. 36

sam ist, gibt es »große Flächen ... die *brach liegen*«, aber »das kann kaum bei jenem Teil der Menschheit vorkommen, der dem Gebrauch des Geldes zugestimmt hat«.[36] Wo immer der Geldverkehr eingeführt worden ist, gibt es kein herrenloses Land mehr. Das mit stillschweigender Zustimmung aller in Umlauf gebrachte Geld hat die früheren natürlichen Grenzen rechtmäßiger Aneignung gesprengt und damit die natürliche Maßregel, daß jeder nur so viel haben soll, wie er zu nutzen vermag, entkräftet. Locke zeigt im folgenden genauer, wie die Einführung des Geldes die seiner anfänglichen Rechtfertigung der individuellen Aneignung inhärenten Einschränkungen aufhebt.

α *Die Einschränkung aufgrund der Verderblichkeit.* Von den beiden ausdrücklich erwähnten Einschränkungen scheint die zweite (nur so viel, wie jemand verbrauchen kann, bevor es verdirbt) für Locke durch die Einführung des Geldes offensichtlich überwunden zu sein. Gold und Silber verderben nicht; daher kann jemand rechtens unbegrenzte Beträge davon anhäufen, denn »*die Überschreitung der Grenzen seines rechtmäßigen Eigentums* liegt nicht in der Größe seines Besitzes, sondern darin, daß er etwas davon ungenutzt verderben läßt«.[37] Nicht nur bei beweglichem unverderblichem Eigentum entfällt die Einschränkung; sie entfällt auch, und aus dem gleichen Grund, beim Bodenbesitz: »ein Mensch mag gut und gern mehr Boden besitzen, als dessen Ertrag er selbst verbrauchen kann, da er ja im Austausch gegen den Überschuß Gold und Silber erhält, das man horten kann, ohne jemanden zu schädigen, weil diese Metalle in der Hand des Besitzers nicht verderben oder zerfallen«.[38]

Locke sah hier keinerlei Schwierigkeit. Aber die Tatsache, daß er verschiedene Fragen unbeantwortet ließ, ist an sich schon erhellend. Warum sollte jemand sich mehr anzueignen wünschen, als ihm für die Erhaltung und Annehmlichkeit seines Lebens von Nutzen sein konnte? Vor der Einführung des Geldes, so hatte Locke gezeigt, begehrte niemand mehr.[39] Warum sollte es nach-

---

36 Abschn. 45
37 Abschn. 46
38 Abschn. 50
39 Abschn. 36

her anders sein? Was ist dieser »Wunsch, mehr zu haben, als der Mensch braucht«[40], der Locke zufolge mit der Einführung des Geldes aufkam?

Auf den ersten Blick mag es scheinen, als spreche Locke nur von dem Wunsch nach nutzlosem Horten: die von ihm zur Bezeichnung dieser Akkumulation gebrauchten Begriffe sind »anhäufen«[41] und »horten«[42]. Da er aber durchgehend an Menschen denkt, deren Verhalten im gewöhnlichen utilitaristischen (und auch im moralischen) Sinn des Wortes vernünftig ist, spricht die Wahrscheinlichkeit gegen jene Bedeutung. Und wir brauchen uns nur den ökonomischen Abhandlungen Lockes zuzuwenden, um zu erkennen, daß er ein Markantilist war, der Akkumulation von Gold für ein natürliches Ziel merkantilistischer Politik hielt, nicht jedoch als Selbstzweck, sondern weil sie Handel und Gewerbe schneller wachsen ließ. Das wichtigste Thema seiner *Considerations on … Money* ist die Akkumulation einer genügenden Menge Geldes, um »den Handel anzutreiben«; sowohl der Export als auch das Horten (d. h. das Akkumulieren von Geld, ohne es als Kapital zu benutzen) stehen dem im Wege.[43] Das Ziel der merkantilistischen Politik wie des individuellen Wirtschaftsunternehmens war für Locke die Benutzung von Boden und Geld als Kapital; das Geld sollte in Handelsgeschäften oder in Materialien und Löhnen angelegt werden, der Boden sollte den Handel mit Waren versorgen. Daß es dies war, was Locke im *Treatise* als den neuen Grund für eine ausgedehntere Appropriation nach der Einführung des Geldes im Auge hatte, läßt der Abschnitt 48 vermuten, wo gezeigt wird, daß die Einführung des Geldes dem Menschen sowohl die Gelegenheit als auch den Grund (den es vorher nicht geben konnte) geliefert hat, »seinen Besitz über den Bedarf seiner Familie und einen reichlichen Vorrat für deren Konsum hinaus zu vergrößern, sei es durch die Erzeugnisse des eigenen Fleißes oder durch das, was man gegen nützliche, doch gleicherweise verderbliche Waren von anderen

40 Abschn. 37
41 Abschn. 46
42 Abschn. 48, 50
43 *Some Considerations of the Consequences of the Lowering of Interest and Raising the Value of Money* (1691); in *Works*, ed. 1759, Bd. II, S. 22–23

eintauschen konnte«. Es ist der »Handel..., um durch den Verkauf seiner Erzeugnisse *Geld an sich zu ziehen*«, der ihm den Grund liefert für eine Aneignung von Boden weit über das hinaus, was für »einen reichlichen Vorrat für den Konsum« der Familie nötig ist.

Der Drang, mehr zu akkumulieren, als zum reichlichen Konsum gebraucht wird, »der Wunsch, mehr zu haben, als der Mensch benötigt«, der mit Einführung des Geldes aufkam, ist also nicht bloß das Bedürfnis des Geizigen, zu horten.

Eine zweite mögliche Bedeutung des Dranges zu akkumulieren erweist sich als ebenso unpassend. Man könnte annehmen, Locke habe hier lediglich ausdrücken wollen, daß das Geld, indem es den Handel über den einfachen Tausch hinaus ausdehne, diejenigen, die darüber verfügen, in die Lage versetze, vielfältigere und bessere Waren zu konsumieren. Aber diese Interpretation läßt sich kaum aufrechterhalten, wenn wir den Lockeschen Geldbegriff berücksichtigen. In den *Considerations* identifiziert er Geld mit Kapital und beide mit Grundbesitz. »Da also Geld bezüglich des Kaufens und Verkaufens den gleichen Bedingungen unterliegt wie andere Waren auch und denselben Wertgesetzen unterworfen ist, wollen wir als nächstes sehen, wie es dahin gelangt, gleichen Wesens zu sein wie der Boden, sofern dieser ein bestimmtes jährliches Einkommen erbringt, das wir Nutzwert oder Zins nennen.«[44] Geld, so betont Locke, ist eine Ware; es besitzt einen Wert, da es eine Ware ist, die gegen andere Waren ausgetauscht werden kann. Aber es dient nicht nur zur Erleichterung des Austausches von Dingen, die für den Konsum produziert werden, d. h. dazu, den Austausch zwischen Herstellern von Konsumgütern über den einfachen Warenaustausch hinaus zu erweitern. Der charakteristische Zweck des Geldes ist es, als Kapital zu fungieren. Der Boden selbst ist für Locke nur eine Form des Kapitals.

Es sei am Rande bemerkt, wie modern Lockes Haltung gegenüber dem Geld anmutet. Wenn er sagt, daß Zinsnehmen bei Geldverleih gerecht und billig und außerdem »durch den Zwang der Umstände und die Verfassung der menschlichen Gesellschaft

---

44 *Works* (1759), II, 19

unvermeidlich« sei, erledigt er die mittelalterliche Auffassung, ohne sie offen abzulehnen. Boden, so sagt er, »erzeugt von Natur aus etwas Neues und Nützliches, für die Menschheit Wertvolles; Geld aber ist ein unfruchtbares Ding, es erzeugt nichts...« Wie konnte es dann, so fragt er, dahin kommen, »gleichen Wesens zu zu sein wie der Boden« und tatsächlich jährliche Einkünfte (Zinsen) zu erbringen, vergleichbar der Bodenrente? Ganz einfach durch Übereinkunft zwischen Personen ungleichen Besitzes. Geld

überträgt aufgrund einer Übereinkunft jenen Gewinn, der die Belohnung für eines Menschen Arbeit war, auf einen anderen Menschen. Die Ursache dafür liegt in der ungleichen Verteilung des Geldes, eine Ungleichheit, die denselben Effekt wie beim Geld auch beim Boden hat... Denn die ungleiche Verteilung des Bodens (daß du mehr besitzest, als du bearbeiten kannst oder willst, ein anderer dagegen weniger) bringt dir einen Pächter für deinen Boden;...die ungleiche Verteilung des Geldes (daß ich mehr besitze, als ich verwenden kann oder will, ein anderer dagegen weniger) bringt mir einen Pächter für mein Geld...[45]

Die herkömmlicherweise dem Geld zugeschriebene Unfruchtbarkeit wird nicht ausdrücklich geleugnet; sie wird geschickt durch den Begriff der Übereinstimmung zwischen ungleichen Personen transzendiert. Der Wert des Geldes als Kapital wird durch die Tatsache seiner ungleichen Verteilung geschaffen. Über die Quelle dieser Ungleichheit erfahren wir nichts; sie wird einfach »dem Zwang der Umstände und der Verfassung der menschlichen Gesellschaft« zugerechnet.
Wichtig ist für uns jedoch, daß Locke das Geld nicht als bloßes Tauschmittel sah, sondern als Kapital. Tatsächlich erschien ihm seine Funktion als Tauschmittel seiner Funktion als Kapital untergeordnet, denn seiner Ansicht nach lag der Zweck von Landwirtschaft, Industrie und Handel in der Kapitalakkumulation. Und der Zweck des Kapitals war es nicht, seinem Besitzer ein konsumierbares Einkommen zu garantieren, sondern durch nutzbringende Investition neues Kapital zu erzeugen. Als Merkantilist, der er war, hatte Locke, wenn er den Zweck wirtschaftlicher Tätigkeit erörterte, gewöhnlich weniger den Reichtum des Individuums als den der Nation vor Augen. In einigen 1674 nieder-

45 Ibid.

geschriebenen Gedanken über den »Handel« *(trade)*, unter welchen Ausdruck er auch Landwirtschaft und Industrie subsumierte, drückte er sich fast in Hobbesscher Manier aus:

Das wichtigste Ziel des Handels ist Reichtum und Macht, die sich gegenseitig erzeugen. Reichtum besteht in einem großen Vorrat an beweglichen Gütern, die bei Ausländern einen Preis erzielen und nicht für den häuslichen Konsum bestimmt sind, vor allem aber in einem großen Vorrat an Gold und Silber. Macht besteht in einer großen Zahl von Menschen und der Fähigkeit, sie zu unterhalten. Handel trägt zu beidem bei, indem er den Warenvorrat und Bevölkerungsstand vergrößert, die sich wieder gegenseitig vergrößern.[46]

Wenn Locke auch nicht so klar wie Hobbes durchschaut, daß das Ziel individueller Anstrengung Reichtum und Macht ist, so wird doch zumindest in den *Considerations* klar, daß er dem individuellen Besitz dasselbe Ziel setzt wie dem nationalen: weniger zu konsumieren, als die Einnahmen betragen, und dadurch Kapital zu akkumulieren; denn der Reichtum der Nation besteht in dem von privater Industrie und privatem Handel akkumulierten Kapital.

Damit ist genug gesagt, um zu zeigen, daß »der Wunsch, mehr zu haben, als der Mensch braucht« oder der Drang, »seinen Besitz über den Bedarf seiner Familie und einen reichlichen Vorrat für deren Konsum hinaus zu vergrößern«, der Locke zufolge mit der Einführung des Geldes aufgekommen ist und seitdem die menschlichen Handlungen regiert, seiner Ansicht nach weder ein Wunsch nach geizigem Horten noch einfach ein Bedürfnis nach Luxus ist, sondern das Verlangen, Boden und Geld als Kapital zu akkumulieren.

Locke hat also gezeigt, daß das Geld es dem Menschen ermöglicht und ihn dazu berechtigt, mehr Boden zu akkumulieren, als dessen Produkte er verbrauchen kann, bevor sie verderben. Die ursprünglich vom Gesetz der Natur auferlegten Beschränkungen werden nicht geleugnet. Noch immer widerspricht es diesem Gesetz, sich so viele Naturprodukte (oder irgendwelche andere dafür eintauschbare Dinge) anzueignen, daß etwas davon verdirbt, bevor es verbraucht werden kann. Und noch immer widerspricht

---

46 Bodleian Library, MS. Locke c. 30, f. 18

es ihm, sich so viel Boden anzueignen, daß ein Teil der daraus gewonnenen Erzeugnisse (oder der dagegen eingetauschten) verdirbt, bevor er verbraucht werden kann. Doch nun, wo es möglich ist, jegliche Menge von Erzeugnissen gegen einen Besitz einzutauschen, der vor Verderb gesichert ist, ist es weder ungerecht noch unklug, Bodenbesitz, gleichgültig wie umfangreich er ist, zu akkumulieren, um dadurch einen Überschuß zu erwirtschaften, der in Geld verwandelt und als Kapital angelegt werden kann. Die vom natürlichen Gesetz aufgrund der Verderblichkeit auferlegte Einschränkung war damit in bezug auf die Akkumulation von Boden und Kapital gegenstandslos geworden. Locke hat die spezifisch kapitalistische Appropriation von Boden und Geld gerechtfertigt.

Und es muß hervorgehoben werden, daß er sie als ein natürliches Recht, ein Recht im Zustand der Natur gerechtfertigt hat. Denn wenn die Einführung des Geldes auch durch stillschweigende Übereinkunft geschah, so ist dies doch nicht die gleiche Übereinkunft wie jene, die die Menschen zu Mitgliedern der bürgerlichen Gesellschaft machte. Die Zustimmung zum Gebrauch des Geldes ist von der Zustimmung zur Errichtung der bürgerlichen Gesellschaft unabhängig und geht ihr voraus:

…es liegt klar auf der Hand, daß sich die Menschen mit ungleichem und unproportioniertem Besitz an der Erde einverstanden erklärt haben, denn sie haben einen Weg gefunden, wie ein Mensch gut und gern mehr Boden besitzen mag, als dessen Ertrag er selbst verbrauchen kann, da er ja im Austausch gegen den Überschuß Gold und Silber erhält, das man horten kann, ohne jemanden zu schädigen, weil diese Metalle in der Hand des Besitzers nicht verderben oder zerfallen. Diese Verteilung der Güter im Sinne der Ungleichheit des Privatbesitzes konnten die Menschen – *außerhalb des Rahmens der Gesellschaft und ohne jeden Vertrag* – allein dadurch ermöglichen, daß sie Gold und Silber einen Wert beimaßen und stillschweigend den Gebrauch des Geldes billigten.[47]

Locke rückt also den Gebrauch des Geldes, die daraus resultierende Ungleichheit des Grundbesitzes und die Aufhebung der ursprünglichen Beschränkung rechtmäßigen Grundbesitzes auf eine ausnutzbare Fläche ausdrücklich in den Naturzustand hinein. Und da er in den beiden vorhergehenden Paragraphen er-

---

47 *Second Treatise*, Abschn. 50 (Hervorhebungen von mir)

klärt hatte, daß der Weg, auf dem das Geld, die Einschränkung aufgrund der Verderblichkeit überwindend, zu ungleichem Grundbesitz führt, die Entwicklung von Märkten und Handelsbeziehungen jenseits der Stufe des einfachen Tausches ist, müssen wir folgern, daß Locke auch diesen Handel dem Naturzustand zuschrieb.

Wenn dies auf den ersten Blick unglaubwürdig erscheinen mag, so sei daran erinnert, daß Lockes Naturzustand eine merkwürdige Mischung von historischer Imagination und logischer Abstraktion aus der bürgerlichen Gesellschaft ist. Historisch gesehen ist eine kommerzielle Wirtschaft ohne bürgerliche Gesellschaft in der Tat unwahrscheinlich. Als Abstraktion aber ist sie ohne weiteres denkbar. Akzeptiert man Lockes Anfangspostulat im *Treatise*, daß die Menschen von Natur aus vernünftige Wesen sind, die sich weitgehend selbst regieren nach dem Gesetz der Natur und die von Natur aus die Freiheit haben, »innerhalb der Grenzen des Gesetzes der Natur ihre Handlungen so einzurichten und über ihren Besitz und ihre Person so zu verfügen, wie sie es für richtig halten, ohne jemanden um Erlaubnis zu bitten oder vom Willen irgendeines anderen Menschen abhängig zu sein«[48], so ist es durchaus verständlich, daß solche Menschen nicht nur damit einverstanden sind, dem Geld einen Wert beizumessen, sondern auch damit, sich an einen kaufmännischen Ehrenkodex als Grundlage einer umfassenden kommerziellen Wirtschaft zu halten, ohne eine formale staatliche Macht einzusetzen. Die Menschen im Naturzustand können »andere Versprechen und Verträge« eingehen als den, der die bürgerliche Gesellschaft gründet, »denn Wahrhaftigkeit und Vertrauenswürdigkeit gehören zum Menschen als Menschen und nicht als Mitglied der Gesellschaft«.[49] Zu postulieren, wie Locke es tut, daß die Menschen von Natur aus vernünftig genug sind – sowohl in dem Sinn, daß sie ihren eigenen Vorteil erkennen, als auch in dem, daß sie sittliche Verpflichtungen anerkennen – für die schwierigere Übereinkunft, eine bürgerliche Gesellschaft zu gründen, heißt voraussetzen, daß sie vernünftig genug sind für die weniger schwierige Übereinkunft, deren es bedarf, um Handelsbeziehungen zu knüpfen. Betrachtet man die Men-

48 Abschn. 4
49 Abschn. 14

schen also mehr abstrakt als historisch – und Locke stellt den Naturzustand zu Anfang als eine Folgerung aus der Schöpfung und den beobachtbaren rationalen Fähigkeiten des Menschen dar, nicht als eine Folgerung aus der Geschichte oder der primitiven Gesellschaft –, so kann man annehmen, daß die Menschen ganz unabhängig von einer formalen bürgerlichen Gesellschaft zu einer kommerziellen Wirtschaft kamen.[50] Um es einfacher zu fassen: Locke kann annehmen, daß weder Geld noch Verträge ihren Wert und ihre Geltung dem Staat verdanken; sie sind ein Ausfluß der natürlichen Bestimmung des Menschen und verdanken ihren Wert und ihre Geltung der natürlichen Vernunft des Menschen. Unter diesem Gesichtspunkt gesehen, gründen der konventionelle Wert des Geldes und die Verbindlichkeit der Handelsverträge in der postulierten sittlichen Vernunft, die der Mensch von Natur aus besitzt, und nicht in der Autorität einer Regierungsgewalt.

In Lockes Theorie gibt es also zwei Arten der Übereinkunft. Die eine ist die Übereinkunft zwischen freien, gleichen, vernünftigen Menschen im Naturzustand, dem Geld einen bestimmten Wert beizulegen, womit für Locke zugleich eine allgemeine Anerkennung der Verpflichtung durch Handelsverträge verbunden ist. Diese Übereinkunft kommt »außerhalb des Rahmens der Gesellschaft und ohne jeden Vertrag« zustande; sie beläßt die Menschen im Naturzustand, berechtigt sie dort aber zu einem größeren Besitz, als sie ihn sonst Rechtens haben könnten. Die andere Art der Übereinkunft ist die Einwilligung eines jeden, alle seine Macht der Mehrheit zu überantworten; durch diese Übereinkunft wird die bürgerliche Gesellschaft begründet. Die erste ist gültig ohne die zweite. Aber obgleich die Institution des Eigentums, die im Naturzustand durch die erste Art der Übereinkunft begründet wird, moralische Gültigkeit besitzt, ist es schwierig, sie im Naturzustand praktisch durchzusetzen. Diese Schwierigkeit ist der wichtigste Grund, den Locke dafür findet, daß die Menschen zur

50 Das scheint die von Gough gestellte Frage zu beantworten, der ebenfalls der Ansicht ist, daß Locke Geld und Lohnarbeit in den Naturzustand rückt, und hinzufügt: »Lockes Naturzustand wird somit unglaubwürdiger denn je. Glaubte er tatsächlich, eine komplizierte kommerzielle Wirtschaft könne im Naturzustand existieren, ohne politische Regierungsgewalt?« (Gough, op. cit., 2. Aufl., 1956, S. 92, Anmerkung). Vgl. unten, S. 245 f.

zweiten Art der Übereinkunft übergehen und in eine bürgerliche Gesellschaft eintreten. Wenn der Übergang vom Naturzustand in die bürgerliche Gesellschaft so, wie Locke es tut, als eine zeitliche Sequenz gesehen wird, dann wird er als etwas gesehen, das *nach* der Zustimmung zum Geld kommt. Die zeitliche Sequenz umfaßt drei Stadien: zwei Stadien des Naturzustandes (das eine vor, das andere nach der Zustimmung zum Geld und zu ungleichem Besitz) und die ihm folgende bürgerliche Gesellschaft.

β *Die Einschränkung aufgrund des Bedarfs der anderen.* Wenden wir uns nun der Begrenzung individueller Aneignung zu, die Locke als erste nennt, daß nämlich jede Aneignung noch genügend und ebenso guten Boden für andere übriglassen muß. Diese Einschränkung ist durch den Hinweis auf die Einführung des Geldes aufgrund allgemeiner Zustimmung nicht ganz so sinnfällig aus dem Weg geräumt, aber es besteht kein Zweifel daran, daß Locke sie für aufgehoben hielt. Die ursprüngliche Regel des natürlichen Gesetzes, »daß jeder Mensch so viel haben soll, wie er nutzen kann«, wird mit der Erfindung des Geldes unwirksam.[51] In den ersten Auflagen des *Treatise* hat Locke diesen Punkt nicht im einzelnen begründet. Vielleicht hielt er ihn für so einleuchtend, daß er keiner besonderen Explikation bedurfte. Sein Gedankengang scheint der gewesen zu sein, daß die Einführung des Geldes automatisch zur Entwicklung einer kommerziellen Wirtschaft führe, folglich zur Schaffung von Märkten für bisher wertlose Erzeugnisse des Bodens, folglich zur Aneignung von Boden, der bisher der Aneignung nicht wert schien.[52] Die Zustimmung zum Gebrauch des Geldes ist, kraft Implikation, die Zustimmung zu seinen Folgen.[53] Ein Individuum darf sich also auch dann Boden aneignen, wenn den anderen dadurch nicht mehr genügend und ebenso guter Boden übrigbleibt.

Obschon sich die Aufhebung der Einschränkung aufgrund des Bedarfs der anderen durch eine derartige Folgerung vertreten ließe, scheint Locke doch eine direktere Begründung für nötig befunden zu haben, denn bei einer Revision der dritten Auflage der

51 *Second Treatise,* Abschn. 36
52 Abschn. 45, 48
53 Abschn. 36

Treatises fügte er einen neuen Gedanken hinzu, im Anschluß an den ersten Satz von Abschnitt 37.[54]

Dem will ich noch hinzufügen, daß der, der sich durch seine Arbeit Boden aneignet, das gemeinsame Vermögen der Menschheit nicht vermindert, sondern vermehrt. Denn die zum Unterhalt des menschlichen Lebens dienenden Vorräte, die man auf einem Morgen eingegrenzten und urbar gemachten Landes erntet, sind (um sehr bescheiden zu sprechen) zehnmal mehr als der Ertrag eines Morgens ebenso reichen Landes, das als Gemeingut brachliegt. Man kann deshalb von dem, der Land eingrenzt und von zehn Morgen einen größeren Vorrat an Lebensmitteln erntet, als er von hundert der Natur überlassenen ernten könnte, mit Recht sagen, daß er der Menschheit neunzig Morgen schenkt. Denn seine Arbeit liefert ihm jetzt aus zehn Morgen Land die Vorräte, die der Ertrag von hundert Morgen Gemeingut wären.

So macht also, obgleich mehr Boden angeeignet werden darf, als daß für andere noch genügend und ebenso guter übrigbliebe, die größere Produktivität des angeeigneten Bodens diesen Mangel mehr als wett. Dies setzt natürlich voraus, daß der Zuwachs des Gesamtprodukts zum Wohle oder zumindest nicht zum Nachteil jener verteilt wird, die ohne genügend Boden blieben. Locke setzt dies tatsächlich voraus. Selbst der landlose Tagelöhner soll das erhalten, was er zum Leben braucht.[55] Und ein solches Existenzminimum ist nach dem vorherrschenden Standard eines Staates, in dem aller Boden appropriiert ist und wohl genutzt wird, besser als der Lebensstandard der Mitglieder einer Gesellschaft, deren Boden nicht vollkommen appropriiert ist und nicht intensiv bearbeitet wird: »der König eines großen und fruchtbaren Gebietes wohnt, ernährt und kleidet sich dort [bei ›verschiedenen Nationen der *Amerikaner*‹] schlechter als ein Tagelöhner in *England*«[56]: Private Appropriation erhöht also in Wahrheit den Anteil, der für andere übrigbleibt. Gewiß, in mancher Hinsicht ist für diese anderen nicht mehr so viel da. Aber wenn auch nicht mehr genügend und ebenso guter Boden für sie

54 Der Zusatz wurde zum ersten Mal in der vierten Auflage der *Two Treatises* (1713) veröffentlicht und erschien in allen folgenden Standardausgaben der *Treatises* und der *Works,* wird jedoch unglücklicherweise in einigen neueren Ausgaben des *Second Treatise,* die auf frühere Auflagen zurückgehen, nicht abgedruckt.
55 *Considerations, Works* (1759), II, 29. Vgl. *First Treatise,* Abschn. 41–42, über das Recht der Besitzlosen auf Unterhalt.
56 *Second Treatise,* Abschn. 41

übrig ist, so haben sie doch genügend zum *Leben*, einen ebenso guten (und tatsächlich besseren) *Unterhalt*. Das Recht aller Menschen auf Lebensunterhalt war das fundamentale Recht, aus dem Locke in erster Linie ihr Recht, sich Boden anzueignen, abgeleitet hatte. Nach der Aneignung des gesamten Bodens haben die anderen nicht nur ein ebenso gutes Auskommen, sondern sie haben gerade *durch* die Aneignung alles Bodens ein besseres Auskommen als zuvor. Beurteilt man also die Ergebnisse der über die anfänglich gesetzten Grenzen hinausgehenden Appropriation mehr nach dem fundamentalen Test (Sicherung der Bedürfnisbefriedigung für alle anderen) als nach dem instrumentalen Test (Verfügbarkeit von genügend Boden für die anderen, mittels dessen sie ihre Bedürfnisse befriedigen können), so wird die uneingeschränkte Appropriation zur positiven Tugend.

Die anfängliche Beschränkung aufgrund des Bedarfs der anderen ist damit überwunden. Oder, wenn man lieber will, diese Beschränkung bleibt prinzipiell gültig, wirkt sich jetzt aber anders aus. Die ursprüngliche Regel, nach der sich niemand so viel von den Früchten der Erde aneignen darf, daß den anderen nicht ebenso viele und ebenso gute übrigbleiben, gilt noch immer, denn noch immer hat ein jeder das Recht, sich selbst zu erhalten, und damit ein Recht, sich das für seinen Lebensunterhalt Notwendige anzueignen. Doch folgt aus diesem Recht jetzt nicht mehr das Recht auf ebenso viel und ebenso guten Boden, das immer nur ein abgeleitetes Recht war; deshalb verlangt die Bedarfsregel, von den ersten Epochen der Weltgeschichte abgesehen, keineswegs, daß jede Aneignung von Boden den anderen genügend und ebenso guten übriglassen muß.

Kurz, eine uneingeschränkte Bodenaneignung, die den anderen nicht mehr genügend Boden der gleichen Qualität überläßt, wird sowohl durch die implizierte stillschweigende Zustimmung zu den notwendigen Folgen der Einführung des Geldes gerechtfertigt als auch durch die Feststellung, daß dort, wo der gesamte Boden appropriiert ist und genutzt wird, der Lebensstandard der Landlosen höher ist als dort, wo der Boden nicht restlos appropriiert ist, der Lebensstandard von irgendjemand.

Man könnte nun denken, daß Lockes auf diesen Gründen basierende Rechtfertigung großer Besitztümer, so einleuchtend oder annehmbar sie auch sei, strikt seiner These entgegenstehe, daß das Aneignungsrecht dort seine Grenze finde, wo den anderen nicht mehr genügend und ebenso gutes übrigbleibt. Dem wäre auch so, hätte er die ursprüngliche Feststellung als eine absolute aufgefaßt. Dies war jedoch nicht der Fall. Sie war nur als Folge eines vorrangigen Prinzips gedacht, nämlich des einem jeden zukommenden natürlichen Rechts, sich seinen Lebensunterhalt durch Arbeit zu sichern, und das war ein Recht auf Aneignung des Lebensunterhaltes in Lockes ursprünglichem Sinn von Nahrungsmitteln.[57] Auf zweierlei Art kann ihm Genüge geschehen. Einmal indem stipuliert wird, daß jedermann berechtigt ist, sich Boden anzueignen. Daraus folgt die ursprüngliche Beschränkung des Umfanges, in dem man sich Boden aneignen darf. Steht noch genügend herrenloser Boden zur Verfügung, so ist dies der geeignetste Weg, jenem Recht zu genügen, denn niemand wird durch die Einschränkung benachteiligt. Und nur dort, wo noch genügend Boden vorhanden ist, besteht Locke auf der Einschränkung.[58] Aber es gibt noch einen anderen Weg, auf dem das natürliche Recht auf Lebensunterhalt durchgesetzt werden kann, selbst dann, wenn nicht mehr genügend Boden zur Verfügung steht: wenn nämlich ein Zustand stipuliert oder vorausgesetzt wird, der dafür Sorge trägt, daß diejenigen, die keinen Boden besitzen, sich durch Arbeit ihren Lebensunterhalt verdienen können. Dieser Zustand war für Locke eine natürliche Folge der Einführung des Geldes. Wenn er also sagt, gewisse Menschen hätten nach der Einführung des Geldes ein Recht auf mehr Boden als nur so viel, daß für die anderen noch genügend übrigbleibe[59], widerspricht er nicht seiner ursprünglichen Feststellung, alle Menschen hätten ein natürliches Recht auf die Mittel zur Erhaltung ihres Lebens.

γ *Die angebliche Einschränkung aufgrund der Arbeit.* Die dritte offenbar implizierte Beschränkung individueller Aneignung (nur so viel, wie man mit seiner eigenen Arbeit vermischt hat) scheint am schwierigsten überwunden oder aufgehoben werden zu können, denn sie scheint gerade für die auf Arbeit gegründete Recht-

57 Abschn. 26
58 Abschn. 27, 33
59 Abschn. 36

fertigung, wie Locke sie für jede Appropriation aufgestellt hat, unabdingbar zu sein. Man könnte natürlich sagen, es liege bei Locke, zu zeigen, inwiefern diese Beschränkung – gleich den beiden anderen – infolge der Einführung des Geldes als überwunden betrachtet werden kann. Doch Locke dachte anders. Er gab keine ausdrückliche Begründung dieser Art und mußte sie auch nicht geben, wenn er durchgehend die Gültigkeit der Lohnbeziehung voraussetzte, wonach jedermann rechtmäßig einen Anspruch auf die Arbeitskraft eines anderen erwerben kann. Wir müssen nun untersuchen, ob es irgendwelche Gründe für die Annahme gibt, daß Locke diese Beziehung als rechtmäßig und natürlich auffaßte.

Zunächst sei hervorgehoben, daß Lockes Überzeugung; »jeder Mensch hat ein *Eigentum* an seiner eigenen *Person*. Auf diese hat kein anderer irgendein Recht als er selbst«, und weiter, wenn er seine Arbeit mit der Natur vermischt: »da diese *Arbeit* das unbestreitbare Eigentum des Arbeitenden ist, kann niemand außer er selbst ein Recht haben auf das, was mit ihr einmal verbunden ist«[60] –, daß diese Überzeugung also durchaus nicht unverträglich ist mit der Annahme eines natürlichen Rechts, die eigene Arbeitskraft gegen Lohn zu veräußern. Ganz im Gegenteil, je emphatischer die Arbeit als Eigentum ausgegeben wird, desto mehr muß sie als veräußerlich verstanden werden. Denn Eigentum im bürgerlichen Sinne ist nicht nur ein Recht, etwas zu genießen oder zu nutzen; es ist ein Recht, darüber zu verfügen, es zu tauschen, zu veräußern. Für Locke ist die Arbeit eines Menschen so unbezweifelbar sein Eigentum, daß er sie bedenkenlos gegen Lohn verkaufen darf. Ein freier Mann kann einem anderen »für eine gewisse Zeit Dienste, die er zu leisten unternimmt, gegen Lohn, den er empfängt«, verkaufen.[61] Die solcherart verkaufte Arbeit wird zum Eigentum des Käufers, der nunmehr berechtigt ist, sich das Produkt dieser Arbeit anzueignen.[62] Die Annahme, daß Locke dies bei seiner Rechtfertigung des Eigentums durch Arbeit von Anfang als gegeben ansah, kann sich auf zwei Umstände berufen.

60 Abschn. 27
61 Abschn. 85
62 Siehe Anm. N, S. 335

(1) Unmittelbar nach seinem Argument, daß das natürliche Recht, sich von dem, was den Menschen gemeinsam gehört, einen Teil anzueignen, allein darin gründet, daß der Mensch seine Arbeit darein mischt, und daß dieses Recht nicht im geringsten von der Zustimmung anderer abhängt, sondern ein natürliches Recht ist, weist Locke, diese Feststellung untermauernd, auf das anerkannte Recht der Individuen hin, sich die Naturprodukte des »kraft Vertrages im Gemeinbesitz verbleibenden Bodens« anzueignen. Hier wie im Naturzustand gründet sich dieses Recht ganz einfach auf den Aufwand an Arbeit. Aber Locke kommt gar nicht auf den Gedanken, daß sich das Recht eines Menschen nur auf die Arbeit seines eigenen Körpers gründen könne; er gründet es ebenso auf die Arbeitskraft, die jemand kauft:

Das Gras, das mein Pferd gefressen, der Torf, den mein Knecht gestochen, das Erz, das ich an irgendeinem Ort gegraben, wo ich gemeinsam mit anderen ein Recht dazu habe, werden somit mein *Eigentum*, ohne irgendjemandes Zuweisung oder Zustimmung. Die *Arbeit*, die die meine war, hat, indem sie diese Dinge dem Gemeinzustand, in dem sie sich befanden, enthoben hat, mein *Eigentum* in sie *eingeprägt*.[63]

Hätte Locke die Lohnbeziehung nicht als vollkommen selbstverständlich genommen, so hätte seine Einschließung der Arbeit »meines Knechtes« in »die Arbeit, die die meine war«, die Arbeit also, auf deren Früchte ich aufgrund des Naturrechts einen Anspruch erheben kann, der von ihm vertretenen These direkt widersprochen.[64]

Die zitierte Passage läßt nicht mit Sicherheit erkennen, ob Locke die Lohnbeziehung für eine natürliche, d. h. im Naturzustand bestehende Beziehung hielt. Zwar soll der Grundsatz, daß die Arbeit meines Knechtes mich berechtigt, mir die Früchte dieser Arbeit anzueignen, »an irgendeinem Ort, wo ich gemeinsam mit anderen ein Recht [auf die Naturprodukte] habe« gültig sein, aber diese Versicherung wird im Zusammenhang mit dem Gemeinbesitz in der Gesellschaft aufgestellt.

63 *Second Treatise*, Abschn. 28
64 Laslett (op. cit., S. 104, Fn.) wendet ein, diese Passage besage nicht, daß jemand die Arbeit seines Knechtes besitzen könne. Ich sehe nicht, wie Locke noch deutlicher hätte sein können: die von meinem Knecht ausgeführte Arbeit *ist* »die Arbeit, die die meine war«. Die einzige Frage ist die, ob Locke diese Beziehung für eine natürliche oder nur für eine gesellschaftliche hielt. Diese Frage soll im folgenden erörtert werden.

Jedoch könnte man die Passage unter Umständen als Hinweis dafür werten, daß Locke die Lohnbeziehung für eine natürliche hielt, wenn nicht der Gedanke an eine Lohnarbeit im Naturzustand allzu absurd erschiene, als daß man ihn Locke unterstellen dürfte. Dennoch müssen wir vermuten, daß Locke tatsächlich an eine Lohnarbeit im Naturzustand dachte. Wie wir sahen, schrieb er ihm eine kommerzielle Wirtschaft zu, die so weit entwickelt war, daß sich Privatpersonen große Besitztümer (von einigen tausend Morgen Land) zur Erzeugung profitbringender Güter angeeignet hatten. Eine solche Wirtschaft konnte von Locke und seinen Zeitgenossen kaum anders als auf Lohnarbeit basierend verstanden werden.

Da Locke in seinem *Treatise* auf die Rolle der Lohnarbeit nicht näher eingeht, sondern hauptsächlich von ungezügelten Individualisten und genügsamen Landleuten spricht, wurde oft angenommen, er habe seinem Naturzustand nicht das England der großen Besitztümer und der Lohnarbeit zugrunde gelegt, sondern ein England der ihren Boden selbst bearbeitenden Bauern. Tatsache ist jedoch, daß Locke, so desorientiert er immer gewesen sein mag, über die Klassenstruktur des England seiner Zeit sehr genau im Bilde war. Wo er sich, wie in den *Considerations,* mit Fragen der Wirtschaftspolitik beschäftigte, behandelte er die Lohnarbeiter als eine ganz normale und für die zeitgenössische Wirtschaft unentbehrliche Klasse; er setzte als selbstverständlich voraus, daß die Löhne üblicherweise kaum über dem Existenzminimum liegen dürfen und daß der Lohnarbeiter kein anderes Eigentum hat als seine Arbeitskraft. Diese Prämissen treten in drei technischen Überlegungen klar zutage. Bei seiner Schätzung der Umlaufgeschwindigkeit des Geldes spielen nur die drei Klassen der Arbeiter, der Grundeigentümer und der »Händler«, d. h. der Kaufleute und Ladeninhaber, eine Rolle; die Arbeiter werden dabei als »im allgemeinen von der Hand in den Mund lebend« und außer ihren Löhnen keinerlei Hilfsmittel besitzend charakterisiert.[65] Und wenn er sich Gedanken über den Umfang der Besteuerung macht, so stellt er fest, daß »der arme Arbeiter und Handwerker..., der sowieso schon von der Hand in den

Mund lebt«, nicht besteuert werden kann; wenn eine Steuer die Preise für Nahrungsmittel, Kleidung oder sonstigen Bedarf steigen läßt, »muß entweder sein Lohn mit den Preisen steigen, um ihn am Leben zu erhalten; oder aber er fällt der Gemeinde zur Last, da er nicht in der Lage ist, sich und seine Familie durch seine Arbeit zu ernähren«.[66] Und wenn in einer Periode der Deflation die ökonomischen Klassen darum kämpfen, daß sich ihre Einkünfte nicht verringern, »spielt sich dieser Streit und Zank gewöhnlich zwischen denen, die Boden besitzen, und den Kaufleuten ab. Denn der nur selten über dem Existenzminimum liegende Anteil der Arbeiter gewährt dieser Gruppe von Menschen weder Zeit noch Gelegenheit, ihre Gedanken auf mehr als dies zu richten und mit den Reicheren um das Ihrige zu kämpfen...«[67]

Für Locke schloß also eine kommerzielle Wirtschaft, in der aller Grund und Boden in den Händen privater Eigentümer ist, die Lohnarbeit ein. Und da Locke dem Naturzustand die Marktbeziehungen einer entwickelten kommerziellen Wirtschaft zuschrieb, liegt die Vermutung nahe, daß er ihr zusammen mit den anderen Marktbeziehungen auch die Lohnbeziehung zuschrieb. Dem Denken des siebzehnten Jahrhunderts erschien der Arbeitsmarkt ebenso normal und gerechtfertigt wie der Waren- und Kapitalmarkt; er galt für die kapitalistische Produktionsweise als gleicherweise notwendig. Die Anhänger dieser Produktionsweise, zu denen auch Locke gehörte, belasteten ihr Gewissen noch nicht mit den entmenschlichenden Auswirkungen der Verwandlung der Arbeit in eine Ware; und da sie keinerlei moralische Skrupel hatten, hatten sie auch keinen Grund, die Lohnbeziehung als nicht natürlich einzuschätzen.

Dem Naturzustand Lohnarbeit zuzuschreiben ist nicht abwegiger, als ihm eine entwickelte kommerzielle Wirtschaft zuzuschreiben.[68] Locke ist durchaus konsequent: seiner Ansicht nach gibt es keine Institution, die der bürgerlichen Gesellschaft etwas schuldet, sondern jede beruht auf der einfachen Übereinkunft oder Zustimmung von Individuen, die ausschließlich dem natürlichen Gesetz unterstehen. So beruht die Akkumulation von Kapital durch

66 Ibid., S. 29
67 Ibid., S. 36
68 Siehe oben, S. 236 f.

das Medium des Geldes allein auf der Übereinkunft der Individuen, dem Geld einen Wert beizumessen; und die Lohnbeziehung beruht allein auf dem freien Vertrag der davon betroffenen Individuen. Daß keiner dieser Sätze historische Gültigkeit besitzt, ist hier unerheblich. Beide Sätze sind vollkommen verständlich, wenn wir Lockes Anfangspostulate hinnehmen, daß die Menschen ihrer Natur nach frei und vernünftig sind.[69]

(2) Die Vermutung, daß Locke die Lohnbeziehung dem Naturzustand zurechnet, wird noch weiter bestärkt, wenn wir sehen, auf welche Weise er die natürlichen Rechte und das natürliche Gesetz mit der bürgerlichen Gesellschaft in Beziehung bringt. Die Übereinkunft, in eine bürgerliche Gesellschaft einzutreten, schafft keine neuen Rechte; sie überträgt nur die Machtmittel, die der Mensch im Naturzustand zum Schutze seiner natürlichen Rechte besaß, auf eine staatliche Gewalt. Die bürgerliche Gesellschaft hat auch nicht die Macht, das natürliche Gesetz aufzuheben; die der bürgerlichen Gesellschaft und ihrer Regierung zukommende Macht ist auf die Durchsetzung der Prinzipien des natürlichen Gesetzes beschränkt.[70] Und gerade aus diesem Grund war Locke so sehr an dem Nachweis interessiert, daß das Recht auf ungleichen Besitz ein Recht ist, das die Menschen mit in die bürgerliche Gesellschaft bringen, und daß individuelle Zustimmung noch im Naturzustand, nicht aber die Übereinkunft, eine bürgerliche Gesellschaft zu gründen, den Besitz von Eigentum über die ursprünglichen natürlichen Grenzen hinaus rechtfertigt. Da nun eine bürgerliche Gesellschaft das natürliche Gesetz nicht aufheben kann, und da sowohl die Aneignung von mehr Boden, als man selbst zu bestellen vermag, als auch der Kauf fremder Arbeitskraft in der bürgerlichen Gesellschaft rechtmäßig sind, mußte beides mit dem natürlichen Gesetz in Einklang stehen. Oder, um es von dem Standpunkt der natürlichen Rechte her zu fassen: da die Übereinkunft, in die bürgerliche Gesellschaft einzutreten, keine neuen individuellen Rechte schafft, und da die Aneignung von mehr Boden, als man selbst bestellen kann, in der bürgerlichen Gesellschaft rechtmäßig ist, mußte angenommen werden, daß es

---

69 Für die volle Bedeutung des Wortes »vernünftig« in diesem Zusammenhang siehe unten, S. 265 f.
70 *Second Treatise*, Abschn. 135

sich um ein natürliches Recht handelt; und da die Veräußerung der eigenen Arbeit gegen Lohn in der bürgerlichen Gesellschaft rechtmäßig ist, muß auch hier angenommen werden, daß es sich um ein natürliches Recht handelt.

Man könnte es merkwürdig finden, daß Locke, der das Recht auf Aneignung von Boden und Gütern von dem Recht, das eigene Leben zu erhalten, und vom natürlichen Eigentum an der eigenen Arbeitskraft herleitet, ein natürliches Recht, die eigene Arbeitskraft zu veräußern, postulieren sollte, während er ein natürliches Recht, das eigene Leben zu veräußern, abstreitet.[71] Aber er trifft eine Unterscheidung zwischen Eigentum (einschließlich des Eigentums an der eigenen Arbeit) und Leben. Im zweiten Kapitel des *Second Treatise* finden wir diese Unterscheidung noch nicht: die Menschen haben ein natürliches Recht, »innerhalb der Grenzen der Natur über ihren Besitz und ihre Person nach Belieben zu verfügen«.[72] Nachdem er jedoch das natürliche Recht auf ungleichen Besitz dargetan hat, tritt eine Unterscheidung auf, wie wir sie erwarten: im Naturzustand, so betont er, »hat niemand eine absolute willkürliche Macht über sich selbst oder irgendeinen anderen, sein eigenes Leben zu vernichten oder Leben und Eigentum eines anderen zu rauben«.[73] Während also niemand ein natürliches Recht hat, sein eigenes Leben zu veräußern, das ja Gottes Eigentum ist, noch einem anderen sein Leben oder Eigentum willkürlich zu nehmen, so verbleibt ihm doch das natürliche Recht, sein eigenes Vermögen zu veräußern. Daß Lockes Gesetz der Natur der Frau und den Kindern eines Mannes, wenn dieser stirbt oder besiegt wird, einen Anspruch auf seinen Besitz einräumt[74], scheint dessen freier Verfügungsgewalt darüber, solange er frei handeln kann, keinen Abbruch zu tun.

Und in der Tat wäre ein weniger umfassendes Eigentumsrecht für Locke nutzlos gewesen, denn die freie Veräußerung des Eigentums (einschließlich des Eigentums an der eigenen Arbeit) durch Kauf und Verkauf ist ein wesentliches Element der kapitalistischen Produktion. Auch wird in Lockes Unterscheidung zwi-

71 Vgl. unten, S. 260, und die Position der Levellers, Kap. III, S. 167 ff.
72 *Second Treatise*, Abschn. 4
73 Abschn. 135
74 Abschn. 182-3

schen Sklaven und freien Lohnarbeitern die Veräußerung der eigenen Arbeit streng von der Zuerkennung willkürlicher Macht über das eigene Leben abgehoben.[75]

Mit der Betonung, daß die Arbeit eines Menschen sein eigen ist, kehrt Locke hervor, wie weit er sich von der mittelalterlichen Anschauung entfernt und die von Hobbes so bündig ausgedrückten bürgerlichen Ansichten übernommen hatte. Doch bleibt er in der Einstellung gegenüber bürgerlichen Werten hinter Hobbes zurück. Für Hobbes war nicht nur die Arbeit eine Ware, sondern das Leben selbst wurde praktisch auf eine Ware reduziert[76]; für Locke war das Leben noch heilig und unveräußerlich, obgleich ihm die Arbeit und die eigene »Person«, im Sinne der eigenen Fähigkeit zu arbeiten[77], als Ware galt. Lockes Unterscheidung zwischen Leben und Arbeit läßt uns seine Bindung an die traditionellen Werte ermessen. Seine Unentschiedenheit bei der Definition des Eigentums, die manchmal Leben und Freiheit einschließt, manchmal nicht, mag der Tatsache zuzuschreiben sein, daß er sich zwischen den Relikten traditioneller Werte und den neuen bürgerlichen Werten nicht zu entscheiden wußte.[78] Zweifellos ist es dieser Umstand, der seine Theorie dem modernen Leser annehmbarer erscheinen läßt als die kompromißlose Lehre von Hobbes. Locke erkannte nicht, daß die beständige Veräußerung der Arbeit gegen einen gerade nur die Existenz sichernden Lohn, die er als den notwendigen Zustand der Lohnarbeiter während ihres ganzen Lebens ausgab, auf eine Veräußerung von Leben und Freiheit hinausläuft.

Ich ziehe den Schluß, daß Locke bei seiner Rechtfertigung des natürlichen Rechts auf Eigentum durchgehend als selbstverständlich voraussetzte, daß Arbeit von Natur aus eine Ware ist und daß die Lohnbeziehung, die mir das Recht gibt, mir die aus fremder Arbeit hervorgehenden Produkte anzueignen, ein Teil der natürlichen Ordnung ist. Daraus folgt, daß die dritte, vermutete

---

75 Abschn. 83
76 »Die *Geltung* oder der *Wert* eines Menschen ist, wie bei allen anderen Dingen, sein Preis« (*Leviathan*, Kap. 10, S. 67); »Auch die Arbeit eines Menschen ist, so gut wie jedes andere Ding, eine zum eigenen Vorteil austauschbare Ware« (ibid., Kap. 24, S. 189); vgl. oben, Kap. II, c.
77 *Second Treatise*, Abschn. 27
78 Vgl. unten, S. 278

Einschränkung des natürlichen Rechts auf Appropriation (d. h. nur so viel, wie man mit der eigenen natürlichen Kraft zu bearbeiten vermag) von Locke nie gefordert wurde. Es kann also keine Rede davon sein, daß Locke diese Beschränkung aufgegeben hätte; sie bestand für ihn gar nicht, sondern wurde von jenen in seine Theorie hineingelesen, die sich ihr von der modernen Tradition des humanen Liberalismus her näherten.

d. Lockes Leistung

Werden Lockes Prämissen so verstanden, wie hier dargestellt, so erscheint seine Eigentumslehre in einem neuen Licht oder wird vielmehr wieder auf jene Bedeutung zurückgeführt, die sie für Locke und seine Zeitgenossen gehabt haben muß. Denn unter diesem Aspekt bedeutet sein hartnäckiges Bestehen darauf, daß die Arbeitskraft eines Menschen sein eigen ist – und dies war das eigentlich Neue an Lockes Eigentumslehre –, fast das Gegenteil dessen, was in den letzten Jahren im allgemeinen damit verbunden wurde; es lieferte die moralische Begründung für die Appropriation des Bürgertums. Mit der Aufhebung der beiden ursprünglichen Einschränkungen, die Locke ausdrücklich anerkannt hatte, wird seine ganze Eigentumstheorie zu einer Rechtfertigung des natürlichen Rechts nicht nur auf Eigentum, sondern auch auf uneingeschränkte individuelle Appropriation. Das Bestehen darauf, daß des Menschen Arbeit sein ausschließliches Eigentum sei, ist die Grundlage dieser Rechtfertigung. Denn zu betonen, daß eines Menschen Arbeit ihm selbst gehöre, bedeutet nicht nur, daß es ihm zusteht, sie durch einen Arbeitsvertrag zu veräußern; es bedeutet auch, daß seine Arbeit und deren Erzeugnisse etwas sind, wofür er der Gesellschaft nichts schuldet. Ist es nun die Arbeit, des Menschen unbedingtes Eigentum, wodurch die Appropriation gerechtfertigt und Werte geschaffen werden, so überragt das individuelle Recht auf Aneignung jede moralische Forderung der Gesellschaft. Der traditionelle Standpunkt, Eigentum und Arbeit seien gesellschaftliche Funktionen und der Besitz von Eigentum bringe soziale Pflichten mit sich, wird damit untergraben.

Locke erreichte also genau das, was er erreichen wollte. Ausgehend von der traditionellen Annahme, die Erde und ihre Früchte seien ursprünglich den Menschen zum gemeinsamen Gebrauch gegeben worden, drehte er den Spieß um und wandte sich gegen all jene, die aus dieser Prämisse Theorien ableiteten, welche der kapitalistischen Appropriation im Wege standen. Er beseitigte den moralischen Makel, der bisher der uneingeschränkten kapitalistischen Appropriation angehaftet hatte.[79] Hätte er nur dies getan, so wäre das schon eine bemerkenswerte Leistung gewesen. Aber er tat noch mehr. Er rechtfertigte auch – als etwas Natürliches – einen Klassenunterschied in bezug auf Rechte und Vernunft und lieferte damit der kapitalistischen Gesellschaft eine positive moralische Grundlage.

3. Klassenunterschiede in bezug auf natürliche Rechte und Vernunft

Um festzustellen, wie Locke dies zuwege brachte, müssen wir zwei weitere Prämissen berücksichtigen, die an Wichtigkeit dem ausdrücklich aufgestellten Postulat, daß des Menschen Arbeit sein eigen sei, nicht nachstehen. Die erste lautet, daß die Angehörigen der Arbeiterklasse, obgleich diese Klasse ein notwendiger Bestandteil der Nation ist, in Wirklichkeit keine vollwertigen Glieder des politischen Körpers sind und auch keinen Anspruch darauf erheben können; die zweite, daß die Mitglieder der Arbeiterklasse kein streng vernünftiges Leben führen und auch nicht führen können. Der Begriff »Arbeiterklasse« umfaßt hier sowohl die »arbeitenden Armen« als auch die »müßigen Armen«, d. h. all jene, die auf Anstellung, auf Mildtätigkeit oder auf das Armenhaus angewiesen waren, weil sie über kein eigenes Vermögen verfügten, mit dem sie hätten arbeiten können. Diese Vorstellung war zu Lockes Zeiten so allgemein verbreitet, daß es überraschen müßte, wenn er sie nicht geteilt hätte. Da aber ihre Bedeutung für Lockes Denken bisher vollständig übersehen wurde, ist es wohl angebracht zu zeigen, daß er sie tatsächlich geteilt hat. Direkte Belege dafür, daß Locke jene Sätze als selbstverständlich erachtete, lassen sich in verschiedenen seiner Schriften finden. Wenn wir gesehen haben, wie vorbehaltlos er sie als Sätze über die

79 Vgl. unten, S. 265-8

Arbeiterklasse im England des siebzehnten Jahrhunderts akzeptierte, werden wir untersuchen, wie weit er sie verallgemeinerte und auf welche Weise sie in die Argumentation des *Treatise* Eingang fanden.

a. Die Klassenunterschiede im England des siebzehnten Jahrhunderts in der Sicht Lockes

Lockes Vorschläge für die Behandlung gesunder unbeschäftigter Personen sind recht gut bekannt, mag auch ihre Erwähnung bei heutigen Autoren gewöhnlich nur dazu dienen, ihre Strenge zu mißbilligen und mit dem Hinweis auf die Zeitumstände zu entschuldigen. Worauf es hier mehr ankommt, ist der Einblick, den sie in Lockes Prämissen gewähren. Die Aufseher der Arbeitshäuser (»Besserungsanstalten«) sollten ihre Häuser in Einrichtungen für industrielle Schwerarbeit umwandeln, die Friedensrichter sollten Einrichtungen für Zwangsarbeit aus ihnen machen. Die Kinder der Arbeitslosen, die »über drei Jahre alt« waren, hielt er für eine unnötige Belastung der Nation; sie sollten zum Arbeiten angehalten und dazu gebracht werden, mehr zu verdienen als zu kosten. All dies wurde ausdrücklich damit gerechtfertigt, daß Arbeitslosigkeit nicht wirtschaftliche Gründe habe, sondern von sittlicher Verkommenheit herrühre. Die Zunahme der Arbeitslosigkeit, schrieb Locke 1697 in seiner Eigenschaft als Mitglied der Handelsmission, gründe in »nichts anderem als der Lockerung der Disziplin und der Korruption der Sitten«.[80] Die Arbeitslosen als vollwertige und freie Mitglieder des politischen Gemeinwesens zu betrachten, kam für Locke nicht in Frage; andererseits stand für ihn fest, daß sie dem Staat voll und ganz unterworfen waren. Und der Staat durfte mit ihnen in der oben geschilderten Weise verfahren, da sie nicht nach den für vernünftige Menschen geforderten Maßstäben lebten.

Lockes Haltung gegenüber der Klasse der Lohnempfänger wurde weniger Aufmerksamkeit geschenkt, obgleich sie an verschiedenen Stellen seiner ökonomischen Schriften, vor allem in den *Considerations,* klar genug zutage tritt. Dort nimmt es Locke, wie wir bereits gesehen haben, als selbstverständlich hin, daß die

80 Zitiert in H. R. Fox Bourne, *The Life of John Locke* (1876), Bd. II, S. 378

Lohnarbeiter eine normale und zahlenmäßig starke Klasse der Nation sind, daß sie kein Eigentum besitzen, auf das sie zurückgreifen könnten, sondern ausschließlich vom Lohn abhängen, und daß dieser Lohn notwendigerweise nicht über dem Existenzminimum zu liegen pflegt. Der Lohnarbeiter »lebt von der Hand in den Mund«. Ein Abschnitt, aus dem schon zitiert wurde, verdient hier ausführlichere Betrachtung:

...der nur selten über dem Existenzminimum liegende Anteil der Arbeiter [am Volkseinkommen] gewährt dieser Gruppe von Menschen weder Zeit noch Gelegenheit, ihre Gedanken auf mehr als dies zu richten und mit den Reicheren um das Ihrige zu kämpfen (als um ein ihnen gemeinsames Interesse), es sei denn, ein ihnen gemeinsames großes Unglück mache sie zu einer gärenden Masse, lasse sie den Respekt vergessen und verleihe ihnen die Dreistigkeit, ihre Forderungen mit Waffengewalt durchzusetzen: dann brechen sie zuweilen über die Reichen herein und schwemmen sie hinweg, einer Sintflut gleich. Doch geschieht dies nur selten und nur in einem nachlässig oder falsch regierten Staatswesen.[81]

Es ist schwer zu sagen, welcher Teil dieser Bemerkungen der aufschlußreichste ist. Da findet sich die Annahme, die Arbeiter würden im allgemeinen in einer zu niedrigen Lage gehalten, um politisch denken oder handeln zu können. Da findet sich die Annahme, bei den seltenen Gelegenheiten, wo sie ihre Gedanken tatsächlich über den bloßen Existenzkampf hinaus erhöben, sei die einzige Art politischer Handlung, deren sie fähig seien, der bewaffnete Aufstand. Da findet sich die Annahme, eine schlechte Verwaltung bestehe nicht darin, daß man die Armen auf dem bloßen Existenzminimum hält, sondern daß man es zu einer außergewöhnlichen Notlage kommen lasse, die sie zu einem bewaffneten Aufstand zusammenführt. Und da findet sich die Überzeugung, ein solcher Aufstand sei unschicklich, ein Vergehen gegen den Respekt, den sie den Höhergestellten schulden.
Nun ist die Frage, wem das Recht zustehe, eine Revolution zu machen, eine für Locke entscheidende Frage: das Recht auf Revolution ist ihm zufolge das entscheidende Kriterium des Bürgerrechts, da er keinen anderen Weg vorsieht, das Recht auf Beseitigung einer unerwünschten Regierung auszuüben. Obgleich er im

81 *Works* (1759), II, 36

Treatise das Recht der Mehrheit auf Revolution hervorhebt, scheint es ihm hier nicht in den Sinn zu kommen, daß die Arbeiterklasse das Recht haben könnte, eine Revolution zu machen. Und in der Tat gibt es keinen Grund, warum ihm dies hätte in den Sinn kommen sollen, denn für ihn war die Arbeiterklasse mehr ein Objekt der staatlichen Politik, ein Objekt der Verwaltung, als ein vollwertiger Teil der Bürgerschaft. Sie sei unfähig zu vernünftigem politischen Handeln, während doch das Recht auf Revolution wesentlich von rationaler Entscheidungsfähigkeit abhänge.

Die Annahme, daß die Mitglieder der Arbeiterklasse eine zu niedrige Stellung innehätten, um eines vernünftigen Lebens fähig zu sein – d. h. fähig, ihr Leben nach jenen moralischen Prinzipien zu führen, die nach Locke durch die Vernunft gegeben sind –, wird auch in *The Reasonableness of Christianity* offenbar. Das ganze Werk ist eine einzige Forderung nach Reduzierung des Christentums auf ein paar einfache Glaubensartikel, »die der arbeitende und ungebildete Mensch begreifen kann«. Das Christentum soll wieder sein:

...eine Religion, angemessen den durchschnittlichen Fähigkeiten und dem Zustand der Menschheit in dieser Welt, der durch Arbeit und Mühsal geprägt ist... Der größte Teil der Menschheit hat nicht Muße für Studium und Logik und die subtilen Unterschiede der Schulmeinungen. Wo die Hände an Pflug und Spaten gewöhnt sind, erhebt sich der Kopf nur selten zu erhabenen Gedanken und übt sich nicht in geheimnisvollen Überlegungen. Es genügt, wenn Männer dieses Standes (vom anderen Geschlecht ganz zu schweigen) klare Grundsätze und kurze Betrachtungen über Dinge, die ihnen vertraut sind und im Bereich ihrer täglichen Erfahrung liegen, zu fassen vermögen. Gehe darüber hinaus, und du erfüllst den größten Teil der Menschheit mit Befremden...[82]

Es handelt sich hier nicht, wie man vielleicht annehmen könnte, um die Forderung nach einer einfachen rationalistischen, ethischen Religion, welche die Disputationen der Theologen ersetzen soll. Im Gegenteil, Lockes These ist, daß die Arbeiterklasse ohne übernatürliche Autorität unfähig sei, einer rationalistischen Ethik zu folgen. Er wünscht lediglich, daß sich diese Autorität klarer ausdrücke. Die von ihm empfohlenen einfachen Artikel sind keine

82 *Works* (1759), II, 585–6. Vgl. *Human Understanding*, Buch IV, Kap. 20, Abschn. 2–3

sittlichen Regeln, sondern Glaubensartikel. Das einzig Wichtige ist der Glaube an sie, denn nur durch den Glauben werden die sittlichen Regeln des Neuen Testaments zu bindenden Geboten. Es kommt darauf an, die Artikel so zu fassen, daß sie unmittelbar die Erfahrung des gemeinen Volkes ansprechen und ihm damit den Glauben ermöglichen.[83] Der größte Teil der Menschheit, stellt Locke fest, kann nicht der Leitung durch das Gesetz der Natur oder der Vernunft überlassen werden; er ist unfähig, aus diesen Gesetzen Verhaltensmaßregeln herzuleiten. Denn »der sicherste und einzige Weg, Tagelöhner und Händler, Jungfern und Milchmädchen ... zu tätigem Gehorsam anzuhalten, besteht darin, ihnen klare Gebote zu geben. Der größte Teil der Menschen kann nicht wissen und muß daher glauben.«[84]

Natürlich empfiehlt Locke dieses simplifizierte Christentum allen Klassen, wie seine geistreich merkantilen Beobachtungen über den großen Nützlichkeitswert der christlichen Lehre von Lohn und Strafe zeigen.

Wirklich, die [antiken] Philosophen strichen die Schönheit der Tugend heraus; ... da sie ihr aber keine Mitgift gaben, waren nur sehr wenige willens, sie zu heiraten ... Jetzt aber, da ›ein überragendes und unsterbliches Gewicht des Ruhmes‹ zu ihren Gunsten in die Waagschale fällt, hat sich das Interesse ihr zugewandt, und Tugend ist nun, wie jeder sieht, der vorteilhafteste Kauf und der weitaus beste Tausch ... Im Angesicht von Himmel und Hölle werden die vorübergehenden Vergnügen und Schmerzen dieser Welt ein Gegenstand der Verachtung, während die Tugend Anziehungskraft und Auftrieb gewinnt, so daß Vernunft, Interesse und Eigennutz sie nur gutheißen und bevorzugen können. Auf dieser Grundlage und nur auf ihr ist Moral wohlgegründet und vermag allen Herausforderungen zu trotzen.[85]

Mehr als die Arbeiter, die gar nicht in der Lage waren, in Kategorien wie »der vorteilhafteste Kauf« zu denken, dürften Lockes Leser diese Anpreisung des Christentums gewürdigt haben. Daß seine christliche Fundamentallehre Menschen mit höheren Gaben zu befriedigen vermochte, betrachtete Locke jedoch als zweitrangig. Sein Insistieren darauf, daß es notwendig sei, die Arbeiterklasse durch den Glauben an göttlichen Lohn und göttliche Strafe

83 Siehe Anm. O, S. 335
84 *Works* (1759) II, 580
85 Ibid., 582

zum Gehorsam zu bringen, läßt keinen Zweifel darüber, worauf es ihm in erster Linie ankam. Die Implikation ist klar: die Arbeiterklasse ist, mehr als alle anderen Klassen, unfähig, ein vernunftgemäßes Leben zu führen. Man kann einen geringfügigen Unterschied in seiner Einstellung gegenüber Beschäftigten und Unbeschäftigten entdecken. Die müßigen Armen, so scheint er zu glauben, haben sich freiwillig erniedrigt; die arbeitenden Armen sind nur aufgrund ihrer unglücklichen Lage zu einem streng vernunftgemäßen Leben unfähig. Aber sei es nun durch eigene Schuld oder nicht, die Mitglieder der Arbeiterklasse waren keine vollwertigen Mitglieder der politischen Gesellschaft, konnten dies auch nicht erwarten und hatten keinen Anspruch darauf; sie führten kein streng vernunftgemäßes Leben und konnten es nicht führen.

Das waren nicht nur Lockes Prämissen, sondern auch die seiner Leser. Wenn er sie verwendet (wie in den oben zitierten Passagen aus den *Considerations* und *The Reasonableness of Christianity*), begründet er sie nicht. Wir dürfen vermuten, daß er für eine solche Begründung keinen Anlaß sah. Er konnte sie ohne weiteres als gegeben voraussetzen, denn sie waren fester Bestandteil der herrschenden Ansicht. Seitdem es in England Lohnarbeiter gab, galt ihre politische Unmündigkeit als selbstverständlich. Beschäftigte wie Unbeschäftigte waren seit der Tudor- und der frühen Stuart-Zeit oft Objekt staatlichen Interesses gewesen, doch hatte man weder die arbeitenden noch die müßigen Armen für fähig gehalten, politische Rechte innezuhaben. Der puritanische Individualismus, der schließlich den Paternalismus der Tudors und der frühen Stuarts ersetzte, trug nichts zur Aufwertung der politischen Rolle der abhängigen Arbeiterklasse bei. Im Gegenteil, die puritanische Haltung gegenüber den Armen – Armut galt als Zeichen sittlichen Mangels – fügte zur politischen Mißachtung, in der die Armen seit jeher standen, noch den sittlichen Makel hinzu. Die Armen mochten es verdienen, daß man ihnen half, doch hatte dies von einer höheren sittlichen Warte her zu geschehen. Als Gegenstand von Trost, Mitleid, Verachtung und manchmal von Furcht waren die Armen keine vollwertigen Mitglieder der moralischen Gemeinschaft. Hier bot sich ein weiterer Grund an, sofern es noch eines bedurfte, sie als nicht ganz vollwertige Mitglieder der politischen Gemeinschaft zu behandeln. Waren sie in dieser Hinsicht auch keine vollwertigen Mitglieder, so unterlagen sie doch offenkundig der Gerichtsbarkeit der politischen Gemeinschaft. Sie gehörten zur bürgerlichen Gesellschaft, aber sie hatten keinen Teil an ihr.

Es besteht eine vielsagende Ähnlichkeit zwischen dieser Haltung gegenüber den Armen und der kalvinistischen Einstellung gegenüber den Nicht-Auserwählten. Die kalvinistische Kirche behauptete zwar, die gesamte Bevölkerung einzuschließen, wollte aber die volle Mitgliedschaft nur den Auserwählten zugestehen. Die Nichterwählten (die im großen Ganzen, wenn auch nicht notwendig, mit den Nichtbesitzenden übereinstimmten) waren damit zugleich Mitglieder und Nichtmitglieder der Kirche: keine am Kirchenregiment beteiligten Vollmitglieder, aber doch so weit Mitglieder, daß sie der Kirchendisziplin, und zwar mit Recht, unterworfen waren.[86] Inwieweit die puritanische Haltung gegenüber der moralischen und staatsbürgerlichen Stellung der Armen eine Säkularisierung der strengen kalvinistischen Lehre war, braucht uns hier nicht zu beschäftigen. Die kalvinistische Lehre von der Gnadenwahl war weniger umfassend als die puritanische Lehre von der Armut, doch ist es nicht unwahrscheinlich, daß Relikte der strengen kalvinistischen Position in die weitergefaßte puritanische Tradition Eingang fanden. Auf alle Fälle bestärkte die puritanische Lehre die schon früher verbreitete Ansicht von der politischen Unfähigkeit der Arbeiterklasse. Selbst auf dem Höhepunkt des politischen Puritanismus während des Bürgerkrieges und der Republik, als die Idee, auch die abhängigen Armen sollten politische Rechte haben, kurz aufflammte, gewann sie nicht einmal von seiten der Levellers Unterstützung, obwohl doch gerade die Levellers mehr von der Unfreiheit als von irgendeiner moralischen Inferiorität der Armen ausgingen.

Während der Restauration geriet auch die Idee vom politischen Recht der Armen wieder in Vergessenheit, und die Idee ihrer moralischen Unzulänglichkeit wurde auf den Status der orthodoxen ökonomischen Theorie gehoben. Wer in der Restaurationszeit über Wirtschaftspolitik schrieb, übernahm, auch wenn er nach au-

---

86 Für diesen Aspekt des englischen Kalvinismus siehe Christopher Hill, *Puritanism and Revolution* (1958), S. 228–9

ßen kein Puritaner war, ohne Abstriche die puritanische Einstellung gegenüber den Armen. Der der Arbeiterklasse anhaftende sittliche Makel ist ein durchgehendes Thema dieser Schriften. Nunmehr wurden nicht nur die müßigen Armen, die schon seit der Zeit der Tudors als Ausgestoßene galten, sondern auch die arbeitenden Armen als eine besondere Rasse, wenn auch innerhalb des Staates, behandelt. Tawney beobachtete, daß die vorherrschende Haltung englischer Wirtschaftstheoretiker nach 1660 »gegenüber dem neuen Industrieproletariat merklich härter [war] als ihre Haltung während der ersten Hälfte des siebzehnten Jahrhunderts, und ... keine moderne Parallele hat, es sei denn in dem Betragen einiger weißer Kolonialisten gegenüber den farbigen Arbeitern«.[87] Die Mitglieder der Arbeiterklasse galten nicht als Staatsbürger, sondern als ein Vorrat tatsächlicher und potentieller Arbeitskraft, der den Interessen der Nation zur Verfügung stand. Diese Autoren gaben zu, ja bestanden sogar darauf, daß die arbeitenden Armen die eigentliche Quelle des Reichtums einer jeden Nation seien, jedoch nur, wenn sie zu beständiger Arbeit angehalten und gezwungen würden. Die bestehenden Möglichkeiten zur Ausschöpfung dieses Arbeitsreservoirs wurden in der Regel als unzureichend kritisiert, da sie den sittlichen Unzulänglichkeiten der Armen nicht Rechnung trügen. Welche Verbesserungen auch immer vorgeschlagen wurden – und viele von ihnen verlangten nach größerer Strenge –, die übliche Auffassung war, die Arbeiterklasse sei etwas, das vom Staat im Hinblick auf den nationalen Nutzen manipuliert werden müsse. Das heißt nicht, daß das Interesse der Arbeiterklasse dem nationalen Interesse untergeordnet worden wäre. Die Arbeiterklasse, so meinte man, hatte kein Interesse; das einzige Interesse war das der herrschenden Klasse genehme nationale Interesse. Die allgemeine Haltung wurde treffend von William Petyt dargelegt:

Das Volk ist ... die wichtigste, grundlegendste und kostbarste Ware, aus der sich alle Arten von Fabrikaten, Schiffahrt, Reichtümer, siegreiche Feldzüge und zuverlässige Kolonien gewinnen lassen. Dieses wichtige Material, das von sich aus roh und unbearbeitet ist, wird in die Hände

87 R. H. Tawney, *Religion and the Rise of Capitalism,* Kap. IV, Abschn. IV, Penguin-Ausgabe, 1948, S. 267 (in der deutschen Ausgabe vgl. S. 272)

der Staatsgewalt gelegt, die es nach ihrer Weisheit und Voraussicht zu mehr oder weniger Vorteil verbessern, handhaben und formen muß.[88]

Daß die Menschen der Arbeiterklasse eine Waren seien, aus der sich Reichtum und Herrschaft gewinnen lasse, ein Rohmaterial, das die politische Gewalt zu bearbeiten habe und über das sie verfügen könne, war eine für Lockes Zeiten typische Ansicht. Typisch war auch die politische Folgerung, daß die Arbeiter rechtens dem Staat unterworfen, aber nicht vollwertige Mitglieder des Staates seien. Und ebenso typisch die moralische Begründung, daß die Arbeiter kein vernunftgemäßes Leben führten und es auch gar nicht führen könnten. Locke brauchte diese Punkte nicht weiter zu erörtern. Er konnte voraussetzen, daß seine Leser sie, so wie er selbst, für selbstverständlich hielten. Wenn er darauf einging, wie in den oben zitierten Passagen aus den *Considerations* und *The Reasonableness of Christianity*, so geschah dies nur, um ein religiöses oder ökonomisches Argument rein technischer Art dadurch zu erhärten, daß er seine Leser an etwas erinnerte, was sie zwar schon wußten, aber nicht im richtigen Zusammenhang gesehen hatten.

Es dürfte also klar sein, daß Locke in seiner eigenen Gesellschaft zwei Klassen mit verschiedenen Rechten und verschiedenen Graden von Vernunft sah. Es bleibt uns nun zu untersuchen, in welchem Ausmaß er die in seiner eigenen Gesellschaft gefundenen Unterschiede in die wahre Natur von Mensch und Gesellschaft hineinlas.

b. Die Generalisierung von Unterschieden in Recht und Vernunft

Wir möchten mit der Feststellung beginnen, daß Locke dank seiner unhistorischen Betrachtungsweise durchaus in der Lage war, Annahmen über die Gesellschaft des siebzehnten Jahrhunderts in einen hypothetischen Naturzustand zu transponieren und einige Merkmale von Mensch und Gesellschaft des siebzehnten Jahrhunderts zu Merkmalen der vorbürgerlichen Gesellschaft und des

---

88 William Petyt, *Britannia Languens* (1680), S. 238. Diese Passage und ähnliche von verschiedenen Schriftstellern dieser Periode werden zitiert in E. S. Furniss, *The Position of the Laborer in a System of Nationalism* (New York 1920), S. 16 ff. Vgl. Sir William Petty: *Political Arithmetic*, in *Economic Writings*, ed. Hull, I, 307, 108, 267

Menschen als solchen zu verallgemeinern. Und da er seine Ansichten über seine eigene Gesellschaft für so selbstverständlich hielt, daß er keine Notwendigkeit sah, sie zu begründen, konnten sie leicht in seine Prämissen einbezogen werden, ohne daß er sich eines Problems der Folgerichtigkeit bewußt werden mußte. Es stellt sich nun die Frage, an welcher Stelle, wenn überhaupt, seine Ansichten über Unterschiede in Recht und Vernunft in seine Prämissen über Mensch und Gesellschaft eingegangen sind.

Unter den von Locke zunächst aufgestellten Postulaten im *Treatise* (und in der Analyse der menschlichen Natur im *Essay Concerning Human Understanding,* die für die Darstellung seiner allgemeinen Theorie der menschlichen Natur zusammen mit dem *Treatise* berücksichtigt werden muß) deutet nichts auf die Annahme eines Klassenunterschiedes hin. Aber noch bevor er aus diesen Postulaten den notwendigen Charakter der bürgerlichen Gesellschaft ableitet, hat er schon – vor allem in seiner Behandlung der Eigentumsrechte – andere Argumente eingeführt, aus denen hervorgeht, daß er bereits seine Annahmen über Klassenunterschiede in seiner eigenen Gesellschaft zu abstrakten, impliziten Annahmen über die Unterschiede der menschlichen Natur und der natürlichen Rechte verallgemeinert hat.

Unterschiedliche Rechte. Wir sahen, daß Locke in der Gesellschaft des siebzehnten Jahrhunderts einen Klassenunterschied feststellte, der so tief reicht, daß die Mitglieder der Arbeiterklasse effektiv ganz andere Rechte besitzen als die der Klassen über ihnen. Sie leben notgedrungen »von der Hand in den Mund«, können niemals »ihre Gedanken auf mehr als dies richten« und sind untauglich, am politischen Leben teilzunehmen. Ihre Lage ist ein Ergebnis der Tatsache, daß sie über kein Eigentum verfügen, mit dem sie arbeiten könnten; und ihr Mangel an Eigentum ist nur ein Aspekt dieser vorherrschenden Ungleichheit, die auf »dem Zwang der Umstände und dem Wesen der menschlichen Gesellschaft« beruht.[89]

All dies beobachtete Locke an seiner eigenen Gesellschaft und hielt es für ein typisches Merkmal einer jeden bürgerlichen Ge-

89 *Considerations, Works* (1759), II, 19

sellschaft. Wie aber konnte es zu einer Annahme über unterschiedliche *natürliche* Rechte werden, und an welcher Stelle fand es, als eine solche Annahme, Eingang in die Argumentation des *Treatise*? Gewiß noch nicht in den ersten Kapiteln, die von den natürlichen Rechten handeln; hier liegt die Betonung ganz auf der natürlichen Gleichheit der Rechte.[90]

Die Umwandlung der gleichen in unterschiedliche natürliche Rechte vollzieht sich während der Ausarbeitung der Eigentumstheorie. Wie wir sahen, schlägt Locke in dem Kapitel »Über Eigentum« plötzlich einen anderen Weg ein, um das einem jeden Individuum zukommende natürliche Recht auf dasjenige Eigentum, das es zum Leben benötigt und selbst bearbeitet, in ein natürliches Recht auf *unbeschränkte* Aneignung zu verwandeln, wodurch die Fleißigeren rechtmäßig den gesamten Boden erwerben können, so daß den anderen keine andere Wahl bleibt, als die Verfügungsgewalt über ihre Arbeitskraft zu verkaufen.

Es ist dies keine Abweichung vom Lockeschen Individualismus, sondern ein wesentlicher Teil desselben. Der Kern dieses Individualismus ist die Überzeugung, daß jeder Mensch von Natur aus der alleinige Eigentümer seiner Person und seiner Fähigkeiten ist[91] – der absolute Eigentümer in dem Sinne, daß er hierfür der Gesellschaft nichts schuldet – und ganz besonders der absolute Eigentümer seiner Fähigkeit zu arbeiten.[92] Ein jeder hat daher die Freiheit, seine Arbeitskraft zu veräußern. Dieses individualistische Postulat ist dasjenige, mit dessen Hilfe Locke die Masse gleicher Individuen (rechtmäßig) in zwei Klassen mit sehr verschiedenen Rechten umwandelt, eine mit Eigentum und eine ohne Eigentum. Ist der Boden einmal vergeben, so wird das fundamentale Recht, nicht der Gerichtsbarkeit eines anderen unterworfen zu sein, so ungleich, hinsichtlich Eigentümern und Nichteigentümern, daß es nicht nur dem Grade nach, sondern der Substanz nach verschieden ist: diejenigen ohne Eigentum, stellt Locke fest, sind in bezug auf ihren Lebensunterhalt von denjenigen mit Eigentum abhängig, und sie sind unfähig, ihre eigene Lage zu ändern. Die ursprüngliche Gleichheit der natürlichen Rechte, die

90 *Second Treatise*, Abschn. 4, 5
91 Abschn. 4, 6, 44, 123
92 Abschn. 27

darin bestand, daß niemand richterliche Gewalt über einen anderen hat[93], muß mit der Einführung unterschiedlichen Eigentums enden. Um es anders auszudrücken: wer kein materielles Eigentum besitzt, verliert das volle Eigentum an seiner eigenen Person, das die Grundlage der gleichen natürlichen Rechte war.[94] Und Locke hebt hervor, daß ungleicher Besitzstand *natürlich* sei, d. h., daß er »außerhalb der Grenzen der Gesellschaft und ohne jeden Vertrag« zustande kam.[95] Die bürgerliche Gesellschaft wurde gegründet, um ungleiches Eigentum, aus dem schon im Naturzustand ungleiche Rechte erwachsen waren, zu sichern. Auf diese Weise verallgemeinerte Locke die Annahme unterschiedlicher Rechte der Klassen seiner eigenen Gesellschaft zu einer impliziten Annahme unterschiedlicher *natürlicher* Rechte. Wie wir sehen werden, verdrängte diese implizierte Annahme nicht die ursprüngliche Annahme der Gleichheit; es scheint vielmehr, als habe Locke beide Annahmen zugleich vor Augen gehabt.

Unterschiedliche Grade der Vernunft. Wie wir sahen, nahm Locke an, daß in seiner eigenen Gesellschaft klassenbedingte Unterschiede der Vernunft bestünden, so daß die Arbeiterklasse zu einem streng vernunftgemäßen Leben unfähig sei, das heißt unfähig, ihr Leben nach dem Gesetz der Natur oder der Vernunft einzurichten. Es stellt sich nun die Frage, wie daraus eine Annahme über unterschiedliche Vernunft schlechthin werden konnte und an welcher Stelle sie in den Gedankengang des *Treatise* eintrat. In den zu Anfang aufgestellten Postulaten findet sie sich nicht. Vernunft und Verderbtheit werden dort noch ganz abstrakt behandelt, und obwohl ein Unterschied[96] gemacht wird zwischen vernünftigen Menschen, die sich im Rahmen des Naturgesetzes bewegen, und verderbten Menschen, die diesen Rahmen sprengen, deutet nichts darauf hin, daß dieser Unterschied auf soziale Klassen zielt. Das gilt auch für den Unterschied, den Locke im ersten Stadium des Naturzustands (als noch genügend Boden vorhanden war) feststellt, den Unterschied zwischen den »Arbeit-

93 Abschn. 4
94 Vgl. oben, S. 248, und Kap. III, S. 167 ff.
95 *Second Treatise*, Abschn. 50
96 Vgl. S. 269 f.

samen und Vernünftigen«, die dem Gesetz der Natur folgen, welches die Menschen auffordert, sich die Erde durch ihre Arbeit untertan zu machen (und die sich durch ihre Arbeit einen Rechtsanspruch auf diese Erde erwerben), und den »Zank- und Streitsüchtigen«, deren Habgier sie stattdessen verleitet, »nach dem zu trachten, was durch die Arbeit eines anderen schon kultiviert worden ist«.[97] Im ersten Stadium des Naturzustands steht der Mensch seiner natürlichen Umgebung in einer solchen Weise gegenüber, daß vernünftiges Verhalten in der Unterwerfung der Natur durch Arbeit und in Aneignung zum Zweck der Unterwerfung besteht. Das Wesen rationalen Verhaltens ist Appropriation durch Arbeit. Doch im Verlauf des Kapitels über Eigentum erfährt das Wesen des rationalen Verhaltens einen Wandel. Anstelle der auf Arbeit beruhenden Aneignung des bescheidenen Stückes Land, das jemand bewirtschaften kann, um das für sich und seine Familie Notwendige zu erzeugen, tritt die Aneignung von mehr Land, als zu diesem Zweck genutzt werden kann. Und sobald diese uneingeschränkte Akkumulation vernünftig wird, ist ein wirklich vernünftiges Verhalten nur jenen möglich, die derart zu akkumulieren vermögen.

Dieser Wechsel im Begriff der Rationalität ist so gewichtig, daß er eine genauere Untersuchung verdient. Im ersten Stadium des Naturzustandes lag das Wesen rationalen Verhaltens in der Unterwerfung und Bebauung der Erde.

Als Gott die Welt der ganzen Menschheit zu gemeinsamem Besitz gab, gebot er dem Menschen auch zu arbeiten, und schon sein armseliger Zustand zwang ihn dazu. Gott und seine Vernunft geboten ihm, sich die Erde untertan zu machen, d. h. sie zum Nutzen seines Lebens zu bebauen und dabei etwas aufzuwenden, das sein eigen war: seine Arbeit.[98]

Gott gab die Welt den Menschen ... zu ihrem Vorteil und zu den größtmöglichen Annehmlichkeiten des Lebens, die sie ihr abzugewinnen vermögen... Er gab sie dem Arbeitsamen und Vernünftigen zum Nutzen (und *Arbeit* sollte *sein Rechtsanspruch* darauf sein), nicht aber dem Zank- und Streitsüchtigen für seine Launen und Begierden.[99]

Zu Beginn gebot also die Vernunft einem jeden, sich zu eigenem Nutzen etwas Boden zu nehmen und ihn zu kultivieren. Doch

97 *Second Treatise*, Abschn. 34
98 Abschn. 32
99 Abschn. 34

niemand konnte dies tun, wenn er ihn nicht besaß: »die Bedingung des menschlichen Lebens, das Arbeit und zu bearbeitendes Material erfordert, führt notwendig zu *privatem Besitz*«.[100] Das Wesen vernünftigen Verhaltens besteht also in der privaten Aneignung des Bodens und seiner Produkte und in der eigenen Anstrengung, sie so zu veredeln, daß sie zur größtmöglichen Annehmlichkeit des eigenen Lebens beitragen. Arbeitsam und vernünftig ist eine solche Verhaltensweise sowohl im moralischen Sinn des vom Gesetz Gottes oder der Vernunft Geforderten als auch im Sinn des Zweckdienlichen. Besonders die moralische Vernunft ist es, die Locke betont: stünde nur die Zweckdienlichkeit zur Diskussion, so könnte es unter Umständen ebenso vernünftig sein, »nach dem zu trachten, was durch die Arbeit eines anderen schon kultiviert worden ist«.[101] Und im ersten Stadium des Naturzustands, vor der Einführung des Geldes und der daraus resultierenden Inbesitznahme allen Bodens, bedeutete jede Arbeit Appropriation.

Sobald jedoch das Geld in einem Territorium eingeführt ist, dauert es nicht lange, bis aller Boden aufgeteilt ist[102], wobei einige leer ausgehen. Auch dieser Zustand ist für Locke noch immer der Zustand der Natur: die Menschen billigten die ungleiche Besitzverteilung vor allem durch ihre stillschweigende Zustimmung zum Gebrauch des Geldes, was außerhalb des Rahmens der Gesellschaft und ohne Vertrag geschah.[103] So können im zweiten Stadium des Naturzustandes diejenigen, die leer ausgingen, nicht im ursprünglichen Sinn arbeitsam und vernünftig sein: sie können sich nicht zu ihrem eigenen Gewinn Boden aneignen und ihn kultivieren, worin ursprünglich das Wesen vernünftigen Verhaltens bestand.

Während also im ersten Stadium Arbeit und Aneignung sich wechselseitig bedingen und gemeinsam das rationale Verhalten ausmachen, bedeutet im zweiten Stadium Arbeit nicht länger Aneignung, wenn auch Aneignung (mitunter) Arbeit voraussetzt. Von nun an wird es vom moralischen wie vom pragmatischen

100 Abschn. 35
101 Abschn. 34
102 Abschn. 45
103 Abschn. 50

Standpunkt aus vernünftig, sich mehr Boden anzueignen, als für die Erzeugung eines reichlichen Vorrats an Gebrauchsgütern für sich und seine Familie nötig ist; d. h. es wird vernünftig, sich Boden anzueignen, um ihn als Kapital zu verwenden, was die Aneignung des Mehrproduktes der Arbeit anderer Menschen einschließt, nämlich solcher, die keinen Grund und Boden besitzen. Mit anderen Worten: wenn Arbeit und Appropriation trennbar werden, liegt wahre Rationalität eher auf seiten der Appropriation als der Arbeit.

Um dies zu erkennen, brauchen wir uns nur zu vergegenwärtigen, daß sich nach Lockes Ansicht beim Übergang vom ersten zum zweiten Stadium des Naturzustandes einzig das Ausmaß geändert hat, in dem Aneignung vernünftig ist, und zwar sowohl in moralischer wie in pragmatischer Hinsicht. Vor der Einführung des Geldes war eine Aneignung über das hinaus, was für den eigenen Bedarf notwendig ist, in dieser wie in jener Hinsicht unvernünftig: »es war ebenso töricht wie unehrenhaft, mehr anzuhäufen, als [man] nutzen konnte«.[104] Aber es war in beiden Fällen nur deswegen unvernünftig, weil es zu Verderbnis oder Zerfall des Angehäuften führte, und es führte nur deshalb zu Verderbnis oder Zerfall, weil das technische Mittel des Geldes fehlte.

Das Sittengesetz verwehrte es einem Menschen nicht, große Güter zu besitzen, denn »die *Überschreitung der Grenzen seines rechtmäßigen Eigentums* liegt nicht in der Größe seines Besitzes, sondern darin, daß er etwas davon ungenutzt verderben läßt«.[105] Die Einführung des Geldes in seiner Eigenschaft, Werte zu horten, beseitigte das einzige technische Hindernis, das es unbegrenzter Aneignung verwehrte, in moralischer Hinsicht vernünftig zu sein, d. h. mit dem Gesetz der Natur oder der Vernunft in Einklang zu stehen. Desgleichen beseitigte die Einführung des Geldes das technische Hindernis, das es unbegrenzter Aneignung verwehrte, in pragmatischer Hinsicht vernünftig zu sein. Geld, als ein Mittel des Tausches und der Anhäufung von Werten, ließ es dem Menschen vorteilhaft erscheinen, Waren für den Handel her-

104 Abschn. 46; vgl. Abschn. 51, wo der Ausdruck »ebenso nutzlos wie unehrenhaft« lautet.
105 Abschn. 46

zustellen, »um durch den Verkauf seiner Erzeugnisse *Geld* an sich zu ziehen«, und ließ es ihm deshalb auch vorteilhaft erscheinen, seinen Besitz an Grund und Boden »über den Bedarf seiner Familie und einen reichlichen Vorrat für deren Konsum hinaus« zu vergrößern, also weit über das hinaus, was andernfalls »der Einzäunung wert« ist.[106] Locke fragt nicht danach, warum die Menschen sich nach der Einführung des Geldes der unbegrenzten Appropriation hingeben; er erklärt lediglich, warum sie sich vorher nicht damit abgegeben haben.

Locke ging offensichtlich von dem Standpunkt aus, daß Akkumulation in moralischer wie in pragmatischer Hinsicht *per se* vernünftig sei, um dann zu entdecken, daß einzig das Fehlen von Geld und Märkten sie im ursprünglichen Zustand des Menschen daran hinderte, vernünftig zu sein. Er entdeckte zudem, daß die Menschen von Natur aus über genügend Vernunft verfügten, um dem Gebrauch des Geldes und den Konventionen des Handels zuzustimmen, ohne einer formalen staatlichen Autorität zu bedürfen. Was also kann für vernünftige Menschen natürlicher sein, als die einer unbegrenzten Akkumulation entgegenstehenden technischen Schranken zu überwinden und sich somit die Möglichkeit zu schaffen, voll und ganz rational zu werden, und all dies noch im Naturzustand?

Kurz, Locke hat der ursprünglichen Natur des Menschen eine rationale Neigung zu uneingeschränkter Akkumulation zugesprochen, hat gezeigt, daß diese Neigung in der vor-monetären Gesellschaft auf natürliche Hindernisse stieß, und hat auch gezeigt, wie diese Hindernisse durch ein Mittel ausgeräumt werden können, von dem er annahm, daß es sehr wohl den rationalen Fähigkeiten eines natürlichen Menschen entspreche. Die ganze Konzeption eines Geld und Handel umfassenden Naturzustandes, die historisch gesehen widersinnig ist, ist als Hypothese verständlich, jedoch nur dann, wenn man, wie Locke es tut, der menschlichen Natur eine rationale Neigung zur Akkumulation zuspricht. Sie ist nur dann verständlich, wenn man in den Naturzustand eine Beziehung zwischen Mensch und Natur (d. h. zwischen dem Menschen und dem Boden als der Quelle seiner Selbst-

106 Abschn. 48

erhaltung) hineindeutet, die typisch bürgerlich ist, so wie es Locke tut, wenn er behauptet, daß die Bedingung des menschlichen Lebens notwendig zu privatem Besitz an Boden und bearbeitbarem Material führe.[107] Nur weil Locke stets angenommen hatte, daß wirklich rationales Verhalten ein auf Akkumulation zielendes Verhalten sei, konnte er darauf kommen, daß, sobald Arbeit und Appropriation trennbar werden, wirkliche Rationalität eher auf seiten der Appropriation als der Arbeit liege.

Man mag einwenden, der von uns festgestellten Annahme Lockes, daß die Neigung zu unbegrenzter Akkumulation vernünftig sei, widerspräche die Tatsache, daß er hin und wieder die Habgier in ganz traditionellen Ausdrücken geißelt. Er spricht vom »*Goldenen Zeitalter* (als eitle Ehrsucht und *amor sceleratus habendi*, sündhafte Begierde, den Sinn der Menschen noch nicht zu einer falschen Auffassung von wahrer Macht und Ehre irregeleitet hatten)...«[108] Wir erfahren, das Überhandnehmen der Habgier habe eine voll ausgebildete politische Gesellschaft notwendig gemacht. In den »frühesten Epochen *Asiens* und *Europas,* als das Land zu wenige Einwohner hatte und der Mangel an Bevölkerung und Geld die Menschen nicht in Versuchung führte, ihren Bodenbesitz zu vergrößern«, gab es »wenig Anlaß für Habgier und Ehrgeiz« und keinen Grund, »sie zu fürchten oder sich gegen sie zu wappnen«.[109] »Die Gleichheit eines einfachen, ärmlichen Lebens, die ihre Wünsche auf die engen Grenzen des kleinen Besitztums eines jeden beschränkte, ließ nur wenige Streitfälle aufkommen, und so bedurfte es zu ihrer Entscheidung nicht vieler Gesetze. Es bestand nicht der Wunsch nach Rechtssprechung, wo es nur wenige Vergehen und wenige Rechtsbrecher gab.«[110] Ein solches Volk, stellt Locke fest, brauche nur eine rudimentäre politische Gesellschaft, hauptsächlich dazu, um sich gegen äußere Gewalt zu schützen. Von Kriegszeiten abgesehen, »üben seine Führer eine ganz geringfügige Herrschaft aus und haben nur eine bescheidene Sou-

107 Abschn. 35
108 Abschn. 111
109 Abschn. 108, 107
110 Abschn. 107
111 Abschn. 108

veränität«.[111] Erst nach der Einführung des Geldes, der Aneignung des gesamten Bodens und der Entstehung großer, ungleicher Besitzungen tritt die Habgier auf den Plan und schafft das Bedürfnis nach einer absolut souveränen bürgerlichen Gesellschaft zum Schutz des Eigentums vor den Habgierigen.

An Lockes Mißbilligung der Habgier ist nicht zu zweifeln. Doch ist sie keineswegs unvereinbar mit seinem Glauben an die moralische Vernünftigkeit uneingeschränkter Akkumulation. Es war ganz im Gegenteil die vernünftige, d. h. auf Fleiß gegründete Appropriation, die nach Schutz vor der Habgier der Zank- und Streitsüchtigen verlangte, die nicht durch Fleiß, sondern durch Gesetzesübertretung zu Vermögen gelangen wollten. Nicht der arbeitsame Appropriateur war habgierig, sondern derjenige, der dessen Besitztümer bedrohte. Erst dann bedurfte die vernünftige, auf Fleiß gegründete Appropriation des Schutzes, als sie die Grenzen des einfachen, kleinen Eigentums überschritten hatte und zur unbeschränkten Akkumulation geworden war. Lockes Verurteilung der Habgier widerspricht nicht seiner Annahme, daß unbegrenzte Akkumulation das Wesen der Vernunft ausmache, sondern sie folgt aus ihr.[112] Der Gegensatz zu Hobbes' Position ist instruktiv. Für Hobbes sind »Gier nach großen Reichtümern und Verlangen nach großen Ehren...ehrenhaft, denn sie sind Zeichen für die Macht, sie erringen zu können«.[113] Hier wie in der Gleichsetzung des Menschen mit einer Ware[114] war Locke nicht bereit, so weit zu gehen wie Hobbes. Für beide Denker war unbeschränkte Akkumulation moralisch gerechtfertigt; da aber Hobbes die Gesellschaft vollkommen auf den Markt reduzierte und keinen Raum für moralische Prinzipien fand, die nicht von Marktbeziehungen ableitbar waren, unterschied er nicht zwischen Habgier und uneingeschränkter Akkumulation. Locke und Harrington[115], die in gewissem Maße an den traditionellen moralischen Prinzipien festhielten, machten zwar diesen Unterschied, hielten sich aber nicht weiter damit auf.

Es ergibt sich also, daß Locke private Appropriation als von An-

112 Siehe Anm. P, S. 335 f.
113 *Leviathan*, Kap. 10, S. 71
114 Siehe oben, S. 247 f.
115 Siehe oben, Kap. IV, S. 199

fang an natürlich und vernünftig betrachtete, und daß er als natürlich und vernünftig auch die Neigung betrachtete, über die durch Verzehr und Tausch gesetzten Grenzen hinaus zu akkumulieren, sobald das Geld eingeführt, also ein Stadium erreicht ist, wo alles Land aufgeteilt ist und einige Menschen beginnen müssen, ohne eigenen Besitz zu leben. Von diesem Zeitpunkt an, nämlich im zweiten Stadium des Naturzustandes, besteht vernünftiges Verhalten in der unbeschränkten Akkumulation, und die Möglichkeit hierzu steht nur denen offen, denen es gelungen ist, in den Besitz von Boden oder Arbeitsmaterial zu kommen.

Daraus folgt, daß es nach Lockes Ansicht im Naturzustand einen Klassenunterschied in bezug auf Vernunft gab. Jene, die nach der Inbesitznahme allen Bodens ohne Eigentum geblieben waren, konnten nicht als vollkommen vernünftig gelten. Wie die Tagelöhner der bürgerlichen Gesellschaften waren sie nicht in der Lage, ihre Arbeitskraft zur Kultivierung dessen, was die Natur anbot, einzusetzen; sie benötigten ihre ganze Kraft dazu, sich am Leben zu erhalten, und konnten »ihre Gedanken nicht auf mehr als dies richten«, denn sie lebten »von der Hand in den Mund«.

4. Der doppeldeutige Naturzustand

Wir sahen, wie Locke seine Annahmen über unterschiedliche Rechte und Vernunftgrade in bestehenden Gesellschaften verallgemeinerte und auf den Naturzustand übertrug. Diese verallgemeinerten Annahmen konnten seiner Meinung nach die Anfangspostulate des *Treatise* nur modifizieren, nicht aber ersetzen. Nunmehr können wir sehen, daß Locke beides zugleich aufrecht erhielt, so daß die Postulate, mit denen er arbeitete, unklar und doppeldeutig wurden. Alle Menschen sind im Großen und Ganzen vernünftig; doch gibt es zwei verschiedene Klassen von Rationalität. Alle Menschen haben gleiche natürliche Rechte; doch gibt es zwei verschiedene Arten des Besitzes dieser Rechte. Hier liegt der Ursprung des eklatanten Widerspruchs in Lockes Darstellung der menschlichen Natur.

Wir haben uns an den Glauben gewöhnt, daß Locke die Menschen für wesentlich vernünftig und sozial hielt. Vernünftig, weil sie fähig seien, zusammenzuleben gemäß dem Gesetz der Natur, das Vernunft ist oder wenigstens (obwohl dem Geist nicht eingeprägt) durch Vernunft erkannt werden kann, ohne die Hilfe der Offenbarung. Sozial, weil sie fähig seien, nach dem Gesetz der Natur zu leben, ohne daß ein Herrscher ihnen Regeln auferlegen müßte. Dies, so heißt es allgemein, sei der große Unterschied zwischen Lockes und Hobbes' Interpretation der menschlichen Natur. Wenn es wirklich einen signifikanten Unterschied gibt, so glaubt man ihn eher hier zu finden als in der Theorie der Motivation. Denn Locke war gleich Hobbes der Ansicht, daß die Menschen primär durch Begierde und Abneigung bewegt werden und daß die Begierden so stark sind, daß sie, »falls man ihnen freien Lauf ließe, die Menschen dazu treiben würden, alle Sittlichkeit über Bord zu werfen. Die Sittengesetze sind als Zügel und Schranke dieser maßlosen Begierden aufgestellt.«[116] Der Unterschied zwischen Lockes Standpunkt und demjenigen von Hobbes, so heißt es, bestehe darin, daß Locke die Menschen für fähig hielt, sich diese Regeln selbst zu geben, ohne einen Herrscher einzusetzen, da sie deren Nützlichkeit erkennen.

Die zu Anfang des *Treatise* dargestellte allgemeine Theorie will sicherlich zeigen, daß die Menschen von Natur aus in der Lage sind, sich selbst zu regieren nach dem Gesetz der Natur, d. h. nach der Vernunft. Im Zustand der Natur, so erfahren wir, herrscht ein Gesetz der Natur, und das ist Vernunft.[117] Der Naturzustand wird dem Kriegszustand direkt gegenübergestellt: die beiden sind »so weit voneinander entfernt wie ein Zustand des Friedens, des Wohlwollens, der gegenseitigen Hilfe und des Schutzes von einem Zustand der Feindschaft, der Boshaftigkeit, der Gewalt und der gegenseitigen Zerstörung. Wo Menschen entsprechend der Vernunft zusammenleben, ohne einen gemeinsamen Oberherrn auf

---

116 *Essay Concerning Human Understanding*, ed. Fraser (1894), Buch I, Kap. 2, Abschn. 13. Vgl. Lockes an Hobbes gemahnende Reflexion vom Jahre 1678, daß »die Hauptquelle menschlichen Handelns, die Regel, nach der sie sich richten, und das Ziel, nach dem sie streben, Ehre und Ansehen zu sein scheinen, und daß das, was sie unter allen Umständen zu vermeiden trachten, vorwiegend Schande und Scham sind«, und die daraus abgeleiteten Folgerungen für die Regierung. (Zitiert nach Lockes MS. Journal, in Fox Bourne, op. cit., I, 403–4).
117 *Second Treatise*, Abschn. 6

Erden, der Macht hat, über sie zu richten, da herrscht *der eigentliche Naturzustand.*«[118]

Es bedeutet keine Abkehr von dieser Auffassung des Naturzustandes, wenn man, wie es Locke tut, einräumt, daß es in ihm einige Menschen gibt, die sich nicht nach dem Gesetz der Natur richten. Das Gesetz der Natur belehrt nur diejenigen, »die es um Rat fragen wollen«; einige überschreiten es und geben damit zu erkennen, daß sie »nach einer anderen Regel als der der *Vernunft* und allgemeinen Billigkeit leben« und dadurch »der Menschheit gefährlich« werden; wer das Gesetz der Natur verletzt, »entartet und erklärt damit, daß er sich von den Prinzipien der menschlichen Natur lossagt und ein schädliches Wesen ist«.[119] Im Naturzustand gibt es also neben den von Natur aus gesetzestreuen Menschen auch solche, die von Natur aus verbrecherisch sind. Doch Lockes Beschreibung der letzteren als Wesen, die »schädlich« und »entartet« sind und sich »von den Prinzipien der menschlichen Natur lossagen«, macht es offenkundig, daß er sie als unbedeutende Ausnahmen aufgefaßt wissen wollte. Seine etwas überspannte Sprache könnte sogar als Hinweis darauf genommen werden, daß er ängstlich bemüht war, sich selbst von der vorherrschenden Sittsamkeit des Naturzustandes zu überzeugen. Auf alle Fälle läßt er keinen Zweifel daran, daß die Existenz einiger Gesetzesbrecher im Naturzustand die Vorherrschaft des natürlichen Gesetzes nicht beeinträchtigt: wenn er von Menschen spricht, »die entsprechend der Vernunft zusammenleben«, und von einem »Zustand des Friedens, des Wohlwollens, der gegenseitigen Hilfe und des Schutzes«[120], so meint er damit den Naturzustand, der auch Rechtsbrecher einschließt.

Doch ist dies nur eine der beiden gegensätzlichen Vorstellungen, die Locke vom Naturzustand hat. Schon im dritten Kapitel des *Treatise,* nur eine Seite nach der strikten Gegenüberstellung von Naturzustand und Kriegszustand, lesen wir, daß dort, wo es keine Autorität gibt, die in Streitfällen entscheidet, »auch die kleinste Unstimmigkeit« im Kriegszustand enden kann, und daß »ein gewichtiger *Grund, warum die Menschen sich zu einer Gesell-*

118 Abschn. 19
119 Abschn. 6, 8, 10
120 Abschn. 19

schaft zusammenschließen und den Naturzustand verlassen«, der ist, »diesen Kriegszustand zu vermeiden«.[121] Der Unterschied zwischen dem Naturzustand und dem Hobbesschen Kriegszustand ist praktisch verschwunden. Wenige Kapitel später erfahren wir, daß der Naturzustand »sehr gefährlich, sehr unsicher« ist, daß in ihm der Genuß individueller Rechte »sehr ungewiß und ständig den Übergriffen anderer ausgesetzt« ist, daß er »voll von Ängsten und dauernden Gefahren« ist; und all dies, weil »der größere Teil nicht streng auf Billigkeit und Gerechtigkeit achtet«.[122] Was nach diesen Aussagen den Naturzustand unwirtlich macht, ist nicht die Bosheit der Wenigen, sondern die Neigung des »größeren Teils«, vom Gesetz der Vernunft abzuweichen. In nichts mehr unterscheidet sich jetzt der Naturzustand vom Kriegszustand. Das gilt auch für Lockes Erörterung der Rebellion als einer Auflösung der Staatsgewalt: diejenigen, die rebellieren, »lassen den Kriegszustand neu erstehen«[123]; sie beseitigen »die schiedsrichterliche Autorität, der alle zugestimmt hatten zur friedlichen Entscheidung ihrer Streitigkeiten und als einem Bollwerk gegen den Kriegszustand unter ihnen«, und *»setzen die Menschen aufs neue dem Kriegszustand aus«*.[124] Nicht der friedliche Naturzustand also ist es, in den die Menschen durch die Auflösung der bürgerlichen Gesellschaft zurückversetzt werden, sondern der Kriegszustand.

Der Widerspruch zwischen den beiden Reihen von Feststellungen über den natürlichen Menschen ist fundamental. Der Naturzustand ist manchmal das Gegenteil des Kriegszustandes, manchmal mit ihm identisch. Dies ist der zentrale Widerspruch in den expliziten Postulaten, auf denen Lockes politische Theorie gründet. Der Hinweis, er sei einfach ein Echo der überkommenen christlichen Auffassung vom Menschen als einer widersprüchlichen Mischung von Begierde und Vernunft, reicht nicht aus. Ohne Zweifel teilte Locke diese Auffassung. Und in ihrem Rahmen ist tatsächlich Raum für eine beträchtliche Vielfalt von Meinungen über das relative Gewicht (oder die relativen Möglichkeiten) der beiden

121 Siehe Anm. Q, S. 336 f.
122 Abschn. 123. Vgl. Abschn. 124–5, 131, 137
123 Abschn. 226
124 Abschn. 227

Ingredientien der menschlichen Natur. Jeder Vertreter der christlichen Lehre konnte einen anderen Standpunkt beziehen. Was jedoch einer Erklärung bedarf, ist die Frage, warum Locke nicht nur einen Standpunkt vertrat, sondern zwei gegensätzliche.

Man mag natürlich einwenden, er habe beide Standpunkte vertreten müssen, um gegen Hobbes argumentieren zu können – er habe die Menschen so vernünftig machen müssen, daß sie keinen Hobbesschen Souverän brauchen, und er habe sie streitsüchtig genug machen müssen, daß sie das Verlangen verspüren, ihre natürlichen Rechte und Machtmittel einer bürgerlichen Gesellschaft zu überantworten. Damit aber würde man Locke ungerechtfertigter- und unnötigerweise entweder der intellektuellen Unredlichkeit oder einer ungewöhnlichen Oberflächlichkeit zeihen; überdies würde man damit das Ausmaß unterschätzen, in dem er das Individuum dem Staat unterordnete.[125]

Eine andere, weniger anfechtbare Erklärung wird von einer gewissen Ähnlichkeit nahegelegt, die sich zwischen Lockes beiden Konzeptionen (vor und nach der Einführung des Geldes) beobachten läßt. Könnte nicht das angenehme Bild eines Naturzustandes, in dem es nur wenige entartete Menschen gibt, von der rudimentären vor-monetären Gesellschaft abgeleitet sein, »wo es nur wenige Vergehen und wenige Rechtsbrecher« und daher keine ausgeprägte staatliche Gewalt gab?[126] Der angenehme Naturzustand würde also dem ersten der beiden in dem Kapitel »Über Eigentum« erörterten Stadien entsprechen. Der unangenehme Naturzustand dagegen, wo »der größere Teil« so wenig auf Billigkeit und Gerechtigkeit achtet, daß niemandes Eigentum sicher ist, entspräche dem monetären Stadium, in dem die »böse Begehrlichkeit« Fortschritte gemacht hat und es folglich viele Gesetzesbrecher gibt.

Doch diese Erklärung ist untauglich. Denn Locke präsentiert sowohl die angenehme als auch die unangenehme Version als Bilder des Naturzustandes, wie er der Gründung der bürgerlichen Gesellschaft unmittelbar vorausgeht, d. h. des zweiten Stadiums des Naturzustandes. Daß das unangenehme Bild dem zweiten Stadium entspricht, läßt sich nicht bezweifeln. Und daß auch das

125 Siehe unten, S. 287–90
126 *Second Treatise*, Abschn. 107–8

angenehme Bild dem unmittelbar der bürgerlichen Gesellschaft vorausgehenden Naturzustand entspricht, wird durch eines der Argumente deutlich, mit denen er zu beweisen versucht, daß keine Regierung willkürliche Macht beanspruchen darf. Er muß postulieren, daß der Naturzustand, von dem aus die Menschen in die bürgerliche Gesellschaft eintreten, ein Zustand ist, wo sie im ganzen dem Gesetz der Natur folgen, d. h. nicht willkürlich in Leben, Freiheit und Eigentum anderer eingreifen. Würden sie dies tun, so besäßen sie im Naturzustand willkürliche Macht. Lockes These ist es aber, daß die Menschen im Naturzustand nicht über willkürliche Macht verfügen und sie daher einer bürgerlichen Gesellschaft nicht übertragen können.[127]

Immer noch bedarf es einer Erklärung, wieso Locke behaupten konnte, daß die Menschen beim Übergang vom Naturzustand zur bürgerlichen Gesellschaft wesentlich vom Gesetz der Natur regiert und *nicht* vom Gesetz der Natur regiert würden; wie er behaupten konnte, daß dieselben Menschen zum größten Teil vernünftig und friedlich gewesen seien und zum »größeren Teil« das Naturgesetz so mißachteten, daß sich niemand sicher fühlen konnte.[128]

Eine Erklärung hierfür liefert unsere Analyse von Lockes sozialen Prämissen. Locke konnte, wie ich glaube, beide Standpunkte bezüglich der menschlichen Natur vertreten, da er zu gleicher Zeit zwei Gesellschaftskonzeptionen im Sinn hatte, die, wenn auch logisch im Widerstreit, doch auf dieselbe Quelle zurückgingen. Der einen zufolge war die Gesellschaft zusammengesetzt aus gleichen, ununterschiedenen Individuen. Der anderen zufolge war die Gesellschaft zusammengesetzt aus zwei Klassen, sie sich im Grad ihrer Vernunft unterschieden – jenen, die »arbeitsam und vernünftig« waren und über Eigentum verfügten, und jenen, die das nicht waren, die zwar arbeiteten, aber nur um zu leben, nicht um zu akkumulieren. Locke war sich eines Widerspruchs zwischen diesen Gesellschaftskonzeptionen nicht bewußt, da er beide (und, wie wir bereits sahen, nicht nur die zweite) aus seinem Verständnis seiner eigenen Gesellschaft in seine Postulate hineingenommen hatte.

Obwohl die erste Konzeption von Locke als die traditionelle

127 Abschn. 135
128 Siehe Anm. R, S. 337

christliche Naturrechtsauffassung dargeboten wurde, enthielt sie nicht wenig von der für den Materialismus des siebzehnten Jahrhunderts typischen atomistischen Auffassung. Der traditionelle Begriff der natürlichen moralischen Gleichheit der Menschen, ihres gleichen Anspruchs auf die Wohltaten des natürlichen Gesetzes und ihrer gleichen Fähigkeit, dessen Forderungen anzuerkennen, steht natürlich im Vordergrund der Lockeschen Darstellung: die Menschen sind »Geschöpfe von gleicher Art und gleichem Rang, die ohne Unterschied zum Genuß derselben Vorteile der Natur und zum Gebrauch derselben Fähigkeit geboren sind«, und es wird Hooker, der dem siebzehnten Jahrhundert die christliche Naturrechtstradition übermittelte, zitiert, um »diese den Menschen von Natur aus zukommende *Gleichheit*« zu betonen.[129] Die Gleichheit der Rechte ist auch eine Gleichheit der Vernunft: die Menschen sind gleichermaßen fähig, das Gesetz der Natur zu begreifen: »Die Vernunft, die dieses Gesetz ist, lehrt alle Menschen, die sie um Rat fragen wollen ...«[130]

Was wir hier festhalten müssen, ist jedoch, daß Lockes Annahme über die natürliche Gleichheit weit über diesen traditionell christlichen Standpunkt hinausgeht. Der Grund, warum eine jede gerechte Regierung aus allgemeiner Zustimmung hervorgehen muß, ist nicht nur der, daß alle Menschen in dem Sinne frei und gleich geschaffen sind, daß sie gleichermaßen Gottes Geschöpfe und daher mit gleichen moralischen Rechten ausgestattet sind, sondern auch der, daß die Menschen, wie Locke in seiner gegen den Paternalismus gerichteten Argumentation hervorhebt, mit der gleichen Fähigkeit ausgestattet sind, die praktischen Angelegenheiten des täglichen Lebens selbständig zu meistern.

Lockes ganze Argumentation gegen jene, die die politische Autorität auf eine Analogie zwischen politischer und väterlicher Gewalt gründen wollten, beruht auf der These, daß väterliche Gewalt von Natur aus nur so lange gelte, bis die Kinder alt genug sind, um das Gesetz der Natur verstehen und aus eigener Kraft für ihren täglichen Unterhalt sorgen zu können. Alle Menschen außer Wahnsinnigen und Geistesschwachen sind also von der elterlichen Autorität frei, weil man davon ausgehen kann, daß sie

129 *Second Treatise*, Abschn. 4, 5
130 Abschn. 6

gleichermaßen fähig sind, sowohl das Gesetz der Natur zu erkennen, als auch »für sich selbst zu sorgen«.[131] In ähnlicher Weise ist
die einzige natürliche Grundlage, die Locke dem Ehestand zuer-
kennt, dessen Notwendigkeit für Unterhalt und Schutz der Kinder, bis diese »für sich selbst sorgen« können.[132] Und wenn Locke
die Grenzen »väterlicher oder elterlicher Gewalt« zusammenfassend betrachtet, charakterisiert er diese Gewalt wiederum als
»keine andere denn jene, die die Eltern über ihre Kinder haben,
zum Wohle der Kinder so lange über sie zu herrschen, bis sie zum
Gebrauch ihrer Vernunft und zu einem Grad des Wissens gelangen, der annehmen läßt, sie seien nun fähig, jene Regel zu verstehen, sei sie das Gesetz der Natur oder das Gesetz ihres Landes,
nach der sie sich selbst regieren sollen«[133], und als eine Gewalt,
die die Natur den Eltern verleiht »zum Wohl ihrer Kinder während deren Minderjährigkeit, um ihren Mangel an Geschick und
Kenntnis im Umgang mit ihrem Eigentum auszugleichen... [d.
h.] jenem Eigentum, das die Menschen sowohl an ihrer Person
wie an ihren Gütern haben«.[134]
Die Annahme, die Menschen seien von Natur aus gleichermaßen
dazu in der Lage, für sich selbst zu sorgen, war nicht überflüssig.
Sie gab Locke die Möglichkeit, guten Gewissens die in seiner Gesellschaft beobachteten großen Ungleichheiten mit der postulierten Gleichheit des natürlichen Rechts zu versöhnen. Wenn die
Menschen von Natur aus gleichermaßen vernünftig, d. h. gleichermaßen dazu fähig sind, sich durchzusetzen, darf man annehmen,
daß jene, die in der Erwerbung von Eigentum hoffnungslos zu-
rückgeblieben sind, sich selbst die Schuld geben müssen. Und nur
wenn man annimmt, daß die Menschen gleichermaßen fähig sind,
für sich selbst zu sorgen, kann man es als billig und gerecht bezeichnen, jeden auf sich selbst zu stellen und dem Konkurrenzkampf des Marktes zu überlassen, ohne den Schutz, den die alte
Naturrechtslehre gewährte. Die Annahme, daß die Menschen in
ihrer Fähigkeit, für sich selbst zu sorgen, mit gleicher Vernunft
ausgestattet sind, macht es also möglich, die marktbezogene

131 Abschn. 60
132 Abschn. 83; vgl. Abschn. 80
133 Abschn. 170
134 Abschn. 173

Gerechtigkeit mit den traditionellen Begriffen der ausgleichenden und austeilenden Gerechtigkeit zu versöhnen.

Lockes Lehre von der gleichen Vernunft war, so könnte man sagen, eine Kreuzung von Hobbes und Hooker. Für jeden, der die Marktgesellschaft rechtfertigen wollte und dennoch, wie Locke, nicht willens war, den Hobbesschen Weg bis zu Ende zu gehen, d. h. alle Gerechtigkeit auf die Gerechtigkeit von Vertragspartnern auf dem Markt zu reduzieren, war die Annahme einer gleichen Fähigkeit aller Menschen, für sich selbst zu sorgen, eine Notwendigkeit. Mit anderen Worten, es war – zumindest für jede bürgerliche Theorie, die die Naturrechtstradition fortzusetzen beanspruchte – notwendig, den Menschen ganz allgemein nach dem Bild des rationalen bürgerlichen Menschen *(bourgeois rational man)* zu begreifen, der fähig ist, für sich selbst einzustehen, und moralisch berechtigt, dies zu tun.

Wenn nun aber der Mensch ganz allgemein nach dem Bild des rationalen bürgerlichen Menschen verstanden wird, ist die natürliche Anlage des Menschen überaus rational und friedlich. Dies scheint mir die Quelle für die erste der beiden Auffassungen Lockes vom Naturzustand zu sein, und sie verdankt seinem Verständnis der bürgerlichen Gesellschaft ebensoviel wie der christlichen Naturrechtstradition.

Lockes zweite Auffassung vom Naturzustand steht in engerem Zusammenhang mit einem Begriff der Gesellschaft, der in noch stärkerem Maße bürgerlich geprägt ist, nämlich dem Begriff der menschlichen Gesellschaft, der einen Klassenunterschied in bezug auf Vernunft impliziert. Dem bürgerlichen Beobachter des siebzehnten Jahrhunderts konnte ein tiefreichender Unterschied zwischen der Vernunft der Armen und der der Besitzenden kaum entgehen. Dieser Unterschied war in Wahrheit ein Unterschied ihrer Fähigkeit oder Bereitschaft, ihr Leben gemäß dem bürgerlichen Moralkodex zu führen. Dem bürgerlichen Beobachter jedoch erschien dies als ein Unterschied der Fähigkeit der Menschen, ihr Leben nach moralischen Regeln schlechthin zu führen. Wir haben gesehen, daß Locke dieser Ansicht war. Wird ein solcher Klassenunterschied in bezug auf Vernunft und Sittlichkeit in die menschliche Natur selbst hineingedeutet, so ergibt sich daraus ein Naturzustand, der gefährlich und unsicher ist. Denn mit Locke zu behaupten, der größere Teil der Menschen sei ohne Sanktionen unfähig, gemäß dem Gesetz der Vernunft zu leben, heißt behaupten, es bedürfe einer bürgerlichen Gesellschaft mit legalen Sanktionen (und einer Kirche mit geistlichen Sanktionen), um für Ordnung unter ihnen zu sorgen. Ohne solche Sanktionen, d. h. im Naturzustand, könne es keinen Frieden geben.

Ich nannte Lockes Konzeption unterschiedlicher Grade von Vernunft eine bürgerliche Konzeption. Sie hatte nichts mit dem aristotelischen Begriff der beiden Klassen – Herren und Sklaven – gemein, deren relative Positionen durch einen vorausgesetzten inhärenten Unterschied hinsichtlich der Vernunft gerechtfertigt wurden. Für Locke war der Unterschied in der Vernunft dem Menschen nicht inhärent, ihm nicht durch Gott oder die Natur eingepflanzt; im Gegenteil, er war gesellschaftlich erworben dank unterschiedlicher ökonomischer Bedingungen. Aber er war schon im Naturzustand erworben und darum der bürgerlichen Gesellschaft inhärent. Einmal erworben, war er unauslöschbar, denn er war Bestandteil einer Eigentumsordnung, von der Locke annahm, sie sei die unauslöschliche Grundlage jeder zivilisierten Gesellschaft. Lockes Begriff der unterschiedlichen Vernunft rechtfertigte als natürlich nicht die Sklaverei[135], sondern nur die Unterordnung eines Teils des Volkes aufgrund der beständigen, vertraglich festgelegten Veräußerung seiner Arbeitskraft. Der Unterschied trat dadurch auf, daß jeder die Freiheit hatte, seine Freiheit zu veräußern. Unterschiedliche Vernunft war das Ergebnis, nicht die Ursache dieser Veräußerung. Hatte sie sich aber etabliert, so lieferte sie eine Rechtfertigung für unterschiedliche Rechte.

Beide Auffassungen Lockes vom Naturzustand entspringen also einem bürgerlichen Gesellschaftsbegriff. Und ihre gemeinsame Quelle täuschte über ihren widersprüchlichen Charakter. Es war letzten Endes Lockes Verständnis seiner eigenen Gesellschaft, das doppeldeutig und widersprüchlich war, und es hätte kaum anders sein können. Es spiegelte sehr genau die Ambivalenz des aufstei-

---

135 Freilich rechtfertigte Locke auch die Sklaverei, jedoch nicht aufgrund inhärenter Unterschiede in der Vernunft. Versklavung war nur dann gerechtfertigt, wenn jemand »durch eigene Schuld sein Leben verwirkt hatte, durch eine die Todesstrafe verdienende Tat« (Abschn. 23). Locke scheint sie als angemessene Bestrafung der von Natur aus Kriminellen aufgefaßt zu haben.

genden Bürgertums wider, das formale Gleichheit der Rechte forderte, aber substantielle Ungleichheit der Rechte brauchte. Die Führer dieses Bürgertums waren, wie die allenthalben frostige Aufnahme der Hobbesschen Lehre zeigte, nicht bereit, das überlieferte Sittengesetz zugunsten einer ganz und gar materialistischen Nützlichkeitslehre aufzugeben. Eine solche Lehre galt, ob zu Recht oder zu Unrecht, als zu gefährlich für den Bestand der Gesellschaft. Solange diese Überzeugung vorherrschte, war es nötig, die natürliche Gleichheit der Menschen zu bekennen und diese Gleichheit in das Gewand des Naturrechts zu kleiden, und ebenso nötig war es, eine natürliche Rechtfertigung der Ungleichheit zu finden. Locke leistete beides, zur allgemeinen Zufriedenheit seiner zeitgenössischen Leser. Und wenn dies den Kern seiner Theorie mit einer Doppeldeutigkeit belastete, die auch deren übrige Thesen durchdrang, so tat dies doch ihrer Brauchbarkeit für seine eigene Gesellschaft keinen Abbruch.

5. Die doppeldeutige bürgerliche Gesellschaft

Wir können nun untersuchen, wie sich Lockes doppeldeutige Haltung zu den natürlichen Rechten und zur Vernunft in seiner Theorie der Entwicklung einer bürgerlichen Gesellschaft auswirkt. Die Menschen, so läßt uns Locke wissen, treten in die bürgerliche Gesellschaft ein, um sich gegen die Nachteile, Unsicherheiten und Gewalttätigkeiten des Naturzustandes zu schützen. Oder, wie er wiederholt feststellt, das große Ziel, um dessen willen die Menschen sich in einer bürgerlichen Gesellschaft zusammenfinden und einer Regierung unterstellen, ist die Sicherung ihres Eigentums, worunter er »Leben, Freiheit und Besitz« versteht.[136] Wenn Eigentum so definiert wird, hat jeder einen Grund, in die bürgerliche Gesellschaft einzutreten, und jeder ist fähig, es zu tun, da er einige Rechte besitzt, die er übertragen kann. Doch hielt sich Locke nicht an diese Definition. Er gebrauchte den Terminus in doppelter Weise auch dort, wo dessen Bedeutung für seine Argumentation entscheidend war. Das Eigentum, zu dessen Schutz sich die Men-

136 *Second Treatise*, Abschn. 123

schen der bürgerlichen Gesellschaft verpflichten, soll manchmal[137] Leben, Freiheit und Besitz umfassen, manchmal[138] ganz eindeutig nur Güter und Boden. Das Ergebnis ist, daß Menschen ohne Besitz, d. h. ohne Vermögen im üblichen Sinn, zu Recht sowohl innerhalb als auch außerhalb der bürgerlichen Gesellschaft stehen.

Wenn Eigentum, zu dessen Schutz sich die Menschen in der bürgerlichen Gesellschaft zusammenfinden, Leben, Freiheit und Besitz sein soll, dann sind alle Menschen (außer Sklaven) zur Mitgliedschaft geeignet; wenn es nur Besitz sein soll, dann sind nur Menschen, die ihn haben, geeignet. Locke verwendet den Begriff in beiden Bedeutungen, ohne sich einer Inkonsistenz bewußt zu werden. Wie dies möglich war, wird durch unsere Analyse verständlich. Lockes Erkenntnis unterschiedlicher Klassenrechte in seiner eigenen Gesellschaft, die als implizite Annahme über unterschiedliche natürliche Rechte und Grade der Vernunft in seine Postulate eingegangen ist, ohne dort die formale Annahme einer allgemeinen Vernunft und gleicher Rechte zu verdrängen, tauchte auf der Stufe des Gesellschaftsvertrags in entschiedener Doppeldeutigkeit wieder auf, nämlich bei der Frage, wer die Partner des Vertrages seien.

Die Frage, wen Locke als Mitglied der bürgerlichen Gesellschaft betrachtete, scheint nur eine Antwort zuzulassen: Jeden, ob er über Eigentum im gewöhnlichen Sinn verfügt oder nicht, denn jeder hat ein Interesse daran, Leben und Freiheit zu sichern. Zugleich aber können nur jene, die über Besitz verfügen, vollwertige Mitglieder sein, und zwar aus zwei Gründen: nur sie haben ein ausgeprägtes Interesse an der Sicherung des Eigentums, und nur sie sind wirklich jenes vernünftigen Lebens fähig – jener freiwilligen Verpflichtung gegenüber dem Gesetz der Vernunft –, das die notwendige Bedingung für die unbeschränkte Teilhabe an der bürgerlichen Gesellschaft ist. Der über keinen Besitz verfügende Arbeiter ist ein Untertan, aber kein vollwertiges Mitglied der bürgerlichen Gesellschaft.[139] Auf den Einwand, es handele sich hier nicht um *eine* Antwort, sondern um zwei zusammenhanglose

---

137 z. B. Abschn. 123, 131, 137
138 z. B. Abschn. 138–40, 193
139 Vgl. Harringtons Annahme, Lohnempfänger stünden außerhalb des Gemeinwesens; oben, Kap. IV, S. 206

Antworten, wäre zu erwidern, daß beide Antworten aus Lockes Annahme folgen und daß keine davon für sich, sondern nur beide zusammen Lockes Denken genau wiedergeben.

Die Doppeldeutigkeit bezüglich der Frage, wer kraft des vorausgesetzten Urvertrags Mitglied der bürgerlichen Gesellschaft sei, erlaubt es Locke, alle Menschen als Mitglieder im Sinne von Objekten der Regierung, aber nur Menschen mit Besitz als Mitglieder im Sinne von Subjekten der Regierung zu betrachten. Das Recht zu regieren (genauer: das Recht, jede Regierung zu kontrollieren) ist nur den Besitzenden gegeben: bei ihnen liegt das entscheidende Recht der Steuerbewilligung, ohne die keine Regierung existieren kann.[140] Andererseits haben alle Personen die Pflicht, den Gesetzen zu gehorchen und sich einer legalen Regierung unterzuordnen, unabhängig davon, ob sie über Eigentum in Form von Besitz verfügen oder nicht, und natürlich auch davon, ob sie einen ausdrücklichen Vertrag geschlossen haben oder nicht. Wenn Locke seine Lehre der ausdrücklichen Zustimmung zu einer Lehre der stillschweigenden Zustimmung ausweitet, läßt er keinen Zweifel daran, wer jener Pflicht unterliegt:

jeder Mensch, der irgendeinen Besitz oder Nießbrauch an irgendeinem Teil des Herrschaftsbereichs einer Regierung hat, gibt hiermit seine *stillschweigende Zustimmung* und schuldet, solange er sich dieses Besitzes erfreut, den Gesetzen jener Regierung in demselben Maße Gehorsam wie jeder andere, der ihr untersteht; dieser Besitz mag in Grund und Boden bestehen, der ihm und seinen Erben für immer gehört, oder nur darin, daß jemand sich für eine Woche dort niederläßt oder frei auf der Landstraße reist; ja, er erstreckt sich sogar auf das bloße Dasein eines Menschen innerhalb des Gebietes jener Regierung.[141]

Locke sagt ausdrücklich, daß die bei allen diesen Personen vorausgesetzte stillschweigende Zustimmung sie nicht zu vollwertigen Mitgliedern der Gesellschaft macht: »Nichts kann einen Menschen dazu machen als sein tatsächlicher Eintritt in sie durch positive Verpflichtung, durch ausdrückliches Versprechen und Vertrag.[142] Und die einzigen Menschen, von denen er annimmt, sie würden sich durch ausdrückliche Zustimmung einem Staatswesen

140 *Second Treatise,* Abschn. 140. Vgl. Abschn. 158
141 Abschn. 119
142 Abschn. 122

eingliedern, sind diejenigen, die über etwas Eigentum an Grund und Boden verfügen oder ein solches erwarten können:

jeder Mensch hat, wenn er sich erst einmal einem Staatswesen eingliederte, durch diese seine Vereinigung mit ihm auch den Besitz, den er hat oder erwerben wird, der Gemeinschaft hinzugefügt und unterstellt, soweit dieser nicht schon irgendeiner anderen Regierung gehört. Denn es wäre ein direkter Widerspruch, wenn irgendjemand mit anderen gemeinsam, der Sicherung und Regelung des Eigentums wegen, in eine Gesellschaft eintreten und gleichwohl annehmen würde, daß sein Grund und Boden, dessen Besitz von den Gesetzen der Gesellschaft geregelt werden soll, von der Rechtssprechung jener Regierung ausgenommen sei, welcher er selbst, der Eigentümer des Bodens, untertan ist.[143]

Nicht jeder Grundeigentümer ist notwendig ein vollwertiges Mitglied der Gesellschaft – Ausländer[144] und sogar Einheimische, die sich der Gesellschaft nicht tatsächlich eingegliedert haben[145], können dort Boden besitzen –, aber bei jedem vollwertigen Mitglied wird der Besitz von Boden vorausgesetzt. Dem Einheimischen ohne gegenwärtige oder zukünftige Güter wird also nicht die Möglichkeit zugestanden, durch die Hintertür der stillschweigenden Zustimmung zum Vollmitglied zu werden; aber er ist, gleich dem im Land wohnhaften Ausländer, der Rechtssprechung der Regierung unterworfen.[146] Der Grund, warum Locke den Begriff der stillschweigenden Zustimmung einführte, dürfte in der Unmöglichkeit liegen, bei allen Bürgern eines existierenden Staatswesens eine ausdrückliche Zustimmung nachzuweisen. Aber seine Lehre von der stillschweigenden Zustimmung hatte den zusätzlichen Vorteil, daß sie jenen ohne jeglichen Besitz eindeutig Pflichten auferlegte, die selbst ihr »bloßes Dasein« betrafen.

Aus der ganzen bisherigen Analyse geht hervor, daß Lockes Werk dem Klassenstaat eine sittliche Grundlage gab, und zwar mit Hilfe von Postulaten über gleiche natürliche Rechte der Individuen. Im Rahmen der individualistischen Naturrechtsannahmen des siebzehnten Jahrhunderts konnte ein Klassenstaat nur durch eine Lehre der allgemeinen Zustimmung legitimiert werden, die

143 Abschn. 120
144 Abschn. 122
145 Abschn. 121
146 Vgl. Iretons Haltung, oben, Kap. III, S. 173 f.

eine Klasse dem Staat eingliederte, ohne ihr die volle Mitgliedschaft in ihm zuzugestehen. Und gerade das leistete Lockes Theorie. Dazu waren die impliziten Annahmen erforderlich, die er, wie wir sahen, tatsächlich im Sinn hatte. Und diese Annahmen waren es, die ihn in die Doppeldeutigkeiten und Widersprüche verstrickten, die seine Argumentation durchdringen. Es ist schwer zu sehen, wie er in diesen Widersprüchen hätte beharren können, wären für ihn nicht der Klassenstaat das eine Desideratum und gleiche natürliche Rechte ein anderes Desideratum gewesen.

Damit soll nicht behauptet werden, Locke habe eine Theorie gleicher natürlicher Rechte vorsätzlich in eine Rechtfertigung des Klassenstaates umgebogen. Ganz im Gegenteil, seine Prämissen über natürliche Rechte waren, ernsthaft genommen, von solcher Art, daß sie seiner Theorie die Möglichkeit, ja fast die Garantie dafür boten, ohne jeden Kunstgriff einen Klassenstaat zu rechtfertigen. Der entscheidende Faktor war, daß die von Locke intendierten gleichen natürlichen Rechte, zu denen auch das Recht auf uneingeschränkte Akkumulation von Eigentum gehörte, logisch zu unterschiedlichen Klassenrechten und damit zur Rechtfertigung eines Klassenstaates führten. Lockes Unklarheiten sind das Ergebnis ehrlicher Deduktionen aus einem Postulat gleicher natürlicher Rechte, das seinen eigenen Widerspruch einschließt. Es ist augenscheinlich, daß er sich des Widerspruchs in dem Postulat eines gleichen natürlichen Rechts auf unbeschränktes Eigentum nicht bewußt war, sondern daß er einfach in den Bereich des Rechts (bzw. in den Naturzustand) eine gesellschaftliche Beziehung hineintrug, die er für eine zivilisierte Gesellschaft als ganz normal hinnahm. So gesehen, ist die Quelle der Widersprüche in seiner Theorie der Versuch, Rechte und Pflichten, die notwendig einen klassengebundenen Inhalt hatten, in allgemeinen (nicht klassengebundenen) Begriffen zu fassen.

6. Ungelöste Probleme in neuer Sicht

Wenn wir Lockes Theorie in dem ihr hier zugeschriebenen Sinn verstehen, lassen sich vielleicht einige zentrale Schwierigkeiten ihrer Interpretation lösen.

a. Die Theorie vom Staat als Aktiengesellschaft

Das der Interpretation des Lockeschen Staates als einer Aktiengesellschaft inhärente Problem ist jetzt keines mehr, denn wir haben gesehen, wie Locke der Ansicht sein konnte, daß der Staat einerseits nur aus Eigentümern, andererseits aus der gesamten Bevölkerung bestehe. Es würde ihm deshalb nicht schwer fallen, den Staat als eine Aktiengesellschaft aufzufassen, deren Teilhaber durch ihre Mehrheitsentscheidung nicht nur sich selbst binden, sondern auch ihre Angestellten. Die Arbeiterklasse, die nur über ihre Arbeitskraft verfügt, vermag an den Unternehmungen der Gesellschaft nicht auf derselben Stufe wie der Eigentümer teilzunehmen. Gleichwohl ist sie für die Unternehmungen der Gesellschaft so notwendig, daß sie als ein organischer Teil von ihr betrachtet werden muß. Denn der Zweck der Gesellschaft liegt nicht nur darin, das schon vorhandene Eigentum zu schützen, sondern auch darin, das Recht und die Voraussetzungen für eine Vergrößerung ihres Vermögens zu gewährleisten; und eine dieser Voraussetzungen ist ein ihrer Rechtssprechung unterworfenes Arbeitspotential. Dem Lockeschen Staat am meisten analog ist vielleicht die Aktiengesellschaft von Kaufleuten, die in fernen Ländern Handel treiben oder Pflanzungen anlegen und deren Freibrief ihnen eine so weitreichende Gerichtsbarkeit über die Eingeborenen bzw. die dort angesiedelten Arbeitskräfte verleiht oder sich zu nehmen erlaubt, wie es der Charakter des Unternehmens erfordert.

b. Mehrheitsprinzip und Eigentumsrecht

Auch der innere Widerspruch jener Interpretation der Lockeschen Theorie, die das Supremat der Mehrheit hervorhebt, ist nunmehr geklärt. Dieser Widerspruch war bekanntlich der zwischen der Behauptung des Mehrheitsprinzips und der Insistenz auf der Unantastbarkeit des individuellen Eigentums. Würden den Besitzlosen die vollen politischen Rechte zuerkannt, wie ließe sich dann die Unantastbarkeit der bestehenden Eigentumsinstitution gegen den Willen der Mehrheit aufrechterhalten? Dies Problem war durchaus real. Als es während des Bürgerkrieges auftrat, konnten alle Besitzenden die Unvereinbarkeit von wirklicher Mehrheitsregierung und Eigentumsrechten erkennen. Und

Locke ging mit vollem Recht davon aus, daß die Besitzlosen im England seiner Zeit die Mehrheit bildeten.[147] Doch besteht, wie wir jetzt wissen, zwischen Lockes beiden Behauptungen, der des Mehrheitsprinzips und der des Eigentumsrechts, kein Widerstreit, insofern er voraussetzte, daß nur diejenigen, die über Eigentum verfügten, vollwertige Mitglieder der bürgerlichen Gesellschaft und somit in der Mehrheit waren.

c. Die Gleichsetzung von individuellem und Mehrheitswillen

Selbst wenn man einräumt, daß die Zustimmung der Mehrheit für Locke die Zustimmung der Mehrheit der Eigentümer war, so liegt doch in seinem Begriff der Zustimmung eine weitere Schwierigkeit. In der Erörterung über die Zustimmung zur Steuererhebung kommt das am deutlichsten zum Ausdruck. Zunächst betont er so nachdrücklich wie nur möglich, daß »die *höchste Gewalt* keinem Menschen irgendeinen Teil seines *Eigentums* ohne seine Zustimmung *nehmen kann*«, und zwar mit der Begründung, daß die Individuen ohne dieses Prinzip »überhaupt kein *Eigentum*« hätten und somit »durch ihr Eintreten in die Gesellschaft das verlören, was sie erst zu diesem Eintreten bewogen hatte: eine allzu große Absurdität, als daß irgendjemand sie sich zu eigen machen könnte«.[148] Das ist ein klares Bekenntnis zu einer extrem individualistischen Position. Zwei Abschnitte später gibt Locke zu, daß »Regierungen nicht ohne große Kosten unterhalten werden können, und es ist richtig, daß jeder, der seinen Anteil an ihrem Schutz genießt, aus seinem Vermögen auch sein Teil zu ihrer Unterhaltung beisteuern muß. Doch kann das nur mit seiner Zustimmung geschehen, d. h. mit der Zustimmung der Mehrheit, sie entweder selbst oder durch die von ihr gewählten Abgeordneten erteilt«.[149] Die Gleichsetzung der Zustimmung eines jeden besitzenden Individuums mit der Zustimmung der besitzenden Mehrheit bzw. ihrer Repräsentanten scheint kaum vereinbar mit der von Locke gerade bekundeten strikt individualistischen Position. So fragt z. B. Gough, ob Locke denn »wirklich geglaubt ha-

---

147 Vgl. *Reasonableness of Christianity*, wie oben zitiert, S. 253; für die Genauigkeit seiner Angaben vgl. Kings Statistik im Anhang.

148 *Second Treatise*, Abschn. 138

149 Abschn. 140

be, daß die Zustimmung einer Mehrheit von Repräsentanten dasselbe sei wie eines Menschen eigene Zustimmung, von der sie tatsächlich in doppelter Hinsicht abgehoben ist?«[150], und er findet keine befriedigende Antwort. Lockes Gleichsetzung der beiden Arten von Zustimmung erscheint noch merkwürdiger, wenn man bedenkt, daß er sehr wohl wußte, daß es Interessenunterschiede zwischen Grundbesitzern, Kaufleuten und Geldmännern gab und daß sich diese Unterschiede besonders scharf in ihren Auseinandersetzungen über die Besteuerung ausprägten.[151] Doch gerade seine Kenntnis dieser Unterschiede liefert uns einen Schlüssel zu seinen Ansichten über Zustimmung. Die Tatsache, daß Locke, obwohl er sich des Konflikts zwischen individuellen Interessen bewußt war, die individuelle Zustimmung mit der der Mehrheit gleichsetzen konnte, deutet darauf hin, daß er die Aufgabe der Regierung in der Verteidigung des Eigentums als solchem sah. Als einer, der selbst Eigentum hatte[152], durfte Locke davon ausgehen, daß das gemeinsame Interesse der Eigentümer an der Sicherung des Eigentums wichtiger war und von jedem vernünftigen, auf sein eigenes Interesse bedachten Mann mit Eigentum für wichtiger erkannt werden müsse als die divergierenden Interessen, die zwischen ihnen als Besitzern von Boden, Geld oder Handelswaren bestanden. Unter dieser Voraussetzung, und nur unter ihr, ist es folgerichtig, (vernünftige) individuelle und (vernünftige) Mehrheitszustimmung gleichzusetzen. Noch immer wird es Unterschiede individueller Interessen geben – nicht jeder wird gleich positiv über dieselbe Steuer urteilen, so daß nicht immer einmütige Entscheidungen fallen werden; doch wird jeder vernünftige Mensch einsehen, daß er dem, was der Mehrheit akzeptabel erscheint, zustimmen muß, da es sonst keine ausreichenden Staats-

150 Gough, op. cit, S. 69
151 *Considerations, Works* (1759), II, 36, 29
152 Erst kürzlich wurden Umfang und Art des Lockeschen Vermögens bekannt. In den siebziger Jahren verfügte er über Grund und Boden mit einer Rendite von 240 Pfund pro Jahr, über eine wesentliche Beteiligung am Seidenhandel, am Sklavenhandel und anderen überseeischen Unternehmungen, außerdem über kurzfristig ausgeliehenes und hypothekarisch gesichertes Geld. 1694 kaufte er für 500 Pfund Aktien der gerade gegründeten Bank von England; 1699 fragte er um Rat, wie er 1500 »brachliegende« Pfund investieren könne. Sein Vermögen hatte zur Zeit seines Todes einen Wert von etwa 20 000 Pfund. Maurice Cranston, *John Locke, a Biography* (1957), S. 114–15, 377, 448, 475.

einnahmen geben kann und damit keinen ausreichenden Schutz der Institution des Eigentums. Sein auf das eigene Wohl gerichteter vernünftiger Wille muß sich der vernünftigen Mehrheitsentscheidung der Eigentümer beugen; verkürzt gesagt: sein Wille *ist* der Wille der Mehrheit.

Lockes Gleichsetzung von individueller und Mehrheitszustimmung in der Steuerfrage ist nur ein – vielleicht das aufschlußreichste – Beispiel seiner Gleichsetzung der beiden Formen der Zustimmung. Von einem jeden, der in die bürgerliche Gesellschaft eintritt »zur Sicherung des Eigentums aller Mitglieder dieser Gesellschaft, soweit es nur möglich ist«, kann er sagen: »die Entscheidungen des Staates ... sind seine eigenen Entscheidungen, da sie von ihm selbst oder seinen Repräsentanten gefällt werden«.[153] Und wenn ein Volk sein Eigentum unter der Regierung eines Einzelnen als ungenügend gesichert betrachtet und deshalb eine kollektive gesetzgebende Körperschaft zum Schutze des Eigentums einsetzt, kann er sagen: »dadurch wird jeder Einzelne, auch der Geringste, jenen Gesetzen untertan, die er selbst, als Teil der legislativen Gewalt, erlassen hat«.[154]

In der Tat folgt die Gleichsetzung von individueller und Mehrheitszustimmung aus dem Begriff der zur Errichtung einer bürgerlichen Gesellschaft notwendigen Übereinkunft. Die Zustimmung, die *jedes* Individuum, das in die bürgerliche Gesellschaft einzutreten wünscht, geben muß, um in sie eintreten zu können, ist die Zustimmung dazu, sich den Mehrheitsentscheidungen zu beugen, »und das ist die *Übereinstimmung der Mehrheit*«[155]; und ohne diese ist eine Gesellschaft nicht möglich. Bei seinem Nachweis, daß die bürgerliche Gesellschaft des Mehrheitsprinzips bedarf, unterscheidet Locke zwar zwischen individueller und Mehrheitszustimmung, doch nur um aufzuzeigen, daß individuelle Zustimmung eine unmögliche Forderung ist.[156] Wer den Zweck will, muß auch die Mittel wollen: der Zweck ist der Schutz seines Eigentums, das Mittel ist die Anerkennung des Mehrheitswillens als seines eigenen Willens: »es wäre ein direkter Widerspruch,

153 *Second Treatise,* Abschn. 88
154 Abschn. 94
155 Abschn. 96
156 Abschn. 97–8

wenn irgendjemand mit anderen gemeinsam, der Sicherung und Regelung des Eigentums wegen, in eine Gesellschaft eintreten und gleichwohl annehmen würde, daß sein Grund und Boden, dessen Besitz von den Gesetzen der Gesellschaft geregelt werden soll, von der Rechtssprechung jener Regierung ausgenommen sei, welcher er selbst, der Eigentümer des Bodens, untertan ist«.[157] Der vernünftige Eigentümer muß dem Beschluß der Mehrheit zustimmen. Aus diesem Grund ist es legitim, die Zustimmung des individuellen Eigentümers der Zustimmung der Mehrheit der Eigentümer gleichzusetzen. Das führt uns zu einer noch umfassenderen Frage.

d. Individualismus gegen Kollektivismus

Der Streit um die Frage, ob Locke ein Individualist oder ein »Kollektivist« war, ob er den Zwecken des Individuums oder denen der Gesellschaft den Vorrang gab, erscheint nun in einem neuen Licht. Vergegenwärtigt man sich den Grundcharakter des Lockeschen Individualismus, so wird der Streit bedeutungslos. Lockes Individualismus beschränkt sich nicht auf seine These, die Individuen seien von Natur aus frei und gleich und könnten der Gerichtsbarkeit anderer nur mit ihrer eigenen Zustimmung rechtmäßig unterworfen werden. Es hierbei bewenden zu lassen hieße, ihn in seiner wichtigsten Bedeutung verfehlen. Sein wesentlicher Inhalt liegt darin, daß er das Individuum zum natürlichen Eigentümer seiner Person und seiner Fähigkeiten macht, für die es der Gesellschaft nichts schuldet.

Ein solcher Individualismus ist notwendig ein Kollektivismus (im Sinn der Behauptung eines Supremats der bürgerlichen Gesellschaft über ein jedes Individuum). Denn er behauptet eine Individualität, die nur durch Akkumulation von Eigentum voll verwirklicht werden kann und deshalb nur von einigen verwirklicht werden kann und immer nur auf Kosten der Individualität der anderen. Soll eine solche Gesellschaft funktionieren, so muß die politische Autorität den Individuen übergeordnet sein; ist dies nicht der Fall, so kann es keine Garantie dafür geben, daß die Institution des Eigentums, die für diese Art von Individua-

157 Abschn. 120

lismus wesentlich ist, genügend geschützt wird. Diejenigen Individuen, die die Mittel zur Entfaltung ihrer Persönlichkeit haben (die Besitzenden also), brauchen sich der bürgerlichen Gesellschaft gegenüber keine Rechte vorzubehalten, da die bürgerliche Gesellschaft von ihnen und für sie geschaffen wurde und von ihnen und für sie gelenkt wird. Sie müssen nur darauf bestehen, daß die bürgerliche Gesellschaft, d. h. die Mehrheit ihrer selbst, jeglicher Regierung übergeordnet ist, weil ihnen sonst ein einzelnes Regiment entgleiten könnte. Locke gestattete den Individuen ohne Bedenken, all ihre natürlichen Rechte und Machtmittel[158], ganz besonders ihr gesamtes Vermögen und Grundeigentum[159], der bürgerlichen Gesellschaft zu übertragen oder, was auf dasselbe hinausläuft, ihr alle die Rechte und Machtmittel zu übertragen, die zur Erreichung der Ziele, um derer willen die Gesellschaft gegründet wurde, notwendig sind[160], wobei die Mehrheit der Richter ist.[161] Die *en bloc*-Übertragung individueller Rechte war notwendig, um eine ausreichende Kollektivmacht zum Schutze des Eigentums zu schaffen. Locke konnte sich diesen Vorschlag leisten, da die bürgerliche Gesellschaft von Eigentümern kontrolliert werden sollte. Unter diesen Umständen mußte der Individualismus (und konnte er bedenkenlos) dem kollektiven Supremat des Staates ausgeliefert werden.

Die Vorstellung, Individualismus und »Kollektivismus« seien die beiden Endpunkte einer Skala, zwischen denen Staaten und Staatstheorien, unabhängig von ihrer jeweiligen sozialen Entwicklungsstufe, aufgereiht werden könnten, ist oberflächlich und irreführend. Lockes Individualismus, als der einer aufsteigenden kapitalistischen Gesellschaft, schließt die staatliche Oberherrschaft über das Individuum nicht aus, sondern postuliert sie geradezu. Es geht hier nicht um die Gleichstellung: je mehr Individualismus, desto weniger Kollektivismus; vielmehr um diese: je entschiedener der Individualismus, desto vollständiger der Kollektivismus. Dafür ist Hobbes' Theorie das glänzendste Beispiel; doch seine Ablehnung des traditionellen Naturrechts und sein

158 Abschn. 128, 136
159 Abschn. 120
160 Abschn. 99, 129, 131
161 Abschn. 97

Unvermögen, Eigentumsgarantien gegenüber einem sich selbst verewigenden Souverän bereitzustellen, machten seine Ansichten für diejenigen, die im Eigentum das zentrale soziale Faktum sahen, inakzeptabel. Locke erschien ihnen akzeptabler, weil er in der Frage des Naturrechts doppeldeutig blieb und weil er eine gewisse Eigentumsgarantie anbieten konnte. Wenn man den spezifischen Charakter des Bourgeois-Individualismus des siebzehnten Jahrhunderts in dieser Art sieht, ist es nicht länger erforderlich, nach einem Kompromiß zwischen Lockes individualistischen und kollektivistischen Aussagen zu suchen; unter den gegebenen Umständen bedingten sie sich gegenseitig.

e. Lockes Konstitutionalismus

Auch Lockes Konstitutionalismus wird nun verständlicher; er braucht weder herabgemindert noch einseitig herausgestrichen zu werden. Es wird möglich, ihn als das zu sehen, was er ist – eher eine Verteidigung der Rechte des sich ausdehnenden Eigentums als eine Verteidigung der Rechte des Individuums gegen den Staat.

Daß dies die wahre Bedeutung des Lockeschen Konstitutionalismus sei, wird von der bezeichnenden Tatsache nahegelegt, daß er nicht für wünschenswert hielt, was die Levellers in dem *Agreement of the People* für entscheidend gehalten hatten, nämlich dem Individuum gegenüber jedem Parlament und jeder Regierungsgewalt gewisse Rechte zu sichern. Kein individuelles Recht ist in Lockes Staat ausdrücklich geschützt. Der einzige Schutz des Individuums gegen willkürliche Herrschaft liegt in dem Recht der Mehrheit der bürgerlichen Gesellschaft, es zu sagen, wenn eine Regierung das in sie gesetzte Vertrauen, daß sie immer zugunsten des öffentlichen Wohles und niemals willkürlich handeln werde, gebrochen hat. Locke konnte annehmen, daß dieses Supremat der Mehrheit die Rechte eines jeden ausreichend sichere, weil er annahm, daß alle, die zur Mitsprache berechtigt sind, in ihrer Auffassung vom öffentlichen Wohl übereinstimmten, letztlich also in der Maximierung des Reichtums der Nation und dadurch (wie er es sah) der Wohlfahrt der Nation. Er konnte eine solche Übereinstimmung nur dank seiner Annahme voraussetzen, daß die Arbeiterklasse nicht zur Mitsprache berechtigt sei. Lockes Konstitutionalismus ist ganz wesentlich eine Verteidigung des Supremats des Eigentums – und nicht nur desjenigen der Bauern, sondern mehr noch desjenigen der Vermögenden, für die die Gewährleistung unbeschränkter Akkumulation von entscheidender Bedeutung war.

Lockes These, daß die Autorität der Regierung (»die Legislative«) begrenzt und delegiert sei und von der Zustimmung der Mehrheit der Steuerzahler bzw. von deren Vertrauensvotum abhänge, ist nur ein Teil seiner Theorie und nicht der wichtigste. Es war für ihn notwendig (und auch möglich), der Staatsgewalt Beschränkungen aufzuerlegen, weil er zunächst den anderen Teil seiner Theorie ausgearbeitet hatte, nämlich die totale Unterordnung des Individuums unter die bürgerliche Gesellschaft. Beide Teile waren unentbehrlich für jede Theorie, die das Ziel verfolgte, die Institution des Eigentums zu schützen und zu fördern und damit auch jene Art von Gesellschaft, zu deren Verteidigung schon ein Bürgerkrieg, eine Restauration und eine weitere Revolution nötig gewesen waren. Mochte auch 1689 die Beschränkung willkürlicher Regierungsgewalt besonders vordringlich erscheinen, so war doch die Unterwerfung des Individuums unter den Staat von mindestens gleicher Bedeutung. Die Whig-Revolution führte nicht nur zur Vorherrschaft des Parlaments über die Monarchie, sie festigte auch die Herrschaft der Besitzenden – besonders derjenigen, die ihren Besitz auf die neue Art, nämlich als gewinnbringendes Kapitel, verwalteten – über die Arbeiterklasse.[162] In beiderlei Hinsicht war Lockes Theorie dem Staat der Whigs von Nutzen.

Beiläufig sei erwähnt, daß zwischen Lockes Haltung von 1660, als er das Supremat des Staates betonte, und seiner Haltung von 1689 kein so großer Unterschied besteht, wie von neueren Autoren behauptet wurde.[163] Lockes unveröffentlichte Abhandlung von 1660 über die Staatsverwaltung enthält einige bemerkenswert autoritäre Passagen, von denen die extremste im Vorwort steht: »Der *oberste* Beamte einer jeden Nation, wie immer er auch eingesetzt wurde, muß notwendigerweise eine *absolute und willkür-*

---

162 Vgl. H. J. Habbakuk, »English Landownership, 1680–1740«, *Econ. Hist. Rev.*, Febr. 1940

163 Gough, op. cit., S. 178; Locke, *Essays on the Law of Nature,* ed. W. von Leyden (Oxford 1954), S. 15, 27; Cranston, op. cit., S. 67; Locke, *Two Treatises of Government,* ed. Laslett, S. 19–20

liche Macht über alle die indifferenten Handlungen seines Volkes haben.«[164] Das klingt anders als seine 30 Jahre spätere These, daß weder die bürgerliche Gesellschaft noch irgendeine Staatsgewalt willkürliche Macht über Leben, Freiheit und Eigentum irgendeines Untertanen haben dürfe. In Wirklichkeit jedoch ist die der Staatsgewalt zugestandene Macht beide Male die gleiche. Die »absolute und willkürliche Macht« von 1660 erstreckt sich nur auf »indifferente Handlungen«, d. h. Handlungen, die weder vom Gesetz der Natur noch vom geoffenbarten Gesetz Gottes sei's gefordert, sei's verboten werden. In bezug auf diese Handlungen und nur auf sie ist der Mensch von Natur aus frei; und deshalb hat er nur über diese Handlungen irgendeine Macht, die er der Gesellschaft übertragen kann. Das ist genau die gleiche begrenzte natürliche Macht, von der Locke im *Second Treatise* sagt, daß das Individuum sie der höchsten staatlichen Autorität (dort der bürgerlichen Gesellschaft selbst) überantworten solle.

Die grundsätzliche Gleichheit der beiden Positionen läßt sich durch einen Vergleich der bekannten Theorie des *Second Treatise* mit einer Passage aus dem Manuskript von 1660 belegen, wo Locke, nachdem er postuliert hat, daß niemand eine natürliche oder ursprüngliche Freiheit gegenüber dem Gesetz Gottes oder der Natur habe, erklärt:

4. Daß alle von diesem Gesetz nicht erfaßten Dinge vollkommen indifferent sind, und daß, was sie betrifft, der Mensch von Natur aus frei ist, aber nur so weit Herr seiner Freiheit, daß er sie durch Vereinbarung einem anderen übertragen und ihn mit einer Macht über seine Handlungen ausstatten kann, da es kein göttliches Gesetz gibt, das einem Menschen verböte, über seine Freiheit zu verfügen und einem anderen zu gehorchen; da es andererseits aber ein göttliches Gesetz gibt, das Treue und Wahrhaftigkeit allen legalen Verträgen gegenüber fordert, verpflichtet es ihn nach einem solchen Verzicht und Abkommen, sich zu fügen.

5. Daß, sei der Mensch auch der natürliche Eigentümer einer völligen Freiheit und so weit Herr seiner selbst, daß er keinem anderen Unterwürfigkeit schuldet denn Gott allein (der freiheitlichste Zustand, den wir uns für ihn denken können), es doch eine unverrückbare Bedingung für Gesellschaft und Staat ist, daß jeder einzelne unausweichlich einen Teil seines Rechts auf Freiheit abgeben und der Obrigkeit ebensoviel Macht über seine Handlungen anvertrauen muß, wie er selbst hat, da es

164 Bodleian Library, MS. Locke, c. 28, f. 3r

sonst unmöglich wäre, daß irgendjemand den Befehlen eines anderen untertan sei, der die freie Verfügungsgewalt über sich selbst behält und Herr seiner Freiheit bleibt...[165]

Das entspricht, was den Umfang der Macht der staatlichen Autorität betrifft, genau der These des *Second Treatise*.[166] In beiden Fällen übertragen die Individuen ihre ganze natürliche Macht. In beiden Fällen ist ihre natürliche Macht auf das beschränkt, was das natürliche Gesetz zuläßt. In beiden Fällen hat die Staatsgewalt im Rahmen des natürlichen Gesetzes, aber nicht darüber hinaus, absolute Macht. 1660 nannte Locke diese Macht »absolut und willkürlich«; 1689 behielt er den Ausdruck »willkürlich« derjenigen Macht vor, die das natürliche Gesetz verletzt.

Es besteht in beiden Theorien natürlich ein entscheidender Unterschied hinsichtlich des Trägers der Macht. 1660 war Locke bereit, eine absolute Monarchie oder einen »König im Parlament« oder die gewählte Versammlung einer reinen Republik als angemessenen Träger der Staatsgewalt anzuerkennen. Die »Obrigkeit«, deren Macht in der oben zitierten Passage umrissen wird, definiert Locke in einer Randbemerkung, in der auch deutlich wird, wo seine Sympathien liegen:

Unter Obrigkeit verstehe ich die höchste gesetzgebende Gewalt einer jeden Gesellschaft, unabhängig von der Art der Regierung oder der Anzahl der Personen, in deren Hand sie liegt. Es sei mir erlaubt, hier lediglich zu sagen, daß die unauslöschliche Erinnerung an all unser Unglück der letzten Zeit und die glückliche Wiederkehr von Frieden und Freiheit von einst genügend Beweis sind, uns davon zu überzeugen, in wessen Händen die höchste Gewalt dieser Nation am besten aufgehoben ist, ohne ein anderes Argument zu Hilfe zu nehmen.

Locke möchte, wie er in seinem Vorwort sagt, »sich nicht auf die Frage einlassen, ob die Krone des Oberhaupts unmittelbar vom Himmel auf dieses Haupt fällt oder ihm von den Händen seiner Untertanen aufgesetzt wird«[167]; in beiden Fällen muß die Macht des Oberhaupts die gleiche sein. Und eine Republik unterscheidet sich im Umfang der dem Oberhaupt zukommenden Macht nicht von einer absoluten Monarchie:

165 Ibid., e. 7, ff. 1–2
166 *Second Treatise*, Abschn. 135, 136
167 Bodleian Library, MS. Locke c. 28, f. 3r

Es ist auch nicht so, wie einige voreilig behaupten, daß die Menschen in einer reinen Republik, sollte es irgendwo eine solche geben, sich eines größeren Teils dieser [ihrer natürlichen] Freiheit erfreuten als in einer absoluten Monarchie, denn dort liegt dieselbe unumschränkte Macht, die hier bei dem Monarchen liegt, bei der (wie *eine* Person handelnden) Versammlung: der einzelne hat dort (von der unbedeutenden Addition seiner Stimme abgesehen) nicht mehr Macht, von sich aus neue Gesetze zu machen oder alte in Frage zu stellen, als in einer Monarchie; alles, was er tun kann (und es ist nicht mehr, als Könige den Bittstellern zugestehen), ist, die Mehrheit, die der Monarch ist, zu überzeugen.[168]

1660 also liegen Lockes Sympathien bei der restaurierten Stuart-Monarchie, der er die höchste Macht, d. h. die absolute Macht innerhalb der Grenzen des Gesetzes der Natur zugestehen würde. Im *Second Treatise* will er die höchste Staatsgewalt der bürgerlichen Gesellschaft vorbehalten; einem »König im Parlament« würde er zwar das Suprematzugestehen, jedoch unter enger Beschränkung der königlichen Macht und stets unter der Bedingung, daß das Volk die Möglichkeit habe, »die *Legislative* abzuberufen oder zu *ändern,* wenn es der Meinung ist, die *Legislative* handle dem in sie gesetzten Vertrauen zuwider«.[169]
Der Unterschied zwischen den beiden Positionen ist nicht so groß, wie es scheinen mag, da beide Male vorausgesetzt wird, daß sich die höchste Gewalt immer im Rahmen des natürlichen Gesetzes bewegt. Insofern aber bleibt noch ein entscheidender Unterschied, als dem Volk nur im *Second Treatise* das Recht zugestanden wird, seine Auffassung vom natürlichen Gesetz der konstituierten Staatsgewalt aufzuzwingen. Dennoch brauchen wir aus diesem Unterschied nicht auf einen Wechsel in Lockes Grundprinzipien zu schließen. Er war durchaus folgerichtig in seiner Forderung nach einer Staatsgewalt, die in der Lage wäre, die wichtigsten Institutionen einer Klassengesellschaft zu sichern. 1660 erforderte dies eine Rückkehr der Stuarts und die Lehre von der absoluten und unumschränkten Macht der Obrigkeit über alle indifferenten Angelegenheiten. 1689 erforderte dies die Entlassung der Stuarts und die Lehre des *Second Treatise.*
Wir haben gesehen, wie Locke dadurch, daß er (von seinem Verständnis seiner eigenen Gesellschaft abgeleitete) Annahmen über

168 Ibid., c. 7, f. 2
169 *Second Treatise,* Abschn. 149

Klassenunterschiede in bezug auf Vernunft und Rechte still-schweigend in die Postulate des *Second Treatise* einbezog, zu einer doppeldeutigen Theorie der unterschiedlichen Mitgliedschaft in der bürgerlichen Gesellschaft kam, einer Theorie, die mit Hilfe von Postulaten über gleiche natürliche Rechte der Individuen den Klassenstaat rechtfertigte. Die Doppeldeutigkeit hinsichtlich der Mitgliedschaft verschleierte den Widerspruch in seinem Individualismus, in dem volle Individualität für einige durch die Aufzehrung der Individualität von anderen erzeugt wird. Locke konnte sich nicht bewußt werden, daß die von ihm verfochtene Individualität zugleich eine Negierung der Individualität war.

Ein solches Bewußtsein war nicht von Menschen zu erwarten, die gerade im Begriff standen, die mit der Heraufkunft der kapita-listischen Gesellschaft verbundenen großen Möglichkeiten indi-vidueller Freiheit zu entdecken. Der Widerspruch existierte, doch war es ihnen nicht möglich, ihn zu erkennen, geschweige denn zu lösen. Locke gehörte in der Tat zu den Gründern des englischen Liberalismus. Die Größe des Liberalismus des siebzehnten Jahr-hunderts lag in seinem Eintreten für das freie vernünftige Indivi-duum als Kriterium einer guten Gesellschaft; seine Tragik war es, daß gerade diese Haltung notwendig darauf hinauslief, der hal-ben Nation die Individualität zu versagen.

VI. Besitzindividualismus und
liberale Demokratie

1. Die Grundlagen im siebzehnten Jahrhundert

Wir sind nunmehr in der Lage abzuschätzen, inwieweit einige identifizierbare soziale Prämissen den wichtigsten Theorien des siebzehnten Jahrhunderts gemeinsam und für die Probleme der späteren liberal-demokratischen Gesellschaft relevant sind.

Die den Besitzindividualismus charakterisierenden Prämissen seien in den folgenden sieben Sätzen zusammengefaßt.

(1) Was einen Menschen zum Menschen macht, ist seine Freiheit von der Abhängigkeit vom Willen anderer.

(2) Freiheit von der Abhängigkeit von anderen bedeutet Freisein von allen Beziehungen zu anderen, mit Ausnahme jener Beziehungen, die das Individuum freiwillig eingeht, im Hinblick auf sein eigenes Interesse.

(3) Das Individuum ist wesentlich Eigentümer seiner eigenen Person und Fähigkeiten, für die es der Gesellschaft nichts schuldet.

Satz (3) kann in einer Theorie als unabhängiges Postulat erscheinen oder als eine Deduktion aus (1) und (2) plus einem Begriff von Eigentum als einem ausschließlichen Recht. Es ergibt sich also: da die Freiheit und folglich die Menschlichkeit des Individuums von seiner Freiheit abhängt, in eigennützige Beziehungen zu anderen Individuen zu treten, und da seine Fähigkeit, solche Beziehungen einzugehen, von der ausschließlichen Verfügung über (dem Recht auf) seine eigene Person und Fähigkeiten abhängt, und da Eigentum der Inbegriff einer solchen ausschließlichen Verfügungsgewalt ist, ist das Individuum wesentlich der Eigentümer seiner eigenen Person und Fähigkeiten.

(4) Wenngleich das Individuum nicht die Gesamtheit des Eigentums an seiner Person veräußern kann, so kann es doch seine Fähigkeit zu arbeiten veräußern.

(5) Die menschliche Gesellschaft besteht in einer Reihe von Marktbeziehungen.

Dies folgt aus den bereits aufgestellten Prämissen. Da das Individuum nur insofern Mensch ist, als es frei ist, und frei nur insofern, als es Eigentümer seiner selbst ist, kann die menschliche Gesellschaft nur in einer Reihe von Beziehungen zwischen ungebundenen Eigentümern, d. h. einer Reihe von Marktbeziehungen bestehen.

Satz (5) kann in einer Theorie auch als ein nicht-abgeleiteter Satz erscheinen, als die primäre oder sogar einzige soziale Prämisse. Das ist möglich, weil die Sätze (1) bis (4) in ihm enthalten sind. Der Begriff der Marktbeziehungen impliziert notwendig individuelle Freiheit, wie in Satz (2) definiert, und Eigentum, wie in den Sätzen (3) und (4) definiert; und das Postulat, die menschliche Gesellschaft bestehe in Marktbeziehungen, impliziert notwendig, daß die Menschlichkeit des Individuums eine Funktion seiner Freiheit ist (Satz 1).

(6) Da Freiheit vom Willen anderer das ist, was den Menschen zum Menschen macht, kann die Freiheit eines jeden Individuums rechtmäßig nur durch solche Pflichten und Regeln eingeschränkt werden, die nötig sind, die gleiche Freiheit auch den anderen zu sichern.

(7) Die politische Gesellschaft ist eine menschliche Erfindung zum Schutz des Eigentums des Individuums an seiner Person und seinen Gütern und (folglich) zur Aufrechterhaltung geordneter Tauschbeziehungen zwischen Individuen als Eigentümern ihrer selbst.

Diese Prämissen sind in der einen oder anderen Form in jeder der von uns analysierten Theorien gegenwärtig. Und die Analyse zeigt, daß die Stärke jeder Theorie davon abhängt, wie weit sie diese Prämissen in sich einbezogen hat, und ihre Schwäche davon, wie weit es ihr mißlungen ist, einige ihrer Implikationen zu verarbeiten.

Am klarsten und vollständigsten finden sich die Prämissen bei Hobbes. Sein Modell des Menschen als der Summe seiner Machtmittel, Vorteile zu erlangen, reduziert das menschliche Wesen auf die Freiheit vom Willen anderer und auf das Eigentum an den eigenen Fähigkeiten. Sein Gesellschaftsmodell, das aus seinem Modell des Menschen plus seiner Prämisse folgt, daß eines jeden Menschen Machtmittel denen aller anderen Menschen entgegenstehen, ist, wie wir sahen, das Modell einer vollentwickelten Eigentumsmarktgesellschaft. Die politische Gesellschaft, deren Notwendigkeit er aus jenen Modellen deduzierte, ist ein künstliches Gebilde, das die Aufgabe hat, der Ausübung der dem Individuum gegebenen Fähigkeiten die größtmögliche Sicherheit zu garantieren.

Das Modell des sich selbst bewegenden, begierigen, nach Besitz strebenden Individuums und das Modell der Gesellschaft als einer Reihe von Marktbeziehungen zwischen diesen Individuen waren für Hobbes eine ausreichende Grundlage für politische Pflichten. Die überkommenen Begriffe von Gerechtigkeit, Naturrecht oder göttlichem Willen waren überflüssig. Die Pflichten des Individuums gegenüber dem Staat wurden deduziert von angenommenen Fakten, wie sie in dem materialistischen Modell des Menschen und dem Marktmodell der Gesellschaft zum Ausdruck kommen. Diese Modelle enthalten die beiden Annahmen über Tatsachen, die Hobbes für die Deduktion von Rechten und Pflichten als ausreichend erschienen: gleicher Drang nach ständiger Bewegung und gleiche Unsicherheit, da durch den Markt alle der gleichen Bedrohung durch andere ausgesetzt sind. Das zugleich mechanische und moralische System war ein sich selbst bewegendes und autonomes System. Es bedurfte keines von außen kommenden Bewegers und keiner von außen kommenden Rechtsnorm.

Ich habe gezeigt, daß es Hobbes' Marktprämissen waren, denen seine politische Lehre ihre ungewöhnliche Strenge und Folgerichtigkeit verdankt. Weiter habe ich gezeigt, daß seine politische Theorie wegen eines Fehlers in seinem Marktmodell für die Eigentumsmarktgesellschaft unanwendbar wurde: er sah nicht, daß die Marktgesellschaft einen so starken Klassenzusammenhalt entwickkelte, daß eine lebensfähige politische Autorität ohne einen sich selbst verewigenden souveränen Körper möglich wurde.

Wenden wir uns der Theorie der Levellers zu, so treffen wir wieder auf die wichtigsten Prämissen des Besitzindividualismus, die diesmal anders formuliert und in ihren Implikationen weniger konsequent ausgearbeitet sind. Das Wesen des Menschen ist Freiheit vom Willen anderer, und Freiheit ist eine Funktion des Eigentums an der eigenen Person: »ein jeder hat, so wie er ist, ein Eigentum an sich selbst, sonst könnte er nicht er selbst sein«.[1] Die

---

1 Oben zitiert, Kap. III, S. 161 f.

politische Gesellschaft ist eine Erfindung zur Sicherung individueller natürlicher Rechte, d. h. individueller Freiheit und individuellen Eigentums. Niemand kann die Gesamtheit des Eigentums an seiner Person veräußern, aber jeder kann das Eigentum an seiner eigenen Arbeitskraft veräußern; damit gibt er sein natürliches Recht auf eine Wahlstimme, nicht aber sein natürliches Recht auf bürgerliche und religiöse Freiheiten auf.

Die Stärke der Theorie der Levellers kann unterschiedlich bewertet werden. Ihre Anziehungskraft auf die Anhänger der Leveller-Bewegung mag in ihrer Betonung individueller Freiheit, sowohl religiöser als auch weltlicher, und in dem Geschick gründen, mit dem sie Geschichte und Heilige Schrift für die Sache der Freiheit derer einspannte, die zwischen den Vermögenden und den abhängigen Armen standen. Die theoretische Stärke dieser Lehre ist weitgehend der realistischen Einschätzung der Rolle des Individuums in einer Marktgesellschaft zuzuschreiben. Die Levellers hatten begriffen, daß Freiheit in ihrer Gesellschaft eine Funktion des Eigentums war. Und indem sie Freiheit als Eigentum an der eigenen Person definierten, konnten sie ein starkes moralisches Argument für individuelle Freiheit vorbringen.

Die theoretischen Schwächen ihrer Position können alle darauf zurückgeführt werden, daß es ihnen nicht gelang, die Konsequenzen ihrer besitzindividualistischen Prämissen zu durchschauen, was wiederum auf ihren begrenzten Horizont als Vertreter einer Zwischenklasse zurückgeführt werden kann. Sie sahen nicht, daß man, wenn man individuelle Freiheit zu einer Funktion des Eigentums macht, auch die vollentwickelte Marktgesellschaft akzeptieren muß. Besteht man darauf, daß der Mensch nur Mensch ist als der alleinige Eigentümer seiner selbst und nur insofern, als er von allen Beziehungen außer von Marktbeziehungen frei ist, dann muß man alle moralischen Werte in solche des Marktes umwandeln. Die Levellers jedoch taten so, als gäbe es keinen Unterschied zwischen der Marktmoral des Besitzindividualismus und der christlichen Sozialethik, die sie ebenfalls verfochten. Sie führten einen Begriff ein, den sie über das individuelle Recht auf Selbsterhaltung und Selbstentfaltung stellten, nämlich den der »menschlichen Gesellschaft, des Zusammenlebens oder Daseins der Menschen« als des »höchsten irdischen Guts des Menschengeschlechts«, mit einer daraus folgenden Verpflichtung für jedermann, das »gemeinsame Wohl« zu fördern.[2] Sie schwankten zwischen der Auffassung der menschlichen Arbeit als einer Ware und der Auffassung von ihr als eines integrierenden Bestandteils der Persönlichkeit. Sie vertraten das Recht auf individuelle Aneignung von Boden und Gütern, bestritten aber die Rechtmäßigkeit seiner Konsequenz: die in hohem Grade ungleiche Verteilung des Reichtums.

Obgleich die Levellers der Klassenstruktur der Gesellschaft des siebzehnten Jahrhunderts mehr Aufmerksamkeit schenkten als Hobbes und deshalb den Irrtum vermieden, dem Hobbes dadurch erlag, daß er den Klassenzusammenhalt außer acht ließ, war ihr Klassenbegriff ebenfalls irrig. Indem sie Lohn- und Almosenempfänger von den politischen Rechten ausschlossen, trugen sie einem der herrschenden Klassenunterschiede Rechnung, und indem sie die Verschwörung der Reichen gegen die Zwischenklasse der kleinen unabhängigen Produzenten (also gegen sich selbst) anprangerten, erfaßten sie einen weiteren Klassenunterschied. Ihr Verlangen nach politischem Stimmrecht für sich selbst war ein Verlangen nach der Aufhebung der zweiten Klassengrenze. Die implizierte Annahme war die, daß alle oberhalb der Schicht der abhängigen Armen eines genügend starken Zusammenhalts fähig seien, um eine politische Wählermacht behaupten zu können. Wie die Ereignisse zeigen sollten, gab es keinen solchen Zusammenhalt. Dieser Irrtum der Levellers, der als ein falsches empirisches Urteil erscheint, läßt sich auf die mangelnde Präzision ihrer theoretischen Erfassung der Marktgesellschaft zurückführen. Ihnen entging, daß eine Eigentumsmarktgesellschaft mit Notwendigkeit nicht nur die Lohnempfänger in eine abhängige Stellung zwingt, sondern auch alle diejenigen, die nicht über einen nennenswerten (und dank dem natürlichen Marktgeschehen wachsenden) Kapitalbetrag verfügen.

Harringtons Theorie steht ein wenig abseits. Weniger an Rechten und Pflichten als an empirischen Gesetzmäßigkeiten von Wandel und Stabilität in der Politik interessiert, widmete Harrington moralischen Prinzipien weniger Aufmerksamkeit als die Levellers

2 Siehe oben, Kap. III, S. 178 f.

und legte auf psychologische Analysen weniger Wert als Hobbes. Wenn er auch durch sein Interesse an bürgerlichen und religiösen Freiheiten der liberalen Tradition zugehört, ist er doch kein so prononcierter Individualist wie die anderen. Da er vor allem mit Hilfe vergleichender und historischer Analysen arbeitete, scheint er sich nicht auf Postulate über die moralische und soziale Natur des Individuums gestützt zu haben. Er postulierte jedoch, wie wir gesehen haben[3], daß jeder Mensch nach Macht über andere strebe und daß Macht eine Funktion des Eigentums sei. Er erkannte, daß diese Postulate für seine Gleichgewichtstheorie nötig waren. Und wenn er wenig über die menschliche Natur sagte, so deswegen, weil er sich rückhaltlos der Hobbesschen Analyse angeschlossen hatte: »seine Abhandlungen über die menschliche Natur, über Freiheit und Notwendigkeit sind die hervorragendsten der neuen Lichter, denen ich gefolgt bin und weiterhin folgen werde«.[4]

Was uns berechtigt, in Harrington einen Besitzindividualisten zu sehen, ist seine Annahme, daß die englische Gesellschaft des siebzehnten Jahrhunderts eine Eigentumsmarktgesellschaft war. Sein Eintreten für die Errichtung einer »ausgeglichenen Republik« in England gründet, wie ich gezeigt habe, gänzlich auf dieser Annahme. Er setzte die Existenz des Bürgertums voraus und akzeptierte dessen Moral. Das Verhalten der Gentry wie des Volkes wurde unter eine allgemeine Theorie der Motivation durch Besitz und Akkumulation gezwungen. Nur weil beide Klassen die Marktbeziehungen bejahten, die nach Harringtons Annahme nun ewig fortdauern würden, konnte das von ihm empfohlene institutionalisierte Gleichgewicht zwischen Gentry und Volk funktionieren und das dieses Gleichgewicht stabilisierende Agrargesetz unumstößlich sein.

Er verlegte die Marktbeziehungen nicht in die Natur des Menschen zurück, wie Hobbes es getan hatte. Da er aber in das Wesen des Bürgers nicht so tief eindrang wie Hobbes, vermied er den Irrtum, in welchen Hobbes seine allzu starke Abstraktion geführt hatte. Harrington sah die Realität der Klassenstruktur. Er berücksichtigte, ja er stützte sich auf die Möglichkeit eines Klassen-

3 Siehe oben, Kap. IV, S. 185
4 *Prerogative of Popular Government, Works* (1771), S. 241

zusammenhalts, was Hobbes nicht tat. Und er vermied auch den Irrtum der Levellers: er setzte nicht einen unwahrscheinlichen Grad des Zusammenhalts oder der Interessenidentität zwischen Großbürgern und Kleinbürgern voraus, sondern versuchte ein Gleichgewicht der Macht zwischen ihnen herzustellen.

Die Hauptschwäche von Harringtons Theorie lag, wie ich zeigte, in ihrer mangelnden Logik, die dazu führte, daß er sich bei der Anwendung seines Gleichgewichtsprinzips selbst widersprach. Hätte er seine Voraussetzungen schärfer gefaßt und wäre er bei seinen Ableitungen sorgfältiger verfahren, so hätte er diese Widersprüche vermeiden können. Wir dürfen also sagen, daß die theoretische Stärke seines Systems in der Erkenntnis und Bejahung der eigentumsbestimmten Marktbeziehungen und Motivationen lag und dessen theoretische Schwäche in seinem Unvermögen, alle darin enthaltenen Annahmen zu erkennen oder klar zu formulieren.

Mit Locke bewegen wir uns wieder im Bereich der von der vorausgesetzten Natur von Mensch und Gesellschaft abgeleiteten moralischen Rechte und Pflichten. Wie bei Hobbes, so beginnt auch Lockes Deduktion mit dem Individuum und endet mit Gesellschaft und Staat, aber das Individuum, von dem er ausgeht, ist (wiederum wie bei Hobbes) schon nach dem Bild des marktorientierten Menschen geschaffen. Die Individuen sind von Natur aus gleichermaßen frei von der Gewalt der anderen. Das Wesen des Menschen ist Freiheit von allen Beziehungen außer jenen, die er im Hinblick auf sein eigenes Interesse eingeht. Die Freiheit des Individuums ist rechtmäßig nur begrenzt durch die Freiheit der anderen. Das Individuum ist Eigentümer seiner eigenen Person, wofür es der Gesellschaft nichts schuldet. Es hat die Freiheit, seine Arbeitskraft zu veräußern, nicht aber seine gesamte Person. Die Gesellschaft besteht in einer Reihe von Marktbeziehungen zwischen Eigentümern. Die politische Gesellschaft ist eine auf Vertrag gegründete Einrichtung zum Schutze der Eigentümer und zur Regulierung ihrer Beziehungen.

Aber die Prämissen des Besitzindividualismus sind bei Locke nicht rein. Er weigerte sich, alle gesellschaftlichen Beziehungen auf Marktbeziehungen und alle Moral auf Marktmoral zu reduzieren. Er wollte das überkommene Naturrecht nicht gänzlich fallenlassen. Er benutzte Hobbes *und* Hooker zur Begründung seiner politischen Pflichten. Man mag die Hauptschwächen seiner Theorie auf seinen Versuch zurückführen, diese beiden Quellen von Moral und Pflicht in Einklang zu bringen. Doch sollte man sie wohl besser auf sein Unvermögen zurückführen, eine der Marktgesellschaft inhärente Widersprüchlichkeit zu überwinden. Eine Marktgesellschaft bringt Klassenunterschiede in bezug auf Rechte und Grade der Vernunft hervor, erfordert jedoch zu ihrer Rechtfertigung das Postulat gleicher natürlicher Rechte und gleicher Vernunft. Locke bemerkte die Unterschiede in seiner eigenen Gesellschaft und übertrug sie auf die Urgesellschaft. Gleichzeitig aber hielt er am Postulat gleicher natürlicher Rechte und gleicher Vernunft fest. Seine theoretische Konfusion und seine praktische Anziehungskraft können zum größten Teil auf diese doppeldeutige Haltung zurückgeführt werden. Die Ambiguität war weniger das Ergebnis mangelhafter Logik als des Versuches, mit einem Widerspruch innerhalb der Marktgesellschaft, der ihm nicht voll bewußt war, fertig zu werden. Zwar analysierte er diese Gesellschaft nicht so gründlich wie Hobbes, doch berücksichtigte er ein von Hobbes nicht beachtetes Problem, nämlich die Komplikationen, die sich aus den Klassenunterschieden in einer atomisierten Marktgesellschaft ergeben.

Es mag übertrieben sein zu behaupten, weil Locke diese Komplikationen immer im Sinn gehabt habe, habe er keine klaren Modelle von Mensch und Gesellschaft erstellt und nicht so rigoros wie Hobbes Schlüsse daraus gezogen. Doch kann man sagen, daß die tatsächliche Verbreitung von Lockes Theorie sich weitgehend der Tatsache verdankt, daß er sich dieser Schwierigkeiten bewußt war und sie, sei es auch verworren, in seiner Theorie berücksichtigte. Zumindest hat ihn dieses Bewußtsein instand gesetzt, Hobbes' Irrtum zu vermeiden und ein politisches System ohne einen sich selbst verewigenden Souverän hervorzubringen.

Indem Locke die einzige strukturelle Veränderung in Hobbes' theoretischem System vornahm, die nötig war, um es mit den Notwendigkeiten und Möglichkeiten der Eigentumsmarktgesellschaft in Einklang zu bringen, vollendete er ein Gebäude, das auf dem von Hobbes gelegten Fundament ruhte. Lockes weitere Leistung, die Ausstattung dieser Konstruktion mit einer Fassade traditionellen Naturrechts, war vergleichsweise unbedeutend. Sie machte die Konstruktion für den Geschmack seiner Zeitgenossen attraktiver. Doch als sich der Geschmack änderte, wie im achtzehnten Jahrhundert, konnten Hume und Bentham die Naturrechtsfassade entfernen, ohne die dahinterliegende festgefügte utilitaristische Struktur zu beschädigen. So wurde Hobbes, in der Frage des sich selbst verewigenden Souveräns durch Locke verbessert, zum Hauptbegründer der englischen liberalen Theorie.

Die wichtigsten Prämissen des Besitzindividualismus – daß der Mensch aufgrund des alleinigen Eigentums an seiner Person frei und menschlich ist und daß die menschliche Gesellschaft wesentlich eine Reihe von Marktbeziehungen ist – waren in den Grundlagen des siebzehnten Jahrhunderts fest verankert. Und diese Prämissen gaben der neuen Theorie ihre Stärke, denn sie entsprachen der Realität der Marktgesellschaft des siebzehnten Jahrhunderts. Die moderne liberale Theorie hat in einem nicht immer klar erkannten Ausmaß an den Prämissen des Besitzindividualismus festgehalten. Aber sie haben als Grundlagen dieser Theorie versagt. Die Schwierigkeit ist nicht die, daß man an ihnen festhielt, obwohl sie unserer Gesellschaft nicht mehr entsprechen: sie entsprechen ihr noch immer und müssen deshalb beibehalten werden. Die Schwierigkeit ist die, daß manche liberale Theorie das nicht erkennt und ohne diese Prämissen auszukommen sucht. Die Hauptschwierigkeit aber ist die, daß eine Veränderung innerhalb der Eigentumsmarktgesellschaft – eine Veränderung, welche die Gültigkeit der besitzindividualistischen Prämissen nicht berührt, da es sich um eine Veränderung bezüglich eines Aspektes der Eigentumsmarktgesellschaft handelt, der von diesen Prämissen nicht reflektiert wird – es in zweierlei Hinsicht unmöglich gemacht hat, eine gültige Theorie der Pflichten aus diesen Prämissen abzuleiten. Diese Veränderung bestand in dem sich entwickelnden politischen Bewußtsein der Arbeiterklasse. Das hat der Gültigkeit der besitzindividualistischen Prämissen für die Eigentumsmarktgesellschaften keinen Abbruch getan, weil diese Prämissen mehr die atomisierte Natur einer solchen Gesellschaft als ihre Klassennatur spiegeln oder konstatieren. Wir haben gesehen[5], daß eine Eigen-

---

5 Siehe oben, Kap. II, S. 70 f.

tumsmarktgesellschaft notwendig eine Klassengesellschaft ist. Wir haben auch gesehen[6], daß eine Eigentumsmarktgesellschaft in einer Reihe von Konkurrenz- und Aggressionsbeziehungen zwischen allen Menschen besteht, unabhängig von Klassen: sie stellt jeden Menschen auf sich selbst. Und gerade dieser zweite Aspekt der Eigentumsmarktgesellschaft wurde und wird weiterhin von den Prämissen des Besitzindividualismus präzise gespiegelt. Die Prämissen bleiben unentbehrlich, aber es kann aus ihnen kein bindendes Prinzip politischer Pflichten mehr abgeleitet werden. Wir müssen nun untersuchen, wie es hierzu kam und welche Aussichten der liberal-demokratischen Theorie bleiben.

2. Das Dilemma des zwanzigsten Jahrhunderts

Die Prämissen des Besitzindividualismus sind in besonderem Maße einer Eigentumsmarktgesellschaft angemessen, denn sie konstatieren gewisse wesentliche, einer solchen Gesellschaft eigentümliche Tatsachen. Das Individuum einer Eigentumsmarktgesellschaft wird erst in seiner Eigenschaft als Eigentümer der eigenen Person zum Menschen; sein Menschsein hängt von seiner Freiheit von allen außer eigennützigen vertraglichen Beziehungen zu anderen ab; seine Gesellschaft besteht in einer Reihe von Marktbeziehungen. England und die anderen modernen liberal-demokratischen Nationen sind, im zwanzigsten Jahrhundert, noch immer Eigentumsmarktgesellschaften. Warum sollte dann die moderne liberal-demokratische Rechtfertigungstheorie, soweit sie jene Prämissen enthält, nicht mehr befriedigen? Warum sollte die besitzindividualistische Theorie der englischen utilitaristischen Tradition, die im wesentlichen die in der Frage des sich selbst verewigenden Souveräns durch Locke verbesserte Hobbessche Theorie ist, keine befriedigende Begründung der politischen Pflichten des Individuums gegenüber dem liberalen Staat sein? Und warum sollte diese Theorie, die während des neunzehnten Jahrhunderts durch das Zugeständnis, daß Lohnempfänger freie Menschen sind, weiter verbessert wurde, heute nicht mehr den

6 Siehe oben, Kap. II, S. 72

liberal-demokratischen Staaten angemessen sein? Diese Fragen lassen sich am besten beantworten, wenn wir uns die in den vorhergehenden Analysen gefundenen Bedingungen vergegenwärtigen, unter denen eine besitzindividualistische Theorie eine adäquate Theorie politischer Pflichten sein kann.

Ich habe aufgezeigt[7], daß man zur Entwicklung einer gültigen Theorie politischer Pflichten, die sich nicht auf einen vermuteten Zweck der Natur oder göttlichen Willen stützt (was wir eine autonome Theorie politischer Pflichten nennen können), des Postulates bedarf, daß die Individuen, aus denen sich eine Gesellschaft zusammensetzt, fähig sind, sich als gleich zu betrachten, und zwar in einer Hinsicht, die wichtiger ist als jede, in der sie ungleich sind. Diese Bedingung war, aufgrund der offenkundig zwangsläufigen Unterwerfung eines jeden unter die Gesetze des Marktes, in der ursprünglichen Eigentumsmarktgesellschaft erfüllt, und zwar von ihrem ersten Erscheinen als dominierende Form im siebzehnten Jahrhundert bis zu ihrem Zenit im neunzehnten. Solange jeder den Geboten des Konkurrenzmarktes unterlag und solange diese offenkundig gleiche Unterordnung praktisch von jedem als rechtmäßig oder unvermeidlich akzeptiert wurde, gab es eine ausreichende Basis für eine rationale Verpflichtung aller Menschen gegenüber einer politischen Autorität, welche in der Lage war, die einzig möglichen geordneten Beziehungen, nämlich die Marktbeziehungen, aufrechtzuerhalten und durchzusetzen.

Ich habe ferner gezeigt[8], daß in einer Eigentumsmarktgesellschaft für eine gültige Pflichtenlehre, die das Individuum an einen sich nicht selbst verewigenden souveränen Körper binden soll (und damit für eine Pflichtenlehre, die für jede Art von liberalem Staat gilt), eine weitere Bedingung erfüllt sein muß. Es ist die Bedingung, daß unter allen, die bei der Wahl der Regierung eine Stimme haben, ein Zusammenhalt der Eigeninteressen vorhanden sein muß, der stark genug ist, die zentrifugalen Kräfte einer Eigentumsmarktgesellschaft zu neutralisieren. Diese Bedingung war während des Höhepunkts der Marktgesellschaft dadurch erfüllt, daß das Stimmrecht auf eine besitzende Klasse beschränkt

7 Siehe oben, Kap. II, S. 100
8 Siehe oben, Kap. II, S. 112 f.

war, die genügend Zusammenhalt besaß, um periodisch, ohne die Gefahr der Anarchie, darüber zu bestimmen, wer die souveräne Gewalt innehaben sollte. Solange diese Bedingung erfüllt war, gab es eine ausreichende Grundlage für eine autonome Theorie der Pflichten des Individuums gegenüber einem konstitutionellen liberalen Staat. Diese zweite Bedingung war, wie die erste, bis in die Mitte des neunzehnten Jahrhunderts erfüllt. Von da an beide nicht mehr.

Zwar herrschten die Eigentumsmarktbeziehungen weiterhin vor, aber ihre Unvermeidlichkeit wurde in wachsendem Maß in Frage gestellt, da eine industrielle Arbeiterklasse ein Klassenbewußtsein entwickelte und sich politisch artikulierte. Die Menschen sahen sich nicht länger als fundamental gleich in ihrem unvermeidlichen Unterworfensein unter die Gesetze des Marktes. Die Entwicklung des Marktsystems brachte eine Klasse hervor, die in der Lage war, eine Alternative zu diesem System ins Auge zu fassen, und zerstörte damit jenes soziale Faktum (Anerkennung der Unvermeidlichkeit der Marktbeziehungen), das die erste Vorbedingung einer autonomen Theorie der politischen Pflichten erfüllt hatte.

Auch die zweite Vorbedingung wurde aufgehoben. Die Gesellschaft zerfiel zwar weiterhin in Klassen und die besitzende Klasse hielt auch weiterhin zusammen, aber dieser Zusammenhalt erfüllte nicht mehr die Vorbedingung, da die besitzende Klasse ihr Machtmonopol verlor, als sie dem Rest der Gesellschaft das Wahlrecht zugestehen mußte. Nach der Einführung des demokratischen Wahlrechts gab es nicht länger die Garantie eines Zusammenhalts unter den Stimmberechtigten, die zu einer Zeit, da nur eine Klasse das Stimmrecht hatte, durch das Klasseninteresse gewährleistet war.

Man könnte behaupten, daß das Fortbestehen liberal-demokratischer Staaten in Eigentumsmarktgesellschaften seit jener Zeit sich der Fähigkeit einer besitzenden Klasse verdanke, ungeachtet des allgemeinen Wahlrechts die effektive politische Macht in der Hand zu behalten. Aber mag das auch für das Funktionieren eines liberalen Staates ausreichen, so sieht das doch zu sehr nach Betrug aus, um eine zureichende Grundlage für eine moralische Rechtfertigung der liberalen Demokratie zu sein.

Man könnte ferner behaupten, daß das Fortbestehen von liberal-demokratischen Staaten bis ins zwanzigste Jahrhundert, nachdem der Zusammenhalt der besitzenden und regierenden Klasse dem unsicheren Zusammenhalt durch das demokratische Wahlrecht gewichen war, durch eine Art von Klassenzusammenhalt auf internationaler Ebene ermöglicht worden sei. Das demokratische Wahlrecht setzte sich im neunzehnten Jahrhundert in fortgeschrittenen kapitalistischen Ländern durch. In jener Zeit war das Verhältnis dieser Länder zu den rückständigen Ländern etwa das gleiche wie in den fortgeschrittenen Marktgesellschaften das Verhältnis der besitzenden Klasse zur nichtbesitzenden Klasse. Aber obgleich der Zusammenhalt einer besitzenden Nation ein gewisser Ersatz für den früheren Zusammenhalt einer besitzenden Klasse gewesen sein mag, so war auch dies eine unzureichende Grundlage für eine sittliche Rechtfertigung der liberalen Demokratie. Jedenfalls ist diese Grundlage dadurch, daß die Kolonialvölker nach und nach Unabhängigkeit erlangen, im Schwinden begriffen.

Ein vorübergehender Ersatz für den alten Zusammenhalt wurde in unserem Jahrhundert manchmal durch den Krieg geschaffen. Aber abgesehen davon, daß der Preis für diesen Zusammenhalt eine Schwächung der liberalen Institutionen ist, würden nur wenige eine moralische Rechtfertigung der liberalen Demokratie auf die Prämisse eines beständigen Krieges gründen. Jedenfalls sind die technischen Bedingungen heute derart, daß der Krieg auf einer Stufe, die ausreichte, den gewünschten Zusammenhalt innerhalb einer kämpfenden Nation zu schaffen, diese Nation vernichten würde. So hat also nach dem Verschwinden des alten Zusammenhalts keiner der Faktoren, die dahin gewirkt haben mögen, liberal-demokratische Staaten in Eigentumsmarktgesellschaften fortdauern zu lassen, eine befriedigende Rechtfertigungstheorie hervorgebracht, und keiner wird eine hervorbringen können.

Das Dilemma der modernen liberal-demokratischen Theorie liegt nun zutage: sie muß weiterhin die Prämissen des Besitzindividualismus verwenden, und zwar zu einer Zeit, in der die Struktur der Marktgesellschaft nicht mehr die Bedingungen schafft, die notwendig sind, um von jenen Prämissen eine gültige Theorie der politischen Pflichten abzuleiten. Die liberale Theorie muß weiterhin die Prämissen des Besitzindividualismus verwenden, da sie unserer Eigentumsmarktgesellschaft faktisch genau angemessen sind. Auf diese faktische Angemessenheit wurde bereits hingewiesen, aber wir möchten nochmals darauf zurückkommen. Das Individuum in einer Marktgesellschaft ist nur Mensch als Eigentümer seiner Person. Wie sehr es auch wünschen mag, daß es anders sei, sein Menschsein beruht auf seiner Freiheit von allen außer eigennützigen vertraglichen Beziehungen zu anderen. Seine Gesellschaft besteht in einer Reihe von Marktbeziehungen. Da diese Prämissen faktisch genau angemessen sind, können sie von einer Rechtfertigungstheorie nicht außer acht gelassen werden. Doch hat die Weiterentwicklung der Marktgesellschaft jenen Zusammenhalt unter den Stimmberechtigten aufgehoben, der die Vorbedingung für eine Deduktion politischer Pflichten gegenüber einem liberalen Staat aus den Prämissen des Besitzindividualismus ist. Ein Ausweg aus diesem Dilemma kann nicht dadurch gefunden werden, daß man jene Prämissen verwirft, ohne zugleich die Marktgesellschaft zu verwerfen, wie es so viele Theoretiker von John Stuart Mill bis in unsere Zeit getan haben mit der Begründung, die Prämissen seien moralisch anfechtbar. Auch wenn sie heute moralisch anfechtbar sind, so sind sie nichtsdestoweniger noch immer unserer Eigentumsmarktgesellschaft faktisch genau angemessen. Das Dilemma bleibt bestehen. Entweder wir verwerfen die Prämissen des Besitzindividualismus, in welchem Falle unsere Theorie unrealistisch wäre, oder wir halten an ihnen fest, in welchem Falle wir keine gültige Theorie politischer Pflichten gewinnen können. Daraus folgt, daß wir eine gültige Theorie politischer Pflichten gegenüber einem liberal-demokratischen Staat in einer Eigentumsmarktgesellschaft heute nicht erwarten dürfen. Die Frage, ob die tatsächlichen Beziehungen einer Eigentumsmarktgesellschaft aufgegeben oder überwunden werden können, ohne daß zugleich die liberalen politischen Institutionen aufgegeben werden, steckt voller Schwierigkeiten. In dem Maß, wie die Marktgesellschaft aufgegeben würde, wäre das Problem des Zusammenhalts lösbar, denn dieses Problem wurde definiert als die Notwendigkeit eines Kohäsionsgrades, der den zentrifugalen Kräften der Marktbeziehungen entgegenwirkt. Aber noch immer bliebe das Problem, einen Ersatz für jenes Bewußtsein einer fundamentalen Gleichheit zu finden, das ursprünglich von der angenommenen unvermeidlichen Unterordnung eines jeden unter den Markt erzeugt worden war. Könnte eine neue Konzeption fundamentaler Gleichheit, die mit den liberalen Institutionen und Werten in Einklang stünde, jene breite Zustimmung finden, ohne die, wie ich gezeigt habe, eine autonome Theorie politischer Pflichten nicht gültig sein kann?

Es mag beruhigend für uns sein, daß die beiden Probleme, das des Zusammenhalts und das der Gleichheit, heute nicht in dieser Form gelöst zu werden brauchen. Die Frage, ob die bestehenden Eigentumsmarktbeziehungen eines gegebenen liberal-demokratischen Staates aufgegeben oder überwunden werden können, ist heute nur noch von sekundärer Bedeutung. Denn im gesellschaftlichen Bereich hat sich ein weiterer Wandel vollzogen. Derselbe Faktor, nämlich der technische Wandel in den Methoden der Kriegsführung, der den Krieg als Grundlage des inneren Zusammenhalts unbrauchbar gemacht hat, hat unter den Individuen eine neue Gleichheit der Unsicherheit geschaffen, nicht nur innerhalb einer Nation, sondern überall. Die Vernichtung aller Individuen ist nun eine realere und aktuellere Möglichkeit, als Hobbes es sich vorstellen konnte.

Hieraus ergibt sich die Möglichkeit einer neuen rationalen politischen Verpflichtung. Wir müssen die Hoffnung aufgeben, eine das Individuum an eine einzelne Nation bindende gültige Pflichtenlehre zu erhalten. Wenn wir aber nichts weiter postulieren als den Grad vernünftigen Verständnisses, den man schon immer für jegliche moralische Theorie politischer Pflichten hat postulieren müssen, dann sollte eine akzeptable Theorie der Verpflichtung des Individuums gegenüber einer weiter gefaßten politischen Autorität möglich sein. Ist dieser Grad von Vernünftigkeit gegeben, so wird das auf sein eigenes Interesse bedachte Individuum, was immer sein Besitz und seine Bindung an die Eigentumsmarktgesellschaft sein mögen, erkennen können, daß die Beziehungen der Marktgesellschaft aufgegeben werden müssen zugunsten der alles überragenden Forderung, daß (mit Overtons Worten, die nun eine neue Bedeutung erhalten) »Menschliche Gesellschaft, das Zusammenleben oder Dasein der Menschen ... vor allen irdischen Dingen verteidigt werden muß«.[9]

9 Siehe oben, Kap. III, S. 178 f.

Die neue Gleichheit der Unsicherheit hat also unsere Fragestellung verändert. Die Technologie des zwanzigsten Jahrhunderts hat sozusagen Hobbes und die Levellers zusammengeführt. Die aus dem Besitzindividualismus hervorgegangenen Probleme haben sich verringert: vielleicht wird es jetzt möglich sein, sie auf praktikable Dimensionen zu bringen, jedoch nur, wenn sie genau identifiziert und eindeutig auf die tatsächlichen Veränderungen in den sozialen Gegebenheiten bezogen werden. Jene Veränderungen haben uns wieder in eine Hobbessche Unsicherheit getrieben, nur auf einer anderen Stufe. Die Frage ist nun, ob es unter den neuen Voraussetzungen gelingt, Hobbes nochmals zu verbessern, diesmal mit größerer Klarheit, als Locke es getan hatte.

Anhang

Soziale Klassen und Wahlrechtsklassen in England um das Jahr 1648

Die folgenden Schätzungen stammen aus Gregory Kings Statistik über die Bevölkerung Englands im Jahre 1688, über ihr Einkommen, ihre Ausgaben etc., getrennt nach Ständen und Besitzklassen; ferner aus seiner Statistik über Alter, Geschlecht und Ehestand der Bevölkerung sowie über Steuereinnahmen und den Warenkonsum bestimmter sozialer Klassen.[1] Kings Schätzungen wurden von modernen Wirtschaftshistorikern und Bevölkerungsstatistikern einer genauen Prüfung unterzogen und erwiesen sich als erstaunlich zutreffend.[2]

Uns interessieren die Angaben über folgende Wahlrechtsklassen:
1. Grundbesitzer und freie Mitglieder von Zünften
2. Steuerzahlende Haushaltsvorstände, soweit nicht in (1) enthalten
3. Nicht-Steuerzahler, soweit nicht in (4) enthalten
4. Bedienstete und Almosenempfänger

Dadurch erhalten wir den Umfang der vier zur Debatte stehenden Arten des Wahlrechts: das Grundbesitzer-Wahlrecht beschränkt sich auf Klasse (1); das Wahlrecht der Steuerzahler auf Klasse (1) + (2); das Wahlrecht der Nicht-Bediensteten umfaßt Klasse (1) + (2) + (3), und das allgemeine Männer-Wahlrecht Klasse (1) + (2) + (3) + (4).
Kings wichtigste Schätzungen finden sich auf den beiden folgenden Seiten.

---

1 Gregory King, *Natural and Political Observations and Conclusions upon the State and Condition of England* (1696), gedruckt als Anhang von George Chalmers' *Estimate of the Comparative Strength of Great Britain...* (London 1804). Viele von Kings Tabellen finden sich (z. T. mit geringfügigen Änderungen) in Charles Davenants *Essay upon the Probable Methods of Making a People Gainers in the Balance of Trade* (in Davenant, *Works*, 1771, Bd. II). In gewisser Hinsicht ist Davenants Darstellung nützlicher als diejenige Kings, da er Hinweise auf Quellen und Methoden der Kingschen Statistik gibt.
2 D. C. Coleman, »Labour in the English Economy of the Seventeenth Century«, *Econ. Hist. Review,* zweite Folge, VIII, 3 (1956), S. 283, und die dort zitierten Autoritäten.

Gregory King:

»Tabelle über Einnahmen und Ausgaben der verschiedenen englischen Familien zusammengestellt für das Jahr 1688«[3]

Zahl der Familien	Rang, Stellung, Titel und Qualifikation	Personen pro Familie	Anzahl der Personen	Jahreseinkommen pro Familie		Jahreseinkommen pro Kopf		Jahresausgaben pro Kopf	
				£	s	£	s	£	s
160	Weltliche Lords	40	6 400	2 800	0	70	0	60	0
26	Geistliche Lords	20	520	1 300	0	65	0	55	0
800	Baronets	16	12 800	880	0	55	0	51	0
600	Ritter	13	7 800	650	0	50	0	46	0
3 000	Esquires	10	30 000	450	0	45	0	42	0
12 000	Gentlemen	8	96 000	280	0	35	0	32	10
5 000	Amtsinhaber	8	40 000	240	0	30	0	27	0
5 000	Amtsinhaber	6	30 000	120	0	20	0	18	0
2 000	Kaufleute und Händler (See)	8	16 000	400	0	50	0	40	0
8 000	Kaufleute und Händler (Land)	6	48 000	200	0	33	0	28	0
10 000	Personen im Rechtswesen	7	70 000	140	0	20	0	17	0
2 000	Geistliche	6	12 000	60	0	10	0	9	0
8 000	Geistliche	5	40 000	45	0	9	0	8	0
40 000	Grundbesitzer (*freeholders*)	7	280 000	84	0	12	0	11	0
140 000	Grundbesitzer (*freeholders*)	5	700 000	50	0	10	0	9	10
150 000	Bauern (*farmers*)	5	750 000	44	0	8	15	8	10
16 000	Personen in Wissenschaften und freien Künsten	5	80 000	60	0	12	0	11	10
40 000	Ladeninhaber und Krämer	4½	180 000	45	0	10	0	9	10

3 In Chalmers, S. 48–9. Drei von Kings Spalten und einige seiner Additionen wurden als für unsere Zwecke unwesentlich weggelassen.

	Familien		Personen			
Handwerker	60 000	4	240 000	40 0	10 0	9 10
Marineoffiziere	5 000	4	20 000	80 0	20 0	18 0
Armeeoffiziere	4 000	4	16 000	60 0	15 0	14 0
	511 586	5¼	2 675 520	67 0		
Gemeine Seeleute	50 000	3	150 000	20 0	7 0	7 10
Arbeiter und Bedienstete außer Haus	364 000	3½	1 275 000	15 0	4 10	4 12
Häusler und Arme	400 000	3¼	1 300 000	6 10	2 0	2 5
Gemeine Soldaten	35 000	2	70 000	14 0	7 0	7 10
	849 000	3¼	2 795 000	10 10	2 0	3 0
Landstreicher			30 000			
	849 000	3¼	2 825 000	10 10	2 0	

Das Gesamtergebnis ist demnach:

	Familien		Personen		
Zum Reichtum des Königreichs beitragende Personen	511 586	5¼	2 675 520	67 0	
den Reichtum des Königreichs vermindernde Personen	849 000	3¼	2 825 000	10 10	
Summe	1 360 586		5 500 520	32 0	

Es ist nicht einfach, wie sich zeigen wird, unsere Wahlrechtsklassen in Kings Gruppierungen wiederzufinden. Zunächst stoßen wir auf das Problem der Definition: entsprechen zum Beispiel seine Kategorien »Arbeiter und Bedienstete außer Haus« *(labouring people and out-servants)* und »Häusler und Arme« *(cottagers and paupers)* vollkommen unserer Klasse der »Bediensteten und Almosenempfänger«? Bei anderen Kategorien ist es weniger ein Problem der Definition als ein Problem willkürlicher Annahmen: inwieweit stimmen zum Beispiel Kings Kategorien, die Beamte, Kaufleute und Arbeitende erfassen, mit unseren Kategorien des Grundbesitzers, des Steuerzahlers, der kein Grundbesitzer ist, und des Nicht-Steuerzahlers überein? Auch müssen wir aus den Familien die bei ihren Herren wohnenden Bediensteten als eine besondere Unterklasse herauslösen. Wenn wir Kings Kategorien in unsere Wahlrechtsklassen transponiert haben, bedarf es noch zwei weiterer Berechnungen. In den meisten Wahlrechtsklassen kennen wir nur die Zahl der »Familien«: uns interessiert aber die Zahl der Männer über 21. Und da uns die Statistik nur über das Jahr 1688 Auskunft gibt, ist es notwendig, diese Zahlen unter Berücksichtigung des Bevölkerungswachstums zwischen 1648 und 1688 entsprechend zu reduzieren.

Es soll zunächst die Wahlrechtsklasse der »Bediensteten und Almosenempfänger« untersucht werden.

Klasse 4. Bedienstete und Almosenempfänger

(a) Bedienstete

Der Terminus Bediensteter *(servant)* bezeichnete im England des siebzehnten Jahrhunderts jeden, der für einen Arbeitgeber gegen Lohn arbeitete, gleichgültig, ob er nach Stückzahlen oder Zeiteinheiten entlohnt wurde und ob er für einen Tag, eine Woche oder ein Jahr gedungen war.[4] Rechte und Pflichten der Bediensteten waren durch Gesetz geregelt, die Höhe ihrer Entlohnung wurde von Zeit zu Zeit mit bemerkenswerter Sorgfalt durch richterliche Verordnung festgesetzt, und ihre Position in der Volkswirtschaft war Gegenstand zahlreicher zeitgenössischer ökonomischer Schriften.[5]

---

4 Das berühmte *Statute of Artificers* (5 Eliz., c. 4, 1563) könnte möglicherweise einen Unterschied gemacht haben zwischen »Bediensteten« (Abschn. 7) und »tage- oder wochenweise gegen Lohn gedungenen Handwerkern und Arbeitern« (Abschn. 9), doch Abschnitt 11 faßt sie zusammen als »Bedienstete, Arbeiter und Handwerker, seien sie nun für ein Jahr oder einen Tag eingestellt« und als »die erwähnten Handwerker, Landarbeiter oder jeder andere Arbeiter oder Bedienstete«. Aber was auch immer die Absicht des Gesetzes gewesen sein mag, so ergibt sich doch aus den in den nächsten vier Fußnoten angeführten Quellen, daß der Begriff »Bedienstete« im Sprachgebrauch des siebzehnten Jahrhunderts keineswegs »Arbeiter« und andere für weniger als ein Jahr Beschäftigte ausschloß.

5 Zur Frage der Lohn-Festsetzung siehe z. B. Georg Unwin, *Studies in Economic*

Die größte Gruppe stellten die »Bediensteten in der Landwirtschaft«, vom Aufseher und erfahrenen Pflüger bis zu den einfachen Landarbeitern und den niedere Feldarbeit verrichtenden Frauen.[6] Auch für einen Kleinbauer war es nicht ungewöhnlich, einen oder zwei solche Bedienstete zu beschäftigen, wohlhabende Bauern hatten mehrere; sie wurden gewöhnlich für ein Jahr gedungen, doch wurden allmählich auch kürzere Zeiträume mit Tageslohn üblich.[7] Die in Fabrikationsbetrieben Angestellten bildeten eine weitere große Gruppe. Sie erstreckte sich von erfahrenen Gesellen bis zu Handlangern und stellte einen Großteil der Produktivkraft. Diese Bediensteten wurden für ein Jahr oder weniger gedungen, erhielten Zeit- oder Stücklohn und wurden von den verschiedenartigsten Arbeitgebern eingestellt: vom großen Tuchhändler bis zum alleinstehenden Handwerker.[8]

Da also im Sprachgebrauch des siebzehnten Jahrhunderts der Begriff »Bedienstete« alle möglichen Arten von Lohnempfängern einschloß, dürfen wir annehmen, daß Kings »Arbeiter und Bedienstete außer Haus« den »Bediensteten« der Levellers entsprechen.

Doch gibt es möglicherweise einen Unterschied, der berücksichtigt werden sollte. Es ließe sich einwenden, daß nicht alle »Arbeiter und Bedienstete außer Haus« von den Levellers als Bedienstete bezeichnet worden wären, da manche Arbeiter Häusler gewesen sein mögen, die nur gelegentlich gegen Lohn arbeiteten und daher von ihrem Arbeitgeber nicht in dem Maße abhängig waren wie die regelmäßig unter Vertrag stehenden Bediensteten; und Abhängigkeit vom Willen eines anderen, nämlich des Arbeitgebers, war für die Levellers das Kennzeichen des Bediensteten. Doch sollten wir bedenken, daß solche Gelegenheitsarbeiter wahrscheinlich nicht unter Kings Begriff der »Arbeiter und Bediensteten außer Haus« gefallen wären, sondern unter den der »Häusler und Armen« (siehe unten, S. 319 f.), und daß außerdem wahrscheinlich keine nennenswerte Zahl von Gelegenheitsarbeitern wirtschaftlich unabhängig genug gewesen sein dürfte, um nach Meinung der Levellers eine größere politische Bedeutung zu haben als die Dauer-Bediensteten.[9]

History, ed. Tawney, 1927, S. 296 (Lohntarife für besondere Gruppen von Bediensteten der Tuchindustrie im Jahre 1630); das Beispiel eines Tuchhändlers, der im Jahre 1615 zahlreiche Bedienstete auf Stücklohnbasis beschäftigte, findet sich op. cit., S. 292; für Angaben über Wirtschaftstheoretiker des siebzehnten Jahrhunderts siehe z. B. Andrew Yarranton, *England's Improvement by Sea and Land* (London 1677), S. 124–5, 127, 132, 164–71, 179–88; Thomas Firmin, *Some Proposals for the Employment of the Poor* (London 1681), S. 9, 45; John Carey, *Essay on the State of England* (Bristol 1965), S. 161.

6 Vgl. Mildred Campbell, *The English Yeoman under Elizabeth and the Early Stuarts* (New Haven 1942), Anh. III, S. 398

7 Campbell, op. cit., S. 212–14

8 Unwin und die in Fn. 5 angeführten Wirtschaftstheoretiker jener Zeit.

9 Vgl. Colemans Beschreibung der unterbeschäftigten ländlichen Arbeitskräfte als »eine ›Reservearmee von Arbeitern‹, wenn es jemals eine solche gab«. *Econ. Hist. Review*, zweite Folge, VIII, 3, S. 289

Demnach scheinen »Arbeiter und Bedienstete außer Haus« mit den »Bediensteten« der Levellers übereinzustimmen.

Um die Größe der gesamten Klasse der Bediensteten festzustellen, müssen wir zu Kings Arbeitern und Bediensteten außer Haus die Bediensteten innerhalb des Hauses addieren. Die im siebzehnten Jahrhundert übliche Unterscheidung zwischen Bediensteten außerhalb und innerhalb des Hauses war eindeutig. Bedienstete in der Landwirtschaft und in vielen Zweigen der Industrie lebten gewöhnlich bis zu ihrer Heirat im Haushalt des Arbeitgebers (wo sich im allgemeinen auch ihre Arbeitsstelle befand); nach der Heirat zogen sie aus.

Die Zahl der innerhalb des Hauses beschäftigten Bediensteten in Industrie, Landwirtschaft und Hauswirtschaft läßt sich aus zwei von Kings Tabellen ablesen.

In Tabelle III[10] bezifferte King die »Bediensteten« mit 560 000, davon 260 000 männliche. Die dieser Tabelle zugrundeliegende Klassifikation läßt vermuten, daß es sich hier um Bedienstete innerhalb und nicht um solche außerhalb des Hauses handelt; denn die Klassifikation ist die des Haushalts, die Klassen sind »Ehemänner und Ehefrauen, Witwen, Kinder, Bedienstete, Gäste und alleinstehende Personen«. Bedienstete außer Haus dürften größtenteils verheiratet gewesen und unter »Ehemänner und Ehefrauen« geführt worden sein. Zwar ist diese Folgerung nicht unanfechtbar, doch wird sie durch Kings Haupttabelle, die oben wiedergegebene »Tabelle über Einnahmen und Ausgaben der verschiedenen englischen Familien«, gestützt. Hier sind die Bediensteten innerhalb des Hauses eindeutig in die vier bis vierzig Personen umfassenden Familien oberhalb der Pauperitätsgrenze einbezogen.

Die Zahl dieser Bediensteten (einschließlich Lehrlinge) läßt sich berechnen, wenn man von der Gesamtzahl der Personen in den Haushalten oberhalb der Pauperitätsgrenze die geschätzte Mitgliederzahl der eigentlichen Familien abzieht. Die Zahl der Kinder, der Unverheirateten und der Verwitweten dieser Familien muß hypothetisch festgesetzt werden; die Hypothesen können sich zum großen Teil auf Kings Tabelle III und IV[11] stützen, die Angaben über Alter, Geschlecht und Ehestand machen. Eine auf Hypothesen basierende, aber sinnvolle und stringente Berechnung ergibt eine Gesamtzahl der im Haus beschäftigten Bediensteten von 540 000.[12]

Diese Zahl kommt der von King in Tabelle III für die Bediensteten angegebenen Zahl so nahe, daß unsere Interpretation des in Tabelle III

---

10 Chalmers, S. 39
11 Ibid., S. 40
12 Es sei angemerkt, daß man durch Variation der Hypothesen auf eine Summe von über 600 000 bzw. etwas unter 500 000 gelangen kann, ohne deswegen die Grenzen der Wahrscheinlichkeit zu überschreiten. Auf die Wiedergabe der Berechnung können wir hier verzichten; das Ergebnis jedenfalls entspricht der von King in Tabelle III angeführten Zahl.

genannten Begriffs »Bedienstete« als Bedienstete innerhalb des Hauses gerechtfertigt ist. Beide Zahlen erscheinen zunächst als sehr niedrig, denn die Summe aller Haushalte, die sich Bedienstete leisten konnten, beträgt 511 586. Das heißt, daß auf jeden Haushalt im Durchschnitt nicht mehr als ein Bediensteter (beiderlei Geschlechts und jeglichen Alters) entfiele.

Aus Kings Zahl von 560 000 Bediensteten innerhalb des Hauses (davon 260 000 männliche) muß man die Zahl der männlichen Bediensteten im Wahlalter (21 Jahre und darüber) durch Deduktion ermitteln. In der Zahl 260 000 sind Lehrlinge und Bedienstete unter 21 (jedoch keine Kinder) inbegriffen. Aus Kings Daten läßt sich nicht eindeutig entnehmen, welchen Prozentsatz aller Bediensteten innerhalb des Hauses die Nichtvolljährigen ausmachen.[13] Die anderen zeitgenössischen Zeugnisse variieren von Handelszweig zu Handelszweig und von Ort zu Ort derart, daß sie keine Grundlage für eine allgemeine Schätzung sein können. Doch dürfte der Anteil der in Landwirtschaft und Industrie beschäftigten männlichen Bediensteten und Lehrlinge unter 21 wahrscheinlich nicht über 50 Prozent gelegen haben. Ziehen wir die Hälfte ab, so verbleibt als Gesamtzahl der volljährigen männlichen Bediensteten innerhalb des Hauses 130 000.

Von den »Familien« zur Zahl der Männer über 21. Erst jetzt, da wir die Zahl der männlichen Bediensteten innerhalb des Hauses geschätzt haben, sind wir in der Lage, aus der Zahl der »Familien« einer jeden Klasse auf die Zahl der über 21jährigen Männer zu schließen. Sobald nämlich die männlichen Bediensteten über 21 den Kingschen »Familien« entnommen und zu einer besonderen Unterklasse zusammengefaßt werden, zeigt sich, daß nicht allen diesen Familien ein Mann über 21 vorgestanden haben kann. Denn sonst wäre die Gesamtzahl der volljährigen Männer (Vorsteher der Familien) 1 360 586 plus 130 000 Bedienstete innerhalb des Hauses plus die volljährigen männlichen »Landstreicher«, deren Zahl wir auf mindestens 10 000 schätzen können: zusammen also 1 500 586. Doch in Kings Tabelle IV (Alters- und Geschlechtsangaben für die Gesamtbevölkerung) wird die Gesamtzahl der Männer über 21 mit 1 300 000 angegeben.[14] Es folgt, daß die Zahl der über 21jährigen Männer in den eigentlichen Familien (d. h. ohne die Bediensteten innerhalb des Hauses) um etwa 200 000 unter der Zahl dieser Familien liegen

---

13 Innerhalb der gesamten männlichen Bevölkerung machte die Altersgruppe »16–21« 18 Prozent der Altersgruppe »21 und darüber« aus (King, Tabelle IV); bei den Bediensteten innerhalb des Hauses ist der Anteil vermutlich noch höher, da alle (gewöhnlich zwischen 16 und 21 Jahre alten) Lehrlinge zur Gruppe der Bediensteten innerhalb des Hauses zählen. Der einzige andere Hinweis ist die Angabe, das Durchschnittsalter der Bediensteten innerhalb des Hauses sei 27 (Tabelle IV), so daß ungefähr die Hälfte dieser Bediensteten unter 21 gewesen sein dürfte.

14 Chalmers, S. 40. Kings Ausdruck »solche über 21 Jahre« scheint jene zu meinen, die ihren 21. Geburtstag hinter sich haben.

muß. Mit anderen Worten, in 200 000 (oder mehr) Familien gab es
– von Bediensteten abgesehen – keinen Mann über 21. Diese Zahl über-
rascht nicht, da die Zahl der Witwen in Kings Tabelle III mit 240 000
angegeben wird[15] und einige Haushalte von unverheirateten Frauen
geführt wurden.[16] Wir dürfen daher annehmen, daß von den 1 360 586
Familien rund 200 000 (etwa ein Siebtel) ohne volljährigen Mann waren
(abgesehen von den Bediensteten innerhalb des Hauses). Um also von
der Zahl der Familien auf die Zahl der volljährigen Männer zu kommen, müssen wir sie um ein Siebtel vermindern.

Es ist nicht nötig, diese Berechnung bei jeder der Kingschen Kategorien
anzuwenden, sondern nur bei jenen, die sich für unsere Wahlrechts-
betrachtungen als wichtig erweisen. Von diesen müßten wir dann recht
willkürlich voraussetzen, daß sie alle den gleichen Anteil an Witwen
und unverheirateten Frauen als Haushaltsvorständen enthalten. Doch
würde eine Variation dieser Voraussetzung den Anteil nicht wesentlich
verändern.

Wieviel volljährige männliche Bedienstete gab es nun? Die Zahl der
männlichen, innerhalb des Hauses beschäftigten Bediensteten betrug
130 000. Die Zahl der Bediensteten außer Haus läßt sich berechnen,
wenn wir von den 364 000 Familien der »Arbeiter und Bediensteten
außer Haus« ausgehen und davon ein Siebtel abziehen; das ergibt
312 000 volljährige Männer. Kings »gemeine Seeleute« gehören, da
Lohnempfänger, ebenfalls zu dieser Gruppe.[17] Unsere Annahme, daß
alle männlichen Bediensteten 21 Jahre oder darüber waren, gilt jedoch
nicht für Seeleute.[18] 13 000 der von King angeführten 50 000 gewöhnlichen Seeleute, so wollen wir annehmen, waren unter 21.[19] Es gäbe
dann also 37 000 erwachsene, gegen Lohn arbeitende Seeleute.

Zur Klasse der Bediensteten rechnen wir auch Kings »gemeine Soldaten«. Zwar wurden sie gewöhnlich nicht als Bedienstete bezeichnet, ihr
Sold und ihre Ausgaben dagegen machen sie eher zu Angehörigen dieser
als einer gehobeneren Klasse. Ob irgendwelche der von King aufgeführ-

---

15 Ibid., S. 39. Vgl. Yarrantons Hinweis darauf, welche Schwierigkeiten Witwen
mit Kindern hatten, einen zweiten Ehemann zu finden, selbst wenn sie etwas Vermögen besäßen (A. Yarranton, *England's Improvement*, 1677, S. 165–6, 167, 168, 172).
16 Aus Kings Statistik über die Stadt Gloucester läßt sich ablesen, daß 4,7 Prozent
aller Haushalte von Jungfern geführt wurden (Chalmers, S. 17–71).
17 Davenant, II, 201. Vermutlich sind Seeleute sowohl der Kriegsmarine als auch
der Handelsschiffahrt gemeint, die Davenant getrennt aufführt; beide können als
Lohnempfänger betrachtet werden.
18 Wir gehen davon aus, daß allen Seemannsfamilien ein Mann vorstand, mit anderen Worten, daß King alle Haushalte von Seemannswitwen zur Gruppe der Bediensteten außer Haus oder zur Gruppe der Häusler und Armen zählte.
19 Die Annahme, etwa ein Viertel der Seeleute sei unter 21 gewesen, mag zwar etwas willkürlich erscheinen, doch ist sie nicht unbegründet. Die aus Kings Haupttabelle
gewonnene Zahl der Männer über 21 entspricht etwa der von ihm in Tabelle IV angegebenen Zahl (1 300 000).

ten 35 000 Soldaten zu seiner Zeit das Wahlrecht hatten, ist für unsere Berechnung unwichtig; eine gesonderte Schätzung der Zahl der Soldaten für das Jahr 1648 bleibt einer späteren Untersuchung vorbehalten.[20] Wenn wir nun Kings 35 000 Soldatenfamilien um das übliche Siebtel vermindern[21], so ergibt sich eine Gesamtzahl von 30 000 erwachsenen Soldaten.

Die Gesamtsumme der männlichen Bediensteten außer Haus beträgt also 379 000. Zusammen mit den 13 000 Bediensteten innerhalb des Hauses erhalten wir demnach insgesamt 509 000 erwachsene männliche Bedienstete.

(b) Almosenempfänger und Bettler

Es soll nun die Gruppe derer, »die Almosen empfangen«, oder der Bettler untersucht werden. In ihren Diskussionen über den Ausschluß vom Wahlrecht gebrauchten die Levellers die Begriffe Almosenempfänger[22] und Bettler[23] unterschiedslos; einmal findet sich sogar der Ausdruck »jene, die von Tür zu Tür gehen, um Almosen zu empfangen«.[24] Die Gründe der Levellers für den Ausschluß der Almosenempfänger vom Wahlrecht (diese Menschen seien vom Willen anderer abhängig und fürchteten, ihnen zu mißfallen) gelten für die von der Gemeinde unterhaltenen Armen oder die Insassen von Armenhäusern, deren Abhängigkeit von der Gemeinde offenkundig war, noch mehr als für umherziehende Bettler. Wir werden daher sowohl Kings vagabundierende Bettler als auch die der Gemeinde zur Last fallenden Häusler und Armen in unsere Schätzung einbeziehen.

King schätzte nur 30 000 alleinstehende »Landstreicher«, zu denen »Hausierer, Lastträger, Zigeuner, Diebe und Bettler« zählten.[25] 10 000 von ihnen dürften erwachsene männliche Bettler gewesen sein.

Die Zahl der der Gemeinde zur Last Fallenden ist bedeutend größer. In Kings Haupttabelle bilden die 400 000 Familien der Häusler und Armen eine eigene Gruppe. Diese Zahl gewann King, wie wir von Davenant wissen, durch Subtraktion all jener Katen, zu denen ein Stück Land gehörte und deren Bewohner »ihren eigenen Lebensunterhalt ver-

20 Siehe unten, S. 325 f.
21 Wie bei den Seeleuten, so nehmen wir auch bei den Soldatenfamilien an, daß ihnen Männer vorstanden, doch dürften auch manche Minderjährige dazugehört haben. Wenn wir die Zahl der Soldatenfamilien nur um ein Siebtel vermindern, und nicht wie bei den Seeleuten um ein Viertel, so deshalb, weil die Seefahrt für junge Menschen sicher anziehender war als die Armee.
22 z. B. in den Putney-Debatten, siehe A. S. P. Woodhouse, *Puritanism and Liberty* (1938), S. 82–83; Zweites *Agreement*, ibid., S. 357; Drittes *Agreement* in Don M. Wolfe, *Leveller Manifestoes* (1944), S. 401
23 z. B. in *Letter* vom 11. Nov. 1647, siehe Woodhouse, S. 452; *The Grand Designe* (8. Dez. 1647); *Petition* vom 18. Jan. 1648, siehe Wolfe, *Leveller Manifestoes*, S. 269
24 Putney-Debatten, in Woodhouse, S. 83
25 Chalmers, S. 36

dienen und keine Belastung für die Gemeinde sind«[26], von der Gesamtzahl der 554631 Katen. Kings 400000 Familien von Häuslern und
Armen umfassen daher nur jene, die nicht »ihren eigenen Lebensunterhalt verdienen«, sondern eine »Belastung für die Gemeinde« sind,
»hauptsächlich von anderen leben« und nicht »ihren Unterhalt im wesentlichen selbst bestreiten«.[27] Daraus darf natürlich nicht geschlossen
werden, die Häusler seien völlig von der Armenhilfe abhängig gewesen.
Die auf dem Land lebenden mögen ein oder zwei Haustiere gehabt haben und in den Genuß einiger Gemeinderechte gekommen sein; auch
dürften einige von ihnen als Heimarbeiter, andere von Zeit zu Zeit als
Tagelöhner beschäftigt gewesen sein[28]; aber Davenant läßt keinen Zweifel daran, daß alle diese Familien eine Belastung für die Gemeinde
waren.[29] Obgleich manche Lohnarbeiter in Katen lebten und der Gemeinde von Zeit zu Zeit zur Last fielen, werden sie in Kings Tabelle
nicht doppelt geführt: war jemand Arbeiter und Häusler, so zählt er zu
einer der beiden, aber nie zu beiden Kategorien.

Man muß also davon ausgehen, daß die 400000 Familien der Häusler
und Armen alle bis zu einem gewissen Grad von der Gemeinde abhängig
waren. Und es kann kaum daran gezweifelt werden, daß es sich hierbei
um den Personenkreis handelt, der von King in drei anderen Tabellen
als »Almosenempfänger« apostrophiert wird. In einer Statistik über
den jährlichen Fleischverbrauch weist er »440000 Almosen empfan-
gende Familien« aus.[30] In einer Berechnung der von Wilhelm I. und
Maria erhobenen Kopfsteuer kommt er zu dem Ergebnis, daß 600000
Personen (Männer und Frauen, ohne Kinder) Almosen empfingen[31];
davon dürften etwa die Hälfte Männer gewesen sein. In einer Berechnung der voraussichtlichen Höhe der Haus- und Fenstersteuer des Jahres
1696 stellt er fest, daß von der Gesamtzahl der 1300000 bewohnten
Häuser 330000 von Almosenempfängern bewohnt werden und daher
steuerfrei bleiben.[32] Die Größenordnung dieser Zahlen und die Tatsache, daß sich die letztere auf die Haus- und Fenstersteuer bezieht, lassen keinen Zweifel daran, daß Kings Almosenempfänger nicht nur Insassen von Armenhäusern waren (deren Zahl in einer anderen Tabelle[33]
mit nur 13400 Männern und Frauen angegeben wird), sondern im wesentlichen die »Häusler und Armen«.

Wir dürfen daher annehmen, daß Kings 400000 Familien von Häuslern

26 Davenant, *Works*, II, 203–4
27 Ibid., 203, 205
28 Ibid., 201
29 Vgl. G. M. Trevelyan, *English Social History*, 1946, S. 274: Kings Häusler und
Arme »entsprechen, wie wir annehmen dürfen, jenen, die von Löhnen unabhängig sein
wollten, ohne es dabei – nach King – weit gebracht zu haben«.
30 Chalmers, S. 55
31 Ibid., S. 57
32 Ibid., S. 59
33 Ibid., S. 73

und Armen im großen und ganzen den Familien entsprachen, die Almosen empfingen, nicht aber, daß alle diese 400 000 Familien erwachsene Männer enthielten, denn wie in anderen Kategorien der Kingschen Haupttabelle, so müssen auch in seiner Kategorie der »Häusler und Armen« diejenigen Familien berücksichtigt werden, denen Witwen vorstanden. Reduzieren wir auch diese Kategorie um ein Siebtel, so kommen wir in der Gruppe der almosenempfangenden Häusler und Armen auf eine Zahl von 343 000 erwachsenen Männern.

Addieren wir nun zu diesen 343 000 almosenempfangenden Männern die geschätzten 10 000 umherziehenden männlichen Bettler, so gelangen wir in der Gruppe der Almosenempfänger und Bettler zu einer Gesamtzahl von 353 000 Männern über 21.

Die Gesamtzahl der Almosenempfänger und Bettler: Zählen wir nun noch die 509 000 männlichen Bediensteten über 21 hinzu, so erhalten wir eine Gesamtzahl von 862 000 männlichen Bediensteten und Almosenempfängern, die über 21 Jahre sind.

Klasse 1, 2 und 3

Die Größe der noch verbleibenden Wahlrechtsklassen läßt sich etwas leichter abschätzen. Wir brauchen nur Kings entsprechende Kategorien oberhalb der Armutsgrenze, die Gruppe derer also, die »zum Reichtum des Königreichs beitragen«, unseren Wahlrechtsklassen zuzuordnen. Vermutungen lassen sich auch hier nicht vermeiden. Die von uns gemachten Annahmen sind nicht die einzig möglichen, doch würden Alternativen, die der uns bekannten wirtschaftlichen und gesellschaftlichen Struktur der Zeit Rechnung tragen, die Größenordnung von drei der vier Wahlrechtsklassen nicht wesentlich verändern.

Klasse 1. Grundbesitzer und freie Mitglieder von Zünften

Wir gehen davon aus, daß zu dieser Gruppe alle die von King genannten Ränge von den Peers bis hinab zu den Kaufleuten und Händlern zur See gehören. Es handelt sich um 28 500 Familien. Zusätzlich finden wir in Kings Tabelle noch eine Gruppe von 180 000 Grundbesitzern. Wir nehmen fernerhin an, daß die Hälfte der Mitglieder folgender Ränge entweder Grundbesitzer oder freie Mitglieder von Zünften waren: Kaufleute und Händler zu Land, Personen in Wissenschaften und freien Künsten, Ladeninhaber und Krämer, Handwerker, Marine- und Armeeoffiziere; das ergibt weitere 66 000 Familien für diese Klasse. Klasse 1 besteht also aus insgesamt 275 000 Familien. Davon dürften sechs Siebtel, also 235 700, erwachsene Männer gewesen sein.

Klasse 2. Steuerzahlende, nicht zu Klasse 1 gehörende
Haushaltsvorstände

Zu dieser Gruppe zählen wir Kings 150 000 »Bauern«. Da Kings Bauern
und Grundbesitzer sich gegenseitig ausschließende Gruppen sind, versteht er unter dem Begriff Bauern alle (nicht-städtischen) nicht-freien
Pächter. Wir gingen davon aus, daß diese erstens aus der Gruppe
der Erbpächter und zweitens aus der Gruppe der Zeitpächter (auf
Jahre bzw. auf Jahre oder Leben) bestanden, d. h. aus den beiden
Kategorien bäuerlicher Pächter, die, wie im Text beschrieben, von dem
in Putney diskutierten Wahlrecht der Grundbesitzer ausgeschlossen blieben. Mit anderen Worten: wir nahmen an, daß sowohl King als auch die
an der Putney-Debatte Beteiligten an dem althergebrachten, gesetzlich
verankerten Unterschied zwischen freien Pächtern (Grundbesitzern) und
nicht-freien Pächtern und an dem von Blackstone apostrophierten gesetzlich festgelegten Begriff Erbpächter festhielten.[34] Da diese Annahme
nicht unwidersprochen bleiben dürfte, sollen die Auswirkungen anderer
möglicher Annahmen geprüft werden.
(1) Falls King die »freien Erbpächter« in seine »Grundbesitzer« einschloß (was, wie wir sahen, den Teilnehmern an den Putney-Debatten
ferngelegen haben dürfte), würde es sich als notwendig erweisen, diese
Erbpächter nicht mehr der Klasse 1, sondern der Klasse 2 zuzurechnen.
Es ist durchaus möglich, daß King dies tat, denn es bestand keine feste
Übereinstimmung darüber, ob diese freien Erbpächter oder Grundbesitzer kraft Gewohnheitsrecht als Grundbesitzer gelten sollten bzw. in
welcher Hinsicht sie als solche aufzufassen waren. Es erweist sich als
unmöglich, ihre Zahl festzustellen. War sie beträchtlich, so würde sich
auch die Kluft zwischen dem Wahlrecht der Grundbesitzer und dem
Wahlrecht der Steuerzahler beträchtlich vergrößern.
Es bleiben noch drei andere Möglichkeiten, doch ist ihre Wahrscheinlichkeit geringer als die der soeben erörterten Annahme, denn sie betreffen
den Status der Pächter auf Leben oder mehrere Leben bzw. auf Jahre
oder Leben, und über deren Status gab es seitens des Gesetzes keinerlei
Unklarheit.
(2) Falls King entgegen der Gepflogenheit die Pächter auf Leben oder
mehrere Leben als Nicht-Grundbesitzer behandelte, ergaben sich zwei
Möglichkeiten: (a) daß auch die Teilnehmer der Putney-Debatte sie als
Nicht-Grundbesitzer behandelten, in welchem Falle unsere Schätzungen
nicht berührt würden; (b) daß die Teilnehmer der Putney-Debatte sie
als Grundbesitzer behandelten, in welchem Falle wir ihre geschätzte
Zahl von unserer Klasse 2 in Klasse 1 hinübernehmen müßten. Dies
würde die Kluft zwischen dem Wahlrecht der Grundbesitzer und dem
Wahlrecht der Steuerzahler vergrößern, aber wir wissen nicht, um wieviel.

34 Siehe oben, Kap. III, S. 131 f.

(3) Falls King entgegen der Gepflogenheit die Pächter auf Jahre oder Leben als Grundbesitzer behandelte, haben wir zwei Möglichkeiten: (*a*) falls auch die Teilnehmer der Putney-Debatte sie als solche behandelten (was sehr wohl möglich ist, da der Pächter auf 99 Jahre oder drei Leben ebenso viel Sicherheit hatte wie der normale Grundbesitzer und da Sicherheit das von Cromwell und Ireton genannte Hauptkriterium für den Anspruch auf das Wahlrecht war), werden unsere Schätzungen nicht berührt; (*b*) falls die Teilnehmer der Putney-Debatte sie als Nicht-Grundbesitzer behandelten, müßte ihre Zahl von unserer Klasse 1 in Klasse 2 hinübergenommen werden, wodurch sich die Kluft zwischen dem Wahlrecht der Grundbesitzer und dem der Steuerzahler vergrößern würde, aber wir wissen wiederum nicht, um wieviel.

(4) Falls King die Pächter auf Jahre oder Leben als Nicht-Grundbesitzer behandelte, die Teilnehmer der Putney-Debatte sie dagegen zu den Grundbesitzern rechneten, würden sie nicht mehr in Klasse 2, sondern in Klasse 1 gehören, wodurch sich die Kluft zwischen dem Wahlrecht der Grundbesitzer und dem der Steuerzahler verringern würde.

Kurz, von diesen vier möglichen Annahmen würde die wahrscheinlichste (die erste) den Umfang unserer Klasse 1 vergrößern und den von Klasse 2 verringern; die anderen drei Annahmen blieben auf unsere Schätzungen entweder ganz ohne Einfluß oder hätten im einen Fall den gleichen Effekt wie die erste und in den beiden anderen Fällen den gegenteiligen Effekt. Doch scheint keine dieser vier Annahmen wahrscheinlicher zu sein als die von uns zugrundegelegte. Wir belassen daher Kings Bauern in der Klasse der Nicht-Grundbesitzer.

Wir setzen voraus, daß die Hälfte der Kaufleute und Händler zu Land, der Personen in Wissenschaften und freien Künsten und der Marine- und Armeeoffiziere, zusammen 16 500, in diese Klasse fallen. Zu ihr rechnen wir auch alle Personen im Rechtswesen und alle Geistliche, zusammen 20 000.[35] Ferner ein Viertel der Ladeninhaber und Krämer sowie der Handwerker, zusammen 25 000. Die Gesamtzahl der zu Klasse 2 gehörigen Familien beträgt also 211 500; die Zahl der erwachsenen Männer 181 300.

Klasse 3. Nicht-Steuerzahler, die nicht zu Klasse 4 gehören

Wir nehmen an, daß zu Klasse 3 ein Viertel der Ladeninhaber und Krämer sowie der Handwerker mit zusammen 25 000 Familien gehören. Die Zahl der erwachsenen Männer beträgt 21 400. Die Annahme, diese und nur diese gehörten in Klasse 3, mag als willkürlich erscheinen. Jedoch sei folgendes beachtet:

(1) Kings »Ladeninhaber und Krämer« sowie »⸗andwerker« waren alle unabhängige Produzenten bzw. Händler; Gesellen und andere

35 Siehe Anm. S, S. 337 f.

Lohnempfänger gehörten nicht zu dieser Kategorie, sondern zu einer der Kategorien der Bediensteten. Demnach erscheint die Annahme sinnvoll, daß nur ein Viertel dieser Personen weder freie Mitglieder von Zünften noch Steuerzahler waren.

(2) Mehr als ein Viertel der Ladeninhaber, Krämer und Handwerker zur Klasse der Nicht-Steuerzahler zu zählen, würde in Anbetracht dessen, was wir von der Gesamtzahl der nichtsteuerzahlenden Familien wissen, als zu hoch erscheinen. Über die Zahl der Familien, die einen Haushalt führten, aber keine Steuer entrichteten, gibt es keine genauen Angaben. Doch geben Kings Schätzungen über den Ertrag der Haus- und Fenstersteuer einige Hinweise. Von den 1 300 000 Häusern, so berechnete er, brachten 330 000 keine Steuern, weil sie von Almosenempfängern bewohnt waren, und weitere 380 000 brachten keine Steuern, weil sie von »solchen, die nicht an die Kirche und an die Armen zahlten«, bewohnt waren.[36] Diese Zahlen beziehen sich auf Häuser, von denen einige sicher von mehr als einer Familie bewohnt waren. Wenn diese Zahlen auch nicht ganz mit der Verteilung der Familien oberhalb und unterhalb der Armutsgrenze, wie Kings Tabelle sie zieht, harmonieren, so deuten sie doch an, daß die Zahl der steuerfreien Familien kaum größer war als die Gesamtzahl der Familien der Lohn- und Almosenempfänger.

Es sei schließlich angemerkt, daß selbst dann, wenn die Zahl der Angehörigen der Klasse 3 doppelt so hoch wäre, das Verhältnis zwischen dieser und den anderen Klassen nur unbedeutend verändert würde, das Verhältnis zwischen Wahlrecht C und den übrigen Wahlrechtsarten sogar noch weniger.[37]

Übertragung der Schätzungen aus dem Jahr 1688 auf das Jahr 1648

Nachdem wir die Zahl der Kingschen »Familien« in die Zahl der erwachsenen Männer umgewandelt und den uns interessierenden Wahlrechtsklassen zugeordnet haben, steht nunmehr die Größe der Wahlrechtsklassen für das Jahr 1688 fest:

Klasse 1.	Grundbesitzer und freie Mitglieder von Zünften	235 700
Klasse 2.	Steuerzahlende Haushaltsvorstände, soweit nicht in (1) enthalten	181 300

36 Chalmers, S. 59

37 Klasse 3 würde von 21 400 auf 42 800 zunehmen; Klasse 2 von 181 300 auf 159 500 abnehmen; Klasse 1 und 4 blieben unverändert. Wahlrecht C bliebe unverändert (438 000); Wahlrecht B würde von 417 000 auf 395 600 reduziert; Wahlrecht A und D blieben unverändert.

Klasse 3.	Nicht-Steuerzahler, soweit nicht	
	in (4) enthalten	21 400
Klasse 4.	Bedienstete und Almosenempfänger	862 000
	Summe	1 300 400[38]

Es bleibt uns nun die Aufgabe, diese Schätzungen auf die Bevölkerung des Jahres 1648 zu übertragen. Wir setzen dabei voraus, daß die prozentuale Verteilung der Bevölkerung auf die einzelnen Gruppen während der vierzig Jahre von 1648 bis 1688 keine bedeutende Veränderung erfuhr. Doch gab es einen wichtigen Wandel innerhalb unserer Wahlrechtsklassen: während der Jahre 1647–48 war die Armee bedeutend größer als 1688, und da nach dem Wahlrecht der Levellers alle 1647–48 zum parlamentarischen Heer gehörigen Soldaten stimmberechtigt sein sollten[39], so müssen diejenigen von ihnen, die als Zivilisten zu Klasse 4 gehört hätten, in eine höhere Wahlrechtsklasse eingestuft werden. Aus diesem Grund ist es notwendig, unsere für 1688 gültige Schätzung, die sonst als Index für das Verhältnis der Wahlrechtsklassen hätte dienen können, auf die Bevölkerungskonstellation des Jahres 1648 zu übertragen.

Obgleich die Bevölkerungskurve im England des siebzehnten Jahrhunderts ungleichmäßig verlief, darf angenommen werden, daß das Netto-Wachstum zwischen 1648 und 1688 zehn Prozent betrug. Diese zehn Prozent sollen daher von unseren Schätzungen abgezogen werden. Es ergibt sich:

Wahlrechtsklasse	1688 Zahl der erwachsenen Männer	1648 Zahl der erwachsenen Männer (ohne Berücksichtigung des Heeres)
1. Grundbesitzer etc.	235 700	212 100
2. Steuerzahler, nicht in (1)	181 300	163 200
3. Nicht-Steuerzahler, nicht in (4)	21 400	19 300
4. Bedienstete und Almosen-empfänger	862 000	775 800
Summe	1 300 400	1 170 400

Es müssen nun noch die das Heer betreffenden Korrekturen vorgenommen werden. Die Zahl der zwischen 1640 und 1650 in parlamentari-

38 Die Gesamtzahl der Männer über 21 beträgt in Kings Tabelle IV 1 300 000
39 Siehe unten, Anm. K, S. 333 f.

schen Diensten stehenden Soldaten schwankte im Verlauf der Bürger-
kriege. 1645 betrug sie 60 000 bis 70 000, von denen 22 000 zu der New
Model Army gehörten.[40] Nach dem ersten Bürgerkrieg wurde ein Teil
der Streitkräfte entlassen, ein anderer unter dem Oberbefehl von Fair-
fax zusammengefaßt; zur Zeit der Putney-Debatte muß das Heer aus
über 32 000 Mann bestanden haben.[41] Diese Zahl erhöhte sich während
des zweiten Bürgerkriegs, 1648; im März 1649 standen etwa 47 000
Mann unter den Fahnen.[42] Die Armee muß zur Zeit der Wahlrechtsforderungen des Zweiten und Dritten *Agreement* (Dezember 1648 und
Mai 1649) mindestens 45 000 Mann gezählt haben.

Die Anzahl der Soldaten, die als Zivilisten zur Klasse der Bediensteten
und Almosenempfänger gehört hätten, läßt sich annäherungsweise ermitteln. Die New Model Army bestand ursprünglich aus 6600 Kavalleristen, 1000 Dragonern und 14 400 Infanteristen.[43] Kavalleristen und
Dragoner waren Freiwillige und lebten wie Gentlemen; sie dürften alle
zur Klasse der Grundbesitzer und der Steuerzahler gehört haben. Die
Infanteristen, von denen mehr als die Hälfte in den Dienst gepreßt worden war, waren zum größten Teil des Lesens und Schreibens unkun-
dig[44]; es dürfte nicht zu hoch gegriffen sein, wenn man annimmt, daß
drei Viertel der Infanterie (knapp die Hälfte der Armee also) aus der
Klasse der Lohn- und Almosenempfänger kam und das restliche Viertel
aus der Klasse der Nicht-Steuerzahler. Wenn wir annehmen, daß sich die
erweiterte Armee des Jahres 1648 im großen und ganzen genauso
gliederte wie die ehemalige New Model Army, dann müßten etwa
22 100 aus der Klasse der Bediensteten und Almosenempfänger kommen.[45] Die Aufteilung des gesamten Heeres auf zivile Klassen dürfte
folgendes Bild ergeben:

Klasse 1 + 2.	Grundbesitzer und Steuerzahler	15 500
Klasse 3.	Nicht-Steuerzahler, nicht in (4)	7 400
Klasse 4.	Bedienstete und Almosenempfänger	22 100
	Summe	45 000

40   C. H. Firth, *Cromwell's Army* (1902), S. 33, 34
41   Wobei zur New Model Army 22 000 und zu der im Norden stehenden Armee
10 000 Mann gehört haben dürften (Firth, op. cit., S. 34).
42   Firth, op. cit., S. 34–35
43   Firth und Davies, *Regimental History of Cromwell's Army*, I, S. XVII–XVIII
44   Firth, *Cromwell's Army*, S. 40
45   Dieser Anteil mag als zu hoch erscheinen, obwohl er bedeutend geringer ist als der
Anteil dieser Klasse an der gesamten Bevölkerung. Verringerten wir den Anteil, so
würde das die Anzahl der Soldaten in Wahlrechtsklasse 3 derart vergrößern, daß sie in
ein Mißverhältnis zur Gesamtzahl der zu Klasse 3 gehörenden Personen geraten würde.

Die gesamte männliche erwachsene Bevölkerung verteilt sich nun wie folgt:

Klasse 1.	Grundbesitzer und freie Mitglieder von Zünften	212 100,	davon	8 500 Soldaten
Klasse 2.	Steuerzahler, nicht in (1)	163 200,	davon	7 000 Soldaten
Klasse 3.	Nicht-Steuerzahler, nicht in (4)	19 300,	davon	7 400 Soldaten
Klasse 4.	Bedienstete und Almosenempfänger	775 800,	davon	22 100 Soldaten
	Summe	1 170 400		45 000

Wir müssen nun die 22 100 Soldaten, die im zivilen Leben zu Klasse 4 zählten, auf die Klasse 3 übertragen. Die endgültige Verteilung der erwachsenen männlichen Bevölkerung des Jahres 1648 auf die einzelnen Wahlrechtsklassen ist dann folgende:

Klasse 1.	Grundbesitzer und freie Mitglieder von Zünften	212 100
Klasse 2.	Steuerzahler, nicht in (1)	163 200
Klasse 3.	Nicht-Steuerzahler, nicht in (4) plus ursprünglich zu (4) gehörige Soldaten	41 400
Klasse 4.	Bedienstete und Almosenempfänger minus ursprünglich zu (4) gehörige Soldaten	753 700
	Summe	1 170 400

Die vier in der Leveller-Literatur zur Diskussion stehenden Wahlrechtsvorschläge unterschieden sich damit wie folgt:

A.	Wahlrecht der Grundbesitzer	212 100
B.	Wahlrecht der Steuerzahler	375 300
C.	Wahlrecht der Nichtbediensteten	416 700
D.	Allgemeines Männer-Wahlrecht	1 170 400

Anmerkungen

ANMERKUNG A. (1) *The Elements of Law Natural and Politics:* die Schrift zirkulierte im Jahre 1640 in Form eines Manuskriptes, wurde 1650 in zwei Aufsätzen veröffentlicht *(Human Nature* und *De Corpore Politico)* und von F. Tönnies (Cambridge 1928) unter dem ursprünglichen Titel herausgegeben (wir beziehen uns auf die Ausgabe von Tönnies und zitieren sie als *Elements).*

(2) *De Cive,* 1642: eine englische Version wurde 1651 unter dem Titel *Philosophical Rudiments concerning Government and Society* veröffentlicht; diese englischen *Rudiments* aus dem Jahre 1651 wurden von S. P. Lamprecht unter dem Titel *De Cive or The Citizen* (New York 1949) herausgegeben (wir beziehen uns auf die Ausgabe von Lamprecht und zitieren sie als *Rudiments).*

(3) *Leviathan,* 1651 (wir beziehen uns auf die Ausgabe von W. G. Pogson, Oxford 1929).

ANMERKUNG B. Legen wir den von Ökonomen gebrauchten, ausgesprochen abstrakten Begriff der menschlichen Fähigkeiten zugrunde, wie er in Fußnote 66 erwähnt wurde, so ließe sich das Modell einer perfekten Wettbewerbswirtschaft konstruieren, in der manche Personen nicht über Land oder Kapital verfügen, und es ließe sich zeigen, daß das Lohnverhältnis keinerlei Transferierung irgendeiner Fähigkeit von seiten des Lohnempfängers impliziert, denn seine Fähigkeiten wären so definiert, daß sie jeglichen Zugang zu Boden oder Kapital ausschließen. An Hand eines solchen Modells kann bewiesen werden, daß die Löhne genau der marginalen Netto-Arbeitskraft entsprechen, obwohl es natürlich keine feste Relation zwischen dieser marginalen Netto-Arbeitskraft und dem Betrag der durch Arbeit investierten Energie und Geschicklichkeit gibt; diese Relation ändert sich mit dem Verhältnis des Angebots an Arbeitskraft zum Angebot an Boden und Kapital. Aber selbst in diesem volkswirtschaftlichen Modell mit seiner eng gefaßten Definition der »Fähigkeiten« dürfte es eine Transferierung geben (die über das hinausgeht, was nach unserer Definition eine Transferierung der Fähigkeiten ist), wenn nämlich die Annahme des uneingeschränkten Wettbewerbs gemildert wird. Diese zusätzliche Transferierung ergibt sich aus dem nicht mehr uneingeschränkten Wettbewerb zwischen den Käufern der Arbeitskraft, der daraus resultieren kann, daß es weniger Käufer als Verkäufer gibt; da sie in der Minderzahl sind, werden sie aufgrund einer stillschweigenden und konventionellen Übereinkunft kein eine bestimmte Grenze übersteigendes Lohnangebot machen oder nur einen bestimmten Preis für ihren Boden und ihr Kapital akzeptieren und sich auf diese Art einen größeren Anteil am Produkt sichern, als sie es unter anderen Umständen tun könnten.

ANMERKUNG C. Vgl. z. B. Thomas Nagel, »Hobbes on Obligation«, *Philosophical Review*, LXVIII (1959), 68–83. Nagel betont, daß Hobbes zwar Pflichten aus dem Eigeninteresse ableite, daß es aber falsch sei, sie moralische Pflichten zu nennen, wie Hobbes das tut. »Nichts darf moralische Verpflichtung heißen, was im Prinzip niemals mit dem Eigeninteresse kollidiert« (S. 74). Aber selbst, wenn man diese These akzeptiert und auch zugesteht, daß Hobbes' Pflichten einzig vom Eigeninteresse abgeleitet sind, so folgt daraus keineswegs, daß sie keine moralische Pflichten sein können. Denn in Hobbes' Theorie enthält das Eigeninteresse eines jeden Menschen seinen eigenen Widerspruch: kurzsichtiges Eigeninteresse kollidiert mit dem vorausschauenden Eigeninteresse. Eine aus vorausschauendem Eigeninteresse abgeleitete Verpflichtung kollidiert also prinzipiell mit dem kurzsichtigen Eigeninteresse.

ANMERKUNG D. Was Hobbes mit seinen Hinweisen auf Gott als den Urheber des Gesetzes der Natur intendierte, ist nicht ganz klar. Aber auch der stärkste Befürworter der Ansicht, daß es wahrscheinlich Hobbes' Absicht war, die Pflichten entweder auf göttlichen Lohn oder göttliche Strafe bzw. auf den göttlichen Willen zu gründen, muß die Möglichkeit zugestehen, daß Hobbes' System »auf eine in sich selbst ruhende Naturrechtslehre« gegründet sein kann und daß es dadurch »überflüssig wird, die Rolle Gottes überhaupt in Hobbes' politische Theorie einzuführen« (H. Warrender, in *Political Studies*, VIII, 1960, S. 49). Vgl. Warrender, *The Political Philosophy of Hobbes,* S. 311, wo festgestellt wird, daß sowohl die auf göttlichem Willen als auch die auf göttlichem Lohn basierenden Interpretationen »für die Deduktion menschlicher Pflichten ohne wirkliche Bedeutung sind, es sei denn, sie setzen der Autoritätsskala ein formales Ende«.

ANMERKUNG E. Man könnte sich einen Mittelweg vorstellen: eine Gesellschaft, in der die Menschen eine hierarchische Ungleichheit anerkennen, ohne daß ein einziger *unbegrenzte* Vorherrschaft erstrebt. Damit wäre die Bedingung erfüllt: wenn keiner unbegrenzte Vorherrschaft beansprucht, können alle moralisch gebunden sein. Doch fällt es schwer, sich eine Gesellschaft vorzustellen, wo alle anerkennen, daß die Menschen in entscheidender sozialer Hinsicht ungleich sind, und dennoch keiner von ihnen unbeschränkte Vorherrschaft beansprucht, d. h. wo alle eine strikte Beschränkung der Vorherrschaft, die sie aufgrund ihrer tatsächlichen Ungleichheit beanspruchen könnten, befürworten. Ein funktionales hierarchisches System, z. B. ein idealisiertes Feudalsystem, mag unter Umständen diesen Erfordernissen genügen; in der Realität aber haben sich solche Systeme immer auf übernatürliche Postulate (und Sanktionen) für ihre abgestufte Morallehre gestützt.

ANMERKUNG F. Firth, der im Ersten *Agreement* und in der Haltung der Levellers in der Putney-Debatte die Forderung nach allgemeinem Männer-Wahlrecht entdeckt (siehe S. 126, Fn. 1), zitiert gleichwohl den von den Levellers während der Debatte geforderten Ausschluß (Clarke Papers, I, S. LI), ohne sich eines Widerspruchs bewußt zu werden; Gardiner, loc. cit.; G. P. Gooch, *English Democratic Ideas in the Seventeenth Century*, 1898, ed. Laski 1927, weist auf den Ausschluß hin (S. 131), spricht aber gleich darauf von »ihrem Plan eines allgemeinen Männer-Wahlrechts« (S. 132); T. C. Pease, *The Leveller Movement* (1916) stellt fest, das Ergebnis der Wahlrechtsdebatte von Putney sei es gewesen, daß die Levellers »die Forderung nach allgemeinem Wahlrecht aufstellten« (S. 224), während doch ihre Forderung auf ein Wahlrecht für alle außer für Bedienstete und Bettler ging [Brief vom 11. Nov. 1647, in Woodhouse, op. cit., S. 452]; Woodhouse, op. cit., beschreibt die gleiche Abstimmung als eine Entscheidung zugunsten des Männer-Wahlrechts, S. [29] und bezieht sich auf das *Agreement* als eine Stellungnahme für das allgemeine Wahlrecht, S. [71]; D. W. Petegorsky, *Left-wing Democracy in the English Civil War* (1940) spricht von dem Verlangen der Levellers nach allgemeinem Wahlrecht (S. 96, 116, 118), während er durchaus erkennt, daß »Lohnempfänger … von dem von ihnen befürworteten allgemeinen Wahlrecht ausgeschlossen sein sollten« (S. 109); Don M. Wolfe, *Levellers Manifestoes of the Puritan Revolution* (1944) sieht in der Abstimmung am Ende der Putney-Debatte ein Votum für das allgemeine Männer-Wahlrecht (S. 61), zitiert die *Petition* vom Januar 1648 als Beispiel für die Forderung nach allgemeinem Männer-Wahlrecht (S. 260), obwohl der Text der *Petition* (S. 269) Bedienstete und Bettler ausschließt, und interpretiert sowohl das Erste *Agreement* (S. 14, 235) als auch die Schrift *A New Engagement, or, Manifesto* vom 3. August 1648 als eine Forderung nach einem solchen Wahlrecht (S. 80), obwohl der Text des *Manifesto* nur den Wunsch ausdrückt, »daß die Menschen für die Wahl ihrer Abgeordneten gleichmäßig proportioniert sein sollen«; Maurice Ashley, *John Wildman, Plotter and Postmaster* (1947), sieht im Ersten *Agreement* eine Befürwortung des allgemeinen Männer-Wahlrechts (S. 36), interpretiert die Putney-Abstimmung als eine Zustimmung zu dem »von den Levellers vertretenen Prinzip des Männer-Wahlrechts« (S. 43) und weist auf den Ausschluß von Bettlern und Gesetzesbrechern in der *Petition* vom Januar 1648 hin, ohne den Ausschluß auch der Bediensteten zu erwähnen; Perez Zagorin, *A History of Political Thought in the English Revolution* (1954), stellt die Levellers als Anwälte des allgemeinen Männer-Wahlrechts vor (S. 30, 31), obwohl er den Ausschluß von Bediensteten und Almosenempfängern im Dritten *Agreement* und während der Putney-Debatte zur Kenntnis nimmt (S. 36, 37).

ANMERKUNG G. Eduard Bernstein, *Sozialismus und Demokratie in der großen englischen Revolution* (2. Aufl., Stuttgart 1908) interpretiert die Haltung der Levellers während der Putney-Debatte als eine Bejahung des allgemeinen Wahlrechts (S. 86); für ihn sind die Levellers

Vertreter »der politischen Interessen der *arbeitenden Klassen der Epoche*« (S. 111). Er erwähnt den Ausschluß der Lohn- und Almosenempfänger im Zweiten und Dritten *Agreement* und bringt ihn mit seiner Interpretation der Leveller-Prinzipien in Einklang, indem er sagt: »für die Handwerksgehilfen war in der Mehrheit der Fälle der Gehilfenstand Übergangsepoche vom Lehrlings- zum Meisterstand«. Die Verleihung des Stimmrechtes an Ackerknechte usw. aber mußte in einer Zeit, die die geheime Stimmabgabe nicht kannte, vorwiegend den Reichen und den großen Grundbesitzern zugute kommen« (S. 112 Fn.). Wenn auch beiden Gründen ein gewisses Gewicht beigemessen werden muß, so reichen sie doch für eine befriedigende Erklärung nicht aus. Die Levellers waren Prinzipienreiter, und wären sie jemals Anhänger des Prinzips des allgemeinen Wahlrechts gewesen, so hätten sie es kaum aus solch durch und durch pragmatischen Gründen den vielen Landarbeitern vorenthalten können. Auch M. A. Gibb zeigt uns die Levellers als Vertreter des allgemeinen Männer-Wahlrechts (*John Lilburne, the Leveller, a Christian Democrat*, 1947, S. 15, 139, 208) und beschreibt die Putney-Abstimmung als »eine Forderung nach allgemeinem Wahlrecht« (S. 209); den Ausschluß der Lohnempfänger im Dritten *Agreement*, »diese offensichtliche Abweichung von den Leveller-Idealen« (S. 271), versucht die Autorin mit einer ähnlichen Begründung wie Bernstein zu rechtfertigen; eine Erklärung jedoch, die eine Abweichung von den Idealen unterstellt, läßt alle Fragen offen.

ANMERKUNG H. W. Schenk, *The Concern for Social Justice in the Puritan Revolution* (1948), bemerkt zwischen dem Jahr 1647, als die Levellers »uneingeschränktes Männer-Wahlrecht zu propagieren schienen«, und dem Jahr 1648, als sie Almosen- und Lohnempfänger ausschlossen, einen Meinungsumschwung. Als Beleg für diesen Ausschluß führt er das Zweite *Agreement* an, ohne den noch weiter gehenden Ausschluß aller Nicht-Steuerzahler zu erwähnen; seine Erklärung ist das Zweckmäßigkeitsdenken der Levellers, und er folgert, daß »angesichts der Theorie der Levellers angenommen werden kann, daß diese Einschränkungen nur vorübergehend gelten sollten« (S. 40, Fn. 48). Seine Erklärung und seine Annahme mögen vielleicht auf den von ihm nicht erwähnten Ausschluß (der Nicht-Steuerzahler) zutreffen, keineswegs aber auf den von ihm hervorgehobenen Ausschluß (der Almosenempfänger und Bediensteten), der von den Levellers, zumindest vom 29. Oktober 1647 bis zum Ende ihrer publizistischen Tätigkeit, konsequent gefordert wurde. Francis D. Wormuth, *The Origins of Modern Constitutionalism* (1949), stellt die Levellers als Befürworter des allgemeinen Männer-Wahlrechts vor (S. 75, 79), beschreibt die Putney-Abstimmung in diesem Sinn (S. 81), erwähnt, daß das Zweite *Agreement* Almosenempfänger, Lohnempfänger und Nicht-Steuerzahler ausschloß, und erklärt, daß das Dritte *Agreement* das allgemeine Männer-Wahlrecht wiederhergestellt habe

(S. 83, 84). Joseph Frank, *The Levellers* (1955), sieht sie als Befürworter des allgemeinen Männer-Wahlrechts seit spätestens Oktober 1646 (S. 94, 123, 133, 151) bis hin zum Zweiten *Agreement,* dessen umfassender Ausschluß als Kompromiß aufgefaßt wird (S. 176–7), und erwähnt kommentarlos den Ausschluß der Bediensteten und Armen im Dritten *Agreement* (S. 206).

ANMERKUNG 1. Die Levellers vertraten offenbar zu keiner Zeit das Frauen-Wahlrecht. Gibb, op. cit., S. 174, macht darauf aufmerksam, daß Lilburne in seiner Schrift *The Freemans Freedom Vindicated* (16. bis 19. Juni 1646, in Woodhouse S. 317–18) erklärte, daß »jedes einzelne Individuum, Mann wie Frau, von Natur aus in Macht, Würde und Autorität gleich« ist und daß »keiner von ihnen von Natur aus über den anderen irgendwelche Autorität, Herrschaft oder obrigkeitliche Gewalt hat«, es sei denn »aufgrund gegenseitiger Übereinkunft oder Zustimmung«. Gibb folgert daraus, die Frau habe die gleichen politischen Rechte wie der Mann. Dies folgt jedoch keineswegs, und auch Lilburne zog nicht diesen Schluß. Es folgt lediglich, daß sowohl Männer wie Frauen ihre Zustimmung zur Errichtung des Staates gegeben haben müssen – und solche Zustimmung kann »gegeben, abgeleitet oder vorausgesetzt sein ... zu gegenseitigem Nutzen und Wohl, nicht aber zum Nachteil und Schaden irgendeiner Person«. Dies könnte ohne weiteres eine vorausgesetzte Übertragung der Autorität von der Frau auf ihren Mann einschließen. Lilburnes eigene Frau, die bei der Verteidigung ihres Mannes eine große Aktivität entfaltete, beugte sich immer seinen politischen Meinungen und Ratschlägen, und beide scheinen dies als gerecht und natürlich aufgefaßt zu haben. Die von Gibb ebenfalls herangezogene Leveller-Schrift *Petition of Women* vom 5. Mai 1649 (Woodhouse, S. 367–8) behauptet die geistige Gleichheit von Mann und Frau und das gleiche Interesse beider an den im Gesetz verankerten Freiheiten und Sicherheiten (d. h. den bürgerlichen Freiheiten), ohne jedoch gleiche politische Rechte zu fordern. (Die gleiche Forderung nach Schutz vor willkürlichem gesetzlichem Vorgehen für Männer wie Frauen findet sich in der *Petition* der Levellers vom März 1647: in Wolfe, op. cit., S. 136). Die Levellers, Männer und Frauen, scheinen es für selbstverständlich gehalten zu haben, daß man annehmen dürfe, die Frauen hätten ihre Männer zur Ausübung ihrer politischen Rechte autorisiert. Und in einer Zeit, als das typische Verhältnis zwischen Herren und Bediensteten noch als dem Verhältnis in einer Familie ähnlich aufgefaßt wurde, konnte die Annahme einer entsprechenden Übertragung der politischen Autorität vom Bediensteten auf den Herrn nichts Ungewöhnliches sein. Ihr entsprach ganz offensichtlich Pettys Postulat in der Putney-Debatte: Bedienstete sind »in ihre Herren eingeschlossen« (Woodhouse, S. 83, zitiert oben, S. 143).

ANMERKUNG J. Eine Neuverteilung im Verhältnis zu den von den einzelnen Grafschaften aufgebrachten Steuern verträgt sich nicht nur logisch mit jeder Art von Wahlrecht, sondern wurde tatsächlich von Ireton zusammen mit dem eingeschränktesten Wahlrecht – dem der Grundbesitzer – während der Putney-Debatte vorgeschlagen (Woodhouse, S. 83) und von den Levellers zusammen mit dem weit umfassenderen Wahlrecht der Nicht-Bediensteten in *The Case of the Army* befürwortet (einer Bekräftigung all ihrer in der *Declaration* vom 14. Juni vorgetragenen Punkte; Haller and Davies, S. 77, 61). Die Tatsache, daß die Levellers zwei Wochen später im Ersten *Agreement* eine Neuverteilung entsprechend der Bevölkerungsdichte vorschlugen, bedeutet nicht, daß sich ihre Haltung gegenüber dem Umfang des Wahlrechts geändert hätte. Ireton und Cromwell beschäftigten sich, wie wir sahen, während der Putney-Debatte immer wieder mit diesem Punkt. Dabei unterliefen ihnen bei der Beurteilung der gegnerischen Position zwei Fehler: erstens unterstellten sie, die zunächst vorgeschlagene Neuverteilung gemäß dem Steueraufkommen impliziere ein Eigentumswahlrecht (was in *The Case of the Army* sicherlich nicht der Fall war), und zweitens unterstellten sie, eine Neuverteilung im Verhältnis der Bevölkerungsdichte impliziere das allgemeine Männer-Wahlrecht (was angesichts des von den Levellers während der Putney-Debatte vorgetragenen Wahlrechtsausschlusses ebenfalls nicht zutrifft).

ANMERKUNG K. Das Recht der Soldaten auf ein parlamentarisches Wahlrecht scheint von den Levellers während der gesamten Putney-Debatten vorausgesetzt worden zu sein: vgl. Buff-Coat (= Everard; Woodhouse, S. 7), Sexby (S. 69–70) und Rainborough (S. 71). Vermutlich waren sie auch für die Wahlrechtsempfehlung im Bericht des Army Council Committee vom 30. Oktober 1647 verantwortlich, in dem es heißt: alle freigeborenen Engländer oder eingebürgerten Ausländer, die im letzten Freiheitskrieg auf Seiten des Parlaments standen und vor dem 14. Juni 1645 im Militärdienst standen ... sollen bei den besagten Wahlen das Stimmrecht erhalten ... auch wenn sie in anderer Hinsicht nicht die nötigen Qualifikationen haben« (Woodhouse, S. 450). Mitglieder des Komitees waren sowohl Rainborough und Sexby als auch Cromwell und Ireton. Die Zulassung der eigentlich nicht qualifizierten Soldaten erscheint als eine Konzession der Armeeführer, doch nicht als eine ernsthafte: die Hauptempfehlung, zu der dies nur ein erwünschter Nachsatz war, überließ es den amtierenden Unterhausmitgliedern, die Wahlrechtsqualifikation so zu fassen, »daß der gemeinen Freiheit so viel Raum gegeben wird, wie es der Geist der gegenwärtigen Verfassung in diesem Punkte zugesteht«. Die Abstimmung am Schluß der Putney-Debatte, wie sie in dem *Letter from Several Agitators* (Woodhouse, S. 452) überliefert ist, betraf den Satz: »Daß alle Soldaten und andere, falls sie keine Bediensteten oder Bettler sind«, das Wahlrecht erhalten sollten. Da der Brief an alle Soldaten gerichtet war und diese Abstimmung als einen Sieg »für Eure angeborene Freiheit« feierte, kann der Satz nur gemeint haben, daß alle Soldaten und all jene Zivilisten, die keine Bediensteten oder Bettler waren, das Wahlrecht erhalten sollten.

ANMERKUNG L. z. B. Rainborough in Putney (Woodhouse, S. 53); Lilburne, *Free-man's Freedom Vindicated* (ibid., S. 317). Es ist nicht ganz sicher, ob die Levellers dieses Recht auch denen, die »in ihre Herren eingeschlossen« sind, zugestehen wollten. Ihre Vorstellung vom Gesellschaftsvertrag wurde nie klar formuliert. Lilburne nennt es häufig eine »Maxime der Natur«, daß niemand ohne seine Zustimmung zu etwas verpflichtet werden darf, und er verwendet sie unterschiedslos zur Rechtfertigung (*a*) des Rechts eines jeden, beim Gesellschaftsvertrag und der Machtübertragung auf den Staat mitzuwirken, und (*b*) des Rechts eines jeden, die Gesetzgeber zu wählen. Im letzteren Sinn verwendet er sie in seiner Schrift *Rash Oaths Unwarrantable* (siehe oben, S. 156), wo sie aber, wie wir bereits sahen, nur alle freien Personen gemeint haben kann. Im ersten Sinn verwendet er sie in *Regall Tyrannie discovered* (Januar 1647): »Die Vernunft sagt mir, daß ich ohne meine Zustimmung keinem Gesetz unterworfen sein darf ... ja, sie sagt mir damit, daß ohne allgemeine Zustimmung, die einen jeden einschließt, weder eine Herrschaft rechtmäßig ausgeübt, noch ein Gesetz rechtmäßig erlassen werden kann ...« (S. 10); und »es ist eine Maxime der Natur und der Vernunft, daß über niemanden ohne seine Zustimmung beschlossen werden kann und daß ein absoluter Tyrann ist, wer auch immer es sei, der einem Volk ein Gesetz aufzwingt, ohne von ihm gewählt oder beauftragt zu sein, ihm Gesetze zu geben ...« (S. 46). Lilburne setzt »meine Zustimmung« mit »allgemeiner Zustimmung, die einen jeden einschließt« gleich; diejenigen, die schon »in ihre Herren eingeschlossen« sind, können damit ohne weiteres in die politische Zustimmung eingeschlossen werden. Vgl. die Überlegungen der *Petition* zu diesem Problem, oben S. 144.

ANMERKUNG M. *Oceana*, S. 99, 154; *Prerogative*, S. 243, 247. Es ist nicht ganz klar, welche Vorstellung Harrington von der Größe der englischen Bevölkerung hatte. In der *Prerogative*, S. 247, spricht er von »einer Million Familienvätern«, worin sowohl die Arbeiter als auch die Bürger enthalten zu sein scheinen. Diese Schätzung stimmt recht gut mit denen Gregory Kings überein, der die Zahl der Familien aller Klassen für das Jahr 1688 mit ca. 1 360 000 angibt. In *Oceana*, S. 154, wird die Zahl der Männer über 18, offensichtlich Familienoberhäupter, mit einer Million angegeben; aber es ist nicht klar, ob in dieser Zahl die »Bediensteten« enthalten sein sollen oder nicht. Denn die Zahl von einer Million wurde hier durch Addition der männlichen »Erwachsenen« (30 Jahre und darüber) und der »Jugendlichen« (18–30 Jahre) »nach der jährlichen [Steuer-]Liste« gewonnen, was darauf hindeutet, daß es sich um

Bürger und nicht um Bedienstete handelt. Doch kurze Zeit später sind auch die Tagelöhner in dieser Zahl enthalten. In der Schrift *Art of Lawgiving*, S. 403, spricht er von England als einer Republik mit »500 000 oder mehr Männern«, wobei sich aus dem Kontext, obschon nicht eindeutig ergibt, daß es sich um Männer oberhalb des Bedienstetenstandes handelt. Harrington dürfte also eine Zahl von etwa 500 000 männlichen Bürgern und eine gleich große Zahl von männlichen Bediensteten angenommen haben. Auch damit bleibt er in der Nähe von Kings Schätzungen (siehe oben, S. 312, 319).

ANMERKUNG N. In der Einleitung zu seiner Ausgabe von Lockes *Two Treatises of Government* gibt Laslett zwar zu, daß Locke »durchaus bereit ist, die beständige Aneignung der Produkte der Arbeit eines Menschen durch einen anderen Menschen in Betracht zu ziehen«, hält es aber für »eine Überinterpretation zu behaupten, jemand könne seine Arbeit im Sinne einer Neigung (sic) zum Arbeiten verkaufen« (S. 104). Was im Rahmen eines Lohnvertrages verkauft wird, ist des Menschen Fähigkeit zu arbeiten. Der »Dienst, den er übernimmt« (Lockes Ausdruck) ist ohne Zweifel der Art nach begrenzt – der Bäckergeselle übernimmt nicht die Arbeit eines Landarbeiters –, vielleicht auch seinem Umfang nach, aber was bezahlt wird, ist des Menschen zukünftige Arbeit bzw. seine vermutete Fähigkeit, in der Zukunft die Arbeit auszuführen, um deretwillen er unter Vertrag genommen wurde. Aus der Verkäuflichkeit der menschlichen Arbeitskraft folgt, daß Locke Leben und Arbeit voneinander trennt: siehe oben, S. 248 f.

ANMERKUNG O. Die Glaubensartikel bestehen im wesentlichen darin, daß es ein zukünftiges Leben gebe und daß Erlösung nur durch den Glauben daran möglich sei, daß Christus von den Toten auferstanden ist, um zum göttlichen Retter der Menschheit zu werden. Locke meint, dies sei eine klare Konzeption, die, in Verbindung mit Wundern, ohne weiteres auch von den Ungebildeten in Begriffen ihrer täglichen Erfahrung erfaßt werden kann: »die Heilung der Kranken, die Heilung des Blinden durch ein einziges Wort, die Auferstehung von den Toten sind Dinge, die sie ohne Schwierigkeiten begreifen können; auch daß der, der solche Dinge tut, sie nur mit Hilfe einer göttlichen Macht vollbringen kann. Diese Dinge liegen auf der Ebene des gewöhnlichen Verstandes: wer zwischen krank und gesund, lahm und beweglich, tot und lebendig unterscheiden kann, kann diese Lehre fassen« (ibid., II, 580).

ANMERKUNG P. Laslett (Lockes *Two Treatises of Government*, Einleitung, S. 105) erkannte dies nicht, denn er führt den Abschnitt 111 als ein Hindernis für jede Interpretation an, die Locke im wesentlichen als bürgerlichen Theoretiker sieht. Auch das zweite von ihm genannte Hindernis für eine solche Interpretation sei hier erwähnt. Seine Bemerkung, man müsse die Aussagen Lockes über Ursprung und Begrenzung des Eigentums wegerklären, wurde, wie ich hoffe, in Abschnitt 2 ausführlich genug erörtert. Seine Ansicht, man müsse alles, was Locke über die Regelung des Eigentums gesagt hat, ignorieren, ist in doppelter Hinsicht merkwürdig. Erstens, wenn jemandes Eigentum (und Recht auf Eigentumserwerb) gesichert werden soll, so muß es für alle Personen geregelt werden, wie Locke ausdrücklich feststellt (*Second Treatise*, Abschn. 120). Vermutlich hat Laslett die Tatsache vor Augen, daß Locke »sich nirgends gegen die komplizierten Regelungen seines ›merkantilistischen‹ Zeitalters im Bereich des Eigentumsrechtes gewandt hat« (S. 104). Natürlich war Locke ein Merkantilist. Aber das verträgt sich durchaus mit seiner Verteidigung des kapitalistischen Unternehmertums und der unbeschränkten kapitalistischen Appropriation. Das Recht auf kapitalistische Appropriation impliziert nicht das Fehlen einer staatlichen Regelung im merkantilistischen Sinne; eine solche Regelung kann im Gegenteil sogar erforderlich werden: siehe oben, Kap. II, S. 73f., 77, 116. Und zweitens, wenn Locke betont, die vom Gesetz der Natur auferlegten Pflichten seien auch in der Gesellschaft gültig, so besteht nicht die geringste Notwendigkeit zu bestreiten, daß für Locke auch das Eigentum darunter fällt. Im Gegenteil, weil er es eingeschlossen wissen wollte, verwandte er solche Sorgfalt darauf zu beweisen, daß unbeschränkte Aneignung dem Gesetz der Natur nicht widerspricht und schon im Naturzustand zulässig war (siehe oben, S. 229ff., 247). Auch Charles H. Monson jr. scheint bezüglich der Eigentumsregelung dem gleichen Irrtum zu unterliegen. »Es ist einfach nicht wahr«, so schreibt er (*Political Studies*, VI, 2, 1958, S. 125), »daß Locke unbegrenzte Appropriation und unveräußerliche Eigentumsrechte sanktioniert«. Natürlich sanktionierte er nicht »unveräußerliche Eigentumsrechte«; niemand behauptet dies. Lockes Individuum stimmt der bürgerlichen Gesellschaftsordnung zu und damit zugleich der staatlichen Regelung des Eigentums als eines Weges zur Sicherung des Eigentums. Doch das widerspricht keineswegs dem Recht auf unbegrenzte Appropriation. Die unbegrenzte kapitalistische Appropriation *erfordert*, wie ich zeigte, staatliche Gerichtsbarkeit gegenüber dem Eigentum und verträgt sich durchaus mit einem beträchtlichen Maß an staatlicher Einmischung in individuelles Eigentum.

ANMERKUNG Q. Abschn. 21: Dieser Abschnitt befindet sich weder in der Everyman-Ausgabe der *Treatises* (ed. W. S. Carpenter) noch in der Appleton-Century-Ausgabe des *Second Treatise and Letter Concerning Toleration* (ed. C. L. Sherman, New York 1937). In diesem Punkt folgen beide Texte einem Druck der ersten Ausgabe der *Treatises*, der Abschnitt 21 nicht enthält, und beide verschleiern das Fehlen des Abschnitts dadurch, daß sie einen anderen Abschnitt willkürlich teilen (Shermann teilt Abschnitt 20, Carpenter Abschnitt 36, so daß in der Everyman-Ausgabe alle Abschnitte von 21 bis 35 falsch numeriert sind). Mit den

Besonderheiten in den beiden Drucken der ersten Ausgabe und ihrer Behandlung durch moderne Herausgeber beschäftigt sich Peter Lasletts Aufsatz »The 1690 Edition of Locke's *Two Treatises of Government: Two State's*«, *Transactions of the Cambridge Bibliographical Society*, IV (1952), 341–7.

ANMERKUNG R. Cox, *Locke on War and Peace* (1960), legt überzeugend dar, daß Lockes wahre Position die zweite dieser Haltungen war; die erste habe er zu Beginn des *Second Treatise* bezogen, um seiner Leser »überkommene Meinungen nicht zu verletzen«; und während er zunächst seine wahre Ansicht verborgen habe, habe er dann eine »allmähliche, jedoch genau überlegte Wendung« vollzogen und das anfänglich skizzierte Bild des Naturzustands »unmerklich, doch systematisch umgekehrt« (S. 72–73, 76). Der Umschwung geht jedoch nicht so allmählich vor sich, wie Cox es will, denn schon in Abschnitt 21 widerspricht Locke dem angenehmen Bild seines Naturzustandes. Die eigentliche Schwierigkeit liegt darin, daß Lockes Theorie (wie ich schon im vorigen Abschnitt zeigte) *beide* Versionen des Naturzustandes brauchte, um seine Schlußfolgerungen zu untermauern. Mir scheint es daher immer noch wahrscheinlicher, daß Locke an beiden Aspekten des Naturzustandes festhielt, ohne sich ihrer Widersprüchlichkeit bewußt zu sein.

ANMERKUNG S. Die 10 000 Rechtsanwälte wurden alle der Klasse 2 zugeordnet, die 10 000 »Amtsinhaber« alle der Klasse 1; jede Gruppe kann natürlich auch auf die beiden Klassen verteilt gewesen sein. Die Geistlichen müßte man möglicherweise ganz aus der Berechnung ausschließen, da es zweifelhaft ist, ob sie 1648 das Wahlrecht besaßen. Solange die von diesem Stand zu zahlenden Steuern durch die Provinzialsynode festgelegt wurden (nämlich bis zum Beginn des Bürgerkriegs und noch einmal für eine kurze Zeit während der Restauration), blieben die Geistlichen vom parlamentarischen Wahlrecht ausgeschlossen. 1663 kamen Erzbischof Sheldon und Lord Clarendon überein, die Kirchenbesitzungen als weltliche Güter zu besteuern, »was zur Folge hatte, daß ... auch die niedere Geistlichkeit beständig an den Wahlen zum Unterhaus teilnahm« (Burnet, *History of His Own Time*, ed. 1823, I, 340). Viele Geistliche »wählten bei der ersten Wahl nach der Restauration; ihre Stellung als Unterhauswähler wurde gefestigt durch ein während der Parlamentsperiode von 1664/65 angenommenes Gesetz (16 und 17 Car. II, c. I), das den geistlichen und den weltlichen Stand gleichmäßig besteuerte« (Porritt, *The Unreformed House of Commons*, 1903, I, 3). Schon vor 1663 hatte die Geistlichkeit einmal das Recht der Selbstbesteuerung aufgegeben; von Beginn des Bürgerkriegs bis 1660 »ließ sie, sei es aus freiem Entschluß, aus Popularitätsstreben oder aus dem Wunsch, daß ihr Stand durch Stellvertreter repräsentiert werde, unter dem Rumpfparlament ihre Güter gemeinsam mit den weltlichen besteu-

337

ern« (Laurence Echard, zitiert in A. Browning, ed., *English Historical Documents 1660–1714*, S. 416). Es ist also durchaus möglich, daß die Geistlichkeit während der Bürgerkriegsperiode als für das parlamentarische Wahlrecht nicht unqualifiziert aufgefaßt wurde.

ANMERKUNG T. Am einfachsten läßt sich die Zahl der dauernd beschäftigten Lohnempfänger ermitteln, wenn folgende Zahlen aus Kings oben wiedergegebener Haupttabelle addiert werden: 260 000 männliche Bedienstete innerhalb des Hauses (Kings Tabelle III), 364 000 Arbeiter und Bedienstete außer Haus (»Familien«), 50 000 gemeine Seeleute (»Familien«), 35 000 gemeine Soldaten (»Familien«): Summe 709 000. Das sind 45 Prozent der 1 578 000 Männer über 16 Jahre (Kings Tabelle IV). Andere auf Kings Haupttabelle beruhende und die »Familien« ohne männlichen Vorstand berücksichtigende Berechnungen ergeben einen Anteil von 43 bis 45 Prozent. Würde man noch die 400 000 Häusler dazurechnen, so gehörten mehr als zwei Drittel der männlichen Bevölkerung zu den Dauerbeschäftigten.

Zitierte Werke

I. Werke des siebzehnten Jahrhunderts

1. Harrington

Zugrundegelegt wurde durchgehend *Oceana and Other Works*, London 1771.

2. Hobbes

Behemot or the Long Parliament, ed. F. Tönnies, London 1889
De Cive, siehe *Philosophical Rudiments*
Decameron Physiologicum, in *English Works*, ed. Molesworth, London 1839–45, Bd. VII
Elements of Law Natural and Politic, ed. F. Tönnies, Cambridge 1928
Elements of Philosophy, the First Section, Concerning Body, in *English Works*, ed. Molesworth, Bd. I
Leviathan, ed. W. G. Pogson Smith, Oxford 1929
Philosophical Rudiments Concerning Government and Society. Diese Ausgabe, die englische Version (1651) des lateinischen *De Cive* (1642), wurde unter dem Titel *De Cive or The Citizen* veröffentlicht (ed. S. P. Lamprecht, New York 1949). Verweise beziehen sich auf diese als *Rudiments* zitierte Ausgabe.

3. Schriften der Levellers

Viele der bedeutendsten Leveller-Schriften sind in einem oder in mehreren der folgenden vier Sammlungen enthalten:
William Haller, ed. *Tracts on Liberty in the Puritan Revolution 1638–1647*, 3 Bände, New York 1934 (zitiert als Haller *Tracts*)
William Haller and Godfrey Davies, ed., *The Leveller Tracts 1647–1653*, New York 1944 (zitiert als Haller and Davies)
Don M. Wolfe, ed., *Leveller Manifestoes of the Puritan Revolution*, New York 1944 (zitiert als Wolfe)
A. S. P. Woodhouse, ed., *Puritanism and Liberty, being the Army Debates (1647–49) from the Clarke Manuscripts, with Supplementary Documents*, London 1938 (zitiert als Woodhouse)
Verweise auf Leveller-Schriften, die ganz oder zum Teil in einer dieser Sammlungen enthalten sind, finden sich in den Fußnoten als Verweise auf die betreffende Sammlung, die dann wie oben angegeben zitiert wird. Bei den übrigen Schriften der Levellers wird entweder auf die Originale Bezug genommen oder, falls sie in modernen Werken veröffentlicht sind, auf die entsprechenden Werke.

4. Locke

(a) Gedruckte Werke

An Essay Concerning Human Understanding, ed. A. C. Fraser, Oxford 1894

Essays on the Law of Nature, ed. W. von Leyden, Oxford 1954

The Reasonableness of Christianity, in *Works,* 6. Aufl. London 1759, Bd. II

Some Considerations of the Consequences of the Lowering of Interest and Raising the Value of Money, in *Works,* 6. Aufl. 1759, Bd. II

Two Treatises of Government, ed. Peter Laslett, Cambridge 1960

(b) Manuskripte

Journal für 1678. Abgedruckt in H. R. Fox Bourne, *The Life of John Locke,* New York 1876, Bd. I, 403–4

Civil Magistrate (1660). Bodleian Library, MS. Locke, c. 28 und e. 7

Report on the Poor (1697). Abgedruckt in H. R. Fox Bourne, *The Life of John Locke,* 1876, Bd. II, 377–91

Trade. Bodleian Library, MS. Locke, c. 30, f. 18

II. Moderne Werke

Titel, Jahr und Ort der Veröffentlichung (ausgenommen London) jedes zitierten modernen Werkes werden beim ersten Verweis genannt. Siehe auch den Index, der für jeden modernen Autor die Seiten angibt, auf denen sein Werk zitiert ist; die erste Zahl der jeweiligen Eintragung (bzw. die ersten beiden durch »&« verbundenen Zahlen, wenn mehr als ein Werk des gleichen Autors zitiert wird) gibt die Seite an, auf der der erste ausführliche Hinweis zu finden ist.

Index

343